The
Development
of American
Lexicography
1798-2003

MDCCCXC
WEBSTER'S
INTERNATIONAL
DICTIONARY

英語辞典の
200年

辞書
と
アメリカ

本吉 侃 著

南雲堂

まえがき

　本書は、アメリカの最初の英語辞典から2003年までの主な辞書の歴史である。1798年から20世紀末までを扱った英語辞典編纂史は、日本だけではなく、英米にも無い。このことを本書の特色の第1に挙げたい。
　次に、ノア・ウェブスター以前のものを、それに値する取り上げ方をしたものが、日本には見られないようである。本書では、特に、『コロンビア英語辞典』の持つ意味を強調している。
　ジョン・ピカリングのアメリカニズム集 (1816年刊) は、辞書ではないものの、アメリカ英語の語彙研究上、無視できないものであるので、一章を当てている。
　ノア・ウェブスター『アメリカ英語辞典』では、語彙選定に関してスペースの許す範囲で詳細に検討した。これは、グリーン『辞書の世界史』の一部に見られる不適切な記述に触発されたものであるが、学生時代からのアメリカニズム研究が役に立った。このアメリカニズム記述は本書の書名『辞書とアメリカ』を決める一因となった。
　さらに、『アメリカ英語辞典』の定義が優れていることは、しばしば述べられるが、どこが優れているかを分析したものは、寡聞にして知らない。ノア・ウェブスターの定義の分析を試みている。
　ノア・ウェブスターは、アメリカでは時に偶像視されることも無くはなかったが、本書はもとよりそのような観点をとらない。ウェブスターのおかしな面にも目を瞑るようなことはしていない。彼の書簡にも目を向けて、ウェブスターの弱点も簡単ながら触れている。
　意外に知られていないのは、ノア・ウェブスター『アメリカ英語辞典』以後も19世紀には、アメリカがイギリスよりも優れた辞書を出し続けた

ことである。1864年の『アメリカ英語辞典』は、一般用の辞書として定義・語源ともに、当時のイギリスの辞書に勝る。そして、現在のアメリカの辞書のあり方はこの辞書によって決まった。さらに、1890年代の『センチュリー辞典』で、語源と百科事項は飛躍的な高さに達する。アーネスト・シートンのものを含む挿絵も上質なものである。

そこまで成長したアメリカの辞書も、イギリスの辞書があって初めて生まれた。それ故、序説でサミュエル・ジョンソンまでのイギリスの辞書史、そしてアメリカの最初期の辞書にとり入れられた辞書にもごく簡単ながら触れている。20世紀の辞書でも、アメリカの辞書の特色を見るためにも、『コンサイス・オックスフォード辞典』(COD) などを視野に入れている。

出版を考えた時点では、最初期からノア・ウェブスターまでを一書とするつもりであった。しかし、「ウェブスター」は『ウェブスター3版』までを見ることによって、ノア・ウェブスターの持つ意味も明らかとなる。そして、現在は『メリアム・ウェブスター大学辞典』がアメリカの辞書の中心であるので、出版社の迷惑をも顧みず、2003年までを扱うこととした。そのために、そして校務に忙殺されたこともあり、約3年の遅れを生じた。ここで南雲堂の原信雄氏にお詫びと謝意を表したい。

また、ハーヴァードの図書館で数頁をコピーしたあと、全体像の薄れていたジョーゼフ・ウスターの1830年刊の稀覯本をお見せいただいた小島義郎先生、コールリッジ『老水夫行』からの引用文を訳出いただいた志村正雄氏にもあらためて感謝を申し上げる。志村氏との、10年間ほとんど毎週にわたる歓談は、文学論、映画論、そして時には鋭い英語論もあり、啓発されるところが少なくなかった。

最初期の辞書およびその種本となった翻刻版は、カリフォルニア大学リヴァーサイド校のマイクロカードを読みとる作業から生まれたものである。同校客員研究員としてお世話になった方々にも感謝したい。

さらに、鶴見大学図書館の歴代レファレンス係り、特に吉田千登世さんには厄介な調査をお願いした。心からお礼を申し上げたい。

2006年1月　　本吉　侃

辞書とアメリカ
―英語辞典の200年―
目　次

まえがき ………………………………………………………… 1
序説　18世紀末までのイギリスの英語辞典 ………………… 9

Ⅰ　アメリカ英語辞典の誕生　―アメリカの英語辞典・第1期―

　概説 ……………………………………………………………… 25

第1章　アメリカ最初の英語辞典とその増補版―辞書は模倣から始まった… 30
第2章　ケイレブ・アレグザンダー『コロンビア英語辞典』(1800)
　　　　―アメリカの辞書を目指す ……………………………… 37
第3章　ノア・ウェブスター『簡約英語辞典』(1806)
　　　　―ノア・ウェブスターの最初の辞典 …………………… 49
第4章　ノア・ウェブスター『コモン・スクール英語辞典』(1807；1817)
　　　　―ノア・ウェブスターの学校用辞典 …………………… 74
第5章　ジョン・ピカリング『アメリカニズム集』(1816)
　　　　―1780年以降のアメリカ英語への関心 ………………… 81
第6章　ノア・ウェブスター『アメリカ英語辞典』(1828)
　　　　―アメリカの国語辞書の誕生 …………………………… 102
　　1．収録語彙 ……… 108
　　2．定義 ……… 132
　　　　(1) ノア・ウェブスター独自の定義 ……… 132
　　　　(2) ジョンソン『英語辞典』に負うもの……… 141
　　3．語源 ……… 151

Ⅱ　ノア・ウェブスターとジョーゼフ・ウスター
　　　　―アメリカの英語辞典・第2期―

　概説 ……………………………………………………………… 161

第1章　『アメリカ英語辞典』(第2版)
　　　　―ノア・ウェブスターの最後の辞書 ……………………… 168
第2章　グッドリッチ編『アメリカ英語辞典』(1847)
　　　　―メリアム社版ウェブスター大辞典 ………………………… 176
第3章　『アメリカ英語辞典』(1859)
　　　　―絵入りウェブスター大辞典 ………………………………… 183

4

第 4 章　ジョーゼフ・ウスター『英語辞典』(1860)
　　　　　──ウスターの最高傑作 ……………………………………189
第 5 章　『アメリカ英語辞典』(1864)
　　　　　──語源を一新したウェブスター大辞典 ……………………203

Ⅲ　19 世紀末から 20 世紀前半の大辞典
　　　　　──アメリカの英語辞典・第 3 期──

　概説 ………………………………………………………………………215
第 1 章　『インピリアル辞典』(1883)
　　　　　──アメリカでの翻刻版 ……………………………………219
第 2 章　『センチュリー辞典』(1889-91)
　　　　　── 19 世紀を代表する英語辞典 ……………………………228
第 3 章　『ウェブスター国際英語辞典』(1890)
　　　　　──ウェブスター大辞典の着実な前進── ………………242
第 4 章　『スタンダード英語辞典』(1893-4)
　　　　　──新興中産階級の辞書 ……………………………………253
第 5 章　20 世紀の『センチュリー辞典』と『スタンダード英語辞典』
　　　　　──百科事典的大辞典の頂点 ………………………………261
第 6 章　『ウェブスター新国際英語辞典』(1909)
　　　　　──大国アメリカの英語辞典 ………………………………268
第 7 章　『ウェブスター新国際英語辞典・第 2 版』(1934)
　　　　　── 1 巻もの最高の百科的英語辞典 …………………………279

Ⅳ　第 2 次世界大戦後の大辞典　ウェブスター 3 版 (1961)
　　　　　──アメリカの英語辞典・第 4 期──

　概説 ………………………………………………………………………293

Ⅴ　20 世紀の机上辞典
　　　　　──第 3 期・第 4 期のカレッジ版辞典と大型机上辞典──

　概説 ………………………………………………………………………313

参考文献 …………………………………………………………………382
あとがき …………………………………………………………………399
索引 ………………………………………………………………………401

辞書とアメリカ
―英語辞典の 200 年―

序説

18世紀末までのイギリスの英語辞典

　17世紀初頭、イタリアに国語辞典が現れた。当時のイタリアには数多くあったアカデミーの一つ、アッカデミーア・クルスカ (クルスカ学会) の編集した辞書 (*Vocabolario degli accademici della Cursca*, 1612) であった。ヨーロッパ最初の国語辞典で、ラテン語に対する俗語イタリア語の純化を意図した。この辞書の1623年の第2版 (ベネチアで出版) を見る機会があった。表紙は横22センチ、縦34.6センチで、革装丁の立派なものである。国語辞書の原型は、この辞書によって、既に17世紀初頭にできている。見出し語は、ラテン語辞典 (羅伊辞典) に倣い、アルファベット順である。一部に現在と違うところがある。a poco a poco は A 項に出ているが、今のイタリア語辞典では見出し語 poco の成句として扱われる。しかしながら、全体的に見るならば、ほぼ現代と同じ配列となっている。国語辞典であるから、定義はイタリア語でなされているが、大部分にラテン語の説明が加えられている。
　この辞書の極めて優れている点は、引用である。ダンテ、ボッカチオなどが出典を明示して引用されている。イギリスで語義の例証として引用文を加えるには、サミュエル・ジョンソン (Samuel Johnson) の『英語辞典』(*A Dictionary of the English Language*, 1755) を待たなければならなかった。そのジョンソンも引用にシェイクスピア、ミルトン、ドライデンを挙げるが、作品名まで挙げるのは極めて少ない。
　イタリアの国語辞典と比較するならば、イギリスの国語辞典の発達は相当遅れた。英語辞典の最初とされるのは、コードリー (Robert Cawdrey) の単語集 (*A Table Alphabeticall*, 1604) で、『アルファベット順語彙表』とでも訳

すべきものであった。ラテン語、ギリシャ語、ヘブライ語などからの借用語 (外来語) を説明した単語集である。16世紀初頭からイタリア・ルネッサンスの強い影響下にあったイギリスは、ラテン語・ギリシャ語の学習が学校教育そのものであった (グラマースクールの名がその事実を端的に示している)。学校教育にあずからない人たち、特に女性がこの難解語集のターゲットであった。

この難解語集の系統が、17世紀イギリスの辞書の主流であった。コードリーに続くブロカー『英語解説書』(John Bullokar, *An English Expositor*, 1616) も、見出し語がどの分野に属するか示していて、やや専門語辞典の傾向もあるが、基本的には難解語集である。コードリーの見出し語が約2,500語であったのに対して、ブロカーは約5,000語である。

次のコッカラム『英語辞典』(Henry Cockeram, *The English Dictionarie: or, an Interpreter of Hard English Words*, 1623) は、3部に分かれており、第1部が難解語集、第2部はラテン語借用語の類義語を並べ、第3部に百科辞典的要素を加える。書名の副題が示す通り、これも難解語集である。「コッカラムはブロカーの語彙や語義を容赦なく奪い、そしてブロカーがコードリからとりそこなったものはすべてコッカラムによって採録された」(Landau 1988; 小島他訳41頁)。

コッカラムで初めて、英語辞典にdictionary (綴りはdictionarie) という語が書名に使われた。dictionaryそのものが書名に付いたのは、トマス・エリオットの羅英辞典『騎士サー・トマス・エリオットの辞典』(Thomas Elyot, *The Dictionary of syr Thomas Elyot knyght*) が最初で、1538年である。

1656年に、ブラント『グロソグラフィア』(Thomas Blount, *Glossographia*) が出版される。このラテン語に相当する英語はglossographyで、この英語は『オックスフォード英語辞典』(*The Oxford English Dictionary*; OED) によれば、1623年にコッカラムがglossographieの綴りで、「見慣れない語の説明」の意味で使っている。これが現在わかっている、英語としての最初の例である。ブラントの書も難解語集である。しかし、この難解語集の本文は672頁で、辞書らしくなった。

1658年に、フィリップス『英語新世界』(Edward Phillips, *The New World of*

English Words) が出版される。この辞書に対して、ブラントはフィリップスが自分の本を剽窃としたと非難した。しかしながら、ブラント自身が先行の辞書から借りている。同じようなことが、19 世紀のアメリカでも起こる。ノア・ウェブスター (Noah Webster) がジョーゼフ・ウスター (Joseph Worcester) を剽窃者と非難するが、そのウェブスター自身が最初の辞書『簡約英語辞典』(*A Compendious Dictionary of the English Dictionary*, 1806) でジョン・エンティック (John Entick) から大量に借り、『アメリカ英語辞典』(*An American Dictionary of the English Language*, 1828) ではジョンソンから定義だけではなく、引用例も頂いている。歴史は繰り返されるというべきか。

1676 年に、コールズ『英語辞典』(Elisha Coles, *An English Dictionary*) が出版される。収録語数は約 2 万 8 千語とされる。この総革装丁、横約 11 センチ、縦 16.5 センチ、辞書本体の厚さ 2 センチあまり (1685 年刷り) の書を手に取ってみると、3 欄組みで小さな活字とはいえ、よくこれだけの語が収録されたと思う。定義は大部分が簡単なものである。見出し語は固有名詞が多い。まだ語彙の核となる基本語を見出し語とはしていない。スターンズ＆ノイズ (Starnes & Noyes 1991) によると、定義、固有名詞ともに先行のフィリップス『英語新世界』に負うところが多い。

18 世紀に、イギリスの辞書は大きな成長を見せる。その先駆けをなしたのが、J.K.『新英語辞典』(J.K., *A New English Dictionary*, 1702) であった。J.K.は多分ジョン・カージー (John Kersey) であろうと推定されている。英語語彙の基本語を、見出し語としている点で画期的なものであった。収録語彙の範囲を見るために、アメリカで初めて使われるようになった語 (アメリカニズム) を調べてみると、rattle-snake, cardinal flowere の 2 語を見出すことができた。

基本語の定義はまだ稚拙というか、重点は置かれていない。cat を "a well-known creature" (よく知られている動物) とするレベルである。

当時通例の、長い説明の付くタイトル・ページから判断すると、綴字辞典的性格を持たせたと思われる。副題には「若い生徒、商人、職人、女性」のための辞書であることが明示されている。

ジョン・カージーは、1706 年にフィリップスの『英語新世界』を改訂

して、『単語新世界』(*The New World of Words*) として出版する。二つ折り本に推定3万8千語を収録する。

カージーは、さらに1708年に『単語新世界』の簡略版『アングロ・ブリタニクム辞典——一般英語辞典』(*Dictionarium Anglo-Britannicum: Or, A General English Dictionary*) を上梓する。収録語彙約3万5千であった。大きな辞書からの簡約版は、この辞書をもって嚆矢とする。

カージーよりも辞書史に大きな影響を与えた人物は、ネイサン・ベイリー (Nathan Bailey) である。彼が最初の辞書『ユニバーサル語源入り英語辞典』(*An Universal Etymological English Dictionary*) を出版したのは1721年であった。英語語彙の基本語をも見出し語とする包括的辞典で、語源を加えた点でも評価が高い。掌にのせて使うのにちょうど良い大きさで、約4万語を収録して、収録語数の上では最大の辞書となる。綴字は center, meter, theater (これらは現在アメリカ綴りとされている) を見出し語とする (調査には1721年初版のファクシミリ版を使用した)。数は少ないが、俗語も見出し語とする。四文字語も収録されている。その点では20世紀後半の英語辞典と通じる面を持つ。

語源は比較言語学以前のものであるから限界はあるが、語源を辞書の要件としたことは評価されるべきであろう (英語辞典で初めてではないが)。

初版出版後80年以上も、増補版が続き、1873年10月号のイギリスの雑誌 (*Quarterly Review*) に出た辞書評でも「探しているものではないが、見れば何かを知ることのできる価値ある古書」と評価されている。1802年まで、語彙を追加しながら出版された。私自身も意味論学者オグデン (C. K. Ogden) 旧蔵のベイリー『ユニバーサル語源入り英語辞典』(1747年版) を、アメリカの大学で3か月間借り出して机に置いていた。

ベイリーは、1730年に総革装丁二つ折り本『英国辞典』(*Dictionarium Britannicum*) を出版する。収録語数4万8千で、百科事項が増える。それとともに約五百の挿絵が加わった。これは英語辞典で初めてであった。百科事項は、スコットランドの百科辞典の伝統を作ることになるチェンバーズの百科事典 (Ephraim Chambers, *Cyclopaedia*, 1728) から採り入れている。見出し語にアクセント符号を付ける。見出し語の綴字は、center, centre, meter, metre, theatre, theater が併記されている (1730 年初版のファクシミリ版使用)。

スターンズ＆ノイズ (1991) は、本書を J.K.に続いてジョンソンへ至る第 2 道標と位置づけている。

さらに、1736 年に『英国辞典』の第 2 版が出版される。これも総革二つ折り本で収録語数は約 6 万語となる。初版では外されていた諺が重視されている。英語の諺に近いイタリア、フランス、時にドイツの諺などが記述されていて、興味深いものがあるが、ことばの辞書としては逸脱している項目が多い。

定義は、J.K.同様の CAT, a Creature well known (猫、よく知られている動物) 程度のものもあるが、近代的な辞書にふさわしいものも多い。一例を挙げれば、"HOBBY-HORSE, a Stick with a Horse's Head at the End of it, for Children to ride on" (子供が乗るための、先に馬の頭のある棒) (1736 年刷り使用) は、現在最高の英語辞典とされる『オックスフォード英語辞典』の "a stick with a horse's head which children bestride as a toy horse" (子供たちがおもちゃの馬として跨がる、馬の頭の付いた棒) に遜色ない。

この辞書を辞書発達史上有名にしているのは、ジョンソンが頁と頁の間に白紙を挟み、それに書き込みをしたことによる。ジョンソンにしてみれば、最新の辞書は他にもあったが、『英国辞典』第 2 版がもっとも信頼できるものであった。

ジョンソンについて述べる前に、簡単に触れるべきものがある。一つは、ダイチ＆パードン『新一般英語辞典』(Thomas Dyche and William Pardon, *A New General English Dictionary*, 1735) で、収録語彙約 2 万の見出し語にアクセントを加えた点に注目したい。定義はベイリー『ユニバーサル語源入り英語辞典』(1730) に負うところが大きい (Starnes & Noyes)。主として生徒用であって、簡約英語文法が辞書本体の前に付く。

もう一つは、マーティン『改正英語―新ユニバーサル英語辞典』(Benjamin Martin, *Lingua Britannica Reformata: or, A New Universal English Dictionary*, 1749) である。語義の配列に優れる。〈語源的意味あるいは原義〉をまず挙げ、次に〈一般あるいは広く使われている意味〉、〈比喩的意味〉、

〈滑稽な、あるいは詩的意味〉、〈専門的意味〉、〈イディオム〉という順に並べる。その際に番号で語義を区別する。タイトル・ページと序文に述べられている編集方針は、ジョンソンの『辞書計画書』(The Plan of a Dictionary of the English Language, 1747) の模倣とされる。しかしながら、ジョンソンの辞書が現れる前に、マーティンが語義を区分して示した事実は否定できない。また、基本語の定義においてもベイリーからかなりの前進を示し、ジョンソンへの中継ぎの役割を果たしている。

ところで、イタリア、フランスに続いて、イギリスでも国語の純化を唱える主張は、1662 年設立の英国王立学士院 (Royal Academy) において 1665 年になされていた。イタリアのクルスカ学会の辞書 (1612) に続いて、フランスでもアカデミー・フランセーズが 17 世紀末には辞書 (Dictionnaire de l'Académie françoise, 1694) を完成させ、さらに 1718 年には第 2 版を出版する。イギリスでの国語の純化の風潮を反映するのが、マーティンの辞書の書名である。正しい綴字と発音を示すと主張する。

サミュエル・ジョンソンも、最初は英語の純化、固定化を目指した。コードリーからベイリーに至る辞書編集者とは異なり、彼は文人であった。20 代の後半に、ポルトガルの宣教師の旅行記 (A Voyage to Abyssinia, 1735) をフランス語から翻訳する。「ロンドン」と題する詩を 1738 年に書いて好評であった。親交のあった、詩人にして奇人サベッジの伝記『サベッジ伝』(The Life of Richard Savage, 1744) も評判を得ていた。そのジョンソンが 1747 年に辞書編集を予告し、『辞書計画書』で編集方針を明らかにする。これは英語辞典編集上画期的なことであった。

『計画書』で、ジョンソンはこの辞書の「主な目的は英語 (our English idiom) の純粋さを保ち、意味を確定する (ascertain) することである」とする。イタリア、フランス、スペインなどヨーロッパの国語に対する考え方を反映するものであった。英語の純粋さの保持と固定化は、イギリスの知識人・文人の共通の願いであった。その仕事をアカデミーではなく、個人が企てるところにジョンソンの心意気があった。

1697 年には、後に『ロビンソン・クルーソー』(Robinson Crusoe, 1719) を書くことになるダニエル・デフォー (Daniel Defore) が、英語を磨き、洗練

するためのアカデミー設立を訴えていた。「英語はフランス語に劣らずそのような協会の設立に値し、より完璧なものになる可能性のある言語である」(Green; 三川訳 307 頁) とする。

言語の固定化は、文人にとっては特に魅力ある誘惑であっただろう。のちに風刺文学の傑作『ガリバー旅行記』(*Gulliver's Travels*, 1726) を書くジョナサン・スウィフト (Jonathan Swift) も、1712 年に英語を正し、改良し、確定する提案 (*A Porposal for Correcting, Improving and Ascertaining the English Tongue*) を行なっている。話しことばに見られる「崩れ」をスイフトは激しく攻撃した。

このような文化的状況下で、ジョンソンは言語の純粋さと固定化を主張したのであった。しかしながら、実際に辞書を編集してみれば、たとえジョンソンほどの頭脳を持たなくとも、生きた言語を固定することの不可能さはわかる。

1755 年出版の『英語辞典』の序文で、

何世紀にもわたって、次々に人が年をとり、ある時期に死ぬのを見るとき、千年の命を請けあう不老長寿の薬などというものを、我々は笑うものである。それとまったく同様に、語と句を変化から守った国民の一例をも持ち出すことなどはできないにもかかわらず、己の辞書がその言語をそのまま保存できて、崩れと衰退から守れると考えるような辞書家があれば、愚弄されるであろう。

と、言語の変化を認める立場に変わる。

ジョンソン『英語辞典』は、何よりも、実際に優れた作家によって使われた優れた例を引用し、語義の例証としている点で、英語辞典史上、燦然と光り輝く。

signify の語義 2 "To mean, to express." の用例として、

Life's but a walking shadow; a poor player,
That struts and frets his hour upon the stage,

And then is heard no more! It is a tale,
Told by an ideot (*sic*), full of sound and fury,
Signifying nothing!   *Shakespeare's Macbeth.*

人の生涯は動きまわる影に過ぎぬ。あはれな役者だ、
ほんの自分の出場のときだけ、舞臺の上で、みえを切ったり、喚いたり、
そしてとどのつまりは消えてなくなる。
白痴のおしゃべり同然、がやがやわやわや、すさまじいばかり、
何の取りとめもありはせぬ。

　　　　　　　　シェイクスピア『マクベス』(福田恆存訳　新潮社版)

　を引用する。マクベスの名せりふを読む、また楽しからずや。
　優れた引用により、辞書は光彩を放つ。ことばが生きる。ことばは、血と肉を与えられる。それを英語辞典で行なったのが、ジョンソンであった。ここに、イギリスの辞書もクルスカ学会の辞書にようやく追いつく。イギリスの知識人が喜ぶ。イギリスもイタリア、フランスに劣らぬ国語辞典を所有することになった。あとは、ナショナリズムがジョンソンを引き立てることになる。
　『計画書』は、語義の提示の仕方においても、意味ある前進を示す。ジョンソンによれば、語義は「本来の根本的な意味」をまず挙げるべきである。arrive であれば、"He arrived at a safe harbour." (安全な港に着いた) のように「航海で岸に着く」が最初に来るべきである。
　次に、本来の意味から生じる意味、すなわち、派生的意味を挙げる。"He arrived at his country seat." (田舎の邸宅に到着した) のように、「陸路であれ、海路であれ、ある場所に着く」が来る。
　次に、意味の比較から生じる観察を述べる。arrive であれば、元の語源的意味から、望ましいことにしか使えないので、"A man arrived at happiness." (人が幸福になった) とは言うが、"He arrived at misery." (彼は不幸に達した) は、「アイロニーを含まずには言えない」のである。
　この語義の分類と順序は、既に述べたマーティンと同じであるが、1747年の『計画書』をマーティンが読んで先取りしたというのが、研究者の通

説である。
　ジョンソンの『英語辞典』にはよく知られている定義がある。

　　OATS. A grain, which in England is generally given to horses, but in Scotland supports the people.
　　からす麦...イングランドでは普通は馬に与えられるが、スコットランドでは土地の人たちを養う穀物。

　この定義は、ジョンソンのスコットランドへの偏見と共に、もっとも良く引用されるものである。他にもいくつかの個性的な定義があるが、全体的に見れば、このような定義は少数である。
　一般語に関して言えば、ジョンソンはベイリーに負うところが多い。例えば、名詞の signal、形容詞の signal, signality, to signalize, signally, signation, signature, signet のジョンソンの定義は、ベイリー『英国辞典・第2版』とまったく同じである。ベイリーが語義をセミコロンで分けているのに対して、ジョンソンは語義番号を付けて分けているだけである。現在ならばジョンソンの剽窃である。しかしながら、英語辞典はこのようにして発達した。
　引用とともに、ジョンソン『英語辞典』を辞書発達史上際立たせているのは、基本語の重視である。set をベイリーは "to put, lay, or place" とするだけであるが、ジョンソンは他動詞を 26 に区分し、その後に成句・句動詞 (phrasal verb) を 40 もあげる。さらに自動詞を 24 の語義に区分する。
　特に、英語の特徴の一つとなっている句動詞に、英語辞典で初めてスポットライトを当てたことは、英羅辞典に手本があったとはいえ、ジョンソンの大きな功績である。それはまた、彼が語学者としても抜群の見識と力量を持っていたことを示す。put では句動詞 12、それを意味により 5 区分する (put off は 6 区分に分けられている)。それぞれに意味を与え、自分で例文を作るのではなく、適切な引用文を (ジョンソンの考える) 優れた作家から引用する。それを独力で成し遂げたのであるから、引用に正確さを欠いたり、多少作り変えたりしたのがあっても、それらは瑕瑾というべきで

あろう。

　ジョンソン『英語辞典』の綴字は、保守的で、music は 15 世紀から、logic は 16 世紀から、musick, logick ほどではないが使われていたが、ジョンソンは musick, logick のみを見出し語とする。

　発音に関して言えば、アクセントを付すだけである。

　発音は、ジョンソン以後に素朴な発音辞典が現れ始め、続いてトマス・シェリダン『一般英語辞典』(Thomas Sheridan, *A General Dictionary of the English Language*, 1780)、ジョン・ウォーカー『批判的英語発音辞典及び英語解説書』(John Walker, *A Critical Pronouncing Dictionary and Expositor of the English Language*, 1791) で本格的になる。ウォーカーは 19 世紀前半にも権威とされる。

　一般辞典では、ジョーゼフ・スコット (Joseph Scott) が、ベイリー『ユニバーサル語源入り英語辞典』を改訂した『新ユニバーサル語源入り英語辞典』(1755) が出版される。ベイリー『ユニバーサル語源入り英語辞典』に、ジョンソン『英語辞典』から語彙などを採り入れ、増補したものである。

　『新ユニバーサル語源入り辞典』の章で、スターンズ＆ノイズ (1991) は、英語辞典の発達は、

(1) 初期の辞書編集は、剽窃によって発達した、

(2) もっとも優れた辞書編集者は、しばしば慧眼な剽窃家であった、

(3) 良い辞書は、編集方法の如何を問わず、それ自体で良いことを証明している、

と指摘している。

　ジョンソンは、1773 年に『英語辞典』の第 4 版を出版する。14 か月をかけた仕事であって、ジョンソン自身の最後の改訂と校正であった。ジョンソンのボズウェルへの手紙では「準備をしていなかったので、ほとんど何もできませんでした。余分なものをいくらか削除し、誤りをいくらか訂正し、あちらこちらにコメントを入れてはいますが、主な組み立ては元のままです」と、1773 年 2 月 22 日に書いている (James Boswell, *The Life of Samuel Johnson,* Everyman's Library 1992, p.449)。ジョンソンは自分の仕事に対しては控えめな言い方をする。この 4 版をもって我々はジョンソン『英

語辞典』の決定版として良いであろう。

　ジョンソン『英語辞典』は、ジョンソンの死後も権威ある辞書として刊行が続く。もっとも有名なものでは、トッド (H. J. Todd) による増訂版で、「トッド版ジョンソン」(Todd's Johnson) として知られている。1818 年の出版で、1827 年に版を重ねる。本書第 I 部第 3 章では、他に 9 版 (1805 年) も参照している。

　ジョンソン『英語辞典』以外では、ベイリー『新ユニバーサル語源入り英語辞典』も手頃な大きさで語彙数の多さから広く使われ、1802 年 30 版まで続いた。

　イギリスは、ジョンソンで誇るに足る辞書を持つことができた。それに匹敵するアメリカの国語辞典とも言うべき辞書は、ノア・ウェブスターによって書かれることになる。アメリカがイギリスの辞書を手本として追いつくためには、イギリスの辞書同様の模倣と借用が繰り返されることになる。

　アメリカの英語辞典はイギリスの辞書の翻刻から始まった。まずペリー『ロイヤル・スタンダード英語辞典』(William Perry, *The Royal Standard English Dictionary*, 1775) が 1788 年に翻刻される。イギリスの同書第 4 版 (1787) の翻刻であった。その後も 1793 年、1796 年、1800 年と、この辞書の翻刻版が出版される。

　アメリカ版をマイクロカードで見ると、598 頁で、序文 12 頁、文法が 13 頁から 72 頁、そのあとに辞書本体が 559 頁までで、聖書に現れる固有名詞の発音が 598 頁まである。

　序文で注目されるのは、綴字は (arithmetick ではなく) arithmetic, (publick ではなく) public, (critick ではなく) critic とする現代の著述家に従った、とペリーが述べていることである。-ic は一般にウェブスターの影響とされているが、アメリカの 1788 年の翻刻辞典でも -ic であったことは、従来指摘されていないことである。しかしながら、-our, -or に関しては favor, honor, ambassador という綴字にペリーは批判的であった。

　ペリーには発音表記があることも指摘しておきたい。しかし、引用例は

まったく無く、またイディオムも記述されていない。

　2番目に翻刻されたのは、シェリダン『一般英語辞典』である。アメリカ版をこれもマイクロカードで見ると、ロンドンで出版された同書の第6版である。これはジョン・アンドルー (John Andrew) による改訂版で、フィラデルフィアで翻刻された。

　シェリダンは、ジョンソンの定義をほとんどそのまま使う。特色は発音表記にある。見出し語のあとに綴り直し、その母音の上に数字でその母音の音価を示す。

　サミュエル・ジョンソンのシェリダン評が残っている。

　ボズウェル、「先生、発音を確認するための辞典を持つことは役に立つでしょうね。」ジョンソン、「何だと、君。君が憶える気があるならば、僕の『辞典』はちゃんと単語のアクセントを示してあるぜ。」ボズウェル、「しかし先生、我々は母音の発音を確認する記号が欲しいのです。確かシェリダンはこの種の書物を作り上げたはずです。」ジョンソン、「しかし君、記号によるよりも耳を通じての方が格段易しく習得される、という事実を考えて見給え。シェリダンの『辞典』は非常に上出来かも知れないが、君はそれを肌身離さず持ち歩くことはできないから、単語が出てきたときに辞典が手元にないことがあろう。[...] それに君、シェリダンに英語の発音を決定するどんな資格があるかね？何より彼はアイルランド人である不利益を背負っている...」(ボズウェル『ジョンソン伝』中野好之訳 I. 501 頁)

　ボズウェルも言うように、時代は「母音の発音を確認する記号」を必要としていた。耳を通してイギリスの発音に接する機会の極めて少ないアメリカではなおさらであった。

　シェリダンのアイルランド出身がマイナスと受け止められていたことも事実であった。

　このシェリダン『一般英語辞典』のスティーブン・ジョーンズ (Stephen Jones) による改訂版が、1791 年にロンドンで出版される。この『シェリダ

ン改良版』(*Sheridan Improved*) も 1801 年にウィルミントンで翻刻される (翻刻版の書名は *A General Pronouncing and Explanatory Dictionary of the English Language for the Use of Schools, Foreigners, etc.* であった)。さらに、同書は 1806 年にもフィラデルフィアで翻刻された。

　シェリダンと比較するならば、はるかに小さい綴字辞典も翻刻された。1764 年初版のエンティック『新綴字辞典』(John Entick, *The New Spelling Dictionary*) が、1787 年にはウィリアム・クラケルト (William Crakelt) により改訂され、ロンドンで出版されていた。定義は、ほとんどが類義語を並べたもので、一行で収める。綴字は一貫して almanac, frolic, havoc, traffic と -ic を用いる。

　アメリカではそのクラケルト改訂によるエンティック『新綴字辞典』が 1800 年に翻刻され、続いて 1805 年にもその第 2 版が翻刻される。イギリスの辞書史では小さな傍流にしかすぎないこのエンティック『新綴字辞典』が、ノア・ウェブスターの最初の辞書の種本となった (カリフォルニア大学リバーサイド校所蔵の 1805 年翻刻版を使用)。

　シェリダン『一般英語辞典』に続いて、これも発音を重視したウォーカーの『批判的英語発音辞典及び英語解説書』(1791) が 1803 年にフィラデルフィアで翻刻される。シェリダン同様の方式で発音を表わす。しかし、シェリダンよりは細分化している。定義は、ジョンソンを借用する。このウォーカーの発音表記はアメリカでも極めて好評で、影響は大きかった。

　これらのうちで、ペリー、エンティックは初期のアメリカの英語辞典の種本となった。それについては第一章に述べる。

　19 世紀前半のイギリスの辞書では、リチャードソン『新英語辞典』(Charles Richardson, *A New Dictionary of the English Language*, 1836-37) が学問的に優れている。歴史的に古い順に並べられた多数の引用例文は、先駆的な役割を果たし、歴史的原理に基づく、マリー他編『新英語辞典』(James Murray et al, *A New English Dictionary on Historical Principles*, 1884-1928; 1933 年に *The Oxford English Dictionary* と書名を正式に変える) へとつながる。

Ⅰ　アメリカ英語辞典の誕生
―アメリカの英語辞典・第1期―

概　　説

　アメリカ人が英語辞書を出版するのは、イギリス人の植民が成功した1607年から200年近くも経った1798年である。それまでは、イギリスから運ばれた辞書、あるいは18世紀後半からはイギリスの辞書の翻刻版を使っていた。アメリカにおいてもサミュエル・ジョンソン『英語辞典』(1755年初版とその後の版)は権威ある辞書であった。

　権威あるジョンソンを越えようとしたのが、ノア・ウェブスター (Noah Webster 1758-1843) であった。しかし、ジョンソン『英語辞典』に匹敵するものが、簡単にできるはずもなかった。長い準備期間が必要であったのである。その最初の一歩もウェブスターによって始まる。

　イェール・カレッジを卒業したウェブスターが教師となった頃は、アメリカ人による英語辞典が無いだけではない。教科書もほとんどがイギリスで作られていた。独立革命によりイギリスから独立した今は、文化的にも独立すべきである、独自の教科書を持つべきであると主張し、実際につくったのが、ウェブスターであった。

　彼の教科書『英語文法摘要』(*A Grammatical Institute of the English Language*) は、アメリカ人のためのアメリカ人による教科書であった。1783年に第1部「綴字教本」、1784年に第2部「文法」、1785年に第3部「読本」が出版された。

　「綴字教本」の序文で、若いウェブスターは、アメリカの「名誉と繁栄を望み、喜んで微力を愛国の活動に注ぐ」と、意気軒昂である。彼によれば、ヨーロッパは愚行、堕落、専制政治のうちに老いたのであり、かの国［英国］では、法律は悪用され、作法は放縦、文学は衰えつつあり、品性は落ちている。アメリカ人のなすべきことは、ヨーロッパのすべての国家

の知恵を、アメリカの組織の基礎として選び、徳と愛国心を高め、英語の同質性 (uniformity) と純粋さを行き渡らせ、高邁な威厳を、若い国家と人間性に加えることである、と訴える。

　高邁な精神にもかかわらず、「老いた」イギリスの綴字教本に、ウェブスターは依存しなければならなかった。

　ウェブスターの「綴字教本」は、当時、もっとも売れていたイギリスのディルワース『英語新案内書』(Thomas Dilworth, *A New Guide to the English Language*, 1740) を下敷きにした。これは三部からなり、ベンジャミン・フランクリンによってフィラデルフィアで翻刻もされていた。ウェブスターの「綴字教本」はこの第1部に極めて近い。

　しかし、ウェブスターにも改良はある。その一つは、分節である。ディルワースは cluster, habit を clu-ster, ha-bit と分節している。これでは子供が、第1音節を長母音で発音するおそれがある。これを clus-ter, hab-it と分節すれば、第1音節は短母音であることがはっきりする、と主張する (現在の分節は後者である)。しかし、これもウェブスターに始まるわけではない。モナガン (Monagan 1983: 36, 98) によれば、ペリー (William Perry, *The Only Sure Guide to the English Language*, 1776) に始まる。筆者の調査では、さらに遡り、lus-ter 型分節はロウ (Solomon Lowe, *The Critical Spelling-Book*, 1755) が最初である。ロウは体系的にこの方式を採用している。

　ウェブスターのもう一つの改良は、数字を用いて発音を表わしたことである。fate, time, note など字母の発音 (アルファベットの発音) を1とし、hat, tin, not などの短母音を2と表示する。これは綴字教本では初めてであろう。発音辞典ではシェリダン『一般英語辞典』(1780) がこの方式である。

　これらの改良はあるものの、ウェブスターの「綴字教本」はディルワースに酷似しすぎている。したがって、1784年には、「ディルワースの幽霊」("Dilworth's Ghost") から剽窃と非難される (Monagan 1983: 47)。

　剽窃とされるほどに依存したディルワースを、ウェブスターは「ほとんどの部分に欠陥がある」と断じる。恩恵を被った人物・書物を徹底的に批判することは、その後も繰り返されるウェブスターの特徴である。

　綴字では、一般に center, honor の綴りはウェブスターの影響とされてい

る。しかし、1783年の「綴字教本」では、ウェブスターは honor, center の「アメリカ綴り」ではなく、honour, centre を用いている。綴字はジョンソンに従うというのが、この時点 (1783年) でのウェブスターの立場である。

それでは、いつウェブスターは honor, center に変えたか。

書簡集を調べると、1786年4月12日のチャイルズ (Francis Childs) への手紙では favour, honor, candor が使われている。同年6月23日のベンジャミン・フランクリンへの手紙で honor を2度使う。8月10日のピカリング (Timothy Pickering; 第5章で扱うジョン・ピカリングの父) 宛で favor, neighbor を用いている。したがって、1786年を、ウェブスターが正書法を変えた年として良いであろう。

ウェブスターの「綴字教本」は好評であった。改訂版がいくつか出され、Webster's と言えば、「綴字教本」を指すくらいで、19世紀になってもロング・セラーを続ける。

1789年に、ウェブスターは『英語論』(*Dissertations on the English Language*) を出版する。『英語文法摘要』の版権を確立するためにいくつかの州を旅行しながら、英語に関する講義を続け、それを基にまとめたのが『英語論』である。

『英語論』で、ウェブスターは、アメリカの英語の、イギリスの英語からの独立を主張する。イギリスを親、アメリカを子に譬え、親のイギリス語 (English tongue) ではなく、子としてのアメリカ語 (the *American* tongue) を用いるべきである、というのがウェブスターの主張であった (のちには、ウェブスターはこの「アメリカ語」をやめる。彼の最初の辞書『簡約英語辞典』(*A Compendious Dictionary of the English Language*, 1806) では、「アメリカ英語」(American English) となる)。

『英語論』の提案の一つに、綴字改革がある。bread, head, give, breast は「合理的に」 bred, hed, giv, brest とすべきであると主張する、新綴字案であった。それだけでなく、ウェブスターはこの新綴字に基づいて著書『評論と折りにふれての著述集』(*A Collection of Essays and Fugitiv* (sic) *Writings*) を1790年に出版する (チェックにはファクシミリ版を使用した)。しかし、不評でもあり反感もあって、彼の新綴字案は徐々に後退する。

このような状況の中で、アメリカ人による最初の英語辞典が誕生した。1798年、奇しくも、イギリスの権威ある辞典の編集者と同名のサミュエル・ジョンソン (Samuel Johnson, Jr.) による『学校用辞典』(A School Dictionary) であった。約4,100語を見出し語とするささやかな辞書である。この改訂版に相当する辞書『精選発音アクセント入り辞典』(A Selected, Pronouncing, and Accented Dictionary) が、エリオット (John Elliott) との共編で1800年に出版されているところから見ると、アメリカ人による辞書が待ち望まれていたと考えて良いであろう。英語辞書がアメリカにまったく無かったわけではない。第1章で扱うように、イギリスの辞書が使われていた。

1800年に、ケイレブ・アレグザンダーによる『コロンビア英語辞典』(Caleb Alexander, The Columbian Dictionary of the English Language) が出版される。この辞書はアメリカの辞書であることを掲げた最初の辞書である。その意味で、また他の点でも、注目に値する。

1806年に、ノア・ウェブスターの最初の辞書『簡約英語辞典』が上梓される。この場合も「綴字教本」と同様に、ウェブスターは、当時評判の良かった学校用辞典を種本とする。

内容はそのイギリスの辞書の増補改訂版といえるほどであるが、その内容とはちぐはぐなほど長い、そして熱のこもった「序文」があり、辞書編集へのウェブスターの抱負が語られる。この「序文」は、ジョンソンの『辞書計画書』に相当するものであった。

『簡約英語辞典』をさらに簡略にした『コモン・スクール英語辞典』(A Dictionary of the English Language, Compiled for the Use of Common Schools in the United States) を、ウェブスターは1807年に出版する。初版出版からかなり経った1817年に、ウェブスターはその再版を出版するが、この『コモン・スクール英語辞典』(1817年版) は英米の辞書研究家にまったく無視されている。しかし、それほど意味のないものであったであろうか。

1816年にジョン・ピカリングの『アメリカニズム集』(John Pickering, A Vocabulary of Words and Phrases Which Have Been Supposed to Be Peculiar to the United States) が出版される。これは最初の本格的なアメリカニズム集

とされる。アメリカ英語にたいするピカリングの態度に、ウェブスターが怒りを示している点でも注目したい。

　1828年になって、ようやくウェブスターの『アメリカ英語辞典』(*An American Dictionary of the English Language*) が上梓された。欠点を持ちながら、サミュエル・ジョンソン『英語辞典』(1755) からマリー他編『新英語辞典』(*A New English Dictionary*, 1884-1928 ; NED) までのもっとも重要な辞書とするのが定説である。トム・マッカーサー (Tom McArthur 1986; 光延訳 1991: 145) は、ノア・ウェブスターを「合衆国における初の本格的革新者であったことは間違いなく、英語にかんする神話的存在を奉る殿堂においてジョンソンに伍する座を占める人物である」とする。私は、『アメリカ英語辞典』を、アメリカの国語辞典と位置づける。ジョンソン『英語辞典』(1755) がイギリスの国語辞典として、イタリア、フランスの国語辞典に並ぶ偉業であったのと同様の意味で、ノア・ウェブスターによってアメリカにも国語辞典が誕生した。

第1章

アメリカ最初の英語辞典とその増補版
―辞書は模倣から始まった―

　アメリカ人の編集した最初の辞書 A School Dictionary (『学校用辞典』) は、24折り版 (縦約 12.5 センチ) 198 頁の小さなもので、収録語数は約 4,100 語である (Burkett 1979)。出版年は印刷されていないが、1798 年である。現存は 4 冊のみである。以下の記述は、マイクロカードによる。

　編者サミュエル・ジョンソン・ジュニア (Samuel Johnson, Junior) は、1757 年に現在のコネティカット州ニューヘイブンのギルフォードで生まれた。父サミュエル・ジョンソンは、キングズ・カレッジ (のちのコロンビア大学) 学長サミュエル・ジョンソンの弟ナサニエル・ジョンソンの息子であった。キャロル『もう一人のサミュエル・ジョンソン』(Peter N. Carroll, The Other Samuel Johnson, 1978) によると、大伯父サミュエルはラテン語や、ギリシャ語原典の新約聖書を教え、またヘブライ語で旧約を読むことを勧める学者であった。辞書編集者サミュエルは、地元のイェール・カレッジ (のちのイェール大学) で学んだあと、ギルフォードのアカデミーで教鞭を取る。ここで言うアカデミーは、ウェブスター『アメリカ英語辞典』(1828) によれば、コモン・スクールとカレッジの間に位置する学校であった。したがって、中等教育の学校である。その経験から生徒用の辞書の必要性を感じる。当時アメリカでは、小型辞典ではロンドンで出版されたエンティック『新綴字辞典』(John Entick, The New Spelling Dictionary, 1764)、そして 1787 年のクラケルト (William Crakelt) による改訂版『新綴字辞典』がアメリカで広く使われていた (Krapp 1925: 352)。

　この『学校用辞典』には、出版年が欠けている。しかし、「最近出版され、この町と近隣の町の商人によって販売される、『学校用辞典』」という

新聞記事が、1798年11月6日のニューヘイヴンの新聞 (*New Haven Journal Courier*) に現れているところから、1798年の出版であることがわかる (Burkett, 1979: 8)。

『学校用辞典』のタイトル・ページと広告 (当時は広告も本の中に入るものがあった) によれば、「子供に教科書では得られない、もっとも有益な語の正しい意味と発音を教える」ことを目的とする。序文で、編者は「著者は、教師としての長い経験から学校用辞典の欠けていることを知り、編集の刺激を受け、ここにその成果を公にする。教育のある人々に楽しみを提供するものでもないし、教示しようとするものでもない」とする。

語彙の選定に関しては次のように広告で明らかにする。

　　普通の辞書に載る語の大部分は、大変よく知られているか、廃れて久しいかであり、それらの語と定義を学ぶことに子供が使う時間は無益である。また、こうした語は多様であり、辞書があまりにも大部になり、高価となりすぎ、学校用の書籍としては一般には買えないものとなる。
　　よく知られている語と廃れた語に加えて、[英語の語彙には] 本当に役に立つが、子供には理解できない語がある。そしてそれを知ることは、優れた作家を読んで益するために重要であり、またその知識なしには何人も我々の言語を純粋かつ上品に書くことはできないのである。
　　これらの語を、我々の言語の膨大な語彙から選定すること、そしてその綴り・発音・定義が容易に習得されるように、手頃な大きさで、安価で、学校で使う本の範囲に収めることが著者の目的であった。

この文章のとおり、子供がよく知っているはずの語は省いている。したがって、この辞書も、イギリスの辞書発達の初期に見られた難解語集の類である。ただし、一般社会人を対象とした難語辞典ではなく、生徒用として役に立つ単語集である。

最初の10語の見出し語と定義を見てみよう (発音に関する符号と分節は省略)。

Abet, *v.a.* to encourage, to help

Abettor, *s.* he who encourages another

Abjure, *v.a.* to cast off, or abandon on

Ablation, *s.* the act of taking away

Abolition, *s.* the destroying, act of repealing

Aborigenes, *s.* the first inhabitants of a country

Abortive, *a.* unsuccessful, untimely

Abrogate, *v.a.* to rescind, annul, repeal

Abrogation, *s.* the act of repealing

Abscess, *s.* a fuelling containing matter

　これでわかるように、不定冠詞の a はもとより、abandon, abate, abbey, abhor, abide, ability, able, aboard, abolish などを見出し語としない。辞書というより単語集である。

　全体を見ても、英語の語彙体系を構成する father, mother, son, daughter, brother, sister や、day, night, hot, warm, cool, cold, large, small などは、見出し語としない。

　基本語を欠く一方で、アメリカの政治の根幹にかかわる constitution, president, republic, revolution さえ収録語彙とはなっていない。それでいて、brothel を見出し語とし、"a bawdy house, a bagnio' (女郎屋、売春宿) の語釈を与える。4,100 語といえば、厳選された語を収めるはずである。ちぐはぐな語彙選定である。また、Z の項を見ると、学術語がかなりある。

　発音は、発音区別符号 (diacritical mark) を見出し語に付ける。アクセント符号は使わない。序文によると、費用の節約のためである。発音区別符号のある母音がアクセントを示す方式を採る。これでは、第 1 アクセントのある音節以外の発音は知りようがない。

　次に、定義を検討する。序文に「最新でもっとも改善された辞書の簡約」とある。広告によれば、『ロイヤル・スタンダード英語辞典』(*The Royal Standard English Dictionary*) の簡約である。

先に挙げた10語のうち、abrogate, abrogation, absess 以外の7語は『ロイヤル・スタンダード英語辞典』の定義と全く同じである。また、Z項の9語のうち、6語の定義が同一である。
　全体を照合しても、定義のほとんどを『ロイヤル・スタンダード英語辞典』に依存する。
　『ロイヤル・スタンダード英語辞典』は、1775年にロンドンで出版された。編者はウィリアム・ペリーである。1頁38行で、596頁から成り、約3万語を収める。この辞書の4版がアメリカで最初に翻刻された辞書となる(マイクロカード使用)。1788年であった。
　正書法は、ジョンソンとは違い、music, public, zodiac と-ic を用いる。しかし、favour などでは-our で、theatre などで-re である。
　分節もほぼ現代と同じである。
　発音に関する前付けの説明はよくできている。
　しかし、語源、イディオム、句動詞、例文は無い。
　『学校用辞典』がこの『ロイヤル・スタンダード英語辞典』を下敷きとしたことは、間違いではない。しかし、4,100語では、辞書の名に値しない。イギリスの辞書編集の歴史の中に置いてみるならば、見出し語約2,500で、英語辞典の始まりとされるコードリー『アルファベット順語彙表』(1604) に相当すると言える。しかしながら、アメリカでの辞典出版の起爆材となった。この辞書の推薦者の中に、ノア・ウェブスターの名を見出すことができる。そして、ウェブスターは1800年に辞書編集計画を発表する。

　サミュエル・ジョンソン・ジュニアは、1800年に『学校用辞典』の改訂増補版に当する辞書を、ジョン・エリオット (John Elliott) と共編で出版する。アメリカ人の編集する2番目の辞書で、書名は変わって、*A Selected, Pronouncing, and Accented Dictionary* となる。この『精選発音アクセント入り辞典』は、16折り版で、横長の横12.5センチ、縦10.5センチで、223頁である (Burkett 1979)。2欄組みで、収録語数は約9,000語である。

共編者エリオットは、1786年にイェール・カレッジを卒業し、辞書出版時はイースト・ギルフォードの牧師であった。そのせいか、序文に『学校用辞典』にはない語彙選定基準が入る。

　普通に使われている辞書に対する反対は、その値段から生じるが、それ以上に、言語の繊細さと上品さの欠如から生まれている。慎み深い人には極めて耳障りで、赤面しないでは読めない語が多い。若者に慎み深さと繊細とを教え込むことは、早期教育の主たる目的であるが、それでいて、この目的は下品でみだらな語の見境のない使用によって全面的に打ち破られている。
　これらの反対すべきものを取り除き、安価であることと有用性とをできるだけ結び付けようと我々はした。
　こうした目的の下に、我々はもっとも有益な語を注意深く選んだ。その一方で、あまり使われない語、容易に理解できる語は除外した。

　この序文には、ニューイングランドのピューリタニズムが漂うが、同時に、のちにコネティカット・ヤンキーと言われる実用主義も読み取ることができて、興味深い。
　これだけの配慮にもかかわらず、「大変ショッキングで非常に下品なため、フランス語の辞書であれば、確実に載せないような語」が、F項にフランス語の形で見出し語にあると、アメリカの雑誌 (*American Review and Literary Journal*) の1801年の書評に出る (Burkett 1979: 19)。この書評子によれば、ジョン・アッシュ『新完全英語辞典』(John Ash, *The New and Complete Dictionary of the English Language*, 1775) からの孫引きとする。幸か不幸か、二人の編集者はこの方面の学がなかった。よりによって、「下品でみだらな語」が見出し語となってしまった。

　ところで、この辞典にもノア・ウェブスターの推薦文が収められている。ウェブスターは、

エリオットさん、私はあなたの原稿のすべてを調べる時間はありませんが、いろいろな所をたくさん読みました。あなたの全体的な計画と出来ばえを認めます。そしてあなたの労苦が報われることを心から望みます。多くの敬意を込めて、

　　　　　　　　　　　　　　ノア・ウェブスター・ジュニア

と、当たり障りのない推薦文を書く。

　この辞書の最初の見出し語10語を見てみる。

abandon, abase, abash, abate, abatement, abba, abbey or abby, abbot, abbreviation, abdicate

以上のように、『学校用辞典』とは、かなりの違いを見せる。

　政治に関しては、『学校用辞典』の democracy, democratic に加えて、次の語が見出し語となる。

Congress, *s.* a meeting, assembly, federal government
Constitution, *s.* the frame of body or mind, a law, form of government
Democrat, *s.* one fond of democracy to excess
Democratic, *a.* belong to a democracy, favouring french (*sic*) principles
Federal, *a.* relating to a league, or all the United States
President, *s.* the chief executive office of the Untied States
Republic, *s.* a government in which the people are the source of all power

定義では、「民主主義者」を「民主主義を過度に好む人」、「民主的な」を「民主国家の、フランスの原理を好む」と偏った語釈を与える。

　イギリスの英語には無く、アメリカで初めて使われるようになった表現（アメリカニズム）では、上の federal, president の語義、語としては、

Cincinnati, *s.* an American society of military officers

Tomahawk, *s.* an instrument, an Indian hatchet
Wampum, *s.* a curious Indian texture of bark and beads

が、わずかながら見出し語となった。

　書名の一部をなす発音では、一部の語にアクセント符号が付いた。その程度である。

　全体的に見るならば、単語集をやや抜け出してはいる。しかし、基本的には学習用難解語辞典である。

　この辞書の第2版が、初版と同年の1800年に出版されている。235頁、約9,500語を見出し語とする (Burkett 1979: 16)。筆者の調査では、前付け32頁、辞書本体203頁である (マイクロカードを使用)。内容的には初版とあまり違わない (Krapp 1925: 357)。しかし品詞名「名詞」が s. (= substantive) から n. (= noun) に変っている。

　基本語を含む、本当の意味で辞書と言えるものは、同じく1800年に出版された別の辞書である。

第2章

ケイレブ・アレグザンダー『コロンビア英語辞典』(1800)
―アメリカの辞書を目指す―

　アメリカ人による第3の英語辞典は、『コロンビア英語辞典』(Caleb Alexander, *The Columbian Dictionary of the English Language*, 1800) である。書名の Columbian はアメリカ合衆国の別名 Columbia の形容詞で、コロンブスに基づく。ここに編集者アレグザンダーの意図を読み取ることができる。その意図とは、「アメリカ英語辞典」の編集である。副題に、「多くの新語、特にアメリカ合衆国に特有な語と、他のどの辞書にもない多くの一般語が加えられている」と記されており、「外国人が英語の正しい発音を身につけるのを助け、学校で使われ、英語を文法的に学びたい人が使えるようにつくられている」。

　『精選発音アクセント入り辞典』と同年の出版であることは、アメリカに辞書出版の機運が高まったと見ても良いであろう。すでに第1章で触れたように、『精選発音アクセント入り辞典』にもアメリカニズムが、少ないといえども、見出し語となっている点も共通である。

　『コロンビア英語辞典』は、16折り版 (横13.5センチ、縦14センチ) で、556頁から成る (Burkett 1979；マイクロカード)。

　編者アレグザンダーは、1777年にイェール・カレッジを卒業し、その後 (現在の) ブラウン大学で学んだあと牧師となる。辞書出版後、アカデミーの校長を務めた。

　辞書本体に先だって、「広告」、発音解説 (A Prosodial Grammar) があり、辞書本体の後に、「異教の神話」、「古典発音辞典」が加えられている。

　見出し語の配列では、IとJ、UとVを分離している。フレンド (Friend 1967: 17) は、ウェブスター『簡約英語辞典』に関して、見出し語の配列で

iとj、uとvで始まる語を分けたのは、「明らかにウェブスターの新機軸である」と述べているが、これは誤りである。アメリカでは、アレグザンダーが最初に始めた。イギリスではバーン『英語発音辞典第2版』(J. Burn, *A Pronouncing Dictionary of the English Language,* 2nd ed., 1786) が最初である。『コロンビア英語辞典』のJは、

> jabber, jabberer, jacent, jacinth, jack, jackal, jackalent (*sic*), jackanapes, jackboots, jackdaw, jacket

で始まり、Vは、

> vacancy, vacant, vacate, vacation, vacuation, vacuist, vacuity, vacuous, vacuum

と続く。
　アレグザンダーは同一語でも、品詞が違えば別見出しとしている。これはサミュエル・ジョンソン『英語辞典』(1755)、ノア・ウェブスター『アメリカ英語辞典』(1828) と共通である。
　見出し語では、サミュエル・ジョンソン・ジュニア『学校用辞典』(1798)、エリオット＆ジョンソン『精選発音アクセント入り辞典』(1800) と違って、不定冠詞も見出し語となっているし、father, mother, day, night などの基本語も見出し語となった。ここでアメリカの辞書も18世紀の辞書の概念に相応しいものとなった。その意味で、この辞書は決して無視できるものではない。
　アレグザンダーは複合語にも注意を払った。と言って、エリオット＆ジョンソン『精選発音アクセント入り辞典』に複合語がなかったわけではない。bank bill, curtain lecture の程度はある。しかし、アレグザンダーは意識的に、複合語を辞書の見出しとした。(そして、そのすべてに発音表記を加えている)。
　例えば、

battle array	blind-man's-buff
battle axe	bonnyclabber
battle door	bookbinder
bay salt	booklearning
beauty spot	bookmate
bedfellow	book seller
bedstead	bowling-green
beefeater	brainsick
bellyache	bread corn
billiardtable	Brigadier General

などである (いずれもエリオット＆ジョンソン『精選発音アクセント入り辞典』では取り上げられていない)。billiard-table はサミュエル・ジョンソン『英語辞典』(1755) にも見出し語となっていない。brigadier general はウェブスター『アメリカ英語辞典』(1828) の見出し語から落ちている。

　by and by のような成句も見出しとしている。これは成句を原則として記述しないことから来る便宜的な方法であろう。これを一つの語彙素としたのであれば、見事である。

　アレグザンダーが civil war (内乱) を見出し語としているのは、見識である。ジョンソン (1755) もそうすべきであった。

　ウェブスターはどうか。1806 年の『簡約英語辞典』、1807 年の『コモン・スクール英語辞典』、1817 年版『コモン・スクール英語辞典』のいずれでも civil war を採録していない。1828 年の『アメリカ英語辞典』で初めて civil war が現れるが、civil death, civil law, civil list, civil state, civil year, civil architecture とともに、見出し語ではなく、慣用的表現としている。20 世紀の英語辞典で civil war を見出し語としない辞書は考えられない。

　次に、1800 年のエリオット＆ジョンソン『精選発音アクセント入り辞典』、1806 年のノア・ウェブスター『簡約英語辞典』と最初の部分を比べてみよう。

Elliott-Johnson (1800)	Alexander (1800)	Webster (1806)
abandon	a	a
abase	abated	aback
abash	abactor	abacot
abate	abacus	abacus
abatement	abaft	abbadon
abba	abaisance	abaft
abbey, abby	abalienate	abaisance
abbot	abalienation	abalienate
abbreviation	abandon	abandon
abdicate	abandoned	abandoned

　わずか10語を比べてもわかるように、アレグザンダーはエリオット＆ジョンソンより、はるかに多くの語を見出し語としていることを予想させる。そして、ウェブスター『簡約英語辞典』とほぼ同じレベルにまで達している。ほかの部分を比較しても同じである。
　編者の言う「アメリカ特有の新語」はどうか。
　次のアメリカニズムが見出し語となっている。

　　Antifederal, *a.* opposed to a government by compact
　　Antifederalism, *n.* opposition to a government by compact
　　Antifederalist, *n.* one opposed to a government by compact
　　Caucus, n. a private meeting to concert a plan of acting
　　Lengthy, a. long, tedious
　　Minute man, n. a man ready at a minute's warning

　6語では「多くのアメリカ特有の新語」とは言えない。規模は違うとはいえ、1775年発行の ジョン・アッシュ『新完全英語辞典』(John Ash, *The New and Complete Dictionary of the English Language*) では 22 語が見出し語となっている。

しかしながら、数は少ないとはいえ、lengthy を見出し語としたことに注目したい。lengthy の初出は 1689 年であるが、イギリスの辞書で採り上げられることはなかった。それどころか、イギリス人によって嘲笑され、野蛮な語として非難されることになる語の一つである。

1793 年に『ブリティシュ・クリティック』誌に、

我々［イギリス人］は、大西洋の向こう岸の同胞からの、共通の言語の真の改革をいつでも喜んで受け入れよう。しかし、93 頁の longer, more diffuse の意味の more lengthy のような表現を、今後、今まで以上に広がることは認める気にはまずならないであろう。

とある (OED の lengthy から引用)。

この語に関しては、アメリカでも次のような非難があった (Burkett 1979: 26)。

lengthy という語が、ここに初めて辞書編集者によって公的に採録される名誉を得る。この語は、しばしば私たち著述家によって下等な新造語と裁かれ非難されてきたもので、その判断の根拠を検討することも許されるであろう。(*The American Review and Literary Journal*, I (1801), p.219)

このような当時問題とされる語をあえて採録したことに、『コロンビア英語辞典』の編集者の意気を感じることができる。そして、lengthy の採用は正しかったと言える。19 世紀の中葉にはイギリスでも使われるようになり、現在ではこの語をアメリカニズムと意識する人はいない。

次に、アメリカで新たに加えられた意味はどうだろうか。

Cent, *n.* an American copper coin, being one hundredth of a dollar, or one tenth of a dime

> Congress, *n.* the supreme legislature of the United States
> Congressional, *a.* belonging to congress
> Dime, *n.* an American silver coin, being one tenth of a dollar
> Dollar, *n.* an American silver coin being one tenth of an eagle
> Eagle, *n.* an American coin of the value of ten dollars; the impression on the seal of the United States
> Yanky, *n.* a cant term for a New England man

　antifederalism, caucus, minute man などを「語形成のアメリカニズム」と呼ぶならば、上のようなアメリカでの意味の拡大を「意味のアメリカニズム」と言って良いだろう。「意味のアメリカニズム」も数は少ない。しかし、合衆国の貨幣体系が辞書に記述されるのは、英米を通してこれが始めてであり、'cant term' としてであっても Yanky〔Yankee〕を見出し語とするのも、『コロンビア英語辞典』をもって始まる。Yankee を「語形成のアメリカニズム」ではなく、「意味のアメリカニズム」としたのは、イギリス兵がニューイングランド人を嘲笑するのに使っていたからである。

　lengthy 同様、Yanky の見出し語採用においても、編者アレクザンダーの意図を見て取ることができる。

　「ほかのどの辞書にもない一般語」はどうか。composuist, lintar, ratiability などがあるだけで (Burkett 1979: 26)、これは羊頭狗肉である。

　綴字は classic, music で、classick, musick ではない。また、favor, honor であり、favour, honour ではない。しかし、centre, theatre である。ウェブスターは 1787 年以来、music, favor, center を主張しているが、アレグザンダーが、ウェブスターの影響を受けたとすることはできないであろう。ウェブスターは music, favor, center を必ず一緒にして主張したのであるから、もしウェブスターに従っていたならば、center, theater としたであろう。1800 年当時のアメリカでは、classic, music とともに、classick, musick も依然として使われており、favour, centre もかなり使われていた。

　-ic は問題ない。ジョンソン『学校用辞典』(1798) でもエリオット＆ジョンソン『精選発音アクセント入り辞典』(1800) でも -ic である。

辞書を離れて、18世紀最後の四半世紀におけるアメリカの綴字の実際はどうであったか。

アメリカのもっとも重要な文書「独立宣言」は、多くの参考図書に当時の書体がファクシミリ版で掲載されていて、容易に確かめることができる。

-ick / -ic では、

・Hᴇ has refused his Assent to Laws, the most wholesome and necessary for the public Good.
・Hᴇ has called together Legislative Bodies at Places unusual, uncomfortable, and distant from the Depository of their public Records ....
・Hᴇ has excited domestic Insurrections amongst us ....

と、一貫して-ic である。

-our / -or では、

・Hᴇ has endeavoured to prevent the Population of these States ....
・For abolishing the free System of English Laws in a neighbouring Province ....
・[Hᴇ] has endeavoured to bring on the Inhabitants of our Frontiers, the merciless Indian Savages ....
・... we mutually pledge to each other our Lives, our Fortunes and our sacred Honor.

と、endeavour である。しかし、honor と併用されている。これは18世紀においては、珍しいことではなかった。

ここで面白いのは、ジェファーソンがフランクリンに最初にみせたと思われる草稿 (Becker, *The Declaration of Independence*, 1992: 141-51) では、

・he has endeavored to prevent the population of these states ....

第2章 ケイレブ・アレグザンダー『コロンビア英語辞典』(1800) *43*

> ・he has endeavored to bring on the inhabitants of our frontiers the merciless Indian savages ....
> ・we must endeavored to forget our former love for them ....

と、endeavor で一貫しているのに対して、

> And for the support of this declaration we mutually pledge to each other our lives, our fortunes, & our sacred honour.

と、ジェファーソンは honour を用いていることである。

　また、われわれの知る「独立宣言」まで行くには、過程がある。最初の草稿に手を入れたものもベッカー『独立宣言』(174 - 84 頁) に載っている。それによると、neighbor, honour は最初の草稿と同じである。endevor は、2 番目が endevour と変わっている。

　このように綴字が変わったことは、多数の人が目を通すことによって、保守的になったと考えてよいであろう。-re / -er の語は見あたらない。

　次に、合衆国憲法 (1788 年発効) を見る。

　-ick / -ic では public Ministers, public Acts, public Trust と一貫し、-our/ -or では behaviour, labour で一貫している。

　ジョージ・ワシントンは独立革命の間に、正書法を変えた。

　ごく例外的に favor (1749 年、50 年に書かれた手紙) を用いることはあったが、ワシントンは -ick, -our であった。それが、1775 年 7 月 10 日の手紙で、favor, 同年 8 月 25 日に、public (同じ手紙で favour も使っている) を使い始めた。これには、ワシントンの文通者ハンコック (John Hancock)、スカイラー (Philip Schuyler)、トランブル (Jonathan Trumbull, Sr.)、キャンベル (Donald Campbell) などが -or 綴りを用いていたことによると思える。と言っても、その後もほとんどが -ick, -our である。ワシントンの自筆に基づく全集が未完であるので、途中を飛ばして言えば、1784 年には、-ic に統一されている。

　大統領就任時 (1789 年) には、ワシントンは -ic, -or であった。

アカデミー設立を唱えたこともある第2代大統領ジョン・アダムズは死ぬまで -ick, -our, -re 綴りであった。
　第3代大統領ジェファーソンは、若いときからほぼ一貫した正書法を用いた。彼は、1770年にはすでに、favor, favorite, endeavor, honorable である (1773年には honour も用いた)。-ick / -ic の問題で確かめられる最初の例 (1774年) でも pubic, domestic である。ジェファーソンも endeavour, favourable を全く用いなかったわけではないが、大部分が -or であった。
　このように、18世紀末のアメリカでもまだ -ic, -or, -er が確立していたわけではない。こうした状況の下で、アレグザンダーがあえて favor, honor などの -or 綴りを採用したのはやはり英断と言えよう。決してノア・ウェブスターだけではなかったのである。
　辞書に戻る。
　発音と定義のサンプルを挙げる (マイクロカードのやや鮮明な部分を選ぶ)。

DAB, dăb, *n.* a gentle blow
Dab, dăb, *v.a.* to strike gently
Dabble, dăbl, *v.a.* and *n.* to smear; to play in water
Dace, dāse, *n.* a small river fish
Dad, dăd, *n.* ⎫
Daddy, dăd′de, *n.* ⎭ a puerile expression for father

Daffodil, dăf′fodĭl, *n.* ⎫
Daffodilly, dăf′fo-dĭlle, *n.* ⎭ a yellow flower
Daft, dăft, *v.a.* to toss aside
Dagger, dăg′ur, *n.* a short sword, a bayonet
Daggle, dăg′l, *v.a.* and *n.* to trail in the dirt, to be in the mire

　発音の記述にアレグザンダーは力を入れている。すべての見出し語に発音表記を付している (正確に言うと、記載ミスと思えるものも例外的にあ

る)。

　boatswain をどう発音区別符号で表記したらいいか。サミュエル・ジョンソン (1755)、エリオット＆ジョンソン (1800)、ノア・ウェブスター (1806) ではわからない。アレグザンダーでは［bōsn］と表記されている。同様に cough もジョンソン (1755) ではわからない。アレグザンダーは［kawf］である。

　アレグザンダーは、複合語にも発音表記を与えた。これは大変な功績である。複合語にも少なくとも第1強勢が表記されるべきである。複合語の発音表記の点で、アレクザンダーは時代をはるかに越えていた。次に、サンプルを挙げる。

　　Beauty spot, būe′te-spŏt
　　Belle Lettres, bĕl-lĕt′r
　　Bread corn, brĕd′kâwrn
　　Brigadier General, brĭg-a-dēerjĕn′eral
　　Broadcloth, brâwd′klŏth
　　Camera obscura, kăm′era-obsku′ra

　ジョンソン『英語辞典』(1755) では、beauty-spot, belle lettres, bread-corn, broad-cloth にはストレス符号がついていない。beauty-spot, bread-corn, broad-cloth は第一音節にストレスがあることは「常識」的にわかるが、belle lettres はそうはいかない。さらに、ジョンソン『英語辞典』(1755) の brigadi′er general では誤解を生む。アレグザンダーの方が優れている。

　アクセントの位置に関しては、ジョンソン『英語辞典』(1755) が azure の第2音節にストレスをおいているのに対して、アレグザンダーは第1音節にアクセントを付けている。この点では、ウェブスター『簡約英語辞典』もアレグザンダーと同じである。

　「広告」でアレグザンダーは、発音に均一で永久的な標準を与えようとするものではないと述べている。その反映であろうか、advetisement に第3音節にアクセントを置くものを最初に出し、次に第2音節にアクセント

のあるものを置く。これを徹底すればすぐれた記述辞典となったはずであるが、他には見あたらない。

定義では、アレグザンダーも、ジョンソン『学校用辞典』(1798)、エリオット＆ジョンソン『精選発音アクセント入り辞典』(1800) と同じように、ペリー『ロイヤル・スタンダード英語辞典』(1788) を利用している。先行の２書はほとんど全面的にペリーに依存しているが、アレグザンダーはそのようなことはない。第１頁の26項目でペリーと同一なのは次の７項目である。

Abacted, *part*. driven away by violence
Abactor, *n*. one, (*sic*) who steals cattle in herds
Abaisance, *n*. a bow of respect
Abandoning, *n*. forsaking, deserting
Abasement, *n*. depression
Abater, *n*. one who abates
Abbess, *n*. the governess of a nunnery

アレグザンダーは、ジョンソン『英語辞典』(1755)、あるいはその定義をほとんど引き継いでいるシェリダン『一般英語辞典』(1780)、ウォーカー『批判的英語発音辞典及び発音解説書』(1791) も利用している。例えば、

Ablactate, *v.a*, to wean from the breast
Aboard, *ad*. in a ship
Abracadabra, *n*. a superstitious charm against agues

などはジョンソン『英語辞典』(1755) と同じ定義である。また、ジョンソンの定義の二つの中の最初のものだけを使ったと思えるものもある。

全般的に見て、アレグザンダーの定義はジョンソン『学校用辞典』(1798)、エリオット＆ジョンソン『精選発音アクセント入り辞典』(1800) より独自なものとなっている。また、のちのウェブスター『簡約英語辞典』

と比べても、一つの辞書に依存する程度は、はるかに低い。

　『コロンビア英語辞典』は基礎語を含み、発音表記をすべての語に与えている点、複合語を重視する点で、辞書の名に値するものになっている。
　また、その意図において、『コロンビア英語辞典』はアメリカの辞書を目指したものであって、アメリカ英語辞典の先駆けをなす面をも持つことを指摘したい。次章で扱うノア・ウェブスター『簡約英語辞典』よりも、『コロンビア英語辞典 』の方が、総合的に見るならば優れているというのが筆者の評価である。

第3章

ノア・ウェブスター『簡約英語辞典』(1806)
―ノア・ウェブスターの最初の辞典―

　「綴字教本」から著述を始めたノア・ウェブスターは、文法書、読本の『英語文法摘要』三部作を終えたあと、新聞・雑誌の編集に携わり、疾病、政治、教育、宗教、道徳を論じた。晩年は、聖書の改訂に力を注いだ。しかしながら、後世の記憶するウェブスターは、「綴字教本」と辞書の著者としてである。彼の最初の辞書が、*A Compendious Dictionary of the English Language* (1806) である。この『簡約英語辞典』は、12折り版 (縦17センチの小型辞典) で、序文21頁、辞書本体355頁、付録43頁から成る。書名の compendious は、『簡約英語辞典』では、"short, brief, concise, summary"と、類義語を並べただけである。しかし、ウェブスター自身の定義によれば、「短い、要約した、簡約 (短縮) された、包括的な、限られたスペースに主題または著作の内容と一般原理を収める」の意味である (『アメリカ英語辞典』(1828))。したがって、より大きな書物の内容を簡約したものを指す。

　ノア・ウェブスター直系の辞書は、現在メリアム・ウェブスター社で出版されているが、その系列に属するフェデラル・ストリート・プレス出版の『ウェブスター新百科辞典』(*Webster's New Encyclopedic Dictionary*, 2002) は、compendious の「語法」で、「ノア・ウェブスター『簡約英語辞典』は、355頁に3万7千語を定義する。彼は自分の辞書をサミュエル・ジョンソン『英語辞典』の大きな2冊本より語彙を多くしようとした。ウェブスターの compendious は、「包括的で、簡潔な」を意味した」と解説する。

　上の解説でやや不満なのは、ウェブスター自身は、『簡約英語辞典』より大きな、ジョンソン『英語辞典』に匹敵する大辞典編集を最初から考え

ていたことが、抜けている。生徒用の辞書を加え、合計3種類の出版を計画していた。

ウェブスターの最初の辞書が刊行される予定、との記事がウェブスターの地元ニューヘイヴンの新聞に掲載されたのは、1800年6月4日であった (Warfel 1936: 289)。

　当市のウェブスター氏は、我々の理解するところでは、1783年に始まった、若者の［英語］教育の体系を完成させることに従事している。計画されて久しい、アメリカ語の辞書 (a Dictionary of the American Language) を用意しつつあるが、他の用務のために現在まで延びている。企画されているところでは、学校用の小さな辞典、会計事務所用の辞典、学問に携わる人のための大辞典である。
　第一のものは、印刷寸前である――第二、第三は数年の骨の折れる仕事を必要とするであろう。
　アメリカ語とイギリス語 (the American and English language) にかなりの相違があるため、この種の本が絶対に必要であることが知られている。新しい環境・新しい生活様式・新しい法律・さまざまな新しい概念は、新しい語を生み出す。実際、イングランドとアメリカの言語は、多くの重要な相違を既に作り出しているのである。新しい語がアメリカで初めて使われており、さらに多くの新しい意味が語に加えられていて、それらは説明を必要とする。土地の保有[形態]と教会組織の改変は、アメリカの英語から、イギリスの英語に属する数百の語を追い払うことになるであろう。両国の言語の相違は拡大し続け、我々はアメリカ語辞典 (Dictionaries of the American Language) を所有することが必要となる。

　この記事は、記者がインタヴューの上で書かれたものではあろうが、ウェブスター自身が書いたといってもいいほど彼の主張が出ている。アメリカの英語の、イギリス英語からの独立は、『英語論』(1789) 以来の主張である。この時点でも、「アメリカ語」はウェブスターのトレードマークであった。

この記事にある 1783 年は、ウェブスターの『英語文法摘要』の第 1 部「綴字教本」の出版された年であり、その後、「文法」、「読本」と揃い、あとは辞書で教育体系に必要な本の完成ということになる。ウェブスターの辞書予告は、サミュエル・ジョンソン・ジュニア『学校用辞典』(1798)、エリオット＆ジョンソン『精選発音アクセント入り辞典』(1800) と、相次ぐアメリカでの辞典出現と無関係ではないであろう。

ウェブスターの辞書予告が出ると、早速反応があった。しかしそれは芳しくないものであった。ウォーフェル (Warfel 1936) から引用する。

Massa Webster plese put sum HOMMANY and sum GOOD POSSUM fat and sum two tree good BANJOE in your new what-you-call-um BOOK for your fello Cytyzon.

CUFFEE

Brother noah

Instead of I *keant keatch* the *keow*, an English man *on a town bred* american would say. *I cannot Catch the Cow*, but you being a *brother Yankey* will be sure to spell right in your new Yankey dictionary.

yours, &c. *Brother Jonathan*

N.B. *mind and give us true deffinition of bundling.*

上の文章の綴りは、ウェブスターが『英語論』の付録で提案した綴字改革案を踏まえた、ウェブスターもどきである。このように揶揄、それどころか愚弄されて、ウェブスターは平然としていられたであろうか。泰然自若として「アメリカ語辞典」の編集を続けられたであろうか。そうは思えない。ウェブスターは『簡約英語辞典』では、綴字は元の改革案からはるかに後退しているからである。

見出し語でも、自分自身がニューイングランド人のウェブスターは、軽蔑的に使われる Yankee という語をきらった。上述の「あなたはヤンキー兄弟だから、あなたの新しいヤンキー辞書ではきっと正しく綴るでしょ

う」という Yankey, Yankee は、『簡約英語辞典』の見出し語とはならなかった (アレグザンダー『コロンビア英語辞典』では見出し語の一つである)。これも上述の文にある、粥にした引き割りトウモロコシ、現在の hominy は、hommony として見出し語となり、くだけた表現 possum は無いが、opossum は見出し語となっている。banjo が見出し語となっていないのも意外である。

「bundling の正しい定義を教えて欲しい」という bundling は、ニューイングランドで未婚の男女が服を着たままベッドに入る風習を指し、堅物ウェブスターがその定義を与えることなどとても考えられないことを知った上での揶揄であったであろう。

実際にウェブスターの最初の辞書が出版されたのは、予告の 6 年後であった。「商人、学生、旅行者のため」と副題にある。20 世紀のアメリカの辞書出版事情で言えば、大辞典の下に位置するカレッジ版辞典と言えよう。ウェブスターは北部の大学に『簡約英語辞典』を送っている (Burkett 1979: 133)。そこからも、大学生もターゲットとしていたと考えて良い。

『簡約英語辞典』には、「もっとも優れた簡約辞典に 5,000 語が加えられた」とタイトル・ページにある。「もっとも優れた簡約辞書」とは何か。先行の辞書の批判が続いたあとの序文の 19 頁で、「英国でも合衆国でも世論がこの種の最高の編集とする、エンティックの綴字辞典の増補・改良である」ことを明らかにする。「彼の語の選定、正書法、発音と定義は、疑いもなく、私の選択が正しいことを証明している。もっとも完全な彼の語彙に、私は約 5,000 語を追加した」。

ジョン・エンティックの『新綴字辞典』(*The New Spelling Dictionary*, 1764) は、「ポケットの友」を謳う小型辞典で、1770 年にはアイルランドでダブリン版も出るほど好評であった。エンティック死後の、クラケルトによる改訂版 (1787) が 1800 年にデラウェア州ウィルミントンで、1805 年にはコネティカット州ニューヘイヴンで翻刻される。これには「全体は、全く新しい方法で編集・簡約され、合衆国の学校用に合わせる」という語句がタイトル・ページに入っている。前付けに、リンドリー・マリー (Lindley Murray) の文法大要、後付けに、ギリシャ神話に登場する固有名詞、年表、

アメリカの郵便局所在町 (この部分は合衆国の学校用に書きかえられている) が付いている (調査は 1805 年のアメリカ翻刻版に基づく)。

　このエンティック翻刻版の付録もウェブスターは採り入れた。翻刻版がニューヨークからの距離を郵便局所在地に加えるのに対して、ウェブスターは首都ワシントンからの距離、例えばコネティカット州ニューヘイヴンであれば、331 ［マイル］と入れた。

　ウェブスターの年表は、紀元前 4004 年の「世界の創造とアダムとイヴ」から始まり、1803 年「オハイオ、州となる」で終わる。2 欄組みで、23 頁の年表である。8 頁にわたる通貨表、6 頁の度量衡などと共に、参考図書的役割も果たしている。アメリカの辞書は、しばしば百科辞典的性格を持つと言われるが、元を辿れば『簡約英語辞典』となる。そして、この場合もお手本はイギリスにある。

　『簡約英語辞典』の綴字から検討する。

　「もっとも明白な誤りを除いて、私は語の正書法には重要な変更はなにも行なってはいない」(序文 xx 頁)。「明白な誤り」は、sceptre, honour, musick, mould などを指す。

　序文 (vi-x) において、先行の辞書の正書法を批判し、fether, lether の正しさを主張する。

　leather, feather, weather, stead, weald, mould, son, ton, wonder, worship, thrift などの現存の正書法は、汚されている；英文学の暗黒時代に、ノルマン君主の下に損なわれたのである。最初のサクソン語[古英語]の著述から 12 世紀までの真の正書法は、lether, fether, wether, sted あるいは stede, welga, mold, suna ［最も古い形態は sunu］, tunna, wundor, worthscipe, thurst である (序文 vii 頁)。

　ウェブスターの主張のように古英語の綴りが正しいとするならば、「私」、「本」、「足」は、ic, boc, fot である。現在の発音も当然古英語とは違う。同様に、weald, son, ton などの古英語も相当違う発音である。

　12 世紀以前の綴りを「正しい」とするウェブスターは、見出し語に次

のように自分の主張を並列する方法を採った。

> Feather or Fether
> Leather, *more correctly* Lether
> Stead or Sted
> Wealth or Welth
> Weather or Wether

　言うまでもなく、ウェブスターの主張に従う者は、イギリスはもとより、アメリカにも一人もいない。
　musick などの -ck に関して、ウェブスターは、

> 　語末の c のあとの k は注意に値する。不注意な著述家による言語の堕落の顕著な証拠となっているのだから。ジョンソンは、c は一定の音をもっていないので、英語の正書法に従えば、語の終わりとなることはない、と述べている。この傑出した批評家がもう少し注意深く古代の文献を調べていたならば、彼の言の反対が真実であることを知ったであろう。彼の観察の基となっている、すべての語を c のあとでは k で終える当時の慣習は、ノルマン時代に改められたことである（序文 vii 頁）。

と、ジョンソンを批判する。
　ウェブスターにとっては、フランス語の方言を話すノルマン人の 1066 年のイギリス征服は、英語の本来の姿を崩す要因であった。ノルマン人の征服以前に戻すのが正しいとする。しかし、この点では「幸いにして、大抵の著述家は無用の k を退けている」。辞書がこの慣習に権威を与えるべきである、とウェブスターは考える。
　『簡約英語辞典』での見出し語は、したがって、cubic, music, public である。しかしながら、ウェブスターは一貫性を欠き、almanack, frolick, havock, traffick を見出しとする。「堕落」は一掃されてはいない。
　第 2 章で触れたように、music 型綴りを辞書の見出し語としたのは、ウ

ェブスターが初めてでは決してない。アメリカの研究者がこの点に触れないのは、怠慢であるか、「革新者ウェブスター」の既成概念から抜けきれていないからかである。

　sceptre 型の綴りを、ウェブスターは「正書法の無法者」(outlaws in orthography) としている。その根拠として、

> そして、フランス語の nombre, chambre, disastre, disordre, diametre, tigre, chartre, arbitre, tendre, fievre, entre, monstre と、サクソン語の hongre と他の数百語が、発音に合わせて number, chamber, disaster, disorder などに変えられているのに、lustre, sceptre, metre と他の数語が、外国の衣装を纏うことが許されているのは、正書法のあらゆる面に観察される不一致の一つなのである (序文 viii 頁)。

と述べる。『簡約英語辞典』は、「無法者」を法に従わせて、luster, scepter, meter としている。

　center 型は、序章で触れたように、イギリスでもベイリー『ユニバーサル語源入り英語辞典』(1721) がすでに center を見出し語としている。

　honor に関しては前章で論じた。

　ウェブスターは、さらに『英語論』の綴字改革案の一つを『簡約英語辞典』に導入した。doctrin, determin を見出し語とする。その論拠は、

> 原語 determino, examino, doctrina などで e の文字はないし、前の母音の発音を変えることもしていない [mine などでは /main/ になるが、determine では /-min/ である]、それに派生語 determination, examination, doctrinal, disciplinarian, medicinal では、e は決して用いられない。一方、ある類の語では間違った発音の原因となる。英語において許すべからざる野卑の名残りである (序文 x 頁)。

determin, doctrin, examin を見出し語とする辞書が、広く使われるはずがないことまで、ウェブスターは予測できなかった。

ウェブスターは、1828年の『アメリカ英語辞典』では彼の主張から後退して、determine, doctrine, examine を見出し語とする。しかし、依怙地にも、fether, fether をなおも併記している。

次に、発音表記を検討する。発音表記は、基本的には第一強勢だけで、極く少数に母音、子音の読み方を付す。エンティック『新綴字辞典』翻刻版 (1805) は第一強勢のみであった。ウェブスターは多少の工夫も加えた。『簡約英語辞典』の発音解説によると、

母音の上にアクセント（記号）がある時は、長音である。例、vócal, reláte, redúce, bríghten.

子音の後にアクセントがある時は、前の母音は短音である。例、hab′it, cus′tom, amend′, abhorr′ence, abrupt′, cyl′inder.

アクセントのある音節が二重母音を含む時は、その音は文字により明瞭に示されているので、アクセントは音節の終りに置く。例、renew′, rejoice′, destroy′, devour′, withdraw′.

語の発音が文字の本来示す音と大変異なる時には、別の正書法で示す。

ch は、別の発音が示されない場合は、church のように英語の音を持つ。

e, i の前の g の音は一般的な法則にすることはできないので、g は j のような軟音 [dʒ] を持つ。そうでない場合は [g] を示す。

語根に関して与える指示は、すべての派生語にも及ぶものとする。

イタリックの文字は、br*e*ad, *e*arth の場合のように、黙音である。

lo″gic, ma″gic, a″cid のように、2重アクセント（記号）は次の子音が第一音節に属することを示す。その場合の c と g は、lojjic, majjic, assid のように、軟音である。

以上の方式で、ウェブスターは発音を記述した。「別の正書法」をいくつかあげると、

lose [looz], sought [sawt], sous [soo], sove′reign [suverun], wor′ry [wurry] となる（[ ] 内がウェブスターの言う「別の正書法」である）。

発音全体に関しては、

北部諸州では、教育ある紳士は、偉大なジョンソンの敷いた「書きこ

とばから逸れることのもっとも少ないのが、もっとも上品な話し手である」という規則に従うのが慣習となってきた (序文 xv 頁)。

と、ジョンソンを良しとする。「書きことば」とは、この場合正書法を指すので、ウェブスターの綴字改革とは結局は矛盾する。

次に、もっとも力を入れたと思われる見出し語の選定に移る。

先の引用文で触れたように、『新綴字辞典』翻刻版に約 5,000 語を加えている。従ってエンティックの収録語とあわせて考えるのが妥当であろう。エンティック『新綴字辞典』翻刻版 (1805) の 2 頁目は 79 の見出し語から成る。

エンティックの見出し語のうち、ウェブスターは abjugate, aborigines と abstrusity を落とした。abjugate はアメリカでは使われていなかったからであろう。aborigines, abstrusity は何故省いたのであろうか。

ウェブスターの『簡約英語辞典』(1806) に新たに加えられた語は、

Ablactation	Abominably	Absolutory
Ablaqueate	Aboriginal	Absonant
Ablation	Aboriginals	Absonous
Ableness	Abortiveness	Absorption
Abnodation	Abrade	Absterge or Absterse
Abnormity	Abrasion	Abstergent or Abstersive
Abodement	Absconding	Abstinent
Abolishable	Absentee or Absenter	Abstract (*a.*)
Abominableness	Absoluteness	Abstractly

と、かなり多い。ジョンソン『英語辞典・9 版』(1805) の見出し語にない語は、ablactation, abnormity, aboriginal, aboriginals, abrasion, absconding, absenter である。しかしながら、aboriginal, aboriginals を除くと、他はアッシュ『新完全英語辞典』(1775) の見出し語となっている。従って、ウェブスターはアッシュの辞書を参考とした可能性が強い。

Zの項を見ると、やや傾向を異にする。『新綴字辞典』翻刻版 (1805) の最後の 10 語と対比すると、『簡約英語辞典』には次の語が加えられている。

zinky	zodiacal	zoophite
zircon	zoological	zoophoric
zivel	zoologist	zoophorus
zivolo	zoonic	zootomist
zocco	zoonomy	zygomatic, zigomatic

上記の中で、zinky, zircon, zivel, zivolo, zodiacal, zoological, zoonic, zoonomy, zoophite, zootomist, zygomatic (zigomatic) は、アッシュ『新完全英語辞典』(1775) にも無い。

科学用語に力を入れていることは序文の随所に見られる。Zの項を見ただけでも、それは確認できよう。

科学・科学技術の用語として、amentaceous, basalt, caudal, chlorite, dendroid, desquamation, electrometer, ephemera, ferric acid, gasify, lympheduct, Magellanic clouds, ogee, trivalvular を、『簡約英語辞典』に初出するものとしてフレンドが挙げている (Joseph Friend, *The Development of American Lexicography 1798-1864*, 1967)。

科学用語と並んで、ウェブスターの強調するものに、アメリカニズムがある。序文に、

合衆国での新しい語もあるし、それより普通なのは、イギリスで使われている語が新しい意味を［アメリカで］得た。この種の語は、ある州あるいは数州で一般に使われている場合か、法律と裁判の分野で公的権威により認められた場合に、この本に採り入れられる (序文 xxii 頁)。

と、原則を示す。

「合衆国での新しい語」はどの程度採り入れられているのだろうか。以

下は筆者によるもので、多少の遺漏はあるかと思う。

Americanism ("love of America and prefevence of her interest")	muskrat
Americanize ("to render American")	opposum
bluff ("a steep bank or high bold shore")	persimmon
bullfrog	poke ("a plant")
butternut	porgy
canebrake	prairy [prairie]
caribo [caribou]	puccoon
catalpa	quahog
caucus	raccoon
chowder	rattlesnake
colin	redemptioner
congressional	sachem
consociational	Sambo ("the offsping of a black and a mulato")
constitutionality	
cornstalk	mulatto
cranberry	schooner
doomage	scow
emigrant	selectman
eventuate	skunk
firewarden	sledding
gubernatorial	snowshoe
hickory	squash ["fruit"]
hummingbird	stenographer
landoffice	succotash
lengthy	tomahawk 「remove」
menhaden	tote ("to carry, convey,
mileage	tuliptree
mill ("a nominal coin of the United States")	tupelo

moccason or moggason   underbrush
moose   wampum
warwhoop   winterkill
（　）内の語義は『簡約英語辞典』のものである。

　この数は、当時使われていたアメリカニズムと照らして見ると、相当少ない、と言わざるをえない。

　もう一つの観点からの検討も必要であろう。先行の辞書はアメリカニズムをどう扱ったか。

　筆者の調査では、アメリカニズムがイギリスの辞書に最初に現われるのは、J. K.編『新英語辞典』(*A New English Dictionary*, 1702) である。rattle-snake, cardinals flower が見出し語となっている。rattle-snake には定義もなく、cardinals flower に "American bell-flower" とあるだけの簡単なものであった。

　それ以後はどうか。主な辞書でチェックしてみよう。

	B. 1747	J. 1755	A. 1775	S. 1780	Wa. 1791	E. 1805	J. 1805	Web. 1806
bullfrog			○					○
buttontree			○					
candleberry		○	○	○	○		○	
cardinal's flower		○	○				○	
drumfish		○	○	○	○		○	
emigrant			○			○		○
humbird			○	○	○	○		○
hummingbird			○	○	○	○		○
mockingbird	○	○	○	○	○			○
moose	○	○	○	○	○	○	○	○
muskrat	○		○					○
musquash	○		○					

	B.	S.	J.	Wa.	A.	E.	Web.
persimmon			○				○
raccoon	○	○	○	○	○	○	○
rattlesnake	○	○	○	○			
rattlesnakeroot		○	○	○	○		
sachem	○				○		
sagamore	○	○			○		
schooner			○				○
squash	○	○	○	○	○	○	○
terrapin			○				
tuliptree		○	○	○	○		○	○

B.: Bailey　　J.: Johnson　　A.: Ash
S.: Sheridan　Wa.: Walker　　E.: Entick
Web.: Webster

　上の表から、アッシュの『新完全英語辞典』(1775) が群を抜いて多いことがわかる。シェリダンの『一般英語辞典』(1780)、ウォーカーの『批判的英語発音辞典』(1791) はジョンソンに拠っていると推測することもできよう。ベイリーは『ユニバーサル語源入り辞典』であるが、初版 (1721) ではなく、その後の 1747 年版を使用した。

　『簡約英語辞典』は、アッシュの『新完全英語辞典』の見出し語となっている buttontree, candleberry, drumfish, rattlesnakeroot, sagamore, terrapin をも欠いている。これらは、1806 年の時点において、当然見出し語となるべきであった。

　単純に数だけで見るならば、アッシュの 22 に対して、ウェブスターの 60 は多いと言えよう。しかし 1775 年は独立戦争の始まった年であり、その後アメリカは政治的・社会的・文化的に独自の発展を遂げつつあった。それは語彙にも反映されていた。従来の辞書よりも英語の「正しい」状態を示すことがウェブスターの辞書編集の狙いなのである (序文 xxiii 頁) から、ウェブスター自身の編集方針自体に照らして、語形成・借用語・複合語によるアメリカニズムを検討するならば、『簡約英語辞典』の見出し語

は充分とは決して言えないのである。

　後に『新英語辞典』(NED) の編集者ジェイムズ・マリーをして、ウェブスターは偉大な人物であった、生まれながらの定義者であった (J.Murray, *The Evolution of English Lexicography*, 1900)、と言わしめた定義はどうであろうか。
　序文 (xxi 頁) で、次のように述べている。

　この種の簡約では、収録されるすべての語の完全な定義を示すことは可能ではない。同時に、大変多くの語の定義が、エンティックでは、非常に短いか不完全なままとなっているので、本当の意味の概念を正しく伝えてはいない。それ故、この廉価版をより広く使えるように、多くの語の定義を変えたり、敷衍することが有益であると判断した。

　我々の関心は、ウェブスターがどの程度「多数の語の定義を変えたり、増補した」かにある。
　先に見出し語で検討した abjection から abstruseness までの見出し語で、エンティック『新綴字辞典』翻刻版 (1805) と『簡約英語辞典』に共通の語は、77 語である。
　77 語のうち、54 語の定義は全く同一である。
　エンティックは、ほとんど一行の範囲で定義を与えている。例えば、abortion は、"a miscarriage in women" であり、ウェブスターも全く同一の定義となっている。
　abode (動詞) では、エンティックの "prognosticate, foreshow" に、ウェブスターは "ob."「廃語」を加えた。abrupt では、エンティックの "sudden, hasty, broken, rough, unconnected" に対して、hasty を rough の後に移している。
　エンティックの一部を削除したものに次の定義がある (( ) はウェブスターによる削除)。

　Abruptly, (very) suddenly, unseasonably, roughly

Absolute, not limited, arbitrary, complete (, full)
Absolved, pardoned, forgiven, acquitted (, free)
Absorb, to suck up, swallow up, waste (, destroy)
Absorbent, sucking up (or in) , drying up, imbibing
Abstemiously, temperately (, soberly)

これらは、もっとも楽な改訂と言えよう。
定義の一部を入れかえたものもある。下線部をウェブスターは [ ] のように変えた。

Abjection, Abjectness, a meanness, a <u>vilenss</u> [low state]
Abound, to have <u>or be</u> [in plenty, or be] in plenty
Abstrusely, obscurely, not plainly, <u>dark</u> [darkly]

追加、あるいは追加と削除を行ったものには次の語がある。........ は追加を示す。

Ability, power, capacity, <u>skill, means</u>
Abominable, detestable <u>very</u> hateful, abhorred
Abstracted, separated, (refined) , abstruse, <u>absent</u>

次の定義はエンティック (そして他の辞書) を参考にしたウェブスターの独自のものである。E. はエンティック、W. はウェブスターを示す。

Ablative, *E.* the last of the cases of Latin
 W. taking away, as the ablative case in Latin, the sixth case of nouns
Abstraction, *E.* a disregard of worldly objects, absence
 W. a drawing from, a separating of ideas, withdrawing from the world
Abstruse, *E.* difficult, hard, hidden, obscure, dark
 W. difficult to be understood, obscure

Abstruseness, *E.* difficulty, obscurity
W. obscurity of meaning

abstruse は、アッシュ『新完全英語辞典』の "hard to be understood, hidden" を参考にしたかと思う。abjection から abstruseness に見られる傾向は、他の見出し語にもほぼ当てはまる。ウェブスターは序文で述べている以上に、エンティックに依存している。

しかし、ウェブスターがエンティックをはるかに越えている定義もある。先に引用した文に続いて、ウェブスターは自分が定義を変えたり、拡大した例として、50 語以上を挙げている。

その中から代表的な定義と思われるものを見てみる。

Burglary, *E.* the crime or act of house breaking (家宅侵入の罪あるいは行為)
 W. the crime of housebreaking by night, with intent to commit felony (押し込み強盗の意図を持って、夜、家宅侵入する罪)
Crime, *E.* an offence, great fault, wickedness, sin (罪、大きな悪行、悪、罪悪)
 W. a violation of law to the injury of the public, a public offense, sin (法律を破り、社会に害を与えること、犯罪、罪悪)

ウェブスターは弁護士を開業したこともあり、この定義はエンティックにはるかに勝る。

Farm, *E.* land occupied by a farmer (農夫の所有する土地)
 W. land occupied by a farmer ; *in America*, a tract of land cultivated by one man, or containing what is suitable for cultivation, as arable, pasture, &c. whether freehold or under lease (農夫の所有する土地；アメリカでは、自由保有権・賃貸契約に関わらず、一人の農夫の耕作する、あるいは牧草地などとして耕作に適するところを含む土地)

「アメリカでは」と、イギリスとは違う語の用法を記述しようとするこ

のやり方は、ウェブスターに始まる。そして『アメリカ英語辞典』(1828)で本格的に採り入れられることになる。

> Life, *E.* the state of living creature, spirit, love (生きた動物の状態、元気、愛)
>
> *W.* animation, the state of an organized being while its functions are performed, whether animals or plants, the present state of existence, manner of living, energy, exact likeness, narrative of one's life (生気、動物であれ、植物であれ、機能を果たしている間の有機体の状態、現在の暮らしの状態、生活様式、元気、生き写し、人の一生の話)

ここでは、ウェブスターは「有機体」、「機能」を導入して、分析的定義への一歩を踏み出している。

アメリカニズムの定義はどうか。

アメリカで初めて英語として使われるようになった借用語・複合語で、エンティックの『新英綴字辞典』翻刻版 (1805) と共通の見出し語は、7 語ある。そのうち、hummingbird, rattlesnake, sachem は全く同じ定義である。hummingbird を「鳥のうちで一番小さいもの」とする初歩的な定義である。

squash はエンティックが「一種の植物」、ウェブスターが「果実」(fruit) で、これらは綴りを確認する以外の機能は果たしていない。

エンティックとウェブスターに共通なアメリカニズムで、上に挙げたもの以外は次のようになる。

> Emigrant, *E.* a person who quits his own country
> 　*W.* a person who quits his own country to reside in another
> Moose, *E.* a slow American deer as big as an ox
> 　*W.* an American quadruped of the cervine genus verp [*sic*] large
> Racoon, *E.* an American animal like a badger
> Raccoon, *W.* a quadruped valued for its fur

第 3 章　ノア・ウェブスター『簡約英語辞典』(1806)

moose を、ウェブスターは「大変大きな鹿属の四足獣」とし (verp は very の誤植である)、エンティックの「雄牛と同じ大きさの、のっそりとしたアメリカの鹿」より、定義として優れている。raccoon, catamount でもウェブスターはそれぞれに「毛皮が尊ばれる四足獣」、「ヒョウの一種の四足獣」と四足獣を使い、その上で同類と区別する方法を採る。これが、のちに、『アメリカ英語辞典』の定義を際立たせることになる。その意味で、『簡約英語辞典』は、ウェブスターにとって習作的役割を果たした。

　上の4語の定義は、『簡約英語辞典』の中でも優れた部類に入るものと言えよう。ただし、Americanism には、ウィザースプーンがスコットランド語法 (Scotticism) に基づいて 1781 年に導入した"Americanisms or ways of speaking peculiar to this country" (アメリカニズム、すなわち、この国に特有の話し方) に相当する語義を欠いている。

　イギリスで古くから用いられている語にアメリカで新しく与えられた意味の記述はどうか。イギリスとアメリカとの共通の意味は可能な場合は省いて、アメリカでの新しい意味の定義を以下に見る。

Barn　　a storehouse used for corn, hay, stabling, &c.

Barren　　an unfertile tract of land

Bay　　land covered with the bay tree, (Carol.) ［=Carolina］

Blackbird　　(in England a singing bird,) in America the grackle

Cardinal　　［an］ American bird

Catamount　　a quadruped of the panther kind

Cent　　a copper coin of the U. States, value one hundredth of a dollar

Clapboard　　a narrow board used to cover buildings

Cob　　the spike of ears of maiz (*sic*) ［=maize］

Congress　　the legislature of the United States of America

Consociation　　a convention of pastors and messengers of churches

Convention　　an assembly of representatives to form a constitution

Dollar　　a silver coin of the U.S. value 100 cents

Federal, Federalist　　a friend to the Constitution of the U. States

Fourfold　a quadruple assessment for neglect to make return of taxable estate (*Con.*) [＝Connecticut]

Freshest　a flood in rivers from rain or melted snow

Gin　a machine to clean cotton

Gin　to clean cotton of its seeds by a gin

Girdle　*in America*, to cut a ring through the bark and sap of trees to kill them

Indent　a certificate for interest, issued by the government of the U. States

Locate　to select, survey or fix the bounds of unsettled land, or to designate a tract by writing

Location　the act of designating or surveying and bounding land, the tract so designated

Logman　one who carries a log, a woodman

Lot　a share or division of land

Lumber　timber in general, but chiefly small timber, as boards, staves, hoops, scantling, &c.

Mush　food of maiz (*sic*), flower and water boiled (local)

Packet　to ply with a packet

Plantation　a cultivated estate or farm

President　the first magistrate of the United States

Publishment　a notice of intended marriage, [local]

Senate　a branch of the congress of the United States, and of the legislatures of several States

Squatter　one who settles upon land without a title, [*local*]

surrogate　a county officer who has the probate of wills, [N. Y.]

Turnpike　to form or erect a turnpike

上の定義で一つだけ補足すれば、barn はアメリカでは納屋に馬や牛などの家畜を入れる点が、イギリスとは違う。20 世紀でもこの用法は続き、我々もスタインベック『赤い子馬』の第 1 章で、ポニーを納屋に入れている場面を知っている。1770 年に遡る用法で、ウェブスターは的確である。

これらの意味はエンティックには記述されていない。当時のイギリスの一般用辞典ではこれらは必要ではなかった。アメリカの英語を記述する辞書でこれを無視するならば、依然としてイギリスの、特にジョンソンの、権威から脱することができないことを意味したであろう。ウェブスター『簡約英語辞典』のアメリカの辞書編集史へ貢献の一つは、新しい編集方針の下にこれらのアメリカでの意味を記述したことである。

しかし、ここでもウェブスターは方針を徹底したとは考えられない。

例えば、corn に「トウモロコシ」は無い。

Corn, grain, a hard lump in the flesh.
(穀物、肉の固いかたまり［うおの目］)

この定義は、エンティックの定義をほぼそのまま用いたものである (a grain「穀物一粒」のaをウェブスターは削除した)。(Indian) corn がトウモロコシを指すのは、アメリカの植民と共に始まった、と言っていいほど古いものである。ヴァージニア植民地開拓の指導者の一人ジョン・スミスが1608年に「インディアンが私たちに Corne を持って来た」と書いている corn は、トウモロコシである (*A Dictionary of American English* (DAE) , 1938-44 から引用)。DAE には、1618年頃、1635年、1684年、1770年、1776年の引用例文がある。18世紀後半から19世紀初頭で事情は変わったのであろうか。全くそうではない。DAE の maize の引用例が参考になる。

> 1774 HUCHINSON *Diary & Lett*. I. 171 Indian corn, or, as it is called in Authors, Maize.
> a1780 *Ib*. Maize is the name of Indian Corn among the Europeans.

マサチューセッツ植民地の総督を務めたハチンソンによれば、maize は書きことばで用いられていたのである。

次の例は連邦議会でのものであって、俗語などではない。

1809 Ann.10th Congress 2 Sess.428 In the slave States the allowance for the subsistence of a negro, is one peck of corn per week. (DAE *"corn"*)

上の例 (内容的にも、奴隷州の黒人の食物支給が週に一ペック升分のトウモロコシであることを述べて、興味深い) その他から、corn の「トウモロコシ」は、ウェブスターが『簡約英語辞典』を出版する時点においても、確立していたと判断して間違いはない。

エンティック『新綴字辞典』(1764：改訂版 1787) はイギリスの英語の辞書である。18 世紀後半の corn の用法は、同音異議語の 'a hard lump in the flesh' を別の見出し語にすれば、エンディックには大きな問題はない。

広く知られているように、イングランドでは、corn は wheat (小麦) を、スコットランド、アイルランドでは oats (からす麦) を指した。oats のジョンソンの有名な定義も参考になるかと思う (序説 17 頁参照)。

corn はまた総称的にも用いられた。『ブリタニカ』初版 (1771：II. 279) の次の文が参考になる。

小麦、ライ麦と大麦、きび (millet) と米、トウモロコシ (maize) とレンズ豆、エンドウ豆、そして多くのほかの種類を含む、数種類の穀物 (corn) があり、それぞれが有益であり、特徴がある。

アメリカでは、corn に新しい意味が加えられただけではなく、語彙体系 (lexical system) に違いが生じたのである。従って、アメリカの英語を「より正しく」記述しようとするウェブスター自身の編集方針に忠実であろうとするならば、corn「トウモロコシ」は不可欠のものであった。

他にも、blaze「樹皮をはいで道しるべとする」、calculate (=intend)、creek「小川」、scalp「頭皮をはぐ」、squat「公有地に無断で居すわる」、Yankee などの当然取り上げられるべきものの脱落が目立つ。

語彙の変化をウェブスターは積極的に認める。
355 頁の辞書本体に対して、ウェブスターは 21 頁の序文をこの『簡約

英語辞典』に付している。その長い序文の多くは先行の辞書の批判である。批判の対象は主としてジョンソンであった。その中には言語観に関するものもある (序文 xxii 頁)。

　英語は、他のすべての生きた言語と同様に、以前のいかなる時代にも劣らぬ速さで進行状態にある。偉大なるジョンソンが「自分が英語を固定し、変化を止められるであろう」と自負したよりもさらに速く、進んでいる。固定化は、劇場の舞台上での気取った発音を、国民の発音の標準として固定しようとしたシェリダン、ウォーカー同様に、非現実的な考えである。

フッカー、ベーコン、スペンサー、シドニー、シェイクスピアによって、英語は頂点に達した、とするジョンソンをウェブスターは批判した。
　言語が絶えず変化することを、積極的な観点から捉えるウェブスターにとって、ジョンソンは視力だけでなく、言語観においても近眼であった。ジョナサン・スウィフト以後の、英語を固定化しようとする流れの中にジョンソンもいた。ジョンソンの辞書そのものがそうした社会的要請から生まれたものである。
　ジョンソンは『辞書計画書』で、"All change is of itself an evil." (すべての変化は、それ自体悪である) とまで述べている。真理は既に見いだされている、とする典型的な保守の考え方を、ジョンソンは言語にも適用しようとした。そして固定化は発音にも当然当てはまるものとした。

　［チェスターフィールド卿］閣下、これが私の考える英語辞書、我々の言語の発音が固定され、習得が容易になるような辞書、英語の純粋さが保持され、用法が確定され、そしてその持続が延びるような辞書です (『辞書計画書』 1747:32)。

　ジョンソンのこの固定化も、1755 年の辞書の序文では、渋々ながら変化を認めざるを得ないものに変ってはいる。

ウェブスターが積極的に変化を認めるのは、一つには、アメリカの独立革命を身をもって体験したことによるであろう (1800 年以後のウェブスターは政治的には保守的になり、時には反動的にさえなる)。
　講演に手を加えた『英語論』(この著述によってウェブスターはアメリカ最初の英語学者となったと言って良い) の中で、彼は文学者ジョンソンよりも文学的な比喩を援用して、言語の変化を主張する。

　　言語は、時代とともに、科学の進歩に比例して変化しつつあることを、事実として認めなければならない。ホラティウスが述べているように、語は木の葉のようなものである、古いものは落ち、新しいのが育つ。これらの変化は、習慣の変化、新しい学芸の導入、科学の新しい概念による、必然の結果である。

　語を木の葉に譬えるウェブスターは、語の盛衰を中心とした言語の変化を頭に描いている。1786 年に発表されたウィリアム・ジョーンズのサンスクリット・ギリシャ語・ラテン語、さらにはゴート語・ケルト語も共通の起源から生じたとする説との接点はあまり無い。しかしながら、英語辞典の編集史において、ジョンソンの系列とは異なる流れが生じた、と言えよう——この流れは 1806 年の時点ではいまだ細々としたものではあったが。
　ウェブスターはまた、シェリダン、ウォーカーのように、劇場の発音を国民一般の発音の基準にすることにも反対であった。階級、一地方の発音を標準とすることにも反対である。再び『英語論』から引用する。

　　特定の階級の人たちの慣習に基づいて標準を固定する試みは、極めてばかげている。友人の一人がかつて述べたように、それは浮き島に燈台を固定するようなものである。それは、本質的に変わりやすいものを固定しようとする試みである。

　浮き島に燈台を建てる愚を避けるにはどうしたらよいか。ウェブスター

の答えは次のようになる。

　標準が一地方の変わりやすい習慣の上には固定できないならば、何の上に固定されるであろうか。もっとも卓越した話し手も我々の習慣を導くことができないならば、指針として何を探せばよいか。答えは極めて簡単である。言語自体の法則と国民の総体的な慣習が、話すときの作法となる。

　この言語観は、ジョンソンにはないものであった。ウェブスターは基準を英語そのものの法則と一般国民の慣習に置いたのである。
　『簡約英語辞典』の序文に戻るならば、上の言語観に立って、辞書編集の方針を次のように要約している (xxiii 頁)。

　この問題のこのような広範な見解をもって、わが同胞のために、この種のいかなる本よりも英語の正しい状態を示す辞書の編集計画を私は始めている。その完成までは、この簡約を手頃な手引書として提供する。

　どの辞書よりもはるかに正しく英語の状態を示すことがウェブスターの狙いであった。ジョンソンの『辞書計画書』の役割を果たしているのが、『簡約英語辞典』の序文であったと言える。『簡約英語辞典』は、ウェブスター自身も言うように、のちに出版される辞書の「手引き」にすぎないのである。
　『簡約英語辞典』の評価の一つに、構造言語学者ホワイトホール (Harold Whitehall 1953 : xxxiii) のものがある。

　この種の中でもっとも有名なものであるノア・ウェブスター『簡約英語辞典』(1806) は、エンティック『新綴字辞典』(ロンドン, 1764) の増補版で、多少の百科辞典的補足とアメリカニズム (と言われるもの) の強調によって、先行の辞書とは違う。この本は決して人気はなかったし、ウェブスター自身の評判にもアメリカの英語辞典一般の発達にも貢献す

ところはほとんどなかった。

　このホワイトホールの評が通説と言えよう。アレグザンダー『コロンビア英語辞典』の方が早くアメリカの英語辞典の看板を掲げている。おかしな綴字を辞書の見出し語とした辞書に人気を期待する方がおかしい。
　編集技術では、IとJ、UとVの項目を分けたことを序文でウェブスターは誇らしげに謳うが、第2章で述べたように、バーン『英語発音辞典・第2版』が1786年に行なっているし、アメリカではアレグザンダー『コロンビア英語辞典』が先行している。発音表記もウェブスターの批判するウォーカーの方が進んでいる。

　『簡約英語辞典』を客観的にそして詳細に検討してみるならば、収録語彙の増加も単なる数の増加ではなく、言語の状態を正しく捉えようとしてのものであったことは否定できない。言語の変化を積極的に認め、一階級・一地方のことばを国民の標準とすることを拒否する態度は、ジョンソンにはないものであった。英語自体の法則、国民全体の慣習を基準とする辞書編集の理念は、辞書編集史の中で無視はすべきでない。問題は、ウェブスター自身が英語自体の法則を無視して、あまりにも強引な綴字を辞書に持ち込んだことにある。
　アメリカの英語辞典編集史においても、英語の実態を捉えようとする態度は、結局はノア・ウェブスターに遡る。『簡約英語辞典』は、大きな欠点を持ちながら、無視のできない存在である。ホワイトホールには評価されていない点を、評価すべきなのである。

第4章

ノア・ウェブスター『コモン・スクール英語辞典』(1807；1817)
―ノア・ウェブスターの学校用辞典―

　ノア・ウェブスターは、『簡約英語辞典』に続いて、1800年の新聞記事の予告通り、生徒用の辞書を1807年に出版した。書名は、
A Dictionary of the English Language: Compiled for the Use of Common Schools in the United States
であった。common school は、当時の小学校を指す。後には、中学校を含むこともあり、さらにウェブスターは primary school (小学校) のための辞書も出版するので、ここでは『コモン・スクール英語辞典』とする。横約11センチ、縦約16センチで、辞書本体303頁である。

　ウェブスターは序文を次のように始める。

　この30年間に、若者の教育では、特に、自営農民に必要な学習分野が教えられる小学校 (common schools) において、改良された点が多い。これらの改良の一つに、子供たちの母語の正しい知識の習得を助ける本が数えられるであろう。しかしながら、小学校用の適当な辞書がないために、教育体系に必要な本は、これまで不完全な状態が続いている。ポケット英語辞典 (English Pocket Dictionaries) は、すべて不完全である。子供の前では繰り返すのも不適切な卑猥な語や野卑な語を収めているものもある。廃れた語と、庶民には不用な学術語の多いものもある。アクセントの表示や、母音の長短を区別をしない点で、極めて欠点のあるのもある。すべてのポケット辞典は、この国では使われていない語、あるいは英国とは同じではない語を収めている。大変重要なことは、すべてのポケット辞典が、最良の語法により認められている多数の語を欠いてい

ることである。

　このように、先行の書籍を批判することは、いつものウェブスターである。当時のポケット辞典が不完全であることは、ウェブスターの指摘を俟つまでもない。続いて、ウェブスターは、英米の違いを指摘する。

　　我々の言語は英語である。しかしながら、同じ先祖から生まれたが、遠く確立した二つの国家が、言語の完全な同一性を長く維持することはできないことは、歴史的に証明され、学者によって認められていることである。異なる気候における多様な物、政府と生活様式、異なる国家において異なる人工物を生む学芸の絶えざる改良、いかなる努力も抑えることのできない偶然の変化、規制することも確定することもできない物理的・道徳的原因から、新しい語が、古い語の新しい適用とともに、加えられるであろう。一方、話しことばの変異が、遠く離れた国家の口語を必然的に変えるであろう。

　この英米の違いを言語の実態と捉える点で、ウェブスターはアメリカ人の誰よりも、そして同じ英語を使うイギリス人の誰よりも、一歩も二歩も先を行っていた。このことは何度指摘しても良いだろう。
　引用文の趣旨は、『英語論』で展開し、1800年の新聞記事にも見られる「アメリカ語」の独立の主張を、ウェブスター自身が乗り越え、より英語の実態を捉える方向に進んでいることを示している、と言って良いだろう。通俗書には、ウェブスターは「アメリカ語」の主張を貫いたととれる書き方をしたものもある。1806年以後のウェブスターは違う。イギリスとアメリカは、同じ英語を使うが、やや違った言語共同体に属していることを主張する。成長したウェブスターである。
　『簡約英語辞典』との関連では、

　　去年私が出版した『簡約辞典』は、現在使われている英語の語彙を完全に含むように作られているので、成人の日常の使用に便利な本となっ

ているが、学校用にはやや値段が高すぎ、英語を普通に読む人には関係ないような、多くの科学用語が入っている。あの本の簡略版で、普通の人が使う機会のあるすべての語が入っており、もっと安く販売されるものならば、合衆国の大部分を占める農夫と機械工の受けが良いだろうと信じられている。すべての家族そして学校のすべての子どもに、そのような辞書を使う機会がある。

と、子供だけではなく、家庭用としても有益であることを謳い文句としている。収録語彙にも彼は意見を持つ。

辞書は不完全な語彙であってはいけない。また、この種の本は、日常使われている語を落とすことなく、収容する語は3万語よりずっと少ないようではいけない。

この内容からすると、『コモン・スクール英語辞典』は3万語は収録すると見てよいだろう。

綴字に関しては、

合衆国国民のなかで同一の正書法が使われることが、大変望ましい。実情は決してそうではない。彼らは、綴りと発音の一致しない、さまざまなイングランドの本を用いている。［…］私は、この種の疑わしい問題を決定するために、違った方法を採り、根源的で原初的な綴りを追求して、真の正書法を確定しようとした。この原理を追及することにより、我々は議論の余地のない点に達するのである；［…］ノルマン君主時代の言語の混乱期に、無知と怠慢によりもたらされた多くの崩れから我々の言語を純粋なものにすることによってなされる。

と、正書法に関しては依然として、ウェブスターは「原初的な綴り」にこだわり、おかしい。

実際、『コモン・スクール英語辞典』でも、見出し語は、determin, doc-

trin である。この辞書も売れなかったであろう。ジョンソンを近眼とけなしたウェブスターは、正書法に関しては乱視であった。
「発音の指示」は、『簡約英語辞典』と全く同じである。
見出し語の最初の 10 語を見てみよう。

A or An, *a.* one, denoting a single person or thing

Aback, *ad.* back, backward, behind

Abaft, *ad.* towards the stern of a ship

Abandon, *v.t.* to forsake wholly, desert

Abandoned, *pa.* forsaken, deserted, wicked

Abandoning, *pa.* forsaking, renouncing

Abandonment, *n.* entire desertion

Abase, *v.t.* to bring low, humble, cast down

Abased, *pa.* brought low, humbled, disgraced

Abasement, *n.* the act of humbling, low state

『簡約英語辞典』から省かれた見出し語に、abacot, abacus, abaddon, abaisance, abalienate などがある。語義で省かれたものに、abandon に "quit"、そして abandoning, abandonment, abaft, abasement などにもある。ほぼこの割合で、『簡約英語辞典』をさらに縮約している。

『簡約英語辞典』になく、『コモン・スクール英語辞典』の見出し語となっているものに、abolition がある。新語では決してなく、これは『簡約英語辞典』では不注意な脱落であろう。同様に、acquisition, Anglican なども『簡約英語辞典』の見出し語となっていなかった。

このように検討してみて、『コモン・スクール英語辞典』(1807) は『簡約英語辞典』の簡約そのものである。ところが、1817 年刊『コモン・スクール英語辞典』を見て、1807 年の初版とは違うことに気がつく。単なる増刷ではない。

1817 年版のどこにも全く触れられていないが、初版にない見出し語がある。A 項では、次の語が新たに見出し語となる。

第 4 章　ノア・ウェブスター『コモン・スクール英語辞典』(1807 ; 1817)　77

Abrahamic	agnail
absolvatory	alienee
accessorial	Altaic
acclimated	amphitheatrical
acclivous	anarchist
accommodating	antichristian
accounter or accooter	apothem
acrimonious	appealable
adequacy	apportionment
admensuration	approbate
admixtion	arkite
affectionateness	associative
affianced	astute
afforest	atilt
agatine	attractively
aggressive	authentication
agitative	

　A 項だけでこれだけなので、全体ではかなりの見出し語の増加と言えよう。

　特筆すべきは、aggressive である。トッド改訂ジョンソン『英語辞典』(1818) にも、リチャードソン『新英語辞典』(1836-37 年、2 巻本) にも見出し語となっていない。

　『新英語辞典』(NED) の初出例は、1824 年である。それが『コモン・スクール英語辞典』(1817) の見出し語となっている。ノア・ウェブスターの力量と言って良い。

　Altaic (「アルタイ山脈の」) の NED 初出は 1850 年で、『オックスフォード英語辞典』(OED2 版, 1989) でさえ、1832 年を初出とする。

　生徒用を越えている語もある。Abrahamic (「アブラハムの」) は、NED が

見出し語としない語である。

　『コモン・スクール英語辞典』は、「綴字教本」から文法書、読本と教育用図書出版の道に入ったウェブスターらしい出版物と言える。そして、『簡約英語辞典』同様に、大辞典のための習作である。1817年版は、しかしながら、収録語彙を質量ともに増やし、模倣から自立への過程を一歩進めたもの、と捉えることができよう。ウェブスターは、そしてアメリカは、イギリスの辞書からの独立への道を一歩進めたのである。

　ノア・ウェブスターは、『アメリカ英語辞典』(1828) 出版後にも学校用辞典を出版した。A Dictionary for Primary School, 1833 (『小学校用辞典』) で、縦約14センチのポケット辞典である。『コモン・スクール英語辞典』の2欄組みに対して、こちらは3欄組みで前付け4頁、辞書本体341頁である (1835年刷りを使用)。
　定義に多少の変更が見られる。その代表的はものは democracy で、『コモン・スクール英語辞典』(1807：1817) と『小学校用辞典』(1833) を比べると、次のようになる (『簡約英語辞典』(1806) の定義も参照する)。

『簡約英語辞典』(1806)
　　a popular form of government (国民全体による政治形態)
『コモン・スクール英語辞典』(1807；1817)
　　a form of government in which the sovereign power is exercised by the people (主権が国民によって行使される政治形態)
『小学校用辞典』(1833)
　　government by the people (国民による政治)

『簡約英語辞典』ではほとんど言い換えに過ぎないが、『コモン・スクール英語辞典』では定義の名にふさわしいものとなっている。『小学校用辞典』では、『アメリカ英語辞典』(1828) の定義の最初の部分と共通である。この "government by the people" はノア・ウェブスターの定義の中でももっとも優れたものであり、『アメリカ英語辞典・第2版』(1841) に引き継がれ

るばかりではなく、マリー他編『新英語辞典』(NED) も定義の最初にこれを使う。そして小型辞典の20世紀の傑作『ポケット・オックスフォード辞典』(*The Pocket Oxford Dictionary of Current English,* 1924 ; POD) もこの"Government by the people" を democracy の定義とする。

　『小学校用辞典』になって変わった点は、見出し語のすべてを音節に分けることである。これは、ジョーゼフ・ウスターの手になる1829年出版の『アメリカ英語辞典・簡約版』で試みられたものであるが (第Ⅱ部第1章で扱う)、直接的にはウスター自身の最初の英語辞典『広範発音解明英語辞典』(*A Comprehensive Pronouncing and Explanatory Dictionary of the English Language,* 1830) が、分綴法を見出し語に行っていることによると見られる。ライバルの出現にノア・ウェブスターも見出し語を分節することになったと考えて良いであろう。実際、その後の『アメリカ英語辞典・第2版』(1841) でも、見出し語に分綴法を採り入れる。そして、これはアメリカの英語辞典の特徴となる。

第 5 章

ジョン・ピカリング『アメリカニズム集』(1816)
―1780 年以降のアメリカ英語への関心―

　イギリスが 1756 年から 63 年まで続いた七年戦争でフランスに勝利を収めたものの、財政が圧迫し、植民地アメリカへの課税を強めるようになると、植民地は本国と敵対するようになる。1765 年の印紙税は、代表権のない本国の議会で決定された法に従う必要がないとの論を生む。1773 年 12 月 16 日、先住民に扮装した愛国派がボストン港に停泊中の茶箱を積んだ船に乗り込み、茶を海中に投げ入れ、茶税反対の示威行動を「茶会」と称したとき、本国への反逆はもはや止められないものとなっていた。1774 年 9 月 5 日、ジョージアを除く 12 の植民地代表がフィラデルフィアに集まり（第一回大陸会議）、10 月 14 日には「権利の宣言」(Declaration of Rights) において植民地の権利と自由を明らかにし、民主主義への歩みを進める。

　本国からの植民地の離反は、アメリカの英語への関心を生む。1774 年 4 月 24 日、ウェンワース総督からイギリス植民地大臣に送られたものの一つである、新聞の切抜き (Mathews 1963：40) に、その一例を見ることができる。

　　言語は科学の基礎にして、人類のコミュニケーションの手段であるので、私たちが第一に関心を寄せるべきことであり、あらゆる種類の学校で最大の精励をもって涵養さるべきものである。英語は、英国においてこの百年の間に改良されること大であったが、その最高の完成は、人間の知識の他のあらゆる分野と同様に、この光と自由の地においてなされるであろう。この広大な国に住む人はみな英語を話すであろうから、そ

の言語が洗練されることの益は大きいであろうし、イングランド人のものよりはるかに優れたものとなるであろう。

と、この筆者 "An American" は述べ、「アメリカにおいて英語を完成させる計画」を語る。

英語を改良・洗練させようとする試みは、18世紀前半のイギリスに見られたものである。フランスなどに倣い、国語純化のためのアカデミーを設立しようとした運動も、イギリスでは実を結ぶことはなかった。この「アメリカ人」は、識者がアカデミーではなく協会を作り、英語に関する観察記録を毎年出し、英語を正し、高め、洗練させ、ついには完成させることにより、変化を止めようとする計画を提案する。

1775年4月9日、イギリス軍700人がボストン近郊にある植民地民兵の武器庫をこわすために派遣されたが、ポール・リヴィア (Paul Revere) の通報を受けていた民兵70人がレキシントン、コンコードで迎え撃つ。民兵を指揮したジョン・パーカー (John Parker) は、

　　持ち場を死守せよ。撃たれぬ限り撃つな。しかし向こうが戦争をする気なら、この地で始めよ。

と指示し、ここに独立戦争最初の戦闘が始まる。この段階では、イギリス国民としての権利の主張であった。

1776年1月、急進的なトマス・ペインがパンフレット『コモン・センス』(*Common Sense; Addressed to the Inhabitants of America*) で、イギリスからの完全な独立と連邦の結成をアメリカ人に訴える。ジョージ・ワシントン、トマス・ジェファーソンなどもそれを読んだが、民衆の心をも動かす力を持つパンフレットであった。

1776年7月4日、第二回大陸会議はイギリスからの独立を宣言する。トマス・ジェファーソンの起草になるこの独立宣言は、独立の宣言にとどまることなく、政体の決定は国民にあり、国民の権利であることを謳う、英語で書かれたもっとも重要な文書の一つであり、人類にとっても記念碑

的な意味を持つものである。

「雄弁は、他の政体よりは自由な共和国において、より細心に培われるものなので、自由な共和国がもっとも純粋・豊饒で完全な言語を作り出してきたことは、絶えず経験によって確かめられてきたことである」と (Mathews 1963：41-3)、1780 年にジョン・アダムズがアムステルダムからアメリカに書簡を送るとき、アメリカの独立革命というコンテクストなしにはこれを理解すべきでない。彼は政治形態が言語に影響を与え、今度は言語が政治に影響を与えるだけでなく、国民の気質・意見・風習にも影響すると述べる。あるいは彼はそう望む。

ジョン・アダムズは続ける。フランス、スペイン、イタリアには国語を固定し、改良する公的機関があるが、イギリスではそのような提案にも政府は取りくむ暇もなく、したがって今日に至るまで英語には多少とも権威のあるような文法書もなく、辞書もない。ごく最近になって、やっと、まずまずの辞書［1773 年刊サミュエル・ジョンソン『英語辞典・第 4 版』を指すと思われる］が出ただけである。英語を洗練し、正し、改良し、確定する最初の公的機関をつくる名誉はアメリカ議会にあると、アカデミー設立を提案する。

英語は 19 世紀以後において、17 世紀のラテン語、18 世紀のフランス語よりも世界の言語となるべき運命にあると、アダムズは予想する。同様の予想は約 50 年後のノア・ウェブスターの『アメリカ英語辞典』の序文にも見られる。

独立革命は、アメリカの英語に自信と誇りを表明する人物をも生み出したのである。

1781 年には Americanism という語が生まれる。ニュージャージー・カレッジ (後のプリンストン大学) の学長であり、1776 年の第二回大陸会議のニュージャージー代表でもあったジョン・ウィザースプーン (1722 - 94) が、雑誌 (*Pennsylvania Journal and The Weekly Advertiser*) の 1781 年 5 月 9 日号に寄せた論文「ドルイド」("The Druid") で用いた語である。

ウィザースプーンは、エディンバラ城の東 80 マイルのギフォードで生まれたスコットランド人であった。エディンバラ大学卒業後、長老派教会

の牧師となり、神学論争ではアメリカにも知られた存在であった。招かれて、1768年8月12日にプリンストンに着く。

「アメリカニズム」は Scotticism に倣っての造語と、ウィザースプーンは述べている。「スコッティシズム」とは『オックスフォード英語辞典』(OED) によれば、

> スコットランドに特有な表現形式または方法。特に、英語の著述家に使用される場合。

であり、OED の初出例は 1717 年のダニエル・デフォーによるものである。スコットランド特有の語法、言い回しがスコッティシズムである。OED の 1759 年の引用例では、"those vicious forms of speech"(「あの堕落したことば」)として用いている。スコッティシズムと言われることは、イギリスでは貶されてることであった。

ウィザースプーンは、アメリカ 10 余年滞在の観察により、アメリカの英語の「誤り」を次のように分類する。

1. 「アメリカニズム」、すなわちこの国に特有な話し方
2. イングランドとアメリカ［に共通］の卑俗表現
3. アメリカにのみに見られる卑俗表現
4. 地方特有の句あるいは語
5. 無知から生じるよく見られる誤り
6. 流行文句 (cant phrases)
7. 個人的な誤り
8. 英語に取り入れられた術語

「第 1 類を私はアメリカニズムと呼ぶ」とし、ウィザースプーンは説明を続ける。「アメリカニズム」は身分のある人や教育のある人にさえ使われている句や語や構文の用法で、イギリスの同じ語や句、同様な構文とは違っているものである。この定義は必ずしも明解ではないが、教養のあるアメリカ人の英語で、イギリスの英語とは異なるものを指すと考えて良いであろう。分類 1 の「アメリカに特有な話し方」の方が明解である。

上の定義に続けて、「アメリカニズム」を使うからといって、その人が無知であるとか、談話全体が無知であるということにはならないし、用いられた語や句がそれ自体で劣っているわけでもない。それらがイギリスではなくて、アメリカ育ちであるだけである、とする。
　ウィザースプーンの言説には、「アメリカニズム」を積極的に認める気持ちと、同時にやや及び腰になっているところが混在している。
　そうならざるを得ない面もあった。スコットランド王ジェームズ6世がイングランド王位を継承して、英国王ジェームズ1世としてロンドンに移ってからは、スコットランド風の話し方は田舎の粗野なことば遣いと見なされるようになり、すべての学者はその使用を極力避けようとしている、とウィザースプーンは言う。
　しかし、アメリカではたぶん逆になるだろうというのが、ウィザースプーンの見通しである。陸続きのスコットランドとは違い、「アメリカはイギリス (Britain) から全く離れているので、我々は我々自身の中心、あるいは標準を見いだすであろうし、新しい話し方を受け入れる場合にも、古いのを拒絶する場合でも、あの［ブリテン］島の住民には従わないだろう」。
　多少のためらいはあるものの、「アメリカニズム」がアメリカ人によって認知されたと言って良いだろう。しかし、「あの島」の人々たちは必ずしもそうではない。アメリカで使われている英語は粗野であるとする見方は、1781年以前にもあった。
　1737年には、すでに、アメリカの英語には粗野なものがあるとの見解が記録に見られる。H. L. メンケンが取り上げているように (1936; reprint 1957:3)、ジョン・ウェスリーは1737年12月2日の日記に、

> ［村は］丘の上にある。川岸 (彼らは野蛮な英語で bluff と言っているが) は険しく、約40フィートの絶壁である。

と書く。メソディスト派の創始者ジョン・ウェスリーは弟チャールズとともに1735年にジョージア植民地に行き、1736年まで滞在し伝道に従事し

た。

　bluff は、形容詞として「(船首が) 勾配がほとんど無く、ほぼ垂直な」の意味で 1627 年には書きことばとして使われており、その転義で、「(海岸あるいは海岸線が) 切り立って、ほとんど垂直な」の意味で、船乗りが用いるようになる (OED 初出例 1658 年)。要するに、「切り立った」船首であり、海岸・湖岸・川岸である。その形容詞を名詞に転換して用いたのか、あるいは bluff land を省略して用いたのが、アメリカでの用法「断崖、絶壁」なのである。オックスフォード大学出の牧師には、この用法は気に障るものであったであろう。

　この名詞 bluff の初出例は、マシューズ編『アメリカニズム辞典』(Mitford M. Mathews, *A Dictionary of Americanisms*, 1951) によると、1687 年である。

　ウェスリーの bluff に対するコメントは日記の一部であったが、1754 年にはイギリスの詩人で随筆家であったリチャード・ケンブリッジ (Richard Owen Cambridge) が、雑誌『ザ・ワールド』(*The World*) の 12 月 12 日号でイギリス英語とは違う英語に関心を示す (A.W. Read 1933:314)。

> The last week they *scalped* one of our Indians: but the *six nations* continue firm; and at a meeting of Sachems it was determined *to take up the hatchet*, and *make the war-kettle boil*. The French desired *to smoak the calumet of peace;* but the *half-king* would not consent. They offered the *speech-belt*, but it was refused. Our Governour has received an account of their proceedings, together with a *string of wampum*, and *a bundle of skins to brighten the chain*.

　上の文章で、six nations はアメリカ先住民の 6 部族連合であり、動詞の scalp (頭皮を剥ぐ)、take up the hatchet (武器を手にとる、戦端を開く)、war-kettle (先住民が戦争の祝いに用いる薬缶)、calumet (カルメット、平和のキセル)、speech-belt (貝殻玉の帯)、wampum (貝殻玉)、brighten the chain (旧交を温める) は、アメリカニズムである。したがって、ケンブリッジの言う、イギリス英語と違う英語とは、アメリカの英語を指していると考えてよい。これは、『ザ・ワールド』で前の週にチェスターフィールド卿

(Lord Chesterfield) が、「上品な新語の辞典」の提案をしており、これを受けてケンブリッジは、その辞書の補遺として上記のような語を採りあげてはどうか、と言っている。

　チェスターフィールド卿の「上品な新語の辞典」とは関係なく、新語をあまり含まぬサミュエル・ジョンソンの『英語辞典』が1755年に、ロンドンで出版される。アメリカ嫌いのジョンソンの辞書には、筆者がざっと見たところでは、アメリカニズムは mocking-bird、moose、rattlesnake、sagamore、squash ぐらいである。

　1788年には、ハーバート・クロフト (Herbert Croft) がジョンソンを越える語彙を収録する「英語辞書」を計画し、1797年には、アメリカの英語を含めた "English and American Dictionary" にすると決める (A.W.Read 1933:318)。残念ながらこの辞書は実現しなかった。しかし、アメリカの英語に対する関心がイギリスにも生まれてきた徴候と解せる。

　1783年にアメリカの独立が承認されると、ナショナリズムが言語にも向けられる。1788年には数人の青年がニューヨークで言語学会をつくる。その目的は「アメリカ語 (the American Tongue) を確定し、改良すること」であった (Algeo 2001:61)。ノア・ウェブスターも会員の一人で、会の紋章をつけた旗を持ってニューヨークを行進した (Bailey 1991:105)。

　ロリンズ (Richard M. Rollins) によって活字化されたノア・ウェブスターの日記を見ると、1788年4月21日に「言語学会に出席」とあり、4月28日には、

　　具合悪し。しかし、夜、学会に出席し、出版するように言われている「論文」を読む。

とある。この「論文」は1789年に出版された『英語論』の一部を指すと考えられる。6月26日には2回目の講義を行ない、7月8日には4回目の講義をする。さらに7月10日には言語学会の紋章作成を手伝ったことが記されている。

　言語学会の紋章に関しては、7月17日、「今月23日の行進を命ず」と

あり、23日には「10州による［合衆国］憲法採択を祝い、ニューヨークで大行進」とある。

　日記から判断して、ウェブスターはニューヨーク言語学会の有力メンバーであって、「アメリカ語」を確定しようとした一人であったと見てよいであろう。American tongue (アメリカ語) の初出例は、マシューズ編『アメリカニズム辞典』によれば、1788年であって、その引用例がアルジオ (2001) の典拠となっていることがわかる。すなわち、

　　当市の数人の紳士が、アメリカ語 (the American tongue) を確定し、改良するために、言語学会という名の会を結成した。

という『アメリカン・マガジン』誌4月号の記事である。そして、この雑誌はウェブスターの編集であった。

　ロバート・ベイリーによると (1991：105)、ウェブスターと言語学会会員は、1788年7月に合衆国憲法批准を促進する行進で、紋章の入った旗を持って歩いた。その紋章の一部には「連邦語」(*Federal Language*) と記されていた。このニューヨークの7月の行進は、ウェブスターの日記と照らし合わせるならば、7月23日ということになる。「連邦語」は、Federal が「合衆国の」を意味するから、「アメリカ語」を指すと思われる。

　1789年5月にウェブスターの『英語論』が出版される。「独立国家として、我々の名誉は政府だけでなく言語においても我々自身の体系を求める」、そして「アメリカ語」(American tongue) のイギリス英語からの独立を主張する。

　ウェブスターは『英語論』の付録で、独自の綴り字改革を提唱する。bread、head は bred、hed に、mean、speak は meen、speek に、believe、laugh は beleeve、laf とすべきであるとするのが、その主張であった。この綴り字改革案と、「アメリカ語」は反発を生むことは明白であった。約20年後にも「アメリカ語」はウェブスターにまといついて離れなかった。

　1793年にはウィリアム・ソーントンという人物が the American Language「アメリカ語」は政府と同じ程度に［イギリスとは］別のものとなるであ

ろう」と、「アメリカ語」を使い (Algeo 2001 の引用文を使用)、この American Language は、マシューズ編『アメリカニズム辞典』の初出例となっている 1802 年より古い用例である。

　また、American が「アメリカ語」の意味で 1799 年には用いられている (マシューズ編『アメリカニズム辞典』)。

　18 世紀末はフランス革命の時代でもあった。田中克彦は「国語の形成」(1996) で、

> そこで、日本の「国語」に最も近い表現を他の言語に求めるとすれば、フランス革命の最中に、新語として生まれた langue nationale であろう。ナシオンそれ自体が革命のキーワードであったが、今やそれが言語に冠されることによって、言語に担わされた政治性がいやが上にも強調されることになった。ナシオン (国民、国家) が言語を限定し、逆に言語が国家という組織に根拠を与えた。それが持つ表現力の強さは、日常化してしまった日本の「国語」とはとうてい比較できない。それと併用されていたラング・フランセーズから見れば明らかに強調された用語であった。
> 　ラング・ナシオナールは英語 (national language) やドイツ語 (Nationalsprache) に言いかえて用いられているのを見ることはあるが、辞書に登録されるほどまでに、なじみ、定まった、ありきたりの用語ではない。

として、ラング・ナシオナールの持つ政治性をつく。

　「アメリカ語」をイギリスの英語から強引に切り離して「国語」としようとしたのが、ノア・ウェブスターである。彼は実際 national language という表現も用いている。『英語論』の 36 頁で、北アメリカに国語 (a national language) を確立する絶好の機会であると述べ、国語の確立の可能性を信じる。「国語は国家統一のきずなである」と確信している。

　アメリカの独立革命は、イギリスに反米感情を生む。それはアメリカの英語に対しても向けられる。1787 年の『ロンドン・リヴュー』誌の次の文章に如実に現れている (Mencken 1957:14)。

belittle だと！　何たる表現だ！　ヴァージニアでは上品な表現で完璧に理解できるかもしれないが、私たちのほうでは意味の見当をつけるのが精一杯だ。恥知らず！ジェファーソン君！我が国の名誉を踏みにじり、我が国を野蛮国同然と称し、何故に、言わせてもらうが、何故にいつもいつも我々の文法そのものまでをも踏みにじり、あなたの説明だと我々は礼儀知らずであるが、それと同様に何故に我々の文法を野蛮にするのか？　我々の国民性への攻撃は、それは偏狭でもあり無力なものだが、気前良く許すことにしよう。しかし、今後は、お願いする。今後はどうか我々の母語だけはお助けを！

これもまたナショナリズムの発露である――低次元ではあるが。

イギリスの文化からの独立、さらにはアメリカ語を主張するウェブスターが、辞書を出版しようとすれば、アメリカ語は彼の辞書のキーワードとなる、と予想してもおかしくないであろう。1800年の新聞に、ウェブスターが辞書を出版する予定との、記者のインタビューに基づくものと思われる、しかし自分自身で書いたとも考えられる記事が載る。その中に、「彼［ノア・ウェブスター］はアメリカ語の辞書 (a Dictionary of American Language) を予定している」とする文がある。

1806年にウェブスターが出版したのは、『簡約英語辞典』であった。当時、英米でよく見られた、大衆的な英語辞典であって、「アメリカ語」の辞書ではない。Americanism の定義にも、「アメリカに特有な語、あるいは句」の語義は無い。すでに触れたように、綴り字も music, public は種本エンティック『新綴字辞典』を引き継いだものであって、ウェブスターが始めたものではない。lether, fether, dertermin, doctrin, ile［aisle］、fashion (more correctly fashon) などに綴り字改革の主張が見られるだけである。

『簡約英語辞典』が出版された時点で、ウェブスターのアメリカ語の主張は変わっていた。『簡約英語辞典』の序文 (xxii-xxiii 頁) で、

イギリス人が植民した国の各々で、はっきりとした方言が徐々に形成されるであろう。その中で主要なものは、合衆国のものとなるであろう。今から 50 年後には、アメリカ英語 (American-English) が、英語の他のすべての方言よりも多くの人により話されているだろう。そして 130 年後には、地球上の、中国語を含めたどの言語より多くの人たちによって話されているであろう。

　と、American Tongue でも American Language でもなく、American-English (アメリカ英語) という語を用いて、アメリカの英語を、英語の変種の一つとした。これは、大きな転換である。イギリス語から区別され、独立した「アメリカ語」の確立からの、大変な、しかし、まともな転換である。『英語論』(1789 年) の the American tongue から、1806 年の American-English への変化は、血気に逸ったナショナリストから、語彙体系を考慮しつつ、語の意義を考察する辞書家への変貌を意味している、と言えよう。『簡約英語辞典』を見る者で、それがイギリスの英語から独立したアメリカ語の辞書と思う者はいない。アメリカニズムは収録語のごく一部を占めるに過ぎない。しかし、"American English" は英米を通して『簡約英語辞典』が初出である。これはウェブスターにとっても名誉であろう。
　1810 年代から、アメリカ人の目はアメリカニズムに向けられ始めた。
　1815 年には、自分の作品の巻末に語彙注釈を付け、その中に「新しく造られたアメリカの語」を含む書物が出版される。戯曲『イングランドのヤンキー』(The Yankee in England) がそれで、作者デイヴィッド・ハンフリーズ (David Humphreys) はイェール・カレッジの卒業生である。独立戦争ではジョージ・ワシントンの副官を務め、その後スペインに外交官として派遣され、1802 年の帰国時にはメリノ羊を連れて帰り、紡毛にも貢献した人物である。「コネティカットの才人たち」(Connecticut Wits) の一人でもあった。『イングランドのヤンキー』の巻末の注釈は、「アメリカの語」だけではなく、「イギリスの死語、卑俗な語」をも含む (Mathews 1963:57-61)。
　その中からアメリカニズムを拾う (語釈はハンフリーズによるものである)。

boost	押し上げる、持ち上げる、(気持ちなどを) 高める
bread-stuffs	あらゆる種類の粉、穀粉
calculate	思う (reckon, guess)
cent	セント (合衆国の銅貨)
improve	雇う
jumping jings, jingoes	確認を表わす間投詞
lengthy	長い
slim	［身体の］具合が悪い
spook	(アメリカのオランダ人によって使われる語) お化け、幽霊
swamp it	馬鹿げた罵りことば
twistical	曲がった、やましい、道義的とは言えない
vum	誓言の一種［"I vum!" として「誓って言うが」］
vumpers	同上

　『イングランドのヤンキー』は戯曲であるので、jumping jingoes、vum、vumpers などの口語表現が目立つ。
　上のアメリカニズムのうち、boost、jumping jingoes、slim、vumpers がマシューズ編『アメリカニズム辞典』の初出例となっている。improve、swamp it は今では廃用ある。デイヴィッド・ハンフリーズは実例においても、アメリカニズムの収集においても、それなりの足跡をアメリカ英語の記述に残した。
　アメリカニズムに強い関心を持ったウィザースプーン、ウェブスター、ハンフリーズは、何らかの点でアメリカ独立革命と関係した。本格的な最初のアメリカニズム集と言えるものを編んだのは、しかしながら、独立革命の第二世代ともいうべきジョン・ピカリング (John Pickering 1777 - 1846) であった。父ティモシーは 1763 年にハーヴァードを卒業し、1777 年以後積極的に独立戦争に参加した。1795 年から 1800 年まで国務長官を務めている。

息子ジョンも1796年にハーヴァードを出る。語学の才能に恵まれたジョンは、卒業するとすぐにポルトガル公使の秘書として2年間リスボンに滞在する。そのあと、イギリス公使の秘書として2年間ロンドンで働く。帰国後は弁護士となった。

抜群の語学の才を持つピカリングは、1806年に母校ハーヴァードの東洋語の教授として招かれるが、辞退、さらに8年後にもギリシャ語・ギリシャ文学の教授としての招聘を辞退する。1826年にはギリシャ語辞典を編むほどの学識を持っていた。

2年間のロンドン滞在中に集めた資料を基に、「アメリカニズム」と見なされている表現を検討して、ピカリングは、1815年に文芸・科学学会でペーパーを読み、それが同年、その学会の論文集に掲載される。それに多少の追加と訂正を行ったもの (A Vocabulary, or Collection of Words and Phrases Which Have Been Supposed to Be Peculiar to the United States) が1816年に、これを書名として出版される。

この『アメリカニズム集』は、「小論」15頁と「語集」182頁から成る。「小論」でピカリングはアメリカニズムに対する意見を述べる。イギリス人と同様に、新語を造り、それを［英米］共通の言語 (our common language) に採り入れるように提案する権利をアメリカ人も持ってはいるが、英米の学者と教養ある人たちが認めないならば、そういう新語を一般に広めようとする著作者は僭越であろうと、彼は述べる。これがピカリングのアメリカニズムに対する態度である。かつてのウェブスターを「アメリカ語」の独立を主張した独立派とするならば、ピカリングは英米共通語派と言える。しかしながら、英米の学者・教養人の認可が必要であるとする、守旧共通語派であった。

「アメリカ語」が一人歩きしたらどうなるか。

「いみじくも古典とされるミルトン、ポープ、スウィフト、アディソン、その他イギリス人の著者の作品を、将来アメリカ語 (the American tongue) と呼ばれることになる言語への翻訳の助けなしには、アメリカ人がもはや読めない時が来る、と想像してみよう」と、ピカリングが言うとき、ノア・ウェブスターを批判していることは、当時のアメリカ人には明らかであっ

た。

　商取引において共通語 (a common language) によって与えられる便宜は言うまでもなく、アメリカの宗教、法律はその祖先の言語で研究されるべきであり、その言語がなければ、アメリカに特有の利点も結局は失われてしまうだろう、とピカリングは続ける。しかるにアメリカでは新語を造り、新しい意味を加え、イングランドで廃れた語を今も普通に用いている。アメリカの英語は、現在イングランドで話され、書かれている英語から逸脱しているし、崩れが起こっている、とするのがピカリングのアメリカ英語観であった。

　ピカリングのこの見方は、我々からすれば、イギリスを基準にアメリカの英語を見ていたとしか言いようがない。実際、ピカリングは 1807 年から 13 年までのイギリス人によるアメリカ英語批判を紹介する。その具体的な例を、「小論」に続く「語集」の約 180 頁の中に数多く入れている。英米共通語の純粋さを保つためにアメリカの英語の崩れを防ぎ、元の純粋さに戻すことがアメリカの学者の務めである、と主張する。「話される場所の如何を問わず、英語の純粋さを保つ」ことが、ピカリングの狙いであった。

　この論に対して、予想されるように、ノア・ウェブスターがすぐさま反応する。『ウェブスター書簡集』で 50 頁を越える 1816 年 12 月の反論がそれである。

　その中でウェブスターは一度も the American tongue も American language も使ってはいない。「合衆国の言語」(the language of the United States) (『書簡集』389 頁) があるだけである。しかしながら、「アメリカでは、新しい物や新しい概念や、概念の連想によって、我々は新しい語を造りだすか、新しい意味で単語 (English words) を使う必要に迫られている」(『書簡集』346 頁)。「Americanism はうまい造語であって、Anglicism (イギリス語法)、Gallicism (フランス語法)、Hebraism (ヘブライ語法) と同様に正統である」(『書簡集』350 頁) と、アメリカニズムを肯定的、積極的に捉える点では、ウェブスターはいささかも変わりない。

あなたは「この国には、イングランドと同様に飢えた改革者や僭越で浅薄な学者がいて、彼らの気まぐれな適正さの概念に合わせるために、彼らは私たちのすばらしい言語全体を乱したいのである」と言う。これはあなたほどの才能と心の広さと公平さを持つ紳士からの非難としては、厳しいですぞ。浅薄な学者は万といようが、我々の言語全体を乱そうとする人とは誰か。この国かイングランドのそうした人たち、あるいはその一人でもあなたは名指しできるのか。［...］語がいかなるものであるかを知ろうとすることと、その原理を乱そうとすることの区別を知ることは、あなたにふさわしいし、あなたが社会で持っている人格にもふさわしいのである。あなたが私を飢えた改革者で僭越で浅薄な学者の一人としているかどうかを、わざわざ知りたいとも思わないし、また知ったからといって、その事実は何ら私には関心のないことである。

と、ウェブスターは怒りを露わにする。そしてウェブスターは、自分の研究は英語の原理を明らかにするフィロロジーであることを語る。

　あなたも私も学生時代に、ラウスの文法（今では実質的にマリー［Lindley Murray］の文法書に写されている）から、例えば、「英語の冠詞にはa、anの二つしかなく、aは母音の前ではanとなる」と、学んだのである。その後わかったのは、これは正しくないということ、省略語として以外に英語には、aという語はないということ、母音の前でanになるのではなく、その正反対が事実であること、anが元の語であって、省略によって子音の前ではaになった、ということである。母音の前でanになるという世間によく見られる誤りを正したのであって、私の知っていることに反駁を加える余地はないのである。これが僭越であるのか！

と、かつての友人ティモシィ・ピカリングの秀才息子ジョンを叱る。
　この（構文にも乱れがある）感情的な部分の前では、ピカリングの選んだアメリカニズム、およびアメリカニズムと見なされているものに対して、ウェブスターは穏やかにコメントを加えている。

ジョン・ピカリングは「小論」に続いて、個々の語句を論じた「語集」を加える。補遺を含めて 182 頁、約 470 項目に及ぶ。
　「語集」の中で、アメリカでの造語、あるいは借用語と言えるものには、次のものがある。

Americanism	demoralize	papoose
Americanize	Fredonia	pine-barren
associational	Frede	portage
backwoodsman	Fredish	prairie
belittle	governmental	salt-lick
bluff	hominy	samp
bookstore	house lot	scow
bottom-land	immigrant	slang-whanger
breachy	interval-land	sleigh
bread-stuff	lengthy	span ［= a pair］
caucus	marooning party	sqaw
clapboard	missionate	succotash
cleverly (*adj.*)	moccason, moggason	tote
constitutionality	mush	unlocated
crow-bar	netop	venue

　上記の語には、たしかに belittle, slan-whanger のようにイギリス人の批判を紹介しているものもあるが、大部分にアメリカ人の使用例が与えられており、使用される地域も記されていて、我々には参考になる。また、イギリスの読者を意識してか、語の定義・解説があり、アメリカニズム集の最初のものとされる資格を持つ。
　上記の語で、ウェブスター『簡約英語辞典』(1806) の見出し語となっているのは、bluff, prairie, unlocated の 3 語だけで (ウェブスターの正書法では praity)、他の 42 語はない。これをもってしてもピカリングが独自の調査を行っていることがよくわかる。

次に、イギリスで古くから使われている語にアメリカで新しい意味を与えたもの、そしてウェブスターの『簡約英語辞典』には記述していないもので、主なものを拾う。

appreciate	(自) 価値が上がる
at	(前) at auction で「競売で (の)」([英] by auction)
balance	(名) 残り
corn	(名) トウモロコシ
creek	(名) (ペンシルヴァニア州とおそらく他の州でも) 小川
eagle	(名) 10 ドル金貨
floor	(名) To get the floor で、「発言の機会を得る」
gouging	(名) (長く伸ばした親指の爪で) 目玉を抉り出すこと
intervale	(名) (丘陵と丘陵の間の川に沿った) 低地
notions	(名)) (ニューイングランドで、下品な語) 日用雑貨
organize	(自) 組織を作る
punk	(名) 朽木、火口
rugged	(形) (ニューイングランドで) 頑健な
store	(名) 店

これらは、既存の語にアメリカで新しい意味を与えたものであるが、ウェブスターの「会計事務所でも使える」『簡約英語辞典』にも採録されていない意味である。get the floor、organize は、ピカリングの『アメリカニズム集』(1816) が、マシューズ編『アメリカニズム辞典』の初出例となっており、『オックスフォード英語辞典・第 2 版』(OED2; 1989) においても、それ以前の用例はない。creek (小川、支流)、corn (トウモロコシ)、eagle (10 ドル金貨) などは、当然、『簡約英語辞典』にあってしかるべきものであった。

アメリカ英語の中には、イギリスの標準英語では使われなくなったものがアメリカで保存され、今でも使われているものがある。ピカリングは「小論」で、「我々は語を造った。そしてイングランドで、今でも使われて

第 5 章　ジョン・ピカリング『アメリカニズム集』(1816)　97

いる語に、新しい意義を付してきた。ところが一方で、イングランドでは廃れて久しいものも我々は保持していて、普通に使っている」と、アメリカの英語がイギリスの英語から分岐していった原因の一つを語る。しかし、その後がいけない。「［その中には］今日のイングランドで話され書かれる英語の標準から逸脱している例もあることは、イングランド人の意見に耳を傾けるならば否定できないのである」と、ピカリングは、判断の基準をイングランド人に置いている。イギリス英語で廃用になったもののアメリカでの保存に、ピカリングは極めて批判的である。

　ピカリングは、「語集」で guess、mad をその例として挙げている。「（・・・と）思う」の guess は、ニューイングランド人の間ではもっとも普通の語の一つで、しばしば使われるので、イギリス人だけではなく、南部の人たちにも嘲りの的となっていると、ピカリングは述べ、イギリス人のちゃかした例を紹介する。また、イギリスでも方言では耳にする、との友人の言も加える。

　OED は、mad の「怒りで「我を忘れて」」('beside oneself' with anger) の意味を「今は口語でのみ［使う］」とし、英国と合衆国で、angry の意味の普通の語とする。初出例は、1300 年以前で、中英語から使われている。

　OED によると、I guess (= I am pretty sure) の用法は口語で、合衆国北部の使用域を与えている。OED の引用例では、1692 年ロック (John Lock)、1698 年頃のもロック、1776 年キング (R. King)、1814 年バイロン、1818 年ウォルター・スコット、1830 年ゴールト (John Golt)、1843 年ハリバートン (Thomas C.Haliburton) が、イギリス人の使用例である。アメリカ人では、1778 年ベンジャミン・フランクリン、1848 年ローウェル、1885 年ハウエルズが引用されている。また、1826 年のスコットの用例は、「ヤンキー」の例である。1840 年頃まではイギリスの作家も用いていることがわかる。方言ではその後もイギリスで用いられている。

　「怒った」の意味の mad は、アメリカでは下品な語と見なされていて、今日では大変打ち解けた会話以外ではけっして使われない、というのがピカリングの見解である。また、mad はアイルランドでも同様に使われているようであると例を引き、イギリスの雑誌『スペクテーター』の例も加え

る。イギリス人の友人によると、angry の意味での mad はごく普通であるが、会話以外では稀である、そして『スペクテーター』誌の例も会話である、との友人の評で終える。

　ピカリングは必ずしもイギリスの古い意味の保存とは述べているわけではないが、我々の目からこの範疇に入るものに、admire (ぜひ・・・したい)、approbate (正式または法的に認める)、bankbill (紙幣)、hack (貸し馬車)、loan (貸す)、mighty (すごく)、plenty (たくさんの) がある。

　秋の fall も、guess、mad と同じ範疇に入るが、イギリス人の「北アメリカでは autumn ではなく、どこでも fall と呼ばれる」という指摘だけで終わっていて、ピカリングは、guess、mad には否定的であったが、この fall では極めて歯切れが悪い。

　古語・古義保存のピカリングの見解とくらべるならば、ノア・ウェブスターのほうが現代的である。ピカリングへの手紙で、[標準語では] 廃れた、あるいは廃れかかった語が地方に残ることは、すべての言語に存在し、それを防ぐことは不可能である、と述べる (『ウェブスター書簡集』459頁)。これらの語は慣習によって伝統的に保存されていて、根絶はできないとするウェブスターの所論には、望ましくないとする言外の意味が感じられるものの、ピカリングのイギリス中心主義とは明らかに一線を画する。

　そして注目すべきはウェブスターの次のことばである。

　　辞書編集者の仕事は、一言語に属するすべての語を、あたうかぎり、集め・並べ・定義することである。

この方針からすれば、I guess (= I am pretty sure)、mad (= angry)、loan (= lend) などの古義の保存は、アメリカの辞書に当然記載されるべきものである。また belittle などのアメリカニズムにも当てはまるべきものであることは言を俟たない。この辞書編集の方針によって、ウェブスター自身も評価されるべきである (この点は、次章でさらに論じたい)。

1816年は、ピカリングの『アメリカニズム集』とノア・ウェブスターのそれに対する反論によって、アメリカの英語が鮮明に意識される年となった。

　ピカリングは1799年末から1801年の秋 (彼はautumnを用いる) までのロンドン滞在中に、アメリカニズムと、「アメリカニズム」とはされているが根拠の疑わしい表現のノートを取り始め、それを分析して1816年に「アメリカニズム」と見なされる『アメリカニズム集』をつくる。

　一方、1788年「アメリカ語」の独立を掲げ、ニューヨークで行進を行ったウェブスターは、1789年に『英語論』を著し、「アメリカ語」を主唱した。『簡約英語辞典』の編集を通して「アメリカ語」の看板ははずすものの、アメリカ独自の英語の主張には衰えを見せない。イギリス人にも読んでもらいたい人は、アメリカ人の著者であっても、彼らに楽しんで読んでもらえるような英語を書かなくてはならないと考えるピカリングは、「アメリカ語」を一笑に付す。守旧派英米共通語の主張であった。

　二人のアメリカ英語を巡る論争から、アメリカ英語のイギリス英語との相違がはっきりと浮き彫りにされる。また、ピカリングのアメリカ英語観察の鋭さには、『簡約英語辞典』を著したウェブスターを凌ぐものもある。ウェブスターの批判にもかかわらず、ピカリングのアメリカニズム記述はその後のアメリカニズム集の出発点となった。

　続くものに、

　　ジョン・バートレット『アメリカニズム辞典―普通合衆国に特有とされる語句集―』(1848年初版；1859年第2版)
　　マクシミリアン・シェイレ・デ・ヴィア『アメリカニズム―新世界の英語―』(1872年)
　　ジョン・ファーマー『新旧アメリカニズム―合衆国、英領アメリカ、西インド諸島に特有な語・句・口語表現の辞典―』(1889年)
　　シルヴィア・クラピン『アメリカニズム新辞典―合衆国、カナダに特有とされる語の辞典』(1902年)
　　R. H. ソートン『アメリカ語彙集』(1912年)

クレーギー＆ハルバート『アメリカ英語辞典』(全4巻；1938-44年)
マシューズ『アメリカニズム辞典』(1951年)

がある。
　アメリカ英語の語彙の記述は、ピカリングをもって本格的な段階へと入った。あとは、サミュエル・ジョンソンに匹敵する英語辞典がアメリカで生まれ、アメリカ英語がその中で記述されるのを待つばかりである。ジョンソンの『英語辞典』がイギリスの国語辞典であるように、アメリカの国語辞典と言えるものが生まれるかどうかであった。

第6章

ノア・ウェブスター『アメリカ英語辞典』(1828)
―アメリカの国語辞書の誕生―

　ノア・ウェブスターは 1828 年に念願の大辞典を出版した。『アメリカ英語辞典』(*An American Dictionary of the English Language*) である。四折り版の2冊本で、3頁弱の序文の後に、46 頁の序説、33 頁の文法があり、そのあとに辞書本体があり、2頁の補遺が付く。見出し語は 71,323 語である (Burkett 1979：173)。

　序文でウェブスターが強調するのは、
* 『簡約英語辞典』出版後、より大きな辞書の編集に取りかかるが、A項、B項を書き終えたあとで、ジョンソン、ベイリー、ジューニアス (Junius)、スキナー (Skinner) などの辞典では語の起源がわからないことを知る。20 か国語を調査し、元の語の原義 (primary sense) を極めようとした。
* アメリカ人は、アメリカの英語辞典を持たなくてはいけない。アメリカ英語の主要部分はイングランドと同じであり、その同一性を永続させるのは望ましいことではあるが、相違は存在するのである。主たる相違は、政治形態・法律・習慣の相違による。したがって、辞書はそれらを反映しなければならない。我々の言語の多くの語は、アメリカ国民の状態・制度に適応した表現で定義されなければならない。
* 「国家の主たる栄光は作家から生まれる」とジョンソンは言う。フランクリン、ワシントン、アダムズ[John Adams]、ジェイ (Jay)、マディソン、マーシャル (Marshall)、ラムゼイ (Ramsay)、ドワイト (Dwight)、スミス、トランブル (Trumbull)、ハミルトン、ベルナップ (Belknap)、エイムズ (Ames)、メイソン (Mason)、ケント (Kent)、ヘア (Hare)、シリ

マン (Silliman)、クリーヴランド (Cleveland)、ウォルシュ (Walsh)、アーヴィングその他の作家と科学の著述家などを、[イギリスの] ボイル、ミルトン、アディソンなどと並べて、この辞書の典拠として挙げることができることを、私 [ウェブスター] は誇りとする。

* 英語の真髄は、イングランド最高の作家の英語と同様に、アメリカの純粋な英語に保たれている。フランクリンとワシントンは、アディソン、スウィフトと同じく、真の英語の純粋なモデルとなっている。
* 合衆国は、国家の歴史においてまったく新しく、前例のない状況の下で誕生した。人口はいまやイングランドに等しい。人文 (科学) と (自然) 科学において、アメリカ市民は地上のもっとも開けた人たちにほとんど劣らない。より卓越するものはいない。2 百年以内に、我々の言語は、アジアの中国語を除いて、地上のどの言語より、アメリカで、より多くの人たちによって話されているであろう、そして中国語でさえ例外ではなくなるであろう。
* 英語の真の原理を正書法と構造において確かめ、明白な誤りを除き英語を純化し、語および文の変則の数を減らし、それによって、形態に規則性と一貫性をいっそう与え、このようにして、アメリカ特有の言語に標準を与えるが目的である。
* アメリカ特有の言語が崩れから救われ、我々のフィロロジーと文学が堕落から救われるならば、大きな満足を与えてくれるであろう。

ウェブスターは、実際にアメリカで使われている英語を認め、一方ではアメリカ国内での英語のあるべき姿を提示する規範的態度を明確に打ち出している。ウェブスターには使命感があった。

ヨーロッパの辞書史の中に位置づけるならば、イタリア、フランス、スペイン、イギリスと続く国語辞典制作の流れの中で、アメリカにも国語辞典を生み出すことが、ウェブスターの『アメリカ英語辞典』の狙いであったと考えられる。

しかしながら、ウェブスターにはこの近代性とは別の面があった。『アメリカ英語辞典』の 46 頁に及ぶ序説は、聖書の「創世記」から始まる。言語の起源はカルデア語 (Chaldee) であるとする、19 世紀前半の言語学の

批判には堪えられない面である (これについてはのちに触れる)。

英語の進歩と変化では、アングロ・サクソン語 (古英語) から始める。正書法ではウェブスターの持論が展開されている。発音では、発音の権威とされる5名を挙げ、100語以上を並べ、批判を展開する。5名とは、シェリダン (1784)、ウォーカー (1794)、ジョーンズ (1798)、ペリー (1805)、ジェームソン (R. S. Jameson, *A Dictionary of the English Language*, 1827) である。括弧内の数字は、ウェブスターの所有する辞書の出版年である。

「この5人の権威の中では、ure で終わる少数の語を除いて、ペリーの [発音] 表記が、私のイングランド滞在中の観察の及ぶ範囲では、イングランドの現在の慣用にほぼ一致している。ウォーカーの表記は、慣用から飛びぬけて離れている。[...] 彼の発音を標準にしようとするこの国 [アメリカ] の熱意は、まったくの愚蒙である」とする。

一国の言語は、国民の共通の財産であるので、いかなる個人も言語の原理を侵害できない、と主張する。言語の原理とは、ウェブスターにとって、類推 (analogy) を意味する。

ジョンソンの辞書に対する批判も、この「序説」で行われる。

ウェブスターによれば、ジョンソンの辞書の主な欠点は、

1. 英語として十分に正当とされる数多くの語の欠如。この欠陥はメイソン (George Mason, *A Supplement to Johnson's English Dictionary*, 1801) とトッド (Henry John Todd, *Johnson's Dictionary of the English Language with Numerous Corrections, and with the Addition of Several Thousand Words*, 1818) により、部分的には補われている。補われた部分でも、普通の語でさえ依然として完全ではなく、科学用語の脱落はいっそうひどい。

2. 訂正されぬままの、もう一つの大きな欠点は、アクセントのある音節の表記方法である。開音節・閉音節に関係なく、一様に母音にアクセントを付ける。te'nant, te'acher であるため、調べる人には、母音が長音であるか短音であるか、アクセント記号からではわからない [/e/ であるのか /iː/ であるか、わからない] ([ ] 内は筆者による補足である)。

3. ある種の語群の場合に、ジョンソンの正書法が、原理に基づき正しくないのか、その語群の中で法則に従っていないのかが、わからないのは、

本質的な欠点と見られている。ジョンソンは heedlessly は ss で、carelesly と s 一つで書く［そしてジョンソンは carelesness とする］。defence であるが、defensible, defensive である。rigour, inferiour であるが、rigorous, inferiority である。publick, authentick であるが、publication, authenticate である。

4. 大部分の分詞の［見出し語からの］脱落は決して小さくはない欠点である。脱落している分詞の多くは、正式の形容詞になっており、独自の定義を必要とするからである。この辞書では、この種の追加は極めて多い。また、動詞の最後の子音がどのような場合に二重になるかを知ることは、英語を母語とする人にも外国人にも有益である。

5. ほぼ類義語と言える語 (実際に類義語の場合も、そうではない場合もあるが) の定義における弁別の欠如。permeate は to pass through, permeable は such as may be passed through、とジョンソンは言う。pass through a door or gate とは言うが、permeate a door とは言わないし、戸や門が permeable とも言わない。obedience を obsequiousness とジョンソンは言うが、この意味が現在の意味であることはあまりない。それどころか、obedience はいかなる場合にも立派であり、obsequiousness は普通は卑しいことである。

6. ジョンソンの辞書には、comptroller, bridegroom, redoubt その他、正書法に明白な誤りがある。英語の正当な語にそのようなものはない［ウェブスターは controller, bridegoom, redout とする。そして、ウェブスター自身が「言語の原理を侵害している」ことには気がつかない］。ほかにも、著者［ジョンソン］は語の本当の起源を取り違えていて、chymistry, dioceses のように、正書法を間違えている。

7. 語源の誤りは数多い。語を元の形から推定する体系全体が全く不完全である。

8. ジョンソンの語の定義方法は、他のすべての辞書と同様に、改善の余地がある。大部分の重要語、とくに、動詞において、辞書編集者は、怠慢からか知識の無さからか、［定義の］真の順序を逆にしているか、定義の順序全体を無視している。すべての語には原義があり、そこからほかの意味のすべてが生まれてくる。原義は見つかるかぎり、最初に置かれるべきである。make の原義は force あるいは compel であるが、ジョンソンの辞

書では、15番目の定義である［実際には、使役の用法は古英語後期に始まり、ラテン語 facere, フランス語 faire の訳語と見られている］。

9. ジョンソンの辞書の最大の問題点の一つは、定義を例証するために作家から引用された多数の文章である。大部分の語は完全に理解でき、意味も疑いを挟む余地はほとんどないので、用例なしに辞書編集者の権威にまかせて大丈夫である。hand の文字どおりの意味を立証あるいは例証するために、誰がノウルズ (Richard Knolles)、ミルトン、バークリー (Berkley) の三人の作家から例を抜き出す必要があるだろうか。

これらのジョンソンの「欠点」を除き、ウェブスターは最高の英語辞典を目指す。

正書法では依然としてウェスブター独自のものがある。『簡約英語辞典』では soup, soop を見出し語としていたが、後者は消えてはいる。しかし、group と並び、groop を見出し語とし、maize は maiz のみを見出し語とする。feather と並び fether, leather と並び lether を、見出し語とする。island はあるが、ieland も見出しとし、これが本当の英語で、談話［発音］では常に使われてきた、とする。このような言語の慣用を無視する問題点がウェブスターの正書法には残る。

ウェブスターの発音は東部、それもコネティカットの発音が中心で、その保守性が指摘されている。

定義では、ウェブスターはジョンソン『英語辞典』を相当利用しながらも、独自の定義が、辞書発達史上重要な位置を占める。ここでは、個性的な定義を一つ挙げる。slave をウェブスターは次のように定義する。

> A person who is wholly subject to the will of another; one who has no will of his own , but whose person and services are wholly under the control of another. In the early state of the world, and to this day among some barbarous nations, prisoners of war are considered and treated as slaves. The slaves of modern times are more generally purchased, like horses and oxen.
>
> 全面的に他人の意志に従属している人；自分自身の意志は持てず、その身と仕事が全面的に他人の支配下にある人。世界の初期の状態におい

て、また今日に至るも野蛮な国家においては、戦争捕虜は奴隷と考えられ、そう扱われる。現代の奴隷は、馬や牛のように購入されるのが、より普通である。

この定義に、アメリカの奴隷制へのウェブスターの態度が現れている。並みの辞書家ではない。「奴隷州」では、「馬や牛のように」売買されていた時代である。『アメリカ英語辞典』の出版された1828年は、ウィリアム・ギャリソン (William Garrison) が奴隷制反対の積極的な活動を始めた年である。彼は、1831年には『解放者』(Liberator) の出版を開始する。1833年には、「アメリカ奴隷反対協会」(American Anti-Slavery Society) が結成され、活発な活動を始める。

ジョンソン『英語辞典』の奴隷の定義はどうか。

One mancipated to a master; not a freeman; a dependant.
主人に隷属している人；自由民ではない；服従する人

この定義で使われている mancipate をジョンソン『英語辞典』で見ると、"To enslave; to bind; to tie." とある。enslave の定義は、語義1で "To reduce to servitude; to deprive of liberty"、語義2で "To make over to another as a slave or bondman." (他人に奴隷として譲る) とする。辞書にしばしば見られた堂々巡りに近く、結局、奴隷の本質は、ジョンソンではわからない。

slave で見られるように、ウェブスターはしばしば冗舌ではあるが、優れた定義をした。また、アメリカ人の英語を引用例としたことも指摘されるべきである。フランクリン、アダムズ、ジェイ、マディソン、マーシャル、ラムゼイ、ドワイト、スミス、トランブル、ハミルトン、ベルナップ、エイムズ、メイソン、ケント、ヘア、シリマン、クリーヴランド、ウォルシュ、アーヴィングなどを、序文にあるように引用例文とした。

次に、ウェブスターの優れた面 (語彙と定義) と、問題点 (語源) に焦点を当てて、検証する。

1. 収録語彙

　ノア・ウェブスターは、「英語のアメリカの辞書 (an American Dictionary of the English Language) を持つことは重要であるばかりでなく、ある程度必要でもある」との主張から、『アメリカ英語辞典』を生み出した (序文)。
　アメリカの辞書を謳う以上アメリカ独自の表現が強調されるはずであるので、この点を実証的に点検したい。また、ウェブスターはサミュエル・ジョンソン『英語辞典』を批判し、これを超えることを目標とした。見出し語の点で、『アメリカ英語辞典』はどのような特徴をもつのか、まず見出し語一般から検討したい。
　ウェブスター『アメリカ英語辞典』(1828) の見出し語とジョンソン『英語辞典』(1755) のそれとを照合すると、かなりの違いが見られる。ジョンソンにないものでウェブスターの見出し語にあるものは、A 項の最初の部分でもかなりなものになる。廃語、外国に関するもの、専門用語などである。この傾向はおおむね全編にわたって言える。ウェブスターはジョンソンの強い影響下にありながら、見出し語に対する独自の考えを持っていた。
　ウェブスターは教師としてスタートし、弁護士でもあったが、新聞・雑誌の編集にも携わり、関心は広い範囲にわたった。したがって、それが見出し語に反映していると考えてもおかしくはないであろう。
　ジョンソンとの違いのわかりやすい部分を選ぶ。I 項の最初の部分を見る。ジョンソン『英語辞典』に無くて、ウェブスター『アメリカ英語辞典』にあるのは、次の見出し語である。『オックスフォード英語辞典』(OED) による初出年を ( ) 内に加える。

iambus 　　　【詩学】短長格 (1586)
ibex 　　　　【動物】アイベックス (1607)
ibis 　　　　【鳥類】トキ (1382)
Icarian 　　 【ギリシャ神話】イカロスの (1595)

iceberg	氷山 (1774)
icebound	氷に閉ざされた (a1659) [a は ante の略で、1659 年以前の文献に現れることを示す]
Icelander	アイスランド人 (1613)
Icelandic	アイスランドの (1674)；アイスランド語 (1833)
Iceland spar	【鉱物】氷州石 (1771)
iceplant	【植物】アイスプラント (1753)
ichthyocol	魚膠
ichthyocolla	魚膠 (1601)
ichthyological	魚類学の (1715)
ichthyologist	魚類学者 (1727)
icing	砂糖ごろも (1769)
iconoclastic	聖像破壊 (者) の (1640)
iconography	図像学 (1628)
iconolater	偶像崇拝者 (1654)

　これらは『アメリカ英語辞典』の 1 頁半弱の範囲である。もとよりジョンソン『英語辞典』(1755) 出版後に初出したものは省いてある。また、ice-built, ichthyocol は OED に収録されていない。
　ibex, ibis, iceberg, Icelandic を見出し語にしない辞書は、ポケット版にも現在はない。iconography の無い辞書も、まともな辞書とは言えないであろう。
　Icelander, Icelandic のような固有名詞に基づくものも、固有名詞そのものは収録語彙とはしない OED も、見出し語とする。OED (出版当時は『新英語辞典』が African を見出し語から落として問題とされたくらいである。
　Icelandic「アイスランド語」は、OED は初出年を 1833 年としているが、『アメリカ英語辞典』の出版は 1828 年である。
　ichthyocol は『センチュリー辞典』の見出しになってはいるが、ichthyocolla と同じとあるだけで、この語がいつ頃から使われているかの手がかりがない。

上にあげた語は、ウェブスター以前のイギリスの辞書には無い (英語辞典の見出し語も資料とした NED の編集者・資料提供者が見落としていることはありうることではあるが)。

ノア・ウェブスターは、見出し語選定に客観的であった。かなりの選別をしたジョンソンとは違って、実際に使われている語を収集していることが、上の例だけでもわかる。

今度は、OED との比較で A 項をチェックして見る。

次の語は、OED に引用されている初出年よりも、『アメリカ英語辞典』(1828) の方が古いものである。(　　) 内に OED の初出年を示す。

accompanist	《音楽》伴奏者 (1833)
acetify	酸化する (a1864)
air-sacs	【動物】(鳥の) 気嚢 (1836)〔OED は air-sac を見出し語 air の追込み見出し語とする〕
Altaic	アルタイ山脈の (1850)〔OED は「アルタイ語 (を話す民族の)」の意味のみを与えている〕
amendatory	修正的な (a1859)
anatase	【鉱物】鋭錐石 (1843)
andalusite	【鉱物】紅柱石 (1837-80; 1843)
antagonism	対立 (1838)；敵対 (1839)
anthophyllite	【鉱物】直閃石 (1843)
aphanite	【岩石】非顕晶質 (火山) 岩 (1862)
archival	古文書〔記録〕の (1847)
Atlantean	アトランティス島の〔OED は「(巨人) アトラスの」(1667) の意味のみを与える〕

これらの語 (Atlantean の場合は意味) は、現代の大型机上辞典『ランダムハウス・ウェブスター非省略辞典・第 2 版』(*The Random House Webster Unabridged Dictionary*, Second Edition, 1987) にも、anatase を除いて、見出し語となっている。anatase は、第 2 次大戦後の優れたカレッジ版『アメリカ大

学辞典』(*The American College Dictionary*, 1947) の見出し語にある。

　ここでも、ノア・ウェブスターの優れた語彙選定を実証する。これらは、他の辞書からの孫引きではない。特に、antagonism, archival を見出し語とする『アメリカ英語辞典』は、先見性にも富むことを示す。また、鉱物関係の語が目立つが、科学全般にも目配りしているところが、ウェブスターの特徴であり、これがノア・ウェブスター以後の『アメリカ英語辞典』(1864) と、その後の「ウェブスター大辞典」の特徴ともなる。

　科学用語以外にも、『アメリカ英語辞典』を際立たせているのは、アメリカニズムを収めていることである。「この国の国民と他のすべての国民との主たる相違は、違う政治形態、違う法律、制度、習慣から生まれている。[...]［イギリスにはなく］この国に新しく特有な制度は、イングランド人の知らない、新しい語や、古い語の新しい適用を生んでいる。これらを彼らは説明できないし、我々のものを写さないかぎり、彼らの辞書に入れることはできないのである。それ故、land-office, land-warrant, location of land, 教会の consociation、大学の regent、都市の intendant, plantation, selectman, senate, congress, court, assembly, escheat といった語は、イングランドの言語には属していない語であるか、かの国には存在しない事物に、この国で［新たに］適用したものかである。congress, senate, assembly, court などのイギリスの定義で満足する者は、この国には誰もいないであろう」とウェブスターは序文で述べる。

　アメリカニズムはどの程度採り入れられているだろうか。

　グリーン (Jonathon Green 1996: 263) は、アメリカニズムの数は予想されるよりも少ないことがわかっている、とする。

　『アメリカ英語辞典』に、アメリカニズムは多いのか、少ないのか。

　グリーンは本当に『アメリカ英語辞典』を使用しているか、調査したのであろうか。疑問である。彼は次のように述べる。

　　確かにアメリカで生まれた語もあるにはある。典型的なのは sachem, wigwam, squash, pow-wow, moccasin, moose, toboggan などのインディアン語、bureau, cache, levee, portage, prairie のようなフランスに由来する語、

boss, cruller, Santa Claus, waffle のようなオランダに由来する語、pretzel, (saur) craut のようなドイツに由来する語であり、coyote, mescal, tequila のようにスペインに由来する語である。

　backwoods, bluff, clearing, divide などを、新しい情況でそしてさまざまな意味で、アメリカ人が用いる仕方には注記がある。政治は selectman, big chief, gerrymander を生み出し、家庭生活と教育関係は apple butter, bobsled, log-cabin, Johnny-cake, coestoga wagon, campus, yankee (sic) , senior (4年生)、junior (三年生)、squatter を加えてはいる。しかしながら、総数7万語のリストで、これらはもっとも少数の割合を占めるだけであり、ウェブスターの見出し語の大部分は American という特別な限定は付いていないのである。

　これらの語は確かに典型的なアメリカニズムである。しかし、グリーンのこの辞書評はひどい。pow-wow, toboggan, cache, boss, cruller, Santa Claus, waffle, pretzel, sauerkraut, coyote, mescal, tequila, backwoods, big chief, gerrymander, apple butter, bobsled, log-cabin, Johnny-cake, Conestoga wagon, campus は、『アメリカ英語辞典』の見出し語に無い。bureau, divide, senior, junior のアメリカでの新語義も『アメリカ英語辞典』には無い。半分以上が無いのである。杜撰そのものと言うほかにことばがない。これではアメリカの辞書を語る資格に欠ける。その最たるものは、tequila という語で、これはウェブスターの生存中には英語化されていない。

　しかしながら、グリーンが当然あるべきと考えたであろう語が『アメリカ英語辞典』に無いことも事実である。

　ここで、『アメリカ英語辞典』がアメリカニズムの何を載せ、何を載せていないかを点検してみる。

　アメリカニズムで、地理・地形に関するものでは、海に臨む絶壁 bluff, 川の急流 rapids,川の氾濫を防ぐ堤防 levee が見出し語となっている。praiy [prairie] もかろうじて補遺に入る (『アメリカ英語辞典』の巻末には約2頁の補遺と、数行の訂正がある)。

　アメリカでの新語義では bottom (沖積層低地)、interval (丘と陸の間や川

沿いの低地) が記述されている。interval をベルナップ博士 (Dr. Belknap) は intervale と書くが、間違いであると思う、とウェブスターは注記する。

creek のアメリカで発達した意味については、次のように書く。

「アメリカの諸州では、小さな川。この意味は語源上は正しくないが、小川はしばしば入江や小さな湾に注ぎ、その一部を成すこともあるので、この名称が小川一般に適用されている」(In some of the *American States*, a small river. The sense is not justified by etymology, but as streams often enter creeks and small bays or form them, the name has been extended to small streams in general.) しかし、今のアメリカ英語では、川の支流を指すことが多い。

野生動物が岩塩を嘗めに来る lick には、「アメリカでは、森の野獣が鹹水泉で塩を嘗める所」(In *America*, a place where beasts of the forest lick for salt, at salt springs) と適切な定義を与えている。ただし、lick と同義の salt lick をウェブスターは見出し語に入れるべきであった。saltlick のマシューズ『アメリカニズム辞典』(1951) の初出年は 1751 年で、lick は 1747 年である。

形容詞を名詞としてアメリカで転換したものに、barren がある。ウェブスターは「アレゲニー山脈の西側の州で、平野部より数フィート高く、木や草を生じる土地を表わす語。これらの barrens の土壌は、名前が表わすような不毛ではなく、しばしば極めて肥沃である。普通は、数フィートの堆積土である」(In *the States west of the Allegheny*, a word used to denote a tract of land, rising a few feet above the level of a plain, and producing trees and grass. The soil of these *barrens* is not *barren*, as the name imports, but often very fertile. It is usually alluvial, to a depth of several feet.) と、詳しく説明する。

採り入れられていないものの一つに、bayou がある。『アメリカニズム辞典』によれば、初出が 1766 年である。南部のこの独特のよどんだミシシッピ川支流を表わす本来の英語は無いのであるから、当然見出し語とすべきであった (これ以後も初出年はマシューズ編『アメリカニズム辞典』による)。artery に動脈の転義「(水系網の) 本流」(初出 1805) が無い。water gap 「(水流のある) 峡谷」(1756) も落ちている。flume のアメリカで発達した意味「山で木材などを流す水路」(1748) も無い。オランダ語 bosch, busch の影響を受けたと考えられる bush 「未開拓の森林地」(1657) は、地名にも

使われているので、記述すべきであった。scrub「低木の；低木に覆われた」(1779) も無い。

グリーンが当然ウェブスターにあると思った divide の語義「分水嶺」(1806) も無い。snag の語義「川やバイユーに沈んでいて、舟の航行を妨げる倒木」(1804) も無い。

bottom land (1728), interval land (1683) は、bottom, interval の追い込み見出し、あるいは句例とすべきであった。

ウェブスターが痛烈に批判したピカリングの『アメリカニズム集』には、bottom land は見出し語となっており、interval land も説明に出てくる。当然、ウェブスターは知っていた。このニューイングランドの地理用語は、アメリカの辞典にあってしかるべきものである。また、range「放牧地」(1626) が無い。したがって、ranger「(普通、騎馬の) 放牧地警備人」(1670) が見出し語になるはずもない。timber land (1654)、swamp land (1663) もどこにも見られない。

潅木の茂る湿地 slash (1652) は、これを記載しない現在のアメリカのカレッジ版辞典は考えられない。

ウェブスターが 19 世紀初頭のルイスとクラークの西部探検に注意を払っていたならば、chute (1804)、butte (1805) も見出し語となっていたであろう。

mesa (1759) は 19 世紀前半の辞書に求めるべきではないであろう。初出例のみが孤立していて、続く用例は 1840 年である。間欠する小川またはその川床を表わす coulee (1807)、地名としての初出例が早い ox-bow「(川の) U 字形湾曲部 (に囲まれた土地)」(1784) なども『アメリカ英語辞典』の見出し語になるほどには一般的ではなかったと考えられる。方言の slough「よどみ」(1665) も同様である。

地理上の概念である、2 点を結ぶ最短距離 airline (1813) も見出し語にほしいところであった。

開拓との関連では、

IMPROVED, *pp.* 4. Used; occupied; as *improved* land.

UNIMPROVED, *a.* 4. Not tilled; not cultivated; as *unimproved* land or soil; *unimproved* lots of ground. *Laws of Penn. Franklin, Ramsay.*

と、品詞名が不ぞろいなのを除いては、優れている(『アメリカ英語辞典』の見出し語は大文字を使う)。この場合、「ペンシルヴァニア州法、フランクリン、ラムゼイ」の典拠も効いている。
　気候に関するアメリカニズムで代表的な Indian summer が『アメリカ英語辞典』には記述されてない。この表現の初出は、『アメリカニズム辞典』によれば、1778 年である。『センチュリー辞典』(1890) によれば、この語 (Indian summer) は 1784 年に最初に現れ、メイン州からヴァージニアとその西方で一般に使われている。したがって、Indian summer を『アメリカ英語辞典』の記述に期待しても間違いではない。しかし、無い。
　flurry のアメリカでの新語義「にわか雨；突風」はあるが、突然やって来る短い間の寒波 cold snap (1776) は無い。熱帯大西洋で起こるトーネードを、ミシシッピ川流域の同様の現象に当てはめた tornado (1804) も、記述されることが望ましかった。
　動物に関するアメリカニズムはどうか。opossum, raccoon, moose, muskrat (muskquash)、rattlesnake, mooking-bird などはある。当然である。cariboo [caribou], humming bird, humbird, bullfrog, woodchuk [woodchuck] も、美味な terrapin もある。
　魚類では alewife, blue-fish (ムツ科), drum-fish (ニベ科), menhaden (ニシン科), porgy (タイ科) があり、貝類では quahog が見出し語となっている。
　鳥類では、擬声語の kildee [killdeer], whippowil [whippoorwill] も入っている。
　イギリスの英語とは違う指示物 (referent) の場合に、ウェブスターは次のように扱う。

BLACK-BIRD, *n.* In *England*, the *merula*, a species of *turdus*, a singing bird with a fine note, but very loud. In *America*, this name is given to different birds, as to the gracula quiscula, or crow black-bird, and to the oriolus phæniceus, or red winged black-bird, [*Sturnus predatorius*, Wilson.]

　　BLACK-BIRD, [名] イングランドでは、turdus 種の merula (クロウタドリ)、美しい鳴き声ではあるが、大変大きな声の鳴き鳥。アメリカでは、この名前は、gracula quiscula すなわち北米産クロムクドリと、oriolus phæniceus すなわちハゴロモガラスのような、違った鳥に与えられる。[ウィルソンの学名 Sturnus Predatorius]

　「イングランドでは」、「アメリカでは」と英米の意味の違いを明記する。この方式は体系的には、『アメリカ英語辞典』が始めた (『簡約英語辞典』にも部分的に見られる。64 頁参照)。

　また black-bird の定義に見られる生物学上の分類 (学名) を、定義に導入していることは第 2 節「定義」で扱う。

　ほぼ同様の記述に、woodcock, buffalo がある。catfish をナマズ目に充てている。

　現代のアメリカの辞書であれば、複合語とするものをウェブスター (そして当時の他の辞書編集者) は、第 2 要素を中心と考えているために、第 2 要素に複合語が入っている。したがって、blackbird の項目に crow black-bird, red-winged blackbird が入る。同様に、black squirrel, gray squirrel, red squirrel が squirrel の項に記述され、rice bunting, ruffled grouse, wild turkey, sea-bass なども同様である。

　さらに、『アメリカ英語辞典』に落ちている動物に関するものに触れる。

　哺乳類では、black fox (1602), gray fox (1678-9), red fox (1778), silver fox (1792), silver gray fox (1778) とキツネがかなり落ちる。coyote (1759) も無いが、ウェブスターの頃には西部に限られていたのであろう。

　flying squirrel「モモンガ」(*a*1613)、painter「アメリカライオン」(1764) も無い。

　爬虫類では、black snake (1634), king snake (1709), chicken snake (1709), green snake (1709), hognose snake (1736), garter snake (1769), copperhead (1775), horned snake (1775), bull snake (1784), pine snake (1791), milk snake (1800) などの蛇が記述されていないし、snapping turtle (1784), mud turtle (1785), gopher

「アナホリカメ」(1791), snapper 「カミツキガメ」(1796) も見当たらない。

両生類では、tree toad (1778) が無い。

鳥類では、擬声語の towhee (1729), bobolink (1774), chuck-will's widow (1791), chewink (1794), pewee (1796) を、ウェブスターは見出し語としていない。turkey buzzard (1672), sora (クイナの一種) (1705), bluejay (1709), whooping crane (c1730 [c は circa の略])、wood duck (1777), indigo bunting (1783), yellow warbler (1783), buffle-headed duck (1731), blackpoll (1785), wood ibis (1785) も無い。

魚類では、frostfish 「タラ科」(1634), tautog (ベラ科) (1643), red drum (ニベ科) (1709 , bone fish (1734), gray snapper (フエダイ科) (1775), rose fish (1721), muskellunge 「アメリカカワマス」(1789) が無い。

植物では、『アメリカ英語辞典』の見出し語になっているものには次のものがある。

atamasco	dayflower	sorrel-tree
boneset	hickory	squash
broomcorn	Kalma	sweet-corn
butternut	locust-tree	sweet-gum
button-wood	may-apple	thoroughwort
candle-berry tree	persimmon	trumpet honeysuckle
catalpa	poke	tulip-tree
chinkapin	poke-weed	tupelo
colin	puccoon	underbrush
cornstalk	skunk cabbage	wax-myrtle
cranberry	skunk-weed	yam

小見出しとなっているものには次のものがある。

Adam's needle	black walnut	rock maple
American cowslip	Canada thisle	Venus' flytrap

bean tree	craberry bean	yellow pine
cardinal-flower	live oak	white oak
black birch	oil nut	white pine
black raspberry	pitch pine	white walnut

『アメリカ英語辞典』に入るべき植物名で落ちているものは、初出年を1805年までの語に限っても80語以上を確認している。その中の主なものだけを次に挙げる。

bluegrass (1751)	coontie (1791)	mesquite (1759)
buckeye (1763)	Gardenia (1757)	pecan (1773)
clingstone (1705)	hackmatack (1792)	prickly pear (1618)
century plant (1764)	huckleberry (1670)	shagbark (1751)
cohosh (1796)	mescal (1702)	sweet potato (1750)

1779年までには huckleberrying「ハックルベリ取り」という語も使われているので、huckleberry が見出し語に無いことは不可解である。

アメリカ先住民に関するものでは、calumet, moccason [moccasin], sachem, sagamore, succotash, tomahawk, wampum, wigwam が見出し語となっている。

収録されていないのは、先住民の赤ん坊 papoose (1634), powwow「まじない師」(1624),「儀式・会議」(1625), sqaw「先住民の女・妻」(1634), Indian file「1列縦隊」(1758), Indianism (1652)「アメリカ先住民文化」、manito「神あるいは霊」(1588), 乾燥肉に脂肪・果実をまぜた pemmican (1791), war dance「出陣 (戦勝) の踊り」(1711), warpath「戦いに行く道」(1755), war whoop「鬨の声」(1739) などである。

アメリカ開拓の最初期から、先住民にトウモロコシ栽培とその調理法を習った開拓者はことばも学んでいる。hommony [=hominy]「(外皮を取り除いて砕いて煮る) ホミニー」、トウモロコシの粥 mush、トウモロコシと豆を煮た succotash は見出し語となっている。

しかし、pone「トウモロコシパン」(1612), supawn「トウモロコシ粥」(1671) は無い。pone, suppawn も植民者は初期に採り入れていた (Earle 1898: 131；suppawn はアールの綴り)。

開拓に関するものでは、フロンティアの象徴「丸太小屋」log-house, log-hut は見出し語となっているが、log cabin (1770) が無い。ウェブスターは cabin を建物に使うことを誤用と考えたのであろうか。マシューズ編『アメリカニズム辞典』によれば、log cabin は 1750 年頃にスコットランド系アメリカ人が造っている。

開拓地の奥の森林地帯あるいは奥地 backwoods (1709)、その住人 backwoodsman (1774)、奥地、僻地 back country (1746) が見られない。backwoodsman はピカリング『語集』(1816) の見出し語となっている。

frontier のアメリカでの新語義「フロンティア」の初出は、『アメリカニズム辞典』によれば 1676 年であるが、NED も活用しているバートレット『アメリカニズム辞典』(John R. Bartlett, *Dictionary of Americanisms*, 1848) にも無い。したがって、ウェブスターの時代には一般的でなかったと考えてよかろう。

丸太を割って作る割り材 puncheon (1725) も、側面や屋根に用いる下見板 clapboard (1632) もアメリカで発達した意味である。丸太小屋の照明には、松の節 pine knot (1670) がたいまつとして用いられ、ときには bayberry「ヤマモモ」(1690) で香りをつけたロウソクが用いられることもあった。ウェブスターはこれらには疎かったであろう。『アメリカ英語辞典』に無い。

開拓地の食料では、ホミニー以外にもトモロコシの粉 (『アメリカ英語辞典』には meal の説明に Indian meal, corn meal がある) で作り、乾燥して持ち運べるようにした johnny cake (1739), ourney cake (1754), なども語彙項目となっていない。

トウモロコシで作った各種パンの「上位語」(hypernym) の corn bread (1750) が無い。Indian bread に、ウェブスターは植物の名前しか記載していない。corn bread の「下位語」(hyponym) の Indian pudding (1722) もウェブスターには無い。アール (Earle 1898: 135) によれば、Indian pudding は西部に限らずどこでもつくられたものである。トウモロコシを肉と一緒に鍋で

シチュウにする pot pie (a1792) , 豚肉と作る hog and hominy (1776) も無い。

jackknife (1711) は、西部に限られたものではないが、少年たちが欲しがるものであった。しかし、これも採録されていない。

フロンティアでも丸太小屋で教会が作られた。信仰復活のための伝道集会 revival (1799) では、教会に収容できないほどの人が集まると、野外にテントを張った camp meeting (1803) が、数日にわたって、場合によっては数週間にわたって開かれた。この種の伝道集会 camp meeting は 1799 年にケンタッキーで始まっている。1811 年までに、ジョージアからミシガンのフロンティアで、400 の camp meeting が開かれた (Flexner 1976: 301)。revival の上記の意味、そして camp meeting も採録されてはいない。

開拓地の移動には、幌馬車 covered wagon (1745) が使われた。Conestoga wagon (1781) は、18 世紀末までにはフロンティアの多くで標準的な乗り物であった (Americana XII.129)。Conestoga wagon ということば自体は、最初は居酒屋の名前として使われ、これは 1750 年まで遡って確認できる。この当時の「西部開拓」を象徴する語を何故ウェブスターは見出し語としないのであろうか。グリーンが『アメリカ英語辞典』の見出し語にあると思ったのも、頷けなくもない。

開拓地の移動には船も活躍した。平底船 bateau をウェブスターは見出し語としている。

丸太でいかだを作り、その上に家族のための小屋と家畜のための囲いを廻らせ、家畜とともに川を下る光景は、オハイオ川でよく見られた (Langdon 1941: 94)。そのいかだの ark は、『アメリカ英語辞典』には「農作物を市場に運ぶため」とのみあり、充分な記述とは言えない。

一般にいかだは 18 世紀からよく使われ、raft はアメリカで品詞転換され、「いかだを使う、いかだで旅をする (1741)」、「(川など) をいかだで渡る (1765)」の意で使われてきた。この動詞用法をウェブスターは載せていない。

衝突に強い平底船 keelboat (1786) も見出し語に無い。ラングドン (Langdon 1941: 93) によると、1787 年の北西部領地条令後に西部への移住は増加し、keelboat が一般に使われ、その後も長く使われた。

原生林の開拓は、機械のない時代においては、我々の想像を絶するものがあったであろう。木を倒す方法の一つに、幹をぐるりと輪状に切りこんで、立木のまま枯らす girdle (vt.) を、ウェブスターはニューイングランドの用法として採り入れている。squatter を権利なしに新しい土地に住みつく人に用いるのはアメリカニズムである。これもウェブスターは採録している。しかし、当時の西部開拓地で見られた、いくつかの地区の人たちがお互いに助け合って木を伐採して燃やす (あるいは川まで運ぶ) log-rolling (a1792) は、政治に転用されて各地 (あるいは各党) の議員がなれ合い、法案を通す意味で、1812 年には使われている。しかし、ウェブスターには原義も転義も無い。

　開拓地での、お互いの助け合いと、そのあとのダンスを含む寄り合い bee (1769)、その特定化されたもの、例えば女たちが糸を紡ぐ spinning bee (1788)、朝の 6 時から夕方 6 時まで行われることもあるトウモロコシの皮むき husking bee (1693)、森の木を伐採し、畑を拓く chopping bee (1809) にも、ウェブスターは関心がなかったようである。

　フロンティアから、主に東部・南部に目を移して語彙を検討してみる。

　家屋に関するものでは、植民地時代のニューヨークでオランダ人の住居には必ず見られた、玄関口の階段 stoop を、ウェブスターは採り入れているが、オランダ語からの借用語であることは意識されていない。

　イギリスの英語では、lumber は「がらくた、不用品」であるが、アメリカでは「挽材」となり、ウェブスターはともに記述する。

　lot の語義 6「土地」で、ウェブスターは作例として "He has a home-lot, a house-lot, a wood-lot." と 3 つのアメリカニズムを載せる。

　木造住宅の多いところでは、火事をいかに防ぐかが重大な問題であった。fire ward, fire warden をウェブスターは見出し語としている。

　家具では、rocking chair (1766) が見出しにも、chair の項にも無い。

　暖房に使う Franklin stove (1787) は、暖炉の中に置いて放熱をよくするものであるが、ウェブスターは載せない。

　動物の進入を防ぐ役目も果たした log fence (1651)、南部で広く見られた Virginia fence (1671)、board fence (1718) なども、ウェブスターは記述しな

い。

　食べ物では、ニューイングランドの chowder は見出し語となっている。ニューイングランドの家庭では土曜日のディナーとして、どこでも塩漬けタラを 18 世紀末まで食べていた (Earle 1898:122)。その塩漬けタラ dun-fish をウェブスターは見出し語としているだけでなく、動詞 dun に "to cure, as fish, in a manner to give them a dun color" を与える。名詞形 dunning は、語義と百科事典的説明は 14 行にわたる。しかし、dumb fish (1746)、dun codfish (1818) までは触れていない。

　ナンキンマメ ground nut (それに、アメリカニズムではないが earthnut) はあるが、南部で普通の名前である peanut (1807) は見出し語に含まれてはいない。

　potato とニューイングランドで言うとき、おそらくサツマイモをさしていたであろうとアールは言うが、『アメリカ英語辞典』 potato にこの意味までは無い。また、sweet potato (1750) も見出し語には無い。yam は見出し語となっている。

　料理の本 cookbook (1809) も『アメリカ英語辞典』に見出すことはできない。といって、ウェブスターが料理に関心がなかったわけでもない。ツルコケモモ cranberry の定義のあとに、"These berries form a sauce of exquisite flavor, and are used for tarts." と付け加えている。exquisite は『アメリカ英語辞典』によれば、「最高の」である。

　ヴァージニア開拓者の一人として有名なジョン・スミス (Captain John Smith) がすでに 17 世紀初頭に「熟すと、アンズと同じようにうまい」(Schele De Veer 1872: 50) と書いている柿 persimmon は『アメリカ英語辞典』の見出し語となっている。

　南部のクリスマスに欠くことのできない飲み物 eggnog (c1775) が『アメリカ英語辞典』の見出し語に無いのであるから、カクテルの一種 julep (1787)、mint sling (1804)、mint julep (1809) は見出し語になるはずもない。アーヴィング『ニッカーボッカーのニューヨーク史』にも出てくる cock-tail (1806) に対してさえ、ウェブスターは無関心である。

　ウェブスターが北部・南部を意識していたことは、south の項に "In the

United States, we speak of the states of the *south*, and of the north." と書いていることで知ることができる。

　南部・北部などの地理的特質に政治的・経済的・文化的特質を含めて言う section もウェブスターは、"Thus we say, the northern or eastern *section* of the United States, the middle *section*, the southern or western *section*." と『アメリカ英語辞典』にふさわしい扱いをしている。

　plantation は、『アメリカ英語辞典』のなかでも特に「アメリカ」の名に値するものになっている。

　　In *the United States* and *the West Indies*, a cultivated estate; a farm. In *the United States*, this word is applied to an estate, a track of land occupied and cultivated, in those states only where the labor is performed by slaves, and where the land is more or less appropriated to the culture of tobacco, rice, indigo and cotton, that is, from Maryland to Georgia inclusive, on the Atlantic, and in the western states where the land is appropriated to the same articles or to the culture of the sugar cane. From Maryland, northward and eastward, estates in land are called f*arms*.

　この百科事典的説明は、1828 年には「南部」の特徴がはっきりしていたことを示す。メリーランドからジョージアの奴隷により、たばこ、綿、そして西部諸州ではそれらとサトウキビの栽培に土地を当てる所で、プランテーションが用いられることを記述している。南部の綿に貢献した cotton gin も『アメリカ英語辞典』の見出し語となる。

　ニューヨークのオランダ系に関するものは、すでに触れた stoop と、そり sleigh、さらに大型平底船 scow (ニューイングランドでよく使われると注記にある) 以外は、ウェブスターは英語辞典に載せるに値いするとは思っていないようである。

　オランダ人の農場 bowery (1650)、プロテスタントの一派ダンカー派 Dunker (1744)、大地主 patroon (1744)、クッキー cookie (1703)、ワッフル waffle (1744)、その焼く器具 waffle iron (1794)、コールスロー coleslaw (1794)、クルー

ラー cruller (1805), dope「グレーヴィーソース」(1807), コテージチーズ pot cheese (1812) などが『アメリカ英語辞典』には無い (cottage cheese の初出は 1848 年である)。Santa Claus がこの形で使われるのはフェニモア・クーパーの 1823 年の作品『開拓者』(*Pioneers*) が初出であるから、これは 1828 年の辞書の見出し語とならなくてもおかしくない。

　輸送・乗り物に関するものでは、bateau, sleigh, scow は、すでに触れたように見出し語にある。

　海洋を高速で航海できるスクーナー schooner, アメリカで初めて実用的になった蒸汽船 steam-boat は代表的なアメリカニズムで、これらは『アメリカ英語辞典』の見出し語となっている。

　そりでの運搬 sledding も見出し語にある。

　やや系統は違うが、マイル当たりの費用・旅費 mileage が見出し語としてある。

　軽装四輪馬車で、フランス語からの借用語 cariole (1801)、また carry all の連想で造られた carryall (1714) は、無い。

　戦艦 battleship (1794) も見出し語に無いし、船内荷役人 stevedore (1788) も同様である。

　次に、国名、続いて政治に目を移す。

　United States (1776) をウェブスターは辞書の中でしばしば用いているが、united にも state にも United States はとりあげられていない。state (1776) に「州」が峻別されていない。これは手落ちである。しかし、the Union の方は、union の語義 7 に "States united. Thus the United States of America are [*sic*] sometimes called the *Union*." とある。定義に用いた語を記述しないのは、辞書としては批判されるべき事柄である。

　「州知事の」governatorial は見出し語となっているが、アメリカの政治にとって重要な州権 state rights (1798) が無い。ウェブスターが連邦主義の立場だから、とは思いたくない。

　州の下位区分 county は適切に説明されているし、township も「ニューイングランドでは、州は 5, 6, 7 あるいは 10 マイル平方のタウンシップに分けられ、タウンシップの住民は道路の補修や貧しい人たちへの給付などの

事柄を管理する権限を与えられている」と十分に説明されている。town meeting (1636) の落ちが惜しまれる。

　独立革命により、国王のいない政治形態をつくり出したアメリカ合衆国は、主権在民・三権分立を理念とする。立法府 Congress, 行政の長 President, 最高裁判所 Supreme Court (1787) をアメリカではイギリスとは違う新しい意味で使った。これらは1787年の合衆国憲法に規定されている。前2者は congress, president にその意味が記述されているが、「最高裁判所」が supreme にも court にもないのは、これも手落ちであろう。ウェブスターの辞書編集の理念から言っても、これは大きな手落ちである。ウェブスターも、あとで触れる constitutionality その他で supreme court を用いている。

　立法府は、house の語義7に、イギリスの the house of commons と並び、the house of representatives が挙げられている。

　州議会下院も同じ語義7に "In most of the United States, the legislatures consist of two houses, the senate and the house of representatives or delegates." と言及する。

　上院も senate の語義2に、

　　In *the United States*, senate denotes the higher branch or house of a legislature. Such is the *senate* of the United States, or upper house of the congress; and in most of the states, the higher and least numerous branch of the legislature, is called the *senate*. In the U. States, the *senate* is an elective body.

と、アメリカでは選挙によることにも触れる。また、州議会の上院にも触れる。

　ところが、representative, senator にはイギリスの例だけですませ、やや一貫性に欠けるところがある。

　政党に関しては、合衆国憲法の制定を推進し、支持する人たちは自らを Federalist と呼んだが、ウェブスターは Federal, Federalist を見出し語とし、"An appellation in America, given to the friends of the constitution of the United

States, at its formation and adoption, and to the political party which favored the administration of President Washington." と、的確に説明する。

副大統領 vice president は president の追い込みの小見出しとしてイタリックで入る。

presidency に「大統領職」、elector に「大統領選挙人」の、アメリカでの意味も記述されている。

司法では、三権分立から言っても重要な概念である「合憲性」constitutionality は代表的なアメリカニズムで、ウェブスターは "The judges of the supreme court of the United States have the power of determining the *constitutionality* of laws." と定義のあとにポイントの小さい活字で付け加える。この付加された、解説と作例を兼ねた文が、サミュエル・ジョンソン『英語辞典』(1755) には無いもので、ノア・ウェブスター以後もウェブスター大辞典の特徴となる。

州レベルでは、district-court が見出し語になっているが、地区検事長 district attorney (1789) が無い。

ピューリタンの伝統の強いニューイングランドでは、日常生活をも厳しく縛る blue law (1781) は、違反すると、手を焼かれたり、耳が切り落とされるようなこともあった。その blue law をウェブスターが知らないはずはないが、辞書には記述していない。また、私刑 lynch (1811) もウェブスターが耳にしていなかったとは考えにくいが、これまた見出しとなっていない。

英米関係を見てみる。

母国 mother country を mother の句例とウェブスターはするが、故国 old country (マシューズ『アメリカニズム辞典』の初出例は 1796 年、OED2 版 (1989) の初出年は 1782 年) は採らない。emigrant, immigrant は見出し語にある。

独立革命時代では、continental を「アメリカ植民地の」の意で用いていたが、ウェブスターは「各州と区別して、合衆国の」とする。

「大陸会議」を congress の語義 2 でとりあげ、1774 年の結成や、独立を宣言したことに言及する。語義 3 では 1789 年までの一院制議会を、語義

4では現在まで続く連邦制議会を定義とする。「アメリカの」辞書の面目躍如たるところである。

「独立革命支持者」Whig,「英国支持者」Tory, royalist は Whig の項に入れられている。印紙法の反対に始まる愛国団体の「自由の息子」son of liberty (1766) までは記述していない。

独立戦争でも多く使われた rifle はもちろん『アメリカ英語辞典』にあるが、ライフルを用いて「瞬時に」戦いに参加した「民兵」minuteman (1774) が見出しとなっていないのは、意外である。

on picket「見張り番で」(1775) も独立戦争中に生まれた句であるが、『アメリカ英語辞典』に見ることはできない。

ソーントン (Thornton 1912：886-7) によると、独立戦争中に英米両軍でしばしば使われた、相手方の捕虜を裸にして、体に熱したコールタールをかけ、その上に鳥の羽を塗る残酷な tar and feather (動詞 1769) も、tarring and feathering (名詞 1772) も、ウェブスターは採録しない。

Anglo-American は「英国系アメリカ人」としてまず 1787 年に文献に現われ、「英国とアメリカの；英米の」は 1809 年の文献に現れる。これをウェブスターは語彙項目としていない。

「英国に心酔する人」Anglomania (1787)、「英国嫌い」Anglophobia (1793) もウェブスターは採録しない。

合衆国の擬人化 Brother Jonathan (1776) は、英国軍と英国に忠誠心を持つアメリカ人が、ボストンでアメリカの民兵を包囲した時に、民兵を指して使ったとされるが、Brother Jonathan も Uncle Sam (1813) も語彙項目とはなっていない。

また、Anglify [=Anglicize] (1751) も『アメリカ英語辞典』に見出すことはできない。

さらに、合衆国旗 Stars and Stripes (1782)、Star-Spangled Banner (1814) も語彙項目となっていない。

経済・商業に関するものでは、dollar, dime, cent, mill「10 分の 1 セント」、eagle「10 ドル」は、当然、アメリカの貨幣として『アメリカ英語辞典』にあるが、half-dollar (1786), half-eagle (1786) は語彙項目とはしていな

い。これらは、当時の辞書であれば、見出し語としないのが、普通であろう。

　store 「商店」は "In the United States, shops for the sale of goods of any kind, by wholesale or retail, are often called *stores*." と、的確である。store-keeper 「商店主」も見出し語にある。しかしながら、bookstore (1763)、雑多な品を置く variety store (1768)、drugstore (1819) が採録されていない。bookstore はピカリング『アメリカニズム集』(1816) で「合衆国では普通である」としている。clerk 「店員」(1771) が『アメリカ英語辞典』には無い。grocery 「食料雑貨店」はあるが、grocery store (1774) は無い。

　lay の意味「雇用・売買の条件、値段」(1703) が『アメリカ英語辞典』には採録されていないが、ピカリングが『アメリカニズム集』(1816) で "Terms or condition of a bargain; price." とし、"I bought the articles at a good *lay*." と、さらにもう一つの用例も挙げている用法である。

　教育では、school の項に "In modern usage, the word *school* comprehends every place of education, as university, college, academy, common or primary schools, dancing schools, and riding schools, &c; but ordinarily the word is applied to seminaries inferior to universities and colleges." と、高等教育・中等教育・初等教育・各種学校の広義と、狭義の定義も与えられ、アメリカニズム common school 「コモン・スクール」が入る。学区 school-district も見出し語となっている。大学の卒業式 (ウェブスターは commencement を使う) での答辞 valedictory も見出し語にある。しかし、答辞を読む学生 valedictorian (1759) までは採り入れられていない。

　楽器では、ベンジャミン・フランクリンの発明 harmonica 「グラスハーモニカ」を見出し語に見出すことができるが、banjo (1740) が無い。

　アメリカニズムの中でも、lengthy にウェブスターはかなりのスペースを割く。

　まず、定義と句例。

　　Being long or moderately long; not short; not brief; *applied mostly to moral subjects*, as to discourses, writings, arguments, proceedings, &c.; as a *lengthy* sermon, a *lengthy* dissertation; a *lengthy* detail.

句例には、「長ったらしい説教、論文、詳細」を挙げ、適切である。
次に引用例文。4例を採り、ウェブスターとしては異例である。

  Lengthy periods.   *Washington's letter to Plater.*

  No ministerial act in France, in matters of judicial cognizance, is done without a *proces verbal*, in which the facts are stated amidst a great deal of *lengthy* formality, with a degree of minuteness, highly profitable to the verbalizing officers and to the revenue.   *Am. Review, Ap. Oct.* 1811.

  P.S. Murray has sent or will send a double copy of the Bride and Giaour; in the last one, some *lengthy* additions; pray accept them, according to old customs —   *Lord Byron's Letter to Dr. Clarke,*
                   Dec. 13, 1813.

  Chalmers' Political Annals, in treating of South Carolina — is by no means as *lengthy* as Mr. Hewitt's History. *Drayton's View of South Carolina.*

 ウェブスターの敬愛するジョージ・ワシントンの "Lengthy periods." から始まり、バイロン "lengthy additions" を引く。ここで、かつてイギリス人にこきおろされた lengthy を、イギリスの詩人も用いていることを示す。この lengthy の項はウェブスターとしても会心の出来であったであろう。
 次に、ウェブスターが見出し語としない gerrymander に触れる。ゲリマンダーは日本語にもなっている。『広辞苑』(第5版) によれば、「自党に有利なように選挙区を改変すること。1812年アメリカのマサチューセッツ州知事ゲリー (E. Gerry [1744-1814]) が、自党を有利に導くため選挙区を不自然な形に区画し、それがギリシャ神話にででくるサラマンダー (火蛇) に似ていたことから作られた語」である。1811年の不自然な選挙区割り

に反対するボストンの新聞編集者 (Benjamin Russell) が、その区割りに色を塗り、編集室の壁に貼っておいたのを、(ジョージ・ワシントンの肖像画などで有名な) ギルバート・スチュアートが見て、頭・翼・爪・尾を描き足して「サラマンダーで通るね」と言ったのに対して、ラッセルが「サラマンダーだって？　ゲリマンダーと呼ぼうぜ」と答えたことからこの語が生まれたとされる (Farmer 1889：262)。

　gerrymander は、アメリカ英語が生み出した「かばん語」(portmanteau word) の傑作である。えげつない選挙、それを批判するジャーナリズム、ともに、1812 年においてもすでに極めてアメリカ的であった。このおかしな選挙区に嘴、羽、爪をつけた絵は、アメリカで広く知られていた。

　『ボストン・ガゼット』紙は「ゲリマンダーという語は合衆国全土で欺瞞 (deception) と同義語である」と 1813 年 4 月 8 日に書いている (Thornton 1912:358 から引用)。ウェブスターは lengthy では 1813 年のバイロンを引用している。したがって、当然 1813 年は資料収集の範囲にある。

　アメリカ中が知っていた gerrymander をウェブスターは採らない。これがかつて、辞書編集者は「すべての語をあたうるかぎり、集め、並べ、定義することである」と述べたウェブスターであろうか (99 頁参照)。

　もう一語を省くわけにはいかない。belittle である。

　学術的に優れた『アメリカニズム辞典』を編集したマシューズは、その著『アメリカのことば』(*American Words*, 1959;: 47-8) で次のように述べる。

　　この国［アメリカ］で最初に使われた語で、最初に印刷で現れたときにあざけられた語は多い。1780 年頃トマス・ジェファーソンが belittle を造語した。すると批評家たちは直ちにまったくばかげた語であるとして非難した。

　　ノア・ウェブスターは、belittle への敵意を共にすることはなかった。彼はいかなる種類のコメントもなしに 1828 年の彼の辞書に入れたのである。

　　しかし、『アメリカ英語辞典』に belittle は見出しとなっていない。アメ

リカニズムの専門家マシューズでさえ、belittle は当然『アメリカ英語辞典』の見出し語となっていると思った。

　ジェファーソンが belittle を用いたのは、『ヴァージニア覚え書』(*Notes on the State of Virginia*) である。原稿は 1781 年から 82 年に書かれ、パリで 1785 年に私家版、1787 年にロンドンで公刊された。彼は、

> So far the Count de Buffon has carried this new theory of the tendency of nature to belittle her productions on this side of the Atlantic.

と、belittle を使う。「ビュフォン伯爵が、大西洋のこちら側では自然はその産物を小さくする傾向をもつ、という新理論を適用したのはここまでである」(中屋健一訳・岩波文庫) と、「小さくする」の意で用いている。文脈からすると、ビュフォンがアメリカでは動物はヨーロッパより体が小さいと主張していることに、ジェファーソンが反証をあげてきたあとの文になる。接頭辞 be- は 'make' の意味を持つ。

　この belittle を非難するイギリス人の文は、前章にあげた (90 頁参照)。

　ウェブスターは、1798 年に彼のエッセイ ("Sentimental and Humourous Essays") をイギリスの雑誌 (*The Gentleman's Magazine*) の書評で、"the Yankey dialect" とレッテルを貼られている。

　「アメリカ語」を主張した若き時代のウェブスターと違って、彼のアメリカニズム重視に対する批判を苦にしていたことは、彼の書簡集を読む者には良くわかる。

　専門家マシューズが見出し語となるのを当然とした belittle を、意識的にウェブスターは省いた、と筆者は考える。70 歳で『アメリカ英語辞典』を出版したころのウェブスターは、一方ではイギリスで辞書をも売ることも考えての編集であった (アメリカで 2,000 部、イギリスでは 2,500 部を販売した)。

　『アメリカ英語辞典』にアメリカニズムは多いか、少ないかの問題に戻るならば、当時のほかの辞書と比べるならば、はるかに多い。他を圧倒している。そこにこの辞書の歴史的意味の一つは存在する。

しかし、ウェブスターの辞書編集の理念、すなわち、あたうかぎり、すべての語を集め・並べ・定義する辞書の編集からするならば、採り入れるべきもので、省かれているものが少なくない、と言わざるを得ない。
　見出し語全般を見るならば、しかしながら、ジョンソン以後のもっとも優れた英語辞典である。また、アメリカニズムの数においてはやや不足するところがあるが、定義を合せわ考えるならば、ここにアメリカの国語辞典が誕生したとみることができる。
　また、英語辞書史の観点から見れば、アメリカにおける国語辞典の誕生は文化史的にも大きな出来事であった。さらに、7万語の収録語彙は、4万語のジョンソン『英語辞典』(1755) を越えて、科学用語をも採り込む辞書の流れを作る。この流れはウェブスターの後継者により引き継がれ、『ウェブスター新国際英語辞典・第3版』(*Webster's Third New International Dictionary of the English Language* 1961) に至っている。

2. 定義

(1) ノア・ウェブスター独自の定義

　定義は、辞書の最も重要な部分である。少なくとも、英語辞書発達史の中では、ネイサン・ベイリー『ユニバーサル語源入り英語辞典』(1721) 以後の重要な辞書については、事実である。
　しかし、その重要な辞典の一つ、サミュエル・ジョンソン『英語辞典』(1755) もベイリーの『英国辞典・第2版』(1736) の定義を借りている。先行の辞書を利用しながら、自分の辞書を作る、これが英語辞典ではウェブスターにいたるまで例外はない。
　ウェブスターは、『簡約英語辞典』の序文で、「合衆国で使われている英語の数ある辞書の中で、ベイリーとジョンソンのものが最も独創的な部分を持っていると思われており、とくにジョンソンは現代の編集者が辞書を作る際の源泉となっている」と、当時の評価を伝えている (そして、この

評価は現在も正しい)。

　続いて、ウェブスターは「ベイリーの綴字法、語源、数学用語の定義をジョンソンは、ほとんど改良するところがない」としながらも、ジョンソンの定義を次のように評価している。

　　ジョンソンの辞書の優秀さは、主として、語のさまざまな違った意味を区別し、［引用例文で］例証して、読者に示したことにある。この部分に、著者ジョンソンはまれなほどの努力を注いでおり、広範囲にわたる多様な読書に助けられた批評眼を示しているのが普通である。

　このジョンソン評価は、後世の辞書研究家にも異論のないところであろう。しかし、そのあとで、ウェブスターは、ジョンソンの定義のいくつかを批判する。まず、administratrix が槍玉にあがる。ジョンソンは、

　She who administers in consequence of a will.
　「遺言に因って管理する女」

と定義する。シェリダン、ウォーカーの辞書にも同じ定義が使われている。administratrix は、遺言のない人の遺産管理であるから、これは明らかに間違いである。ウェブスターの『アメリカ英語辞典』の定義は、

　A female who administers upon the estate of an intestate.
　「遺言を作らずに死亡した人の遺産を管理する女」

で、これはマリー他編『新英語辞典』(NED) の "A woman appointed to administer the estate of an intestate." (遺言を作らずに死亡した人の遺産を管理するために指名された女性) (1888 年刷り使用) と比べても見劣りしないものとなっている。
　次にジョンソンの misnomer を批判する。

In law, an indictment, or any other act vacated by a wrong name.
「法律で、起訴、あるいは間違った名前により無効にされる他の行為」

「この定義は、シェリダン、ウォーカー、ペリー、エンティック、ジョーンズ［シェリダンの改訂版を編集］、アッシュなどが引き写している」とウェブスターは言う。ウェブスターは、

In law, the mistaking of the true name of a person; a misnaming.
「法律で、人物の正しい名前を間違えること；氏名誤記」

とする。NED は "A mistake in naming a person or place."「人あるいは場所の名前をあげる際の誤り」である。
　次は、obligee である。ジョンソン『英語辞典』を J. ウエブスター『アメリカ英語辞典』を W と略記する。

J. 1755　　The person bound by a legal or written contract.
　　「法的あるいは成文契約で拘束される人」
W. 1828　　The person to whom another is bound, or a person to whom a bond is given.
　　「他人を拘束する人、あるいは債権が与えられる人」
NED (1909 年刷り) *Law.* One to whom another is bound by contract; the person to whom a bond is given.
　　「【法律】他人が契約によって拘束される人；債権が与えられる人」

ジョンソンは obligor (債務者) の定義を、obligee (債権者) に当てていて、それが「シェリダン、ウォーカー、エンティック、ペリー、アッシュ、ジョーンズに引き写されている」ことを、ウェブスターは指摘する。NED はウエブスターに近い。特に、後半は冠詞の違いだけである。
　ウェブスターによると、「このような間違いは、編集者［ジョンソン］がジェイコブ (Jacob) とカウエル (Cowel) を持っており、普通これらの権威

134

者のどちらかから法律用語の定義を写しているのであるから、なおさら驚くべきことなのである」。

弁護士開業の経験を持つウェブスターにとって、法律用語はお手のものであった。それ以外の分野の定義はどうか。ジョンソンと合わせて検討する。

  J. 1755 BIRCH *Tree* The leaves are like those of the poplar; the shoots are very slender and weak; the katkins (*sic*) are produced at remote distances from the fruits, on the same tree; the fruit becomes a little squamose cone; the seeds are winged; the tree casts its outer rind every year.
  「樺の木。葉は、ポプラに似る；新芽は大変細く弱い；尾状花序は、同じ木の実から離れたところにできる；実は、鱗包のある円錐となる；種は、翼を持つ；樹は、外皮を毎年捨てる。」
 W. 1828 BIRCH A genus of trees, the *Betula*, of which there are several species; as the white or common birch, the dwarf birch, the Canada birch, of which there are several varieties, and the common black birch.
  「シラカバ属の木で、数種類ある；シラカバ、矮小カンバ、数種のカナダシラカバ、レンタカンバなど」
 NED (1888 年刷り) A genus of hardy northern forest trees (*Betula*), having smooth tough bark and very slender branches.
  「滑らかで強い樹皮と大変細い枝を持つ、北部の頑丈な林木の属 (シラカンバ属)」

ウェブスターは、生物学的な定義ではあるが、樺の特徴がわからない。NED は、ジョンソンとウェブスターを合わせたような定義である。NED では、上の定義のあとに、種を挙げる。これも、ウェブスターの定義を洗練させた方法である。

次に、lily を見る。

  J. 1755 The *lily* hath a bulbous root, consisting of several fleshy scales adhering to an axis; the stalk is greatly furnished with leaves; the flower is composed of six leaves, and is shaped somewhat like a bell: in some species the petals are greatly reflexed, but in others but little; from the centre of the flower rises the pointal, which becomes an oblong fruit, commonly triangular, divided into three cells, and full of compressed seeds, which are bordered, lying upon each other in a double row. There are thirty-two species of this plant, including white *lilies*, orange *lilies*, red *lilies*, and martagons of various sorts.　　　*Miller.*

「百合には、軸に付く多肉質の鱗片からなる、球根状の根がある；茎には葉が多く付き、花は六つの花びらからなり、ややベルに似た形になる：花弁が大きく反りかえる種もあるし、ごくわずかなものもある；花の中心からは雌蕊が出て、細長い果実となる。それは通常三角形の三室に分かれ、多数の扁平な胚珠があり、それらは2列に重なり、並ぶ。この植物には、白百合、橙百合、赤百合と種々のマルタゴンを含む、32種がある。　ミラー［典拠］」

W. 1828　A genus of plants of many species, which are all bulbous-rooted, herbaceous perennials, producing bell-shaped, hexapetalous flowers of great beauty and variety of colors.　　　*Encyc.*

「すべて球根状の根を持つ多年草で、大変美しく、種々の色の、ベル状の6花弁の花をつける、多種の植物の属。　「百科事典」［典拠］」

NED (1888年刷り)　Any plant (or its flower) of the genus *Lilium* (N.O. *Liliaceæ*) of bulbous herbs bearing at the top of a tall slender stem large showy flowers of white, reddish, or purplish colour, often marked with dark spots on the inside; *esp.* (without qualification) *L. candidum*, the White or Madonna Lily (cf. b), which grows wild in some Eastern countries, and has from early times been cultivated in gardens; it is a type of whiteness and purity.

「背高く細長い茎の上に、白や赤みのある、紫を帯びた、しばしば内側の黒点を特徴とする花をつける、球根草のユリ属「ユリ科」の植物（または花）、とくに、(修飾語がない場合に) リリウム・カンディーダ［学名］、すなわち、シロユリあるいはマドンナ・リリー (b参照)、そしてこれは東洋の国に自生し、早くから庭で栽培された。白と純潔の象徴

である。」

　ジョンソンは、フィリップ・ミラーの園芸・植物辞典を典拠に、ユリの描写をする。ウェブスターは、生物学的で簡潔ではあるものの、しかしやや物足りない。NED は、ユリの特徴を述べ、さらに象徴にまで触れる点で、最も優れている。
　ジョンソンの定義に見られる pointal という語は、ジョンソン『英語辞典』(1755) の見出しとなっていない。定義に用いる語が、その辞書の見出し語とはなっていない点に問題がある。おそらくジョンソンが典拠としたミラーの用語であろう。NED も見出し語としない (pointel の項に異綴りとしてはある)。ここでは『センチュリー辞典・改訂増補版』(1914 年刷り) に従った。
　さらに大きな点は、ジョンソンは名詞 lily に対して、「百合には……がある」という文による定義をしていることである。19 世紀以後の本格的な英語辞典では、名詞には、名詞句で定義をする。少なくとも、最初に文の形で定義することはない。
　次は、動物で、tiger。

J. 1755　A fierce beast of the leonine kind.
　「ライオンの種類の獰猛な獣」
W. 1828　A fierce and rapacious animal of the genus Felis, (*F. tigris ;*) one of the largest and most terrible of the genus, inhabiting Africa and Asia.
　「ネコ属の獰猛で肉食の動物（[学名] フェリス・ティグリス）；アフリカとアジアの生息する、ネコ属中、最も大きく、もっとも恐ろしい動物の一つ」

　ウェブスターは、ここでも生物学的に定義しようとしている。しかしアフリカに虎がいるというのは、間違いである。
　次に、基礎語彙の一つ door を見る。

J. 1755 The gate of a house; that which opens to yield entrance. *Door* is used of houses and *gates* of cities, or publick buildings, except in the licence of poetry.

「家の門；入ることを許すように開かれているもの。詩的許容を除いては、ドアは家に、門は都市、公共の建物に用いられる。」

W. 1828 An opening or passage into a house, or other building, or into any room, apartment, or closet, by which persons enter. Such a passage is seldom or never called a *gate*.

「人が通って入る、家や他の建物への、あるいは部屋、クロゼットへの、開口部または通路。そのような通路が gate と呼ばれることはまずない。」

ジョンソンの定義「家の門」はおかしい。gate と door は、ウェブスターが言うように、別のものである。ウェブスターの定義は周到である (「扉」は語義 2 にある)。

次に、window を見る。

J. 1755 An aperture in a building by which air and light are intromitted.
「空気と光の入る、建物の開き口」

W. 1828 An opening in the wall of a building for the admission of light, and of air when necessary. This opening has a frame on the sides, in which are set movable sashes, containing panes of glass.

「光、そして必要な時には空気を取り入れるための、建物の壁にある開口部。この開口部には枠があり、ガラス板を含む、動かせる窓枠がはめ込まれている。」

ウェブスターは、ドア、窓に共通の〈開口部〉を認識し、その上で違いを記述する。NED の定義も同様に、ドア、窓を〈開口部〉と捉える。ジョンソンは、ドア、窓の共通点に無関心である。

ウェブスターの "door, window" に見られる分析的定義は、ノア・ウェブスター以後の編集者による「ウェブスター大辞典」の定義の原点となっている。それだけではなく、分析的定義はほとんどの英語辞典の定義に影響を与えている。

もう一語、基礎語彙 life「生命」を見る。

*J.*1755 Union and co-operation of soul with body.
「魂肉の合一と共働」

W. 1828 In a *general sense*, that state of animals and plants, or of an organized being, in which its natural functions and motions are performed, or in which its organs are capable of performing their functions.
「一般的意味では、動植物、すなわち、有機体の、自然な機能と運動が果たされるか、その器官が機能を果たすことができる、状態」

ウェブスターは、「動植物」、「有機体」を使い、生物学的に定義しようとする。ジョンソンは、魂を用い、人間だけを考えている点で、前近代的である。しかし、ジョンソンの良さは、定義よりはそれを例証あるいは補う引用例文にあることがしばしばであり、次がその例である。

On thy *life* no more.
── My *life* I never held but as a pawn
To wage against thy foes; nor fear to lose it.
Thy safety being the motive.　　*Shakespeare's King Lear*
([リア：][ケント、]命が惜しくば、黙るがいい。
　[ケント：]この命など、歩同然、
　　　　あなたの敵に向って投げ出してきた私だ、今さらなにが惜しいものか。あなたの安泰こそ何より大事と思っているばかり。(野島秀勝訳『リア王』岩波文庫)

ジョンソンは、引用例文を与えることによって、life に生命を与える。

第6章　ノア・ウェブスター『アメリカ英語辞典』(1828)

それに対して、ウェブスターは具体的な例を定義の後に加わえ、冬の木、気絶した人などを機能で説明する。

政治では、democracy の扱いを見たい。

J. 1755 One of the three forms of government; that in which the sovereign power is neither lodged in one man, nor in the nobles, but in the collective body of the people.
「三種の政治形態の一つ；主権が一人の人間にも、貴族にもなくて、集団としての人民にある政治形態」
W. 1828 Government by the people; a form of government, in which the supreme power is lodged in the hands of the people collectively, or in which the people exercise the powers of legislation. Such was the government of Athens.
「国民による政治；主権が国民全体の手にゆだねられているか、国民が立法権を行使する政治形態。アテネの政治がそうであった。」

ジョンソンの定義は、18世紀としては悪くはないであろう。ウェブスターはまず「国民による政治」がいい (79頁参照)。三権分立に触れていないことは惜しまれる。「アテネ」は定義と緊密に結びついてはいない。

「国民による政治」は、この後のウェブスター直系の大辞典では必ず使われ、『ウェブスター新国際英語辞典・3版』(*Webster's Third New International Dictionary*, 1961) でも生きている。それだけではなく、NED でも現在の『オックスフォード英語辞典・第2版』(OED 2) でも定義の最初に現れる。NED 最初の編集主幹マリーのノア・ウェブスター評、「生まれながらの定義者」を実証するものの一つである。

ところで、"government by the people" は、リンカンの「ゲティズバーグの演説」(1863年11月19日) で不朽の名句となった。リンカン以前では、ユニテリア派牧師で社会改良家であったパーカー (Theodore Parker) が、

A democracy — that is a government of all the people, by all the people, for all the people ....

「民主国家―すべての国民の、すべての国民による、すべての国民のための政治体制...」

と、1850年5月29日の奴隷制度反対集会で用いている (*Bartlett Familiar Quotations*, 1992から引用)。そしてこの "the people" は、共同体全体を指し、"nobles and the people" (貴族と平民) として用いられる "people" の意味ではない。ジョンソンの定義では「平民」であるが、ウェブスターの定義、パーカーとリンカンの用法は、いずれも主権を持った国民を指す。『バートレット引用句辞典』(1992) は、1858年3月31日にボストンで行なったパーカーの上の "a government ... for all the people" の句を含む演説をハーンドン (Henry H. Hurndon) が持ち帰り、リンカンがその句に鉛筆で印を付けたことに触れている。

ウェブスターは、ジョンソンを利用しながら、定義においてジョンソンを超えた。分析的定義は、『簡約英語辞典』にその萌芽が見られたが、『アメリカ英語辞典』で開花した。おそらく、動植物のリンネの分類と百科事典に学んだものと思えるが、その方法を辞書の定義で確立し、さらには動植物を越えて、共通項と個個の違いとで、定義しようとする。この分析的定義を、スコットランドの辞書編集者がほとんどそのまま採り入れた (のちに扱うオッグルビィ『インピリアル辞典』)。それだけではない。最高の英語辞典とされる『新英語辞典』(NED) も、定義においては明らかにウェブスターの定義の方法を参考にしている。アメリカの英語辞典としての功績であると同時に、英語辞典一般への極めて大きな貢献である、というのが筆者の結論である。

(2) ジョンソン『英語辞典』に負うもの

ジョンソンの『英語辞典』(1755) とウェブスターの『アメリカ英語辞典』初版 (ともにファクシミリ版) を使い始めた頃に驚いたことがある。ウェブ

スターの indeed には４つの引用例文がある。その中のひとつのドライデンは、ジョンソンの『英語辞典』の引用例文と同一であり、もうひとつのドライデンと、さらに、アディソンは、ジョンソンが引用した例文の一部を省いたもの、としか考えられなかった。ジョンソンは、範とすべき英文を読みながら、引用個所に印を付け、それを助手がカードに写したものであり、英語辞典では初めて、実際に使われた例を辞書に採り入れ、定義の例証とした。ウェブスターは、ジョンソンを偉大な辞書家としながらも、綴字の保守性、定義の不正確さを攻撃していたから、ジョンソンの個性を端的に示す引用例文までをも借用することはありえないと思っていたためである。しかし、対照して見れば、ウェブスターは随所にジョンソンの引用例文を使っている。したがって、定義においてもジョンソンを利用することは、当然予想できることである。先行の優れたものに学ばない英語辞典は考えられない。ジョンソンもネイサン・ベイリーの定義を借用した。

dictionary のウェブスター『アメリカ英語辞典』の定義を見ると、

 A book containing the words of a language arranged in alphabetical order, with explanations of their meanings; a lexicon.　　　　*Johnson*
 「一言語の語を、意味の説明を加え、アルファベット順に配列した書物；lexicon［類義語］　　　ジョンソン」

とある。

このように、ジョンソンの名を明記し、その定義を借用している (ただし、ジョンソンの『英語辞典』(1755) では、さらに"a vocabulary; a word-order"と続き、ブラウンとワッツからの引用例文がある)。ジョンソンの定義と同一のものは、ウェブスター『アメリカ英語辞典』に数多く見られる。それらは、典拠としてジョンソンと明示していなくても、明らかにジョンソンからの借用である。

しかしながら、ウェブスターがジョンソンに負うところがこのように多いのは、ウェブスターを顕彰したウォーフェル (Warfel 1936)、シューメーカー (Shoemaker 1936)、リーヴィット (Leavitt 1947) の与える、ウェブスター

像とはかなり違ったものである。

　ウェブスター再評価は、クレーマー (M. P. Kramer 1992：209) によると、1976年の歴史家ロリンズ (Richard M.Rollins) の論文に始まる。しかし、それ以前に、英語学者ジョーゼフ・フレンド (Joseph Friend) が1967年にすでに冷静な判断を下している。アメリカの辞書発達史を研究したフレンドは、ウェブスターはジョンソンに対してアンビヴァレントな態度があったとしている (1967：45)。「ジョンソンの辞書の大きな欠点とみなしたものを攻撃したにもかかわらず、彼［ウェブスター］は長く影響下にある人物の長所と大きさとを知っていたのである」と、フレンドは述べる。

　フレンドよりやや前に、ウェブスターのジョンソン『英語辞典』の定義への依存度を調査したものに、リードの論文 (Joseph W. Reed.Jr. 1962) がある。リードは、ウェブスターが『アメリカ英語辞典』(1828) の編集に利用したジョンソンの『英語辞典』1799年版を調査の対象とした。ウェブスターがジョンソン『英語辞典』と言うとき、必ずしも初版を指すわけではない。ウェブスターが書き込みをしたこの1799年版が、ニューヨーク公立図書館に残っている。リーヴィットの著書 (1947: 15) に、ウェブスターによるジョンソン『英語辞典』1799年版への書き込みの写真があり、我々も確認できる。

　リードはLの部を選び、ジョンソン『英語辞典』(1799) とウェブスター『アメリカ英語辞典』(1828) を比べた。ジョンソンそのままの定義は「転写」(transfer)、3語以内の違いを「改訂」(revision)、そのほかを「影響」(influence) とした。

　ウェブスターのL部、2024語の語義は4,505あり、そのうち

「転写」 333

「改訂」 987

「影響」 161

である。

　ウェブスターの定義のうち、1,481がジョンソン『英語辞典』の1799年版に負っていることになる。約3割の多さである。

　リードの調査を踏まえて、永嶋大典は「ジョンソンの辞典のLの部でウ

ェブスターが全く利用しなかった単語は20語、語義では27にすぎない。多少の皮肉をこめていえば、アメリカの英語辞書の独立もイギリスに頼ることなくしては不可能であった」(1974; 109) とし、さらに、「[引用例文においても] ウェブスターのジョンソン利用度は非常に高く、三たびリードの調査を利用すれば、American Dictionary のLの部における引用例文1320の66％はジョンソンの引用例文を短縮して流用している」と、永嶋はリードに基づいて結論を出している。

筆者はリードの調査 (1962) を参考とはするが、絶対的なものとは見ない。統計の取り方があまりにも単純であり、都合のいいように解釈しているととられても仕方がないところがある。したがって、リードの数字にもいささかの疑問がある。しかしながら、「アメリカの英語辞書の独立もイギリスに頼ることなくしては不可能であった」と永嶋がいうのは正しい。それは、サミュエル・ジョンソン・ジュニア『学校用辞典』(1798)、アレグザンダー『コロンビア英語辞典』(1800)、ウェブスター『簡約英語辞典』(1806)、同じくウェブスター『アメリカ英語辞典』(1828) と続くアメリカの英語辞典の発達を詳細に検討すれば、歴然たる事実である。

しかし、ウェブスターのジョンソン英語辞典への依存は、1799年版ジョンソン『英語辞典』だけであろうか。ウェブスターは1799年版も単にジョンソン『英語辞典』と言う。初版を意味するわけではない。ジョンソン『英語辞典』第4版 (1773) はジョンソン自身の改訂である。しかし、ジョンソンの辞書は最も権威のある辞書としてその後も版を重ねた。1799年版自体が当然ジョンソン死後の、他者による改訂・増補である。なかでも1818年のトッド (H.J.Tood) による改訂版は、語彙がかなり増補されており、「トッド版ジョンソン」(Todd's Johnson) と言われた。レディック (Reddick) によると (1990：176)、19世紀前半に人気の高いものであった。

ウェブスターは、「トッド版ジョンソン」を全く見ていないのであろうか。トッドにより追加された見出し語には星印が付けられており、辞書編集者にはきわめて便利なものである。ウェブスターが利用してないと考えるほうがおかしい。

ウェブスターは、『アメリカ英語辞典』の序説で「ジョンソンの辞書の

主な欠点」を取り上げ、英語に属する非常に多くの典拠ある語の欠如と、その欠陥は、メイソンとトッドにより部分的には補われているが、彼らの補遺は、普通の語でさえ依然として不完全であり、科学用語が省かれていることではいっそう欠陥がある、と述べている。当然、「トッド版ジョンソン」を参照しているのだ (メイソンは *George Mason, A Supplement to Johnson's Dictionary* (1801) を指すであろうが、未見)。

　リードも、メイソンとトッドによるジョンソン『英語辞典』の廃語の増補には言及してはいる。しかし、「トッド版ジョンソン」がウェブスターの『アメリカ英語辞典』(1828) の定義の資料となったかどうかには、全く関心を示していない。彼はウェブスターが定義の典拠として挙げている『海事辞典』(*The Marine Dictionary*) とウェブスターの『アメリカ英語辞典』(1828) との照合まで行っているのだが...

　「トッド版ジョンソン」と『アメリカ英語辞典』(1828) との関係を問題にした調査・研究は、筆者の知る範囲では、無い。この二つの辞書の照合も必要であろう。

　ところで、トッドは、ジョンソン『英語辞典』にどの程度の語彙の補充をしたのだろうか。Lの部で406項目である。ここで項目という語を使ったのは、トッドはジョンソンに従って、品詞が違えば別の見出し語とし、他動詞、自動詞の違いでも別の見出し語としているからである。リードとは違い、「語」の使用を避けた。

　次に、リードの分類に従うかどうかの問題がある。彼の分類 (「転写」「改訂」「影響」) の基準は機械的すぎる。例えば、次のような場合である (ウェブスター『アメリカ英語辞典』の見出し語はすべて大文字であるが、ここでは小文字とした)。

　　licit, *a.* Lawful.
　　licitness, *a.* Lawfulness.
　　lickerishly, *a.* Daintily.
　　lite, *a.* Little.
　　lubricator, *n.* That which lubricates.

これらは「トッド版ジョンソン」と『アメリカ英語辞典』(1828) と全く同じ定義ではあるが、1語による定義 (あるいは言い換え) ではウェブスターが「転写」したのか、たまたま偶然一致したのか、判定のしようがない。上のような定義を「転写」とすることは避ける。したがって、リード式の統計は行なわない。

「トッド版ジョンソン」(J. 1818 と略記する) と『アメリカ英語辞典』(W. 1828 と略記する) との照合を行なう。

lactage, *n.*
    J. 1818. Produce from animals yielding milk.
        It is thought that the offering of Abel, who sacrificed of his flocks, was only wool, the fruits of his shearing; and milk, or rather cream, a part of his lactage.   *Shuckford on the Creation*, i.79.
    W. 1828. The produce of animals yielding milk.   *Shuckford.*

laggard, *a.*
    J. 1818. Backward; sluggish; slow
        They humblest reed could more prevail,
        Had more of strength, diviner rage,
        Than all which charms this *laggard* age.   *Collins, Ode*. xii
    W. 1828 Slow; sluggish; backward. [*Not used.*]   *Collins.*

langure, *v.t.*
    J. 1818 To languish. "*Languering* (*sic*) in care, sorrow, or thought."
        Huloet. Not now in use.
        Now wil I speke of woful Damian,
        That *langureth* for love.   *Chaucer, March. Tale.*
    W. 1828. To languish. [*Not in use.*]   *Chaucer.*

life-blood, *a.*

 J. 1818. Necessary as the blood to life; vital; essential.

  To set at nought and trample under foot all the most sacred and *lifeblood* laws, statutes, and acts of parliament.

                Milton, Of Ref.in Eng. B.2.

 W. 1828. Necessary as blood to life; essential.   *Milton.*

これらを偶然の一致と言えるだろうか。定義がほぼ同じになることは語の種類によっては当然起こりうることではある。また、辞書はスペースを無視することはできない。しかしながら、権威を与えるために挙げられる著述家は、特殊な語を除き、偶然に一致することはまず考えられない。トッドとウェブスターの読書範囲が全く一致するということはありえない。したがって、典拠として挙げられた著述家をも考えるならば、間違いなくウェブスターは「トッド版ジョンソン」を使っていた。上の4例以外にも、次のように定義、典拠の両者が同一のものがある（ウェブスターではいずれも引用文が省かれる）。綴字はウェブスターのものである。

laborless, *a.* Not laborious.	Brerewood.
lachrymable, *a.* Lamentable.	Morley.
laugh-worthy, *a.* Deserving to be laughed at.	B. Jonson.
launder, *v.t.* To wash; to wet.	Shak.
lawyerly, *a.* Judicial.	Milton.
leak, *a.* Leaky.	Spenser.
lean, *v.t..* To incline; to cause to lean.	Shak.
leasow, *n.* A pasture.	Wickliffe.
leather-winged. ⎫ *a.* Having wings like lether [*sic*]. lether-winged. ⎭	Spenser.
leavenous, *a.* Containing leaven; tainted.	Milton.
lecturn, *a.* A reading desk.	Chaucer.
lendable, *a.* That may be lent.	Sherwood.

lengthening, *n.* Continuation; protraction.　　　　Dan. iv.

less, *v.t.* To make less.　　　　Gower.

lethality, *n.* Mortality.　　　　Akins.

lib, *v.t.* To castrate.　　　　Chapman.

libbard's-bane, *n.* A poisonous plant.　　　　B. Jonson.

light-bearer, *n.* A torch-bearer.　　　　B. Jonson.

lingle, *n.* Shoemaker's thread.　　　　Drayton..

link, *v.i.* To be connected.　　　　Burke.

listful, *a.* Attentive.　　　　Spenser.

literator, *n.* A petty schoolmaster.　　　　Burke.

lithe, *v.t.* To smooth (*sic*) ; to soften; to palliate.　　　　Chaucer.

litherly, *ad.* Slowly; lazily.　　　　Barret.

livered, *a.* Having a liver.　　　　Sherwood.

locky, *a.* Having locks or tufts.　　　　Sherwood.

loffe, *v.i.* To laugh.　　　　Shak.

log, *v.i.* To move to anf fro.　　　　Polwhele.

logogriphe, *n.* A sort of riddle.　　　　B. Jonson.

long, *v.t.* To belong.　　　　Chaucer.

longeval, *a.* Long lived. [*sic*]　　　　Pope.

lord, *v.t.* To invest with the dignity and privileges of a lord.

　　　　Shak.

lordlike, *a.* 2. Haughty; proud; insolent.　　　　Dryden.

love-favor, *n.* Something given to be worn in token of love.

　　　　Bp. Hall.

love-token, *n.* A present in token of love.　　　　Shak.

lowbell, *v.t.* To scare, as with a lowbell.　　　　Hammond.

次のものはどうか。

lethal, *a.* Deadly; mortal; fatal.　　　　Richardson.

lethiferous, *a.* Deadly; mortal; bringing death or destruction.
　　　　　　　　　　　　　　　　　　　　　Robinson.
　lith, *n.* A joint or limb.　　　　　　　　　　Chaucer.
　litherness, *n.* Idleness; laziness.　　　　　　Barret.
　locomotivity, *n.* The power of changing place.　Bryant.
　loresman, *n.* An instructor.　　　　　　　　Gower.
　lull, *n.* Power or quality of soothing.　　　　Young.

　lith の「トッド版ジョンソン」では、"A joint; a limb." という定義にチョーサーの引用例文がある。locomotivity は "Power of changing place." で、それにブライアントの引用文がある。ウェブスターは「トッド版ジョンソン」の定義に冠詞を加えたと見ていいだろう。lull も同例である。loresman では、「トッド版ジョンソン」では "Instructor." に、ガウワーの引用例文がある。litherness では、「トッド版ジョンソン」は上の定義に "lack of spirit to do any thing [*sic*]." もあり、引用例文なしで典拠としてバレット、コトグレイヴ、シャーウッドが挙げられている。lethal は、「トッド版ジョンソン」に fatal が加わったのが相違点である。lethiferous には、deadly と or destruction が加わられている。
　lozengy には典拠は無いが、定義の "In *heraldry*, having the field or charge covered with lozenges." は両者に共通である。
　ジョンソン『英語辞典』の保守的な綴字を変えれば、同一のものもある。

　leather-jacket, *n.* A fish of the Pacific ocean.　　　　　　*Cook.*

　上の Pacific ocean は、「トッド版ジョンソン」では Pacifick Ocean である。次をどう考えるべきか。両項目ともジョンソン『英語辞典』(1799) には無く、トッドの増補とみられる。

　lathy, *a.*

J. 1818. Thin as a lath; long and slender.

W. 1828　Thin as a lath; long and slender.　　　　　　　　　　　　Todd.

lum, *n.*

J . 1818. The chimney of a cottage. Northumberland. Pegge ［...］.

W. 1828. The chimney of a cottage.　　　　　　　　　　　　Todd.

　このトッドはジョンソン『英語辞典』の改訂者トッドであろう。ウェブスターも、ジョンソンと同様に、ベイリーなどの先行の辞書を典拠として挙げることがある。先に引用した dictionary の定義でジョンソンを挙げているが、上の2項目もそれと同様に、トッドを借用したと考えて間違いないであろう。

　「トッド版ジョンソン」でトッドにより増補された項目と、ウェブスター『アメリカ英語辞典』(1828) とに共通の項目は、L 部だけで 285 項目ある (廃語や literalist などの派生語がウェブスターの見出し語にはなっていない)。その中で、定義、および典拠とされる作家名が全く同じものが、上に挙げたように 36 もある。ここからも、ウェブスターがジョンソン『英語辞典』トッド版を利用したと結論を出しても間違いない。

　両辞典に一致した、かなりの数の作家名を参考にして、トッド版ジョンソン『英語辞典』(1818) とウェブスターの『アメリカ英語辞典』(1828) を照合すれば、前者の後者への影響は明らかである。したがって、ウェブスターのジョンソン『英語辞典』への依存度は、従来考えられていた 1799 年版ジョンソン『英語辞典』のみでの調査よりも、さらに多くなる。

　ジョンソン『英語辞典』には、さらに、1819 年刊のシーガー (John Seager) による『補遺』(*A Supplement to Dr. Johnson's Dictionary of the English Language*) がある。これは語・定義の増補はあまり無く、引用例文の追加を主とする。ウェブスターが同書を利用した様子は見られない。

　確かに、ジョンソン『英語辞典』無くして、ウェブスター『アメリカ英語辞典』はあり得なかったであろう。それは、定義だけに限られたもので

はなく、アメリカ英語辞典のフォーマット自体がジョンソンの定めたものに従っていることでもわかる。しかしながら、ジョンソン『英語辞典』があれば、『アメリカ英語辞典』がほとんど自動的に生まれるというわけでもない。

　ウェブスターの定義は優れている。ときに冗長になることはあるが、それは明晰たらんとしたためであった。おかしな定義も無いわけではない。しかし、記述的、分析的な独自な定義は、サミュエル・ジョンソンからジェイムズ・マリー他編『新英語辞典』(*A New English Dictionary*) ——後の『オックスフォード英語辞典』(*Oxford English Dictionary*) ——への重要な一段階となっているのである。『オックスフォード英語辞典』の編集者の一人であるジェイムズ・マリーのウェブスター評、「生まれながらの定義者」はまさに正しい。

3. 語源

　ノア・ウェブスターは語源に力を入れた。例えば、mother である。サミュエル・ジョンソンの『英語辞典』(1755) の語源は、2行である。ウェブスターは、一欄をやや越える76行を語源にあてた。サクソン語 (ウェブスターはジョンソンと同じく古英語の意味で用いている) *moder* に続いて、オランダ語 *moeder*, mother, and *modder*, mud; *baar-moeder*, the womb: *moer*, mother, dam, womb, lees; *moerspul*, hysterics; [*moer* seems to be a contraction of *moeder;*] *moeder-naakt*, stark naked, ドイツ語 *mutter*, mother, and the thick slimy concretion in vinegar; *bär-mutter*, the womb or matrix; *mutter-fieber*, a hysteric fit; *mutter-lamm* and *mutter-schaf*, a ewe or female sheep; *mutter-flecken* and *mutter-mahl*, a mole; *mutter-pferd*, a mare, the female of the horse kind; *mutter-scheide*, the vagina; *utter-nackt*, stark naked; *moder*, mud, mold, スウェーデン語 *moder*, mother; *vin-moder*, mother of wine; *moderfall*, prolapsus uteri; *moderlif*, the womb or matrix, デンマーク語 *moder*, mother; *moderskeede*, the vagina; *moderen i quinder*, the matrix; *modder* or *mudder*, mud と記し、さらにアイル

ランド語、ギリシャ語、ラテン語、イタリア語、スペイン語、ポルトガル語の対応すると思われる語を挙げる。
　さらに、ペルシャ語をペルシャ文字で加え、サンスクリット *mada, madra, meddra, mata*, ロシア語 *mat, matka* (a female, a matrix) と続いて、どういうわけか、フランス語がここで取り上げられ、ウェールズ語 *madrez* で対応は終わる。
　次に、ウェブスターは意味の考察に入り、以下の論旨が展開される。

　英語と他のいくつかの言語では「母」以外に、「酢母」の意味を持ち、引用したヨーロッパのすべての言語で mud, matter とほぼ同じである。鋳型 (mold) の意味の matter を表わす語から mother は生まれたのであろうか。あるいは、土はすべての生産物の「母」であるという考えと関係があるのだろうか。古代フェニキア人は、土がすべてのものの元であると考えたことを、我々は知っている。matter は明らかにアラビア語の madda (「うみを出す」) に由来する。mud と直接結びつく、とは私［ウェブスター］には考えられない。しかし、イタリア語、スペイン語、ポルトガル語では madre という同じ語が「母」と「鋳型」とを表わす。そして、北方の言語、とくにドイツ語とデンマーク語は、母の本来の意味は matrix であることを立証しているようにみえる。したがって、真珠の「母」は、真珠の matrix である。もし母という語が鋳型を造るために用いられる土の名前に始まるとしても、おかしな事実とは言えないであろう。なぜなら、この意味の mold は、こまかい土 mold から名付けられたと、私［ウェブスター］は思うからである。この問題は未決である。

　「かす；酵母」の mother を、オランダ語の modder の民間語源によるとする説は、『新英語辞典』(NED) 編纂の時点においても一般に行なわれていたものであるが、NED は否定的である。この説は、NED によれば、1598 年のキリアン (Kilian) の辞書に遡る。
　したがってウェブスターの説は、独自のものではなく、当時の通説であった、と想像することもできる。

一方、matter を mother と結びつけるところも、ウェブスターの突飛な説のように見える。13 世紀の借用語 matter は、古英語には存在しない。それを mother と関連させることがまず第一におかしいと思われたであろう。しかし、このアングロ・ノーマンからの借用語もラテン語 materia からのもので、遡ればラテン語 mater (= mother) と見られる (Klein 1971)。通説では、ウェブスターの語源は全く問題にならないことになっている。しかし、ウェブスターは彼なりの研究をしていたのである。
　mud に、ジョンソンは、オランダ語 modder を対応させ、ウェブスターはオランダ語 modder、ドイツ語 moder を対応させている。これはアニアンズ編『オックスフォード語源辞典』(1966) とほぼ同じである。さらにウェブスターはフェニキア語 mod を結びつける。最後に、mud は wetness からの命名であるとする。このウェブスター説は、クライン (1971) に近い。
　mud 自体の語源をおかしいとは言い切ることはできないが、mother と mud を結びつけるのは、聖書を金科玉条としたウェブスターらしい。意味の上で母と土とをつなげたかったのだ。「主なる神は、土 (アダマ) の塵で人 (アダム) を形づくり、その鼻に命の息を吹き入れられた」(「創世記」新共同訳) のである。しかし、『新共同訳　旧約聖書注解Ｉ』(日本基督教団出版局、1976) によると、「《土》は「アダマー」、《人》は「アダム」で、語呂合わせ」である。
　ウェブスターは、語源研究に 10 年を費やした。サミュエル・ジョンソンをライバルとするウェブスターが、ジョンソン『英語辞典』の最大の弱点は語源にある、と見たことが理由の一つであろう。ライバルを越えるためにも語源研究は必要欠くべからざるものであった。
　ウェブスターの語源研究の方法は、手に入るだけの辞書 20 ヶ国語を用意し、それらをテーブルに並べ、語形・意味の類似する語を見ていく方法であった。当時発達の過程にあった比較言語学を利用した形跡はほとんど無い。ラスク、シュレーゲル、グリムなどへの言及は無い。しかし、サンスクリット語はギリシャ語、ラテン語と本質的に同一の言語、同じ語系から派生したものと捉えている。これらの語の類縁は明らかである、としている。

ゲルマン語派では、ドイツ語、オランダ語 (ベルギー語)、アングロ・サクソン語、デンマーク語、スウェーデン語を 'Teutonic or Gothic origin' とした。デンマーク語とスウェーデン語はゴート語系で、ドイツ語とオランダ語はチュートン語系とする。英語はアングロ・サクソン語 (彼はこれをサクソン語とも呼ぶ) を基盤とし、ブリテン島の古代語の多くを保持しているとする。ウェブスターの言語の分類は音韻・文法に基づくものではなく、語彙だけによる。

ウェブスターの語源は、18 世紀およびそれ以前の語源研究の常であった直感によるものであった。したがって、当たるときもあり、当たらぬときもあった。

navel 「へそ」では、

Sax. *nafela*, from *nafa*, nave; D.*navel*; G.*nabel*; Sw. *nafle*; Dan. *navle*; Zend.*nafo*; Pehlavi.*naf*; Sans.*nabha*; Pers. *naf*.

と、サンスクリット、ペルシャ語まで正しく捉えている (ペルシャ語では母音が長音で、今ではマクロンを付す；ペルシャ文字は省略した)。3 〜 10 世紀のペルシャ語であるパフレヴィ語、それにゼンド・アヴェスタまで挙げている。ジョンソンが古英語形だけを記すのとは大変な違いである。このようなウェブスターの執念にもかかわらず、それを評価するウェブスター研究家はいない。

さらに、いくつかの例を見てみよう。

cow の語源として、ウェブスターは、

Sax. *cu*; D.*koe*; G.*kuh*, SW.*ko*; Dan.*koe*; L.*ceva*; Hindoo *gaj*, or *gou*; Pers.*koh*; Pahlavi,*gao*; Sans.*go*, a cow, and *gau*, an ox; *godama*. a cowherd *cu*; D.*koe*; G.*kuh*, SW.*ko*; Dan.*koe*; L.*ceva*; Hindoo *gaj*, or *gou*; Pers.*koh*; Pahlavi,*gao*; Sans.*go*, a cow, and *gau*, an ox; *godama*.a cowherd.

foot は、

Sax.*fot, fet*; D.*voet*; G.*fuss*; Sw.*fot*; Dan.*fod*; Gr. πους, ποδος; L.*pes*, pedis; Sanskrit,*pad*; Siam.*bat*; Fr.*pied, pie*; Sp.*pie*; Port.*pe*; It.*piede, piè*; Copt.*bat, fat*. Probably this word is allied to the Gr. πατεω, to walk, to tread; as the W. *troed*, foot, is to the Eng. verb, to *tread*.

とする。
　これらはウェブスターの直感のうまくいった例である。
　次の例はウェブスターの辞書の欠陥となっている部分である。
　例えば、boy である。ウェブスターは、ペルシャ語 bach (boy)、ウェールズ語 baç (little) に由来する beçgen、アルモリカ語 buguel (child)、bugale (boyish)、スウェーデン語 poike (young boy)、デンマーク語 pog、フランス語 page を挙げる。しかし、英語の /b/ 音と北ゲルマン語群の /p/ 音は対応しない。この方法では、意味の類似により形態を皮相的に見ただけ、と断じられても仕方がないであろう。boy の語源そのものは必ずしも意見の一致を見ているわけではないが、このような記述はウェブスター以後には見られない。
　動詞 fall を見てみる。ウェブスターによれば、この語はセム語、ヘブライ語、シリア語、サマリア語の fall を意味する語に対応する。しかし、現在の語源辞典でこのような対応を挙げるものはない。クラインのように、たぶん同族語としてアルメニア語、リトアニア語、レット語、古ペルシャ語を挙げ、これらは印欧祖語 *phol- に由来することを指摘するのが普通であろう。
　"How will the Giants fare this year?" (今年のジャイアンツはどうか) のように使われる fare を、ウェブスターは、Sax. and Goth.*faran*, to go; D. *vaaren*; G. *fahren*; Sw. *fara*; Dan. farer. とする。これはよいが、さらにこの語はヘブライ語、カルデア語、サマリア語と起源が同じであろう、としている。ギリシャ語 πορενω、アイルランド語 bara も挙げられている。
　fare「行く」のゲルマン基語の推定形は *far- であり、グリムの法則で印欧語基語 *por- の p が f に変わったから、ウェブスターがギリシャ語を

挙げているのは見事である。しかし、これも現在の語源辞典でヘブライ語、カルデア語と fare を結びつけているものは無い。

カルデア語を語源とするのは、fare に限ったことではない。

ハム・セム語族のカルデア語がなぜ出てくるのか。ノア・ウェブスターが聖書を文字通りに信じていたからである。聖書「創世記」に拠れば、したがってノア・ウェブスターによれば、地球全体の人間が、一つの言語を話していた。ノアの子孫は東部からシナル (Shinar) の平原、すなわちカルデア (Chaldea) に移住した。その平原の子孫の用いた言語が最古の言語であるに違いない。それが初期のカルデア語である。このようにウェブスターは『アメリカ英語辞典』の序文で述べている。

バベルの塔以後、言語は部族によって分かれた。アジアとヨーロッパのいくつかの大民族のすべての語は同じように古い。それらはバベルの塔以前に存在したカルデア語に由来するはずだから。ウェブスターは序文でこう主張する。

カルデア語こそすべての言語の元であり、語源研究もカルデア語に遡るべきである。カルデア語に遡れない場合はヘブライ語、アラビア語を利用する。このようにウェブスターは考えたはずである。

カルデア語を言語の起源とするところから、ウェブスターの語源記述は全く問題にされていない、と言えるであろう。

1786年に、英国の東洋学者ウィリアム・ジョーンズは、サンスクリット、ラテン語、ギリシャ語は、これらの文法を考察するならば、同一言語から派生したと考えざるをえない、と述べていた。1813年にはトマス・ヤングがインド・ヨーロッパ語族という術語を用いている。英語圏でもこれだけの動きがあった。ノア・ウェブスターは、これらの比較言語学の流れとはほとんど無縁であった。

ウェブスターは18世紀の言語学を全く知らなかったのだろうか。彼はサンスクリットだけでなく、ペルシャ語をも研究していた。ペルシャ語とゲルマン語を近い同系とする考えは1597年に始まり、「その後200年以上にわたって、学者たちの心にまといつき、ゆさぶることになる」(ペデルセン、伊東訳 1974;8)。ウェブスターもペルシャ語を重要視していたことは、

『アメリカ英語辞典』の語源を見ればわかる。

　18世紀は、諸言語の知識が蓄積されていく過程にあった。「ヨープ・ルードルフは、1702年に、当時知られていた限りのセム諸語の比較を行っている。ロイドは現存するケルト諸語に関する論述を1707年に刊行した」（ペデルセン、伊東訳 1974）。ウェブスターのハム・セム語やケルト語の知識もこうした流れと無縁ではなかったであろう。

　しかし、ウェブスターはシュレーゲル『インド人の言語と英知について』(1808) を直接知っていた、とは言えないであろう。フランツ・ボップ『ギリシャ、ラテン、ペルシャおよびゲルマン諸語との比較におけるサンスクリット語の活用組織について』(1816)、ヤーコプ・グリム『ドイツ語文法』(1819) は、明らかに知らなかった。head の対応にラテン語 caput を挙げていないからである。

　ウェブスターが、19世紀前半の、当時の比較言語学者と違うのは、印欧語族という概念が無く、後にハム・セム語族と呼ばれるカルデア語、ヘブライ語、エチオピア語、アラビア語を、サンスクリット、ペルシャ語、ギリシャ語と並立して考えていたのであり、決定的な相違はカルデア語をすべての言語の元としたことであった。ウェブスターは、それほど語源研究でも聖書に従った。「1808年以後、ウェブスターは、あらゆる問題への解答を、聖書と福音書プロテスタント主義に見いだした」(Rollins 1980；瀧田訳 1983;215)。

　ここにウェブスターの語源の最大の問題がある。信仰心によりノア・ウェブスターは言語の近縁関係を全く見失ってしまったのである。

II ノア・ウェブスターとジョーゼフ・ウスター
―アメリカの英語辞典・第2期―

概　　説

　ノア・ウェブスターの『アメリカ英語辞典』(1828) 出版の翌年に、それを縮約した『アメリカ英語辞典・簡約版』(*An American Dictionary of the English Language*) がコンバース社から出版される。親版が四つ折り版であるのに対して、縮約版は八つ折り版である。辞書本体 940 頁に、親版の見出し語のほとんどを収録した上に、さらに見出し語を増やす。見出し語を分節したことが、新しい。例えば、AB'A-CUS [ab・a・cus]、A-BAN'DON [a・ban・don] となる ([　] 内は筆者の補足)。そして、巻末の付録に、ウォーカー (John Walker) の辞書の発音表記を採り入れ、ギリシャ語・ラテン語・聖書の固有名詞を加えた。巻末にこのような付録を加えることは、アメリカの英語辞典の伝統となる。

　簡約版の特徴は、語源を極く簡単にとどめ、定義も簡潔にして、引用例を省く。実際に使ってみると (調査には 1834 年刷りを使用)、よくできている。また、評判も良かった。

　この辞書の縮約を担当したのが、ジョーゼフ・ウスター (Joseph Worcester) であった。そのウスターが彼自身の辞書 (『広範発音解明英語辞典』 *A Comprehensive Pronouncing and Explanatory Dictionary of the English Language*) を 1830 年にボストンで出版する。この辞書は生徒用であったが、大変評判が良かった。アメリカの辞書界に、ウェブスターの競争相手が生まれる。それも強力なライバルである。ウェブスターは、ウスターの 1830 年の辞書を剽窃と批判した。「辞書戦争」の始まりである。

　ウェブスターはアメリカに国語辞典を創った自負を持ち、ウスターはイギリス寄りの志向を持ち、英語辞典そのものとしての出来に誇りを持つ。ウェブスターはイェール・カレッジの出身で、イェールが応援する。ウス

ターもイェールの出身ではあるが、ボストンを基盤とする。姻戚関係もあって、ハーヴァード・カレッジはウスター側に付く。

このような状況下で、ノア・ウェブスターは、1841 年に『アメリカ英語辞典・第 2 版』(*An American Dictionary of the English Language*) を自費出版する (原書の書名には第 2 版あるいは改訂版とは表記されていない)。この辞書は内容に比例するような売れ行きを示さなかった。

その簡約版 (*An American Dictionary of the English Language*) がこれも 1841 年に出版される (1845 年刷りを使用)。序文によると、約 1 万五千語が付録に追加された。

1843 年に、ノア・ウェブスターが死去する。

ウスターは、1946 年に『ユニバーサル詳解英語辞典』(*A Universal and Critical Dictionary of the English Language*) を、これもボストンで出版する。評判は良かった。

一方、ノア・ウェブスターの死後、簡略版ではない親版の『アメリカ英語辞典』(いわゆる「ウェブスター大辞典」) の版権はマサチューセッツ州スプリングフィールドのメリアム社 (G. and C. Merriam) に買い取られる。

メリアム社は、1847 年にノア・ウェブスターの娘婿チョーンスィ・グッドリッチ (Chauncey A. Goodrich) の編集で大辞典『アメリカ英語辞典・改訂増補版』(*A Dictionary of the English Language, ... Revised and Enlarged, by Chauncey A. Goodrich*) を (1828 年初版、1841 年第 2 版とは違って) 一冊本で出版する。改訂増補版を謳うが内容的に改訂は少なく、増補版と言うべきである。さらに、グッドリッチの編集で簡略版 (*An American Dictionary of the English Language...Revised and Enlarged, by Chauncey A. Goodrich, 1847*) を出版する。グッドリッチ編『アメリカ英語辞典・改訂増補版』(簡略版) は、1829 年簡約版、1841 年簡約版とは違い、類義語を加えている。例えば、abandon には、to give up, yield, forego など合計 9 の語句が並ぶ (解説は無い)。

ウスターは、1855 年に『発音・解明・類義語入り辞典』(*A Pronouncing, Explanatory, and Synonymous Dictionary of the English Language*) を出版する。発音重視の編集は、ウスターのすべての辞書に共通するが、この辞書では類義語解説を加える。対象は主として (私立高校で進学者が多い) アカデミー

の生徒であった。

　グッドリッチも、『アメリカ英語辞典・改訂増補版』(簡略版) (1847) をさらに簡約し、類義語解説を入れた辞書『発音定義英語辞典』(*A Pronouncing and Defining Dictionary of the English Language*) を、1856 年にフィラデルフィアのリピンコット (J. P. Lippincott)社から出版する (1864 年刷り使用)。これは、『アメリカ英語辞典・簡約版』よりも小さい。辞書本体は 524 頁である。1864 年刷り背表紙には『ウェブスター新大学発音辞典』(*Webster's New University Pronouncing Dictionary*) とある。

　類義語解説は、ウェブスター系の『解明発音英語辞典』(*An Explanatory and Pronouncing Dictionary of the English Language,* 1856) にも加えられている。タイトル・ページの書名とは違って、この辞書の背表紙は、会計事務所および家庭用である (*Webster's Counting House and Family Dictionary*)。前付けの類義語表は同じであるが、辞書本体にある類義語解説は『発音定義英語辞典』よりやや簡単になっている。見出し語も『解明発音英語辞典』の方が少ない (1866 年刷り、メイソン兄弟社 (Mason Brothers) 版 (版権はメリアム社) を使用)。タイトル・ページに『アメリカ英語辞典』(「ウェブスター大辞典」) からの縮約であること、グッドリッチの援助の下にウィリアム・ウェブスター (William G. Webster) によって編集されたことが記されている。序文では、アカデミー、会計事務所、家庭用で、作文用、そして最新で正確な発音を必要とする人を対象とするとある。

　ウェブスター系とウスターは、編集・販売で競い合い、アメリカの辞書をイギリスのそれを越えるものにした。しかし、ウェブスターもウスターも似たような辞書となったことも否定できない。

　一方、イギリスではスコットランドの出版社からウェブスターを利用した辞書『インピリアル辞典』(*The Imperial Dictionary, English, Technological and Scientific*) が出版される。『アメリカ英語辞典』(「ウェブスター大辞典」) を基に、スコットランド伝統の百科事典的内容を組み入れた二巻本の辞書がオゥグルヴィ (John Ogilvie) によって 1850 年に完結する。

　横約 17.2 センチ、縦 26.4 センチで、第 1 巻は前づけ 52 頁に辞書本体が 1,052 頁、第 2 巻が 1,271 頁である (1856 年刷り使用)。

その辞書に挿絵が入った。これはベイリーの『英国辞典』以来であった。この挿絵がアメリカの辞書界を刺激する。

一方では、ウスター『ユニバーサル詳解英語辞典』(*A Universal and Critical Dictionary of the English Language,* 1846) のイギリス版をめぐって、再び「辞書戦争」が始まっていた。

1850年代の英語辞典編集上のさらに大きな出来事は、イギリスでそれまでの辞書の欠陥を指摘し、本格的な辞書編集を訴える人物が出てきたことであった。イギリスの「言語学会」で、リチャード・トレンチ (Richard Chenevix Trench) が1857年11月にペーパーを読み、歴史的原理による実証的な辞書、実際に使われた英語を歴史的に古いものから順に引用することにより例証する辞書編集の必要性を訴えた (辞書として結実するのは『新英語辞典』(*A New English Dictionary;* NED)、現在の『オックスフォード英語辞典』(*The Oxford English Dictionary;* OED) である)。

トレンチに代表される、歴史的に実証される辞書の編集は、比較言語学の発達が著しい19世紀の学風を反映するものではあるが、同時に、ドイツのグリムの辞典編集の進行に刺激された面も否定できない。イギリスにも新興国ドイツに負けるな、というナショナリズムがあった。その意味では、ジョンソン、ウェブスターと同じく、愛国心の発露が辞書編集を促す要因となることを確認しておきたい。

アメリカの19世紀中葉に戻る。挿絵を含む辞書をウスターが出すとの情報により、メリアム社も絵入り辞典を出版することになる。それが1859年刊『アメリカ英語辞典』(絵入り版) であった。この辞書の前付けに、挿絵と類義語解説を入れる。

噂のとおり、1860年にウスターは『英語辞典』(*A Dictionary of the English Language*) を出版する。この辞書は、1860年までのもっとも中庸を得た大辞書である。挿絵、類義語解説入りである。

ここに、ウスター大辞典、ウェブスター大辞典が類義語・挿絵で一応は並ぶが、ウスターが辞書本体にそれらを入れている点で、一歩先んじる。

メリアム社も1864年に『アメリカ英語辞典』(*An American Dictionary of the English Language, ...Thoroughly Revised and Greatly Enlarged and Improved, by*

Chauncy A. Goodrich and Noah Porter) を出版する。ヨーロッパの言語学の、ということは、ドイツの比較言語学の、成果を語源に採り入れた大改訂であった。語源改訂を担当したマーン (C.A.F. Mahn) にちなみ、「ウェブスター・マーン版」(Webster-Mahn) としばしば呼ばれる。グッドリッチとノア・ポーター (Noah Porter) の編集となってはいるが、1860 年にはグッドリッチは死去する。実質は、それ以前からポーターの編集であった。

定義も優れており、類義語解説・挿絵も辞書本体に入り、これで「ウェブスター大辞典」はウスターを抜く。そして辞書戦争も終わる。

ウェブスターを冠する机上辞典にも、挿絵入りが出る。一つは、背表紙に『ウェブスター・ナショナル絵入り辞典』(Webster's National Pictorial Dictionary) とある 1867 年刊のもので、タイトル・ページに『英語辞典、説明・発音・語源・類義語入り』(*A Dictionary of the English Language, Explanatory, Pronouncing, Etymological, and Synonymous*) とあり、グッドリッチ＆ポーター改訂、ノア・ウエブスター 4 つ折り辞典 (「ウェブスター・マーン版」) からウィリアム・A・ホィーラーにより簡約とある (1872 年刷り使用)。四つ折り版よりかなり小さい縦約 24 センチの机上辞典である。ホィーラーは「ウェブスター・マーン版」編集のためにメリアム社に雇われていた。1872 年刷りでは、辞書本体 834 頁、それに多数の付録が付く。

語義は『ウェブスター新大学発音辞典』より多い。収録語彙では「ウェブスター・マーン版」に次ぐ。定義は簡潔で、語によっては類義語解説が付く。類義語は、基本的には『ウェブスター新大学発音辞典』と同じである。

引用文がない点では、1829 年以来の簡約版と軌を一にする。

語源は、マーンに基づくもので、アングロ・サクソン語 (古英語) も挙げる。

挿絵は、多いところでは、go から gorse までの見開き 2 頁に見られるように、8 箇の絵が入るところもある。巻末にも 30 頁にわたって分類挿絵がある。

地名・人名の固有名詞の発音は 32 頁に及ぶ。

挿絵・類義語解説入りであることが、この『ウェブスター・ナショナル

絵入り辞典』と、「ウェブスター・マーン」以前の簡約版を差別化している。メリアム社は、ウスターの影響を留める『アメリカ英語辞典・簡約版』(1829) の系統を、完全に切り離したかったと見てよい。

もう一つは、タイトル・ページに『英語辞典——アカデミー版』(*Academy Edition. A Dictionary of the English Language, Explanatory, Pronouncing, Etymological, and Synonymous,* 1867) とあるもので、背表紙は『ウェブスター・アカデミー用辞典・絵入り』(*Webster's Academic Dictionary. Illustrated*) とあるものである (1870年刷り、アイヴィソン・ブレイクマン・テイラー社版 (版権はメリアム社) を使用)。類義語解説は『ウェブスター新大学発音辞典』よりも簡単で、abacus (そろばん)、abracadabra (アブラカダブラ)、adze (手斧)、agave (リュウゼツラン) などに挿絵がある。また、巻末にも12頁の分類挿絵がある。

類義語解説と挿絵が入る点で、『英語辞典——アカデミー版』も「ウェブスター・マーン版」と同じスタイルを採る。前付け32頁に、辞書本体 (486頁) と付録で560頁、合計593頁の机上辞典 (縦約20センチ) である。語義は番号で区分されており、高校生用にもかかわらず、語源はseal に "A.S. seol, seolh."、season に "Fr. season, fr. Lat. satio, a sowing, a planting." と、アングロ・サクソン語 (古英語) 形、ラテン語を挙げている点で優れている (『ウェブスター新大学発音辞典』には語源がない)。

タイトル・ページには、ノア・ウェブスター4つ折り最新版 (「ウェブスター・マーン版」) から主として簡約すると、これも大辞典からの縮約であることが強調されている。編者は、ウィリアム・ウェブスターとウィリアム・ホィーラーであった。

大辞典と、その最新の成果を生かす簡約版を合わせて出版するやり方は、それ以前の関係よりも緊密なものとなる。内容的にも、簡約版に語義区分・語源・類義語解説・挿絵・巻末の現代地名、人名の発音表記が揃い、アメリカの机上辞典 (カレッジ版) の原型がここにでき上がる。上の2書は、その意味で注目すべきものである。これらは、グッドリッチ編集のものとも別系列で、この新路線はホィーラーの功績と言える。そして、机上辞典でもウスター、グッドリッチ時代の終わりを告げるものであった。

1860年代は、ウスター、メリアム社ともに大辞典に類義語解説と挿絵を加え、アメリカの英語辞典の型を創った。類義語解説は、語彙を体系的に捉えようとする点で評価すべきである。類義語解説は机上辞典から始まり、大辞典で定着し、そしてまた机上辞典にも引き継がれる。挿絵は大辞典に始まり、徐々に机上辞典に採り入れられていく。こうした点で、1860年代はアメリカの辞書史で重要な時期であった。

　「ウェブスター・マーン版」(1864) は、イギリスでも刊行される (1860年代の出版と見られるものには出版年が記載されていないが、イギリスのエクセター大学所蔵カタログでは [1864] としている)。イギリス版には『ウェブスター博士の非省略英語辞典・新絵入り版』(*New Illustrated Edition of Dr. Webster's Unabridged Dictionary of the English Language*) とある。ロンドン、エディンバラ、グラスゴー、ダブリン、カルカッタ、ボンベイ、メルボルン、ケープタウンで販売されていた。「ウェブスター大辞典」は、アメリカ、イギリスを越える存在となった。

第1章

『アメリカ英語辞典』(第2版)
—ノア・ウェブスターの最後の辞書—

　1841年に、ノア・ウェブスターは『アメリカ英語辞典・第2版』を自費出版する。初版の四つ折り版からやや小さなロイヤル・オクターボ版(横16.8センチ、縦26.2センチ)となる。2巻本であることは初版と同じである。初版の3欄組が2欄組となる。辞書本体は、第1巻(A–M) 938頁、第2巻(N–Z)は984頁で、それに20頁の補遺が付く。

　タイトル・ページには、訂正・改良を加えて、初版のすべての語彙に、数千語を追加した、とある。

　タイトル・ページに挙げられている特色は、おおむね次のようになる。

1. 語源：アジア・ヨーロッパの20ケ国語で英語に対応する語の調査と比較から起源を辿る
2. 本物の正書法：語源により正す
3. 明示された発音：分節・アクセント符号・必要な場合はアクセントのある母音に付けた符号［発音区別符号］、一般法則により明示
4. 正確で識別的な定義：疑わしき場合または曖昧な場合は、名声ある作家から選ばれた用例、ないしは、議論の余地のない権威から引用した句により例証

　語源を第1に挙げるのは、ウェブスターの辞書界への貢献は語源にあるとの自負からである。語源に基づく正書法を謳うということは、islandの正しい綴りはielandであるとの主張も、依然として続いていることを意味する。頑として自説を通すウェブスターは変わっていない。

　見出し語の分節は、確かに改善された部分である。これはジョーゼフ・ウスターが『アメリカ英語辞典・簡約版』(1829)を担当した時に、初めて

採り入れたものであった。見出し語を分節するという新たな伝統を、ウスターと共に築いたことになる。

「広告」によると、数千語の追加、科学用語の定義の訂正 (主としてニューヘイブン医科大学教授タリー (Tully) による)、外国語からの句、音楽用語の追加と説明が、初版と違うところである。語彙の追加は巻末にある。

巻末の補遺は、2欄組19頁からなる。

補遺の最初の5語は、次のものである (分節、附音記号は省く)。

  ABACA, *n.* A plant of East India.
  ABALIENATED , *pp.* Transferred from one to another.
  ABALINATING, *prp.* Transferring from one to another.
  ABJUDICATED, *pp.* or *a.* Given by judgment from one to another.
   Knowles.
  ABLAZE, *adv.* On fire; in a blaze. Milman.

上のノウルズ、ミルマンは、これらの語をそれぞれが用いていることを示す。初版同様の典拠の示し方である。

補遺で目に付く語には、次のようなものがある。

CATALYSIS	FEMINISM
CHARTISM	LEXICAL
COMMUNISM	ORIENTALISM
COMMUNIST	SOCIALISM
COSMOPOLITANISM	SOCIALIST
EGOTISM	

時代は cosmopolitanism を辞書の見出し語として必要とする。カーライル (Thomas Carlyle) の文 (1828年) に初出するこの語を、見出し語とする先見性は、ノア・ウェブスターに始まり、1847年以後のメリアム社版ウェブスター辞典の伝統となる。

「共産主義」、「社会主義」も時代を象徴する。

communism の『新英語辞典』(NED) 初出例は 1843 年で、『アメリカ英語辞典・第 2 版』(1841) が NED に勝る。

socialism の『新英語辞典』(NED) 初出は 1839 年で、ウェブスターの語彙収集は 20 世紀に出版された NED の S 部と比べても遜色のないと言えるであろう。

feminism は、まだ「フェミニスト」の意味で使われてはいないので、ウェブスターでは「女性的特質」である。「女性的特質」に相当する NED の初出は 1846 年で、これもウェブスターが勝る。NED の初出例は、1846 年刊ウスター『ユニバーサル詳解英語辞典』である。

Chartism の NED 初出は 1839 年で、これまたウェブスターの語彙収集が優れている一例となっている。

補遺の見出し語は時代を反映したものであった、と結論できよう。

辞書本体は、科学用語の手直し程度と思っていた。しかし、実際に第 2 版 (1841) の辞書本体を見て驚く。belittle が見出し語となっているではないか。初版でウェブスターが見出し語としなかった代表的な例である。

驚きには、別の理由もあった。「改訂増補版［『アメリカ英語辞典・第 2 版』］は、『大辞典』［初版］の本体は組み替えないで、部分的訂正をしただけでそのまま残し、そのあとに主として外国語から英語に移入された語、初版出版後に使用されるようになった数千の新語を加えた形で編集された。つまり新しく加えた語を従来の『大辞典』に挿入して組み替えたのではない」(稲村松雄 1984: 162–3。[ ] 内は筆者による補足) と、筆者も思っていたのである。

改めて、辞書本体を見る。最初の 10 頁で、次の語が追加されている (分節は省く)。

AARONICAL   ABOLITIONISM
ABANDUM   ABOLITIONIST
ABATUDE   ABOLLA
ABAUM   *ab ovo usque ad mala*

ABDALAVI	ABRANCHIA
ABDEST	ABRAZITE
Ab initio	ABRAZITIC
ABJUREMENT	ABROTANOID
ABNORMAL	ABSENTEEISM

さらに、40 頁まで照合すると、新語の追加が 43 語ある。その中の一つ abnormal は NED の初出例は 1853 年である。NED の用例提供者 (アメリカ人もいた) や編集者も 1841 年の『アメリカ英語辞典・第 2 版』は問題にしていなかったことが、これでわかる。

第 2 版の 15 頁には accordion が見出し語となっており、詳細な説明がある。NED の accordion の初出は 1842 年で、これもウェブスターが勝る。ここでも NED の資料収集が必ずしも十分でないことを証明している。

ウェブスターとその協力者 (のちの 1847 年版「ウェブスター大辞典」編集者グッドリッチは、ノアの息子ウィリアムが父親の指導の下に補遺を用意したことに触れている) の語彙収集力は、独自のものであって、しかも時代を考えるならば極めて優れていた。

アメリカニズムも、わずかながら辞書本体に入る。

BAYOU	STUMP-ORATOR
BACK-WOODSMAN	STUMP-ORATORY
COTTON-GIN	SEPON, SUPAWN
POWWOW or PAWAW	STEVEDORE

「バイユー」は、すでに触れたように (113 頁参照)、アメリカ南部の地理の記述に欠かすことができない。

cotton-gin は綿工業に重要な役割を果たす。黒人奴隷制を強化するものであったことも広く知られている。stump-orator は切り株の上に乗っての選挙演説で、アメリカ政治を語る上で欠かせない stump speech, stump speaker と同じ範疇の語である。

補遺には、次のアメリカニズムが入る。

ANGLIFY	CHUTE
ANGLO-AMERICAN *n.*	LOG-ROLL
ANGLO-AMERICAN *a.*	LYNCH *v.t.*
BUCKEYE	LYNCHED *pp.*
CARIOLE	LYNCHING *ppr.*
CARRY-ALL	SUGAR-TREE

「リンチ」、そして政治家の馴れ合いに関わる log roll は、アメリカ社会の一面をあぶり出す (121 頁参照)。

アメリカで発達した意味では、次のものが入る。

ABOLITION, *n.* 2. The putting an end to slavery; emancipation.

ACCORD, *v.t.* 3. To grant, to give, to concede; as, to *accord* to one due praise.

RAISING, *n.* 2. In New England, the operation or work of setting up the frame of a building.

RUN, *v.i.* 56. In elections, to have interest or favor; to be supported by votes. The candidate will not *run*, or he will *run* well.

abolition, abolitionism, abolitionist と、奴隷制廃止に関する語彙が揃う。

追加されたアメリカニズムは、決して多いとは言えない。しかしながら、アメリカの英語辞典としての性格を補強するものであった。

ここで、belittle に戻る。

思い当たることがあって、ジョーゼフ・ウスターが手がけた『アメリカ英語辞典・簡約版』(1829 年) を見る (1834 年刷り使用)。

書名は、1828 年刊大辞典 (非省略版) と同じで、それに付録があることを、次のように明らかにしている。

An American Dictionary of the English Language;

Exhibiting the Origin, Orthography, Pronunciation, and Definitions of Words:
　By Noah Webster, LL.D.
Abridged from the Quarto Edition of the Author:
To which are Added,
A Synopsis of Words Differently Pronounced by Different Orthöepists;
And Walker's Key to the Classical Pronunciation of Greek, Latin, and
Scripture Proper Names.

　この八つ折り版 (1829 年刊『簡略版』) は、辞書本体 (940 頁) 以外に、大辞典 (1828 年刊) にない「正音学者によって異なって発音される語の概要」(17 頁) と「ギリシャ語・ラテン語・聖書の固有名詞発音表」(72 頁) を含む。これはウスターが入れる。
　前者は、例えば、gold の発音には、現在の英和辞典の発音記号で示せば /gu:ld/ もあることをフルトン＆ナイト (Fulton & Knight) が記述していることを明らかにしている (この発音は人名 Gould に残っている)。これを辞書本体の前に、前付けとして加え、聖書などの固有名詞の発音を本体のあとに、後付けとした。
　このような付録をつけることは、アメリカの辞書の慣例となっていく。
　序文によれば、ノア・ウェブスターは健康状態が思わしくなく、八つ折り簡約版を自ら手がけることはできないので、マサチューセッツ州ケンブリッジのジョーゼフ・ウスターに託し、簡約版作成の一般原則はウェブスターが定め、ウスターはそれを厳守すること、疑問点は代理人である、イェール・カレッジのグッドリッチ教授 (Prof. Goodrich) の指示を仰ぐことが、編集上の取り決めであった。
　我々にとって興味があるのは、序文の最後に「原著の著者は、簡約の監督を他人に任せたので、著者［ウェブスター］はすでに言及された修正のいかなるものにも責任があるとは考えられるべきではない。四つ折り版 ［1828 年版］が、著者の正書法と発音に関しての正確な見解をあらわしている」旨の断りを入れていることである。
　ウェブスターは、この「簡約版」(1829) への不満をこのような形で明ら

かにした。

　不満の一つは、正音学者によって異なる発音対照表に、ウェブスター、シェリダン、ウォーカー、ペリー、ジョーンズ、フルトン&ナイト、ジェームソン (Webster, Sheridan, Walker, Perry, Jones, Fulton & Knight, Jameson) が挙げられ、ウェブスター自身が相対化されていることである。なによりも『簡約英語辞典』(1806) で痛烈に批判したシェリダン、ウォーカー、ペリー、ジョーンズと同等に並べられたことは、耐えがたき屈辱であったであろう。

　もう一つの、明らかな不満は、綴字である。center のみを見出し語とする大辞典に対して、簡約版は centre, center と並列し、しかも centre を先に出す。大辞典 (1828) の maiz ではなく、maize を見出し語とする。

　不満は、より明瞭に私信に表われている。1841 年の『アメリカ英語辞典・第 2 版』出版以後の 1843 年 4 月 11 日の手紙で明らかである。

　「八つ折り版［簡約版］には、英語の歴史や、変則を正すために私が採用した重要な原理が入っていません。定義は短縮され、欠点のあるものもあります。語源も縮約され、多くの興味ある事実も省かれています。[...]［簡約版の］出版者、すなわち所有者が、私の決定から逸脱している例も 2、3 あります。したがって、この本は私のものとは考えられません。私の本から大部分を取ってはいますが」と、娘婿のファウラー (William Chauncey Fowler) に書く (Burkett 1979: 174)。この手紙の 48 日後に、ノア・ウェブスターは死去する。ファウラーは、ノアの遺言管理人の一人となる。

　ウェブスターが自分の本とは認めない『簡約版』(1829) に、belittle は見出し語となっている。大辞典出版の翌年に、ウスターは belittle を入れたのである。そして、結局、大辞典第 2 版 (1841) の見出し語となる。

　1841 年には、かつてのイギリス人による belittle 批判 (90 頁参照) も人々の記憶から消えていたこともあろう。

　ともかく、大辞典第 2 版は、分節を採り入れ、belittle も採り入れられた。ウスターの存在は、簡約版が出版された時点で、ウェブスターにとって無視できないものとなっていたことは確かである。

『アメリカ英語辞典・簡約版』を一般読者の目から見れば、利点が多い。わけのわからない難解な語源が省かれている。韻文を主とした引用例がない。定義は簡潔である。綴りも当時の慣用に従う。
　分節がすべての語に入る。掌にのせて使える大きさである。6ドルと手頃な値段である。
　したがって、この辞書は売れた。1832年までに10刷りをコンバース社が出す。1832年からホワイト (N. and J. White) 社に移る。

　『アメリカ英語辞典・第2版』に戻る。科学用語にタリーの援助を受け、補遺作成に息子ウィリアムが加わる。しかしながら、分節を除けば、1828年初版の延長上にある。ノア・ウェブスターの個性が、良くも悪くも強烈に現れた辞書であることに変わりはない。
　イギリスでは、リチャードソン『新英語辞典』(Charles Richardson, *A New Dictionary of the English Language*, 1836-37) が2巻本で出版されていた。歴史的に古い順に並べられた引用文には14世紀のものを含み、のちのNEDへとつながる重要な辞書ではあるが、一般読者用とはいえない。意味の大部分は用例で読者が判断する。語源は、ウェブスター同様、ホーン・トゥックに従う。
　こうした状況を考えるならば、『アメリカ英語辞典・第2版』は、1840年代から50年代にかけてイギリスにも並ぶもののない一般用大辞典と言える。ジョンソン『英語辞典』は、トッド (H.J. Todd) による増補版 (1818) はあるが、正書法は logick, musick であり、定義もウェブスターに劣る。時代の要請に応えるものではなかった。リチャードソンの『新英語辞典』も、辞書編集史上は重要ではあるが、定義で貢献するところはない。
　『アメリカ英語辞典・第2版』は、名実共に英米における最高の英語辞典であった。

第 2 章

グッドリッチ編『アメリカ英語辞典』(1847)
―メリアム社版ウェブスター大辞典―

　1843 年 5 月 28 日にノア・ウェブスターが死去する。印刷はされたが製本されないままの大辞典『アメリカ英語辞典・第 2 版』は、ノア・ウェブスターの遺言執行者によりアマーストのアダムズ出版社 (J.S.C.Adams) に版権とともに売却された。そして版権が遺言執行者の一人で、ノアの娘婿の一人でもあるエルズワース (William W. Ellesworth) によって、メリアム (G.& C. Merriam) 社に転売される (Burkett 1979: 197-8)。

　メリアム社は遺族と契約を結び、大辞典の改訂版を出版することにした。書名『アメリカ英語辞典』(*An American Dictionary of the English Language*) に、「イェール・カレッジ教授チョーンスィ・A・グッドリッチによる改訂・増補、聖書・古典・地名の発音入り語彙付き」が加わる。21 世紀まで続くマサチューセッツ州スプリングフィールドのメリアム社から、1847 年にこの改訂版が出版される。四つ折り版 (横 19 センチ、縦 25 センチ) で、一巻本となる。「ウェブスター大辞典」の一巻本の伝統はここに始まる。

　以下の調査は 1848 年刷り、1849 年刷り、1853 年刷りによる。

　構成は、編集者による改訂版序文 (8 頁)、著者 [ノア・ウェブスター] の序文 (4 頁)、グッドリッチによるノア・ウェブスター伝記 (8 頁)、序説その他 (64 頁) が前付けにあり、辞書本体は 1,281 頁で、後付けに聖書、ギリシャ・ラテン語の固有名詞の発音、現代地名発音辞典 (39 頁)、そしてそれらの解説で合計 1,367 頁である。1853 年の広告によると、1 万 2 千強の地名の発音を載せる。

　序文で、著者ノア・ウェブスター、編集者グッドリッチと、位置づけを明示する。

辞書の構成は、初版・第2版との相違を見せる。聖書、ギリシャ・ローマ古典の固有名詞に発音を付するのは、ジョーゼフ・ウスターによる1829年『簡約版』に倣ったものであるが、しかしノア・ウェブスターの生前であればこの付録は実現しなかったであろう。
　さらに、地名の発音が加わって、「ウェブスター」もノア・ウェブスター個人の辞書から、出版社の意向が辞書の性格を決める時代に入ってきたことになる。この点でも、『アメリカ英語辞典』(1847) は「ウェブスター大辞典」としては過渡期のものと言える。
　辞書本体に関する限り、特に編集方針に変更は見られない。編集者グッドリッチはノア・ウェブスターの一族として選ばれ、ほかの一族にも改訂された原稿を見せて了解を得ている (序文)。
　父親ノアの指導の下に息子ウィリアムによって作られた版 (1841) の補遺が辞書本体に入っただけではなく、死ぬまで行なわれた父親ノアの改訂作業もメリアム社版に活かされている。
　語源も小さな訂正だけである。語源は編集者の力に余ることが編集者自身によって語られている。
　意味のさまざまな綾を、明解・十分・正確に提示している定義によって「ウェブスター博士の辞書は、英米の他のどの辞書より勝れていると一般にみなされてきた」のであるから、編集者は主に定義に力を入れる、と述べる (グッドリッチには、『アメリカ英語辞典』(1828, 1841) の語源をあまり買っていない口ぶりも感じられる)。
　慎重なグッドリッチは、イギリスの辞書・百科辞典を十分に活用する。辞書ではスマート (Smart's English Dictionary, 1846) [*Smart's Pronouncing Dictionary of the English Language*, 1840 の最新版と思われる]、クレイグの辞書 (Craig's Dictionary) [John Craig, *A New, Universal, Etymological, Technological, and Pronouncing Dictionary of the English Language*, 1849]、ノア・ウェブスターも用いたリチャードソンを参照する。
　百科辞典では、イギリス最新の『ペニー百科辞典』(*Penny Cyclopaedia*, 1833-46) を多用するが、ドイツの百科事典を基にした『アメリカーナ』(*Encyclopædia Americana*, 1829-32) も用いる。ブランド (Brande、1783-866) の

百科辞典との照合も行なう。この百科辞典は1842年のもので、のちにも(1875年に)コックス(Cox)による版が出るほど広く使われた。ほかにも特殊辞典(グッドリッチは special dictionaries を使っている)を利用する。専門語重視はノア・ウェブスター以来であるが、編者グッドリッチもこのウェブスター伝統の形成に一役買う。

　グッドリッチは、イギリスの友人、特に『ペニー百科事典』の寄稿者と連絡を取る。語のリストを送り、コメント・説明を求める。イギリスの現状を把握し、書物では得られない、ことばの情報を採り入れる辞書づくりは、ノア・ウェブスターの自信に満ちた、時には独断的な態度とは明らかに違い、辞書編集のあるべき姿への一歩を踏み出したと言えるであろう。

　しかし、一方において、慎重なグッドリッチは「新語」(new words) に対して少なからぬ「躊躇と当惑」を示す。彼によれば、特にイングランドでは、新語がつくられつつあり、それは「全くの放縦」としか言いようがない。「新語を性急にこの辞書に導入することは、大いに非難されるべきことである。私たちの語彙はすでに数多くの語を抱え込んでいるが、それらが英文学に欠くことのできない一部となっているわけではないのであって、その数をさらに増やすことは一大害悪である」。

　「新語」に対するグッドリッチの態度は保守的で時代の制約もあるが、牧師にして修辞学者の限界であろうか。

　しかしながら、口語を全く採り入れないわけでもない。「イングランドの庶民のくだけたことばで、イギリスの大衆的な作家によってよく使われているものは、限られた範囲であるが、アメリカの読者のために加えられている」。

　辞書編集者が、新語とともに頭を悩ますものに、古語がある。この点では、「ベーコン、スペンサー、シェイクスピアなどの偉大な作家を理解するのに必要な語は、今では廃語ではあるが、すべて注意深く残されている」。グッドリッチ編『アメリカ英語辞典』(1847) は、数多く辞書が出版されたイギリスにおいても、一般読者用として最大の辞書であるから、これは当然と言えるであろう。

　アメリカニズムにも消極的である。「アメリカニズムは、一般に思われ

ているよりも数が少ないことがこの分野に精通している人に知られている」とする。本当であろうか。

1848年には、バートレット『アメリカニズム辞典』(John R. Bartlett, *Dictionary of Americanisms*) がボストンで出版されている。このアメリカニズム集を19世紀後半の『アメリカ英語辞典』(「ウェブスター・マーン版」) もマリー他編『新英語辞典』(NED) も利用している。第1部でも指摘したように、アメリカニズムは決して少なくはなかった。

グッドリッチ編『アメリカ英語辞典』は、そうは言っても、語彙収集の面では着実な歩みを示したと言ってよい。

1841年の大辞典の補遺にあった語を、当然、辞書本体に移す。A項の最初の部分で言えば、次の語である。

ABACA	ABOMASUM
ABALIENATED	ABOVE-SAID
ABALIENATING	ABRUPTED
ABJUDICATED	ABSENTED
ABLAZE	ABSENTING
ABLIGATE	ABSTENTION
ABLUVION	ABSTRINGE
ABNET	ABSTRUSITY
ABNODATE	ABSUME

削除された語もある。最初の5頁では、abada, abagun である。
新たに見出し語となったものに次の語がある。

ABATTOIR , *n.* A building for the slaughtering of cattle.
ABDUCT, *v.t.*. To take away surreptitiously and by force.
ABECEDARIAN, *a.* Pertaining to, or formed by the letters of the alphabet.
ABERDE-VINE, *n.* The European siskin, *Carduelis spinus*, a small green and yellow finch.

追加された語義もある。

ABEYANCE, *n.* 2. *Popularly*, a state of suspension, or temporary extinction.
ABDUCTOR, *n.* 2. A person guilty of abduction.

アメリカニズムでは、少なくとも johnny cake, keel-boat, mass-meeting, patroon, warwhoop が見出し語として加わる。
　このグッドリッチ編『アメリカ英語辞典』(1847) も、ノア・ウェブスターほどではないが、ほかの辞書・百科辞典に先駆けて採り入れている語がある。
　それは、1840 年代のイギリスの一般用辞書、特殊辞書、百科辞典よりもこの辞書の方が早く見出し語としていることでわかる。1840 年代には、イギリスで辞書類が 31 種も出版されている (Crystal 1995: 82)。
　資料的にも、当時は、イギリスの方が恵まれていた。NED の資料提供者はアメリカにもいたが、圧倒的にイギリス人が多い。科学用語などは少し気が利けば、何を見ればよいかすぐわかる。しかしながら、次に挙げる A 項の語は、グッドリッチ編『アメリカ英語辞典』(1847) より遡るものは、NED 編纂以前の辞典の他の辞書にはない。

　　amide .... NED の初出 1850 年
　　ante bellum......NED になし；OEDS (『オックスフォード英語辞典補遺』、
　　　　　　　　1933) の初出 1879 年；OEDS (1972) の初出 1862 年
　　aquarium......... NED の初出 1854 年
　　aspergillus....... NED の初出 1847 年
　　assimilatory..... NED の初出 "1856 in Webster"
　　atomic theory (atomic の追い込み) ......NED の初出 1880 年
　　axial................ NED の初出 1849 年

　amide, axial は、『アメリカ英語辞典』(1847) を遡って、『アメリカ英語辞

典・第2版』(1841) の辞書本体の見出し語となっている。

　assimitatory の典拠 は、ウェブスター大辞典 1847 年改訂版の増補版と思える。しかし、すでに 1847 年版に見出し語となっている。amide, axial にいたっては、1989 年刊『オックスフォード英語辞典・第 2 版』(OED2) になっても初出年が訂正されていない。

　B 項の最初を見ただけでも、backhouse は NED に収録されていなく、『オックスフォード英語辞典補遺』(OEDS 1972) になって初めて、「屋外便所」の意味に "1847 in Webster" と入る。これは、もちろん、メリアム社最初の、今我々が論じているグッドリッチ編『アメリカ英語辞典』(1847) を指す。

　basify では、NED は、定義にジョン・クレイグの定義 "To convert into a salifiable base" を引用するだけで、初出年も無い。クレイグの辞書の定義は、グッドリッチ編『アメリカ英語辞典』の定義と同一である。と言うことは、クレイグは『アメリカ英語辞典』を借用したことになる。

　語彙の多様化は、ますます顕著になりつつあった。多くの特殊辞典・参考図書を参照しての辞書編集であるから、「もはや誰であっても一人の編集者が、いまや辞書の範囲となったさまざまな分野の知識すべてを正確に扱うことは、明らかに不可能である」(序文)。そこで、化学、地質学、鉱物学、植物学、解剖学、医学、法律、歴史、古代哲学などが、主としてイェール・カレッジの教授陣に委ねられる。専門家が参加するウェブスター大辞典の伝統がここにはっきりとした形を取る。急速に進む科学技術へ、いち早く新しい体制を作ったのは、編集者グッドリッチの功績と言って良いだろう。

　グッドリッチになって正書法も変わった。ノア・ウェブスターとは違い、当時の慣習に従い、center, centre; theater, theatre; savior, saviour を見出しに併記する。この当時はまだアメリカでも両方が使われていたから、グッドリッチは慣用に従って綴りを決め、あるべき姿になる。当然、maiz は maize となる。しかしまだノア・ウェブスターの強引な綴字も残る。

　この改訂版を巡っては、一族の財産である辞書の編集者を決める争いがあった。グッドリッチも娘婿であるが、ノア・ウェブスターの娘婿にはアマースト・カレッジ教授のファウラー (William Chauncey Fowler) もいた。彼

は、義父が生前自分を共同編集者にすると言っていたことを盾にノア・ウェブスターの後継者を主張する。グッドリッチも後継者を自認していた。ファウラーはウェブスターの綴字を一切変更しないことを主張する (Burkett 1979: 186)。グッドリッチは center, centre の併用を主張する。結果はグッドリッチが編集権を勝ち取って、center, centre の併用となる。

　この四つ折り版のグッドリッチ編『アメリカ英語辞典』と平行して、グッドリッチにより『簡約版』の方も改訂される。『アメリカ英語辞典』(簡約版) の改定増補版が 1847 年に出版される。編者が親版と同様にチョーンスィ・A. グッドリッチとなる。辞書本体が 1841 年版より 112 頁増える (1852 年刷り使用)。1841 年版とのもっとも大きな違いは、類義語が入ったことである。例えば、abandon では、To give up: yield; forego; cede; surrender; resign; abdicate; quit; relinquish のように、語義のあとに入る。abate では、To subdue; decrease; intermit; decline; diminish; lessen である。このような類義語記述は、イギリスにも既にあったが、グッドリッチによれば極めて簡単なものであった。一般用辞典の中での類義語解説は、アメリカの辞書の特徴の一つとなるが、その第一歩が踏み出された。

　『簡約版』(1847) も書名は同じ『アメリカ英語辞典』で、極めて紛らわしい。そのためであろうか、大辞典を非省略 (unabridged) と呼ぶようになる。筆者が確認している範囲では、1853 年刷りの大辞典の背表紙に『ウェブスター辞典　非省略版』(*Webster's Dictionary Unabridged*) と入る。そして、1852 年刷りの『簡約版』(1847) には『ウェブスター・ロイヤル・オクターボ辞典』(*Webster's Royal Octavo Dictionary*) と背文字がある。

　『簡約版』改訂に先立って、1845 年に『アメリカ英語辞典・大学版』(*An American Dictionary of the English Dictionary, the University Edition*) が出版される。筆者は未見であるが、大辞典 (非省略版) の 1853 年刷りの広告を見ると、大きさは"Imperial Duodecimo" (インペリアル 12 折り本) である。550 頁で「6 万から 7 万の間の語」を含む。対象は「大学、職業人、ビジネスマン」(*for Colleges, Professional and Business men*) である。簡約版と比べると、かなり小さい。

第 3 章

『アメリカ英語辞典』(1859)
―絵入りウェブスター大辞典―

　1859 年に、『アメリカ英語辞典』(*An American Dictionary of the English Language*, 1847) の非省略版が改訂される。編者は、前版と同じくグッドリッチである。以下の調査には 1859 年初刷りと 1863 年刷りを使用した。
　四つ折り版 (縦 25.5 センチ) で、辞書本体 (1,281 頁) は、1847 年版と内容的にも変わらない。巻末に、従来の聖書、ギリシャ語・ラテン語の固有名詞の発音・現代地名発音辞典に加えて、「新語の補遺」(APPENDIX OF NEW WORDS)、さらに人名の発音、ラテン語・フランス語・イタリア語・スペイン語の語句解説が付く。付録どっさりのアメリカ型大辞典は、この 1859 年以後定着する。1961 年の『ウェブスター新国際英語辞典・第 3 版』で付録を省くまで、これらの付録は続く。百年を超える伝統を作ったこの辞書は、アメリカ人が大辞典に何を求めていたかを知る、良い手掛かりになる。
　大きく変わったのは、内容により 22 に分類された、約 1,500 の挿絵 (71 頁) と、さらに類義語解説 (68 頁) が前付けに入ったことである。挿絵は営業上の理由で加えられた。「辞書戦争」と呼ばれる、ウスターの辞書との売り上げ競争が原因である。ウスターが大辞典を出し、それに挿絵が入る、という噂でメリアム社は泥縄式に挿絵を前付けに入れる。背表紙の WEB-STER'S DICTIONARY の下に、「非省略」(UNABRIDGED) (さらに下に)「絵入り版、1,500 枚の挿絵」(PICTORIAL EDITION　1500 ILLUSTRATIONS) と入る。
　1850 年代には、「辞書戦争」は泥仕合の様相を呈していた。ウスターの『ユニバーサル詳解英語辞典』(Joseph Worcester, *A Universal and Critical*

Dictionary of the English Language, 1846) の鉛版をイギリスの出版業者ボーン (Henry G. Bohn) が買い取り、1853 年に出版した。その書名が、儲け主義そのものであった。

背表紙に『ウェブスター・ウスター辞典』(*Webster's and Worcester's Dictionary*) とある。タイトル・ページに「ウェブスター法学博士の資料から編集された科学用語を含む」(including Scientific Terms, Compiled from the Materials of Noah Webster, LL.D.") と入る (1855 年刊イギリス版を使用)。メリアム社は、ここぞとばかりウスターを攻撃した。

ウスターの上記の辞書は、「トッド版ジョンソン」にウスターが集めた語を加えた、と言ってよいぐらい、ジョンソン寄りの辞書である (一部にアレン (William Allen) の原稿を活かす)。序文によれば、「トッド版ジョンソン」に約 2 万 7 千語を加えている。savior, saviour の綴字に関してはかなり長い解説を付けてはいるが、定義は簡潔である。たとえば、abandon では、"To give up, resign, or quit; to desert; to forsake; to leave; to relinquish; to expose. -Abandon over. To give up to."である。定義では『アメリカ英語辞典・簡約版』(1847) の方がはるかに上である。最初の 3 頁を比較しても、内容的に『アメリカ英語辞典・簡約版』(1847) が勝る。

ウスターはまた 1855 年に『発音・詳解・類義語入り英語辞典』(*A Pronouncing, Explanatory, and Synonymous Dictionary of the English Language*) を出版した。これは、ウスター自身の『広範発音解明英語辞典 (1847 年改訂版)に、約 3 千語を加え、定義を改めたものである (Burkett 1979)。何よりも注目されるのは、類義語解説を辞書本体に入れたことである。簡単なものではあるが、英語を書く立場からは便利である。

例えば、servant の項に次のようにある。

The term *servant* implies the general idea of one who performs service for another; *domestic* signifies a servant who belongs to the house or family; *menial*, one who labors in some low employment; *drudge*, one disagreeably employed; *slave*, one who is the property of another, and subject to his will.

「servant という語は、他人のために働く人の一般概念を含意する。

domestic は、家あるいは家族に属する召使を意味する。menial は、下層の仕事で労働する人を、drudge は、不快な仕事に雇われる人を、slave は他人の所有物であり、その人の意志に従う人を意味する」

ウスターの力量は、ウェブスターの『アメリカ英語辞典・簡約版』(1829) を軽くこなせる。そのウスターが、左目はほとんど見えない状態にもかかわらず、挿絵入り大辞典を出版する。その伝聞にメリアム社は、急遽、挿絵・類義語入りの「ウェブスター大辞典」をつくる。

挿絵はジョン・オゥグルヴィ『インピリアル辞典』(John Ogilvie, *The Imperial Dictionary, English, Technological, and Scientific*,1848-50) に倣う。オゥグルヴィの辞書は、ノア・ウェブスターの『アメリカ英語辞典』(1828) を基に編集を始め、第2版 (1841) が出るにおよび、それを利用して作られた。大部分はウェブスターの定義をそのまま使い、一部を変える。それに百科辞典的解説を加えた。さらに独自の見出し語を追加した。注意を引くのは、動植物の学名も見出し語としていることである。語源はノア・ウェブスターのものを取り込んでいる。いまや時代錯誤と言えるウェブスターの語源に賛辞を呈している。表題にもあるように、科学・技術を重視する。したがって、この辞書は、イギリスの紳士階級、「学問的職業」(learned professions) に携わる人たちが使うものではない。

『インピリアル辞典』は、ベイリー『英国辞典』(1730) 以来の挿絵入り辞典で、19世紀の英語辞書では初めてである。紋章の図が多いところから判断すると、ベイリーを参照している。しかし、『インピリアル辞典』は、動植物、建築、機械、器具に及ぶ。その意味で、単なるベイリーの復活ではない。それを超えるものである。

その『インピリアル辞典』を基に、『アメリカ英語辞典』の挿絵は、ボストンのジョン・アンドルー (John Andrew) が彫った木版画を使う。81頁にわたり、約1,500ある。前付けの挿絵に、該当する語の辞書本体の頁数が入る。辞書本体の見出し語には、挿絵が前付けにあることを示すアスタリスクが付く。

しかし、これはわずらわしい。アメリカ最初の挿絵入り辞書であること

は確かであるが、いかにも取って付けた感じである。また、辞書の品位に欠ける。

　もう一つのセールスポイントは類義語解説であった。すでに、小さな辞書ではあるが、ウスター『発音・解明・類義語入り辞典』(1855) に類義語解説が入っていた。

　メリアム社も、前付けにグッドリッチの類義語解説を付けた辞書『発音定義英語辞典』を 1856 年に出版していた。辞書戦争は、ウスター、「ウェブスター」ともに、類義語解説を辞書に加えることになる。

　『アメリカ英語辞典・絵入り版』の類義語解説は、accidental, incidental, casual, fortuitous, contingent では次のようになる。

We speak of a thing as *accidental* (from ad and *cado*,) when it falls to us as by chance, and not in the regular course of things; as, an *accidental* meeting, an *accidental* advantage, &c. — We call a thing *incidental* (from in and *cado*,) when it falls, as it were, *into* some regular course of things, but is secondary and forms no essential part thereof; as, an *incidental* remark, an *incidental* evil, an *incidental* benefit. — We speak of a thing as *casual* (from *cado*, to fall), or *fortuitous* (from *fors*, chance,) when it falls out or happens, as it were, by mere chance, without being prearranged or premeditated; as, a *casual* remark or encounter; "*a fortuitous* concourse of atoms," RAY. — We call a thing *contingent* when it is such that, considered in itself, it may or may not happen, but is dependent for its existence on something else; as, the time of my coming will be *contingent* on intelligence yet to be received.

　「通常ではなく、偶然のように我々に降りかかるとき、accidental と言う（[ラテン語の] ad と cado に由来)、例えば、an *accidental* meeting (偶然の出会い)、an *accidental* advantage (偶然による有利な立場) など。通常に起こるが、二次的で本質的ではないとき、incidental と言う (in と cado に由来)、例えば、an *incidental* remark (偶発的な発言)、an *incidental* evil (副次的な弊害)、an *incidental* benefit (副次的な恩恵) など。いわば、偶然に過ぎなく、前もって打合わせられていなく、考えられていないで起こ

るとき、*casual* (cado「起きる」に由来) あるいは *fortuitous* (fors「偶然」に由来) と言う。例えば、a *casual* remark (思いつきのことば)、あるいは a *casual* encounter (たまさかの出会い) など。"*a fortuitous* concourse of atoms"「偶発的な原子の集合」レイ［出典］；それ自体で考えれば、起こるかもしれないし起こらないかもしれなく、何か他のこと次第であるようなとき、contingent と言う。例えば、「私の来る時間は、まだ受けとっていない情報しだいです」。」

この類義語解説はいい。やや問題なのは、ラテン語に遡って説明していることである。借用語であっても、英語の語彙体系の中で説明されるべきである。しかしながら、出発点としてなかなかのものである。

類義語が辞書に入るということは、書くための辞書として使えることを意味する。文章を書くとき、我々は辞書で確かめる。その意味で、大辞典に本格的な類義語解説を加えたことは、辞書界への貢献と言える。

最後に、81 頁に及ぶ「新語の補遺」も無視することはできない。amortization「償却」を NED は、"[Not in Craig 1847, Worcester 1859.] 1864 Webster cites Simmonds." とする。しかし、『アメリカ英語辞典・絵入り版』(1859) の付録には、"amortization ［Fr. *amortissement*.］The extinction of debt, particularly by means of a sinking fund. *Simmonds*." とすでにある。

Angora wool は、NED に定義はなく、引用例 (1875 年) があるだけであるが、『アメリカ英語辞典・絵入り版』の補遺では、"The long white hair of the Angora goat, (*Capra Angorensis*) which is highly prized in manufactures, having a silky appearance which fits it for lace, shawls, braids, and other decorative purposes. *Simmonds*." と用途まで述べる。Angora wool を語彙項目とすべきであることは、一般読者用の『新オックスフォード英語辞典』(*The New Oxford Dictionary of English*, 1998) の見出し語となっていることでもわかる。

appetizer の NED 初出は 1862 年であるが、これも "Something which whets the appetite." と補遺にある。

A 項の見出し語だけで、これだけある。補遺全体ではかなりの数の新語

になると推定できよう。

　アメリカニズムでは、gerrymander (*v.t.*), lobby (*v.i.*), lobbying (*n*), lobby-member が補遺の見出し語になっている。それにしても、gerrymander の採録において「ウェブスター」は遅すぎた (130 頁参照)。

　1859 年の改訂版『アメリカ英語辞典・絵入り版』(非省略版) は、挿絵の採用、類義語解説、人名の発音、外国語の解説などを辞書に加えることによって、アメリカ型の辞書の典型を見せる。ことばの辞書としては、アメリカの英語辞典に不可欠の類語解説を大辞典に加えた点は評価される。ただし、挿絵はいまだ定義を助けるものとは言えない。また、辞書本体の高度な定義と、前付けの挿絵を見比べると、いささか違和感を感じる。

　その点で、『アメリカ英語辞典・絵入り版』には営利的・営業的な要素が目立ちすぎる。辞書本体は、グッドリッチによる 1847 年改訂増補版と全く同じで、その前に挿絵と類義語解説、そして辞書本体のあとに補遺を付け、急いで出版したことが歴然としている。不満であると言わざるをえない。

第 4 章

ジョーゼフ・ウスター『英語辞典』(1860)
―ウスターの最高傑作―

　ジョーゼフ・ウスターは、1860 年に優れた大辞典を出版する。ジョンソンと同じ書名『英語辞典』(*A Dictionary of the English Language*) にもウスターの意気込みを感じることができる。また、ウェブスターの『アメリカ英語辞典』をも意識しているであろう。

　4 つ折り版 1 冊本で、「ウェブスター大辞典」と同じ大きさである。1 頁を 3 欄に組み、辞書本体は 1,696 頁で、前付けに 68 頁、巻末に 90 頁の付録を付ける。収録語数は約 10 万 4 千で、この時点でアメリカ最大の収録語彙を誇る。

　ウスターの英語辞典編集の跡を簡単に辿る。
　1827 年に、最初の辞書を編集する。編集といってもいくつかの辞書の良いところを合わせる。書名は長い『チャーマーズ簡略・トッド版ジョンソン辞典・ウォーカー発音付き』(*Johnson's Dictionary, improved by Todd, and abridged by Chalmers with Walker's Pronouncing Dictionary Combined*)。八つ折り版、1,155 頁で、ボストンで出版された (Burkett 1979: 203)。
　これは、ジョンソン『英語辞典』をトッド (H.J. Todd) が増訂し、1818 年に出版した版を、チャーマーズが縮約したもの (縦 22 センチ、辞書本体 822 頁；1820 年初版を使用)、それにウォーカーの第 4 版の発音を合わせたものである。ジョンソンに基づくから、正書法は almanack, acoustick; ambassadour, clamour, ardour である。評判は良かった。
　1827 年の『チャーマーズ簡略・トッド版ジョンソン辞典・ウォーカー発音付き』作成中に『広範発音解明英語辞典』を思いつく。トッド版ジョ

ンソン辞典とウォーカー発音『批判的英語発音辞典』は、イギリスでもアメリカでも権威ある辞書として定評のあるものであった。

1830年に、『広範発音解明英語辞典』(*A Comprehensive, Pronouncing and Explanatory Dictionary of the English Language*) を出版する (ハーヴァード大学蔵および小島義郎氏架蔵本を使用)。

横約11センチ、縦約18センチの版で、420頁である。辞書本体は343頁で、約4万3千語を収める (序文)。これもボストンで出版された。八つ折り版が買えない層を対象とする。書名の comprehensive (包括的な、広範な) は、語彙が包括的であることを示す。

正書法は慣用に基づく。music, public, republic であり、favor, honor であるが、centre, metre, theatre である。

発音は、イギリスの辞書とウェブスターの発音を並べる。

『アメリカ英語辞典・簡約版』(1829) の前付けにあるシェリダン、ウォーカー、ペリーなどの発音対照表に従い (これは自分の辞書に使うことをコンヴァース社との契約で決まっていたので)、発音表記をする。複数の発音のあるもの、例えば、catholicism であれば、

Ca-thŏl´i-cĭsm, [ka-thŏl´e-sizm, *S. W. P. J. F. Ja.*; kăth´o-le-sĭzm, *Wb*]

となり、また、fealty であれば、

Fē´al-ty, [fē´al-te, *W. P. J. E. F. Wb*；, fēl´te, *S. Ja.*]

となる。S はシェリダン、W はウォーカー、F はフルトン&ナイト、Ja はジェームソン、E はエンフィーフド (Enfield)、P はペリー、Wb はウエブスターで、それぞれが編集した辞書の発音を示す。情報を提供して、読者に判断させる、記述的態度と言えるだろう。

興味あるのは、ウェブスターが abdomen に『簡約英語辞典』(1806) では第1音節に強勢を付け、『アメリカ英語辞典』(1828) でも第1音節に第1強勢を置いた方を、先に出していることである。今でこそ、これが少なくともアメリカでは主流であるが、当時はウスターが第1に挙げているように、第2音節に第1強勢を置いたであろう。

発音重視がこの辞書の特徴であった。そして、ウスターのすべての辞書の特徴となる。

収録語彙数、不規則動詞の過去形・過去分詞形の記述、巻末の疑わしい綴字のリスト、固有名詞の発音表示などが好評であった。
定義は、

ABASH v.a. To make ashamed; to confuse.
ABATE v.a. To lessen; to diminish; to depress.
ABATE v.n. To grow less; to decrease.
ABRIDGE v.a. To make shorter in words; to contract; to diminish; to deprive of.

のように、簡潔である。v.a.は他動詞、v.n.は自動詞を表わす。
　ノア・ウェブスター『簡約英語辞典』と比べると、見出し語の分節ではウスター (ウェブスターは分節をしていない)、発音も、ウェブスターは母音の発音を示していないので、断然ウスター、定義も一般語では総じてウスター (法律用語ではウェブスター) が勝る。綴字ではウェブスターのような独断的なものは無い。総合的に見て、明らかにウスターが良い。実際、評判も良かった。このウスターの辞書出版により、『簡約英語辞典』出版時とは、状況は大きく違った。
　「私が見たうちで、持ち運びできる最高の発音・詳解辞典である」とのヴァージニア大学教授の評が、1832年に出る (Burkett 1979)。また、20世紀アメリカの英語学者クラップ (George Krapp 1930: I 371) も本書を評価している。
　1831年には早くも2版、さらに1835年、1860年、1864年とこの辞書の増補版が出る。
　しかし、1834年にウスターの『広範発音解明英語辞典』は、ウェブスターの剽窃である、との文章が『パレイディアム』誌 (11月号) に載る。

　ひどい剽窃がノア・ウェブスター氏の著作権に対してJ.E.ウスター氏によってなされている。ウェブスター氏が生涯を、その生涯もいまやかなり進んでいるが、英語の辞典を書くことに費やしたことは、良く知ら

れている。その辞書は1828年に四つ折り判2巻で出版された。三つの簡約版がその後、出ている。八つ折り判一つ、ずっと小さな二冊の家庭用と学校用である。これらの［これはこの筆者の誤りで、「八つ折り版の」とすべきである］簡約版を作る、骨折り仕事の助けとして、ウェブスター氏はウスター氏を雇ったのであるが、ウスター氏はウェブスター氏の計画を知ったすぐあとに、ウェブスター氏の貴重な労力・学識・成果をわがものとすることに着手したのである。彼は、その後、辞書を出版しており、それはウェブスター氏のものと大変似たものであり、残念なことに、わが国の多くの小学校に採用されている。残念なことである。何故ならば、大衆は、不注意とはいえ、わが国に計り知れない貢献をなし、その労力に値する利益を十分に受け取るべき人に、不当な振る舞いをしているのである。(Burkett 1979: 222)

　当然、ウスターは反論する。自分の1830年出版の辞書は1827年に思いつき、その準備中に、ウェブスターの出版者(コンヴァース)が手紙でたびたび『アメリカ英語辞典』の簡約版編集の依頼をしてきたが、断ると、コンヴァース自身が出向いて来たので、引き受けることになった、と書く。ウェブスター氏の労力をわがものにするなどとはとんでもないことである、と答える。
　それに対して、ウェブスター自身が反応する (1834年12月11日『ウスター・パレイディアム』)。

　私の辞書になされたJ.E.ウスターの剽窃への意見と、ウスター氏のその事実の否定を、貴紙で拝見しています。私はウスター氏に、私の本から多くの語と定義を借りたかどうかを1831年3月22日付けの手紙で尋ねました。彼は3月25日の返信で、「いえ、あまり多くはありません」と書いています。彼がいくらかの語と定義を［私から］借りたことは、それらがイギリスのどの辞書にも、少なくとも私が見たどれにも、無いという事実によって証明されると思います。いくつ採ったかは存ぜぬし、調べもしてはいません。もっと採っていたならば、彼の辞書はもっと欠

陥が少なかったでしょうし、もっと正しかったでしょう。彼の別の剽窃については今度お知らせいたします。

『アメリカ英語辞典』に、イギリスの辞書に無い見出し語がかなり多いことは事実である。しかし、78歳にもなり、大きな仕事を成し遂げた人物のことばとしては、さびしい。彼の辞書自体がジョンソンからどれだけ借りているか、わからないのである。

1835年1月28日に『ウスター・パレイディアム』紙に、ウスターによるウェブスター辞典から借用したと見られる121語のリストが掲載される。ウェブスター自身が送った。

ウスターは、もちろん、否定する。

次のウェブスターのことばは本音であり、彼の人物を良く表わしている(Burkett 1979: 225-6)。

　　私の四つ折り判辞書には約20年を費やし、2万ドルもかかったのです。... 簡約版を任され、十分に報われたあなたが、あなたの編集した本に、私の改良したものを採り入れるとはなんと冷酷なことでしょう。[...] あなたをこのように扱うよりは、私は私の食を乞いたいのです。

これが「辞書戦争」の始まりである。

ウスターはこの後も辞書を出版し続ける。

1835年に、『コモン・スクール用基本辞典』(*An Elementary Dictionary for Common Schools*) を出版する。書名の通り、生徒用の辞書である。12枚折り版360頁で、約4万4千語を収める (Burkett 1979: 207)。

1846年に、『ユニバーサル詳解英語辞典』(*A Universal and Critical Dictionary of the English Language*) を出版する。八つ折り版1,041頁で、『アメリカ英語辞典・簡約版』(1841) にほぼ匹敵する。15年ほど語彙の収集に努め、「トッド版ジョンソン」にない2万7千語を加え、約8万3千語を収める。字術用語、廃語、古語をも収録する。

イギリスの出版社が、この『ユニヴァーサル詳解英語辞典』のイギリス

版の背文字を『ウェブスター・ウスター辞典』とし、タイトル・ページにウェブスターの材料をウスターが編集した、と記したために、「辞書戦争」が再開され、激しい非難合戦が繰り広げられた。

1850年にウスターは『初歩発音辞典』(*A Primary Pronouncing Dictionary*) をボストンで出版する。ウスターの最も小さな辞書で、18折り判384頁の生徒用辞典である (Burkett 1979: 212)。「公立学校用」であった。1857年、1861年に再版される。どの版もよく売れた。

1855年に、『発音・解明・類義語入り辞典』(*A Pronouncing, Explanatory, and Synonymous Dictionary of the English Language*, Boston) を出版する。アカデミー (私立高等学校) の生徒を主な対象とする。しかし、同じ内容でフィラデルフィアのリピンコット社から出ている版の背表紙は、『ウスター家庭用辞典』(*Worcester's Household Dictionary*) である。『広範発音解明英語辞典』の1849年版に、さらに語彙を追加している (リピンコット社 (c)1855を使用)。約5万語を収録する。意味と用法を理解されるための類義語解説を売り物とする。

定義はこの辞書も簡潔そのものである。定義と類義語を示す。

MAR'RIAGE (măr-rij), *n.* The act of uniting a man and woman for life; wedlock ; matrimony.

  Syn. — *Marriage, wedding*, and *nuptials* all imply rather an act than a state; *matrimony* and *wedlock* denote states. Happy or unhappy *marriage*; splendid or unceremonious *wedding* or *nuptials; hol*y *matrimony;* born in *wedlock*.

「男と女を生涯結びつける行為；夫婦生活；婚姻。

類義語— marriage, wedding, nuptials は、すべて状態というよりは行為を含意する。matrimony と wedlock は状態を表わす。幸福な、あるいは不幸な結婚；すばらしい、あるいは四角張らない結婚式；神聖な婚姻；嫡出の」

「男と女を生涯結びつける行為」は、ジョンソン『英語辞典』の定義をそのまま借りているが、類義語を辞書本体に持ち込んだ点でウスターは辞

書編集に新たな面を拓く。この類義語解説の用例は、コロケーションを示している点でも興味深い。高校生にも家庭人にも親しみのある辞書であったであろう。一般辞典に、類義語解説が入ったことは評価されるべきであろう。19世紀後半のアメリカの辞書ではこれが定着し、イギリスの辞書との違いを際立たせることになる。

ところで、グッドリッチも1856年に、『アメリカ英語辞典・簡約版』(1847) をさらに簡約した大学生用の『発音定義英語辞典』(*A Pronouncing and Defining Dictionary of the English Language*) に、類義語解説を加える (1864年刷りを使用)。約600の解説がある。

crime のウスター及びグッドリッチの定義と類義語解説は、次のようになる。

ウスター (1855) は、

> *Crime* is an infraction of human law; sin, of the law of God. *Felony* is a capital crime; *vice* is the opposite of *virtue*, and is an offence against morality.
> 「crime は人の法律の、sin は神の掟の、違反である。felony は死罪である；vice は virtue の反対で、道徳に反することである」

一方、グッドリッチ (1856) では、次のようになる。

> SIN, CRIME, VICE,— *Sin* is generic, embracing wickedness of every kind. *Crime* is a violation of law, and springs from our passions; *vice*, from the inordinate indulgence of natural appetites, which in themselves are innocent. Intemperance is a *vice*, sometimes leading to the *crime* of murder.
> 「— sin は、あらゆる種類の悪を包含し、一般的である。crime は、法律違反で、激しい感情から生じ、vice は、(それ自体では罪ではない) 自然の欲望を、節度なく満足させることから生じる。不摂生は悪徳であり、ときに殺人罪に至ることもある」

グッドリッチは、牧師でもあったので、道徳に傾きすぎる。ウスターに

してもグッドリッチにしても、この段階ではまだ試作である。数年後には、グッドリッチは『アメリカ英語辞典・絵入り版』(1859) の前付けに詳細な類義語解説を書き、ウスターは『英語辞典』(1860) で、辞書本体に入れる。そして、類義語解説も、アメリカの大辞典には欠くべからざる一部となる。

上の辞書編集歴でわかるように、ウスターは大辞典の簡約版から生徒用まで、各種の辞書を手がけた。そして、どれも売れた。大辞典だけが無い。大辞典 (四つ折り版) としてつくったのが『英語辞典』(*A Dictionary of the English Language*, 1860) である。

序文で、英語辞典が完全であるためには、英語のすべての語を含み、正しい正書法、発音と語源、英文学のさまざまな時代に属する作家からの引用文でさまざまな意味を例証する定義とを、備えなくてはならない。できるだけ完全で、あまり大きすぎず、あまり高価でなく、普通に使える辞書を目指したのがこの辞書である、と意図を述べる。

この大辞典の見出し語は、『ユニバーサル詳解英語辞典』(1846) に、各種資料から得た1万9千語を加えて、10万4千語となる (序文)。

見出し語は分節され、発音区分記号とアクセントが付く。 FĀ´VQRED (fā´vurd)、FĀ´VOR-ĬTE のようになる。これは、ウスターが『アメリカ英語辞典・簡約版』(1829) で用いた方法と同じである。

正書法は、favor; theatre; centre, center; metre, meter である。

語源は「ウェブスター」と比べるならば、簡潔で、おかしなところは少ない。しかし、ところどころに問題のあるホーン・トゥックの説を採り入れている。

定義も簡潔で、要を得る。

類義語解説では、『発音・解明・類義語入り辞典』と同じものと、やや変えているものとがある。marriage の類義語解説は同じで、crime, servant は変えられている。

挿絵も、類義語同様に、該当する各項目に入れる。第1頁には、abacus にそろばんと建築用語のアバクスの絵がある。この挿絵は、その後、アメ

リカの辞書ではおなじみのものとなる。語の定義を補う挿絵の型をつくったのは、アメリカでは「ウェブスター」よりウスターの方である。イギリスでは、すでにオッグルヴィ『インピリアル辞典』(1850) が始めていた。イギリス、というよりも、スコットランドの影響である。

定義の実際を見てみる。

> ABUSE, *n.* 1. Ill use; the opposite of good use; as, "An *abuse* of a privilege."
> 「悪用；善用の反対；例、「特権の悪用」。」
> 2. A corrupt practice. "Cries out upon *abuses*." Shak.
> 「堕落した習慣。『舊來の陋習を難じ』シェイクスピア (福田恆存訳　新潮社版)」
> 3. Reproachful language; invective; unjust censure; rude reproach; contumely.
> *Milton.*
> 「非難することば；悪口；不当な非難；失礼な非難；傲慢無礼。　ミルトン［典拠］」
> 4. Seducement; violation of the person. *Sydney*
> 「誘惑；人への暴行。　シドニー」

上の定義で、語義1はジョンソン『英語辞典』では "Ill use of any thing." で、ウスターは不要の "of any thing" を省いたと思われる。語義2では、ジョンソンは "A corrupt practice, bad custom." である。語義3の "unjust censure; rude reproach; contumely" はジョンソンの語義4と同じである。ウスターの語義4は、ジョンソンの語義3で、"Seducement." だけである。この意味は、本来は例文を必要とするであろう。ジョンソンでは、

Was it not enough for him to have deceived me, and through the deceit abused me, and, after the *abuse*, forsaken me .... *Sydney*, b. ii.
「『彼は私をだまし、だまして私を誘惑し、誘惑のあとで、私を捨てて、それで十分だったのではなかったのでしょうか…』シドニー」

とあり、ジョンソンの婉曲的な定義「誘惑」も引用例と共に読めば、よくわかる。ウスターは物足りない。引用文を加えるべきであった。ところで、ノア・ウェブスター『アメリカ英語辞典』(1828) は、定義 "Seduction." に、"After the abuse he forsook me. *Sydney*"（誘惑後、彼は私を捨てた）と、引用というより、作例に近い形で、ジョンソンを利用する。しかし、ウェブスターは定義を補っていて、よくわかる。

次に、他動詞の face を見る（ウスターは、動詞を名詞と別の見出し語とし、さらに他動詞と自動詞も別見出しとする）。

> FACE, *v.a.* 1. To meet in front; to confront; to oppose with confidence. "To *face* the enemy in the field of battle."　　*Addison.*
> 「面と向かって出会う；向かい合う；自信をもって立ち向かう。『戦場で敵と対峙する』アディソン」
>
> 2. To oppose with boldness or impudence; — with *down or out*.
> Here's a *villain* that would *face* me *down*.　　*Shak.*
> 「大胆にあるいは厚顔に［…と］対する— down あるいは out と用いて。
> 「『この悪党めが私を脅しかねないのだ』シェイクスピア」
>
> 3. To stand opposite to; to stand fronting.
> Four fronts, with open gates, *facing* the different quarters of the world.　　*Pope.*
> 「［…と］向かい合っている；［…に］面している。
> 「『四面は、開いた門で、世界のさまざまな方向に向いて』ポープ」
>
> 4. To cover with an additional superficies; to invest with a covering in front.
> The fortification of Soleure is *faced* with marble.　　*Addison.*
> 「上張りで覆う；上塗りで［…を］装う。
> 「『ソルールの要塞は大理石で覆われている』アディソン」

ここでもウスターは、アディソン2例、ポープ1例をジョンソン引用文を短くして引用している。
　上の2例だけではなく、ウスター『英語辞典』は同じ書名のジョンソン『英語辞典』の濃厚な影響下にある。
　ただし、動植物の定義では、ジョンソンに戻るようなことはない。magpie で比べる。

> J. 1755 (ジョンソン『英語辞典』) A bird sometimes taught to talk.
> 　　　(話すことを教えこむこともできる鳥)
> Web. 1828 (ウェブスター『アメリカ英語辞典』) A chattering bird of the genus Corvus.
> 　　　(カラス属の鳴き声のやかましい鳥)
> Wor. 1860 (ウスター『英語辞典』) A bird of the crow tribe, having black and white feathers, sometimes taught to talk ; *Pica caudate*.
> 　　　「話すことを教えこむことも出来る、黒と白の羽を持った、カラス類の鳥；学名 Pica caudata」

　上のごとく、ウェブスターのようにウスターも生物学的にとらえる。ジョンソンの影響が強いウスターではあるが、独自の良い引用例もある。次に二、三挙げる。

> 　　Where *ignorance* is bliss.
> 'T is folly to be wise.　　*Gray.*
> 　　　「知らぬが仏であるときに、賢(さか)しいことは愚かしい。　グレイ」
> How many thousands of my poorest subjects
> Are at this hour asleep! O, *sleep*, O, gentle *sleep*,
> Nature's soft nurse, how have I frighted thee,
> That thou no more wilt weigh myne eyelids down,

And *sleep* my senses in forgetfulness?　　*Shak.*

　「ああ、いまごろは国民のすべて、いかに貧しい人間でさえが、快い眠りに落ちている時刻であろう！ああ、眠り、安らかな眠り、やさしく自然を看護ってくれる快い眠り、そのお前を、どうわしがおびえさせたというのだ！もはやこの目蓋に宿って、快い忘却に、わしの心を浸してくれることはないのか。　　シェイクスピア (中野好夫訳　筑摩書房版)」

　このヘンリーのせりふは、ジョンソン『英語辞典』にも無い。引用するウスター自身が楽しんでいるかのごとくである。
　次は『ドン・キホーテ』の翻訳からの引用である。

　Blessings on him who invented *sleep*, the mantle that covers all human thoughts.
　「眠り ― 人の考えすべてを包む外套 ― を、発見した人に祝福あれ。」

　これも味わいのある文である。
　形容詞 idle には、

　As *idle* as a painted ship
　Upon a painted ocean.　　Coleridge.
　「無為なること、絵にかいた海の上の
　　絵にかいた船のよう。　　コールリッジ (志村正雄訳)」

　と、これまた『老水夫行』(*The Rime of the Ancient Mariner*；1797 年執筆、1798 年刊) から、idle の本質を捉えた見事な引用例を挙げる。アメリカの英語辞典の編集もここまで来た。
　ウスターは 1865 年に死去する。継ぐ者もなく、ウスター『英語辞典』はこのあと一度再版されただけで、改訂されることはなかった。惜しみてもなお余りある。

しかしながら、ウェブスターの思想——アメリカの英語辞典そして国語辞典をつくろうとする、ナショナリズムに鼓舞された意欲——は、ウスターには感じられない。
　ウェブスターには後継者が現れるが、ウスターにはいない。この辺が、両者の違いと言えよう。アメリカは、政治制度においても独自なものを追及しつつあった。そして今もなお追及しつつある。英語辞典といえども、独自のものを追求べきであるという意味で、アメリカ建国の血が「ウェブスター」には流れる。
　また、ウスターの編集方針は、英語を堕落から救い、「英語の純粋さと正しさを保持し、進めることに資する」ことであった(序文)。
　ウスター『英語辞典』出版の数年前、イギリスではリチャード・トレンチが「我々の英語辞典のいくつかの欠陥について」言語学会でペーパーを読み上げ(1857年11月5日と9日)、それが同年に印刷もされていた。ウスター『英語辞典』出版の年、1860年には『我々の英語辞典のいくつかの欠陥について』の第2版も出版される。
　トレンチの主張——辞書は、英語のすべての語を収録すべきで、「その言語の明細目録である」(Trench、1860年版のリプリント使用)。編集者は、「良い」語を選ぶのではなく、「良い悪いにかかわらず、すべての語を収集し、配列する」。「編集者は、批評家ではなく、歴史家」である——これが、英米の辞書編集者の目標となりつつあった。
　これは、辞書編集の大きな前進を意味する主張であった。この主張から、1857年12月3日に「まったく新しい英語辞典」(a completely new English Dictionary)の計画を、言語学会に提出する決議が行われる。マリー編『新英語辞典』第1分冊出版(1882年)はその成果であった。
　この新しい辞書も、イギリスの国家にふさわしい英語辞典を編集すべきである、そして、ドイツのグリムの辞典に匹敵する辞書を編集すべきである、というナショナリズムから発生している面もあるが、同時に辞書編集に科学的手法を持ち込もうとするものであった。19世紀は、言語の歴史的研究の時代であって、トレンチもその土壌の中で英語の「歴史家」を主張するものであった。

第4章　ジョーゼフ・ウスター『英語辞典』(1860)　*201*

19世紀ヨーロッパの流れの中で見るならば、ウスターはジョンソンと等しく言語の批評家であるが、ウスターの批評には個性が少ない。ノア・ウェブスターがアメリカの国語辞典を主張したことに比するならば、ウスターは英米ともに受け入れられる中庸を得た辞書編集者であったと言える。確かにウスター『英語辞典』は、完成度の高い傑作ではあった。しかしながら、それは19世紀中葉に位置すべき傑作であった。

第 5 章

『アメリカ英語辞典』(1864)
―語源を一新したウェブスター大辞典―

　メリアム社は、1864 年に『アメリカ英語辞典』(非省略版) の改訂版を出版する。収録語彙約 11 万 4 千語で、ウスター『英語辞典』(1860) の 10 万 4 千語を抜く。問題のあるノア・ウェブスターの語源をほぼ全面的に書き直し、『アメリカ英語辞典』の歴史で最大の改訂となった。また、発音表示で、第 1 強勢に加えて第 2 強勢を入れたことが、地味ではあるが大きい。

　タイトル・ページには、

　　『アメリカ英語辞典』──ノア・ウェブスター著、チョーンスィ・グッドリッチ、ノア・ポーターによる全面改訂、大幅な増補と改良──

の趣旨が入る。背表紙は『ウェブスター辞典・非省略版』である。

　改訂に先立ち、メリアム社はノア・ウェブスターの娘婿グッドリッチに加えて、ノア・ポーターを編集者として選び、グッドリッチの了解を得る。1859 年の春であった。ポーターはすでに 1847 年の改訂版でグッドリッチを援けていた。グッドリッチは 1860 年に死去しているから、1864 年の改訂は実質的にポーターが編集主幹を努めたと考えて良い。

　ノア・ポーターは、コネティカット州のファーミントン・アカデミーを経て、1831 年にイエール・カレッジを卒業する。牧師として働いたあと、1847 年にイエール・カレッジの形而上学教授となる。1853 年から 54 年までベルリン大学に留学。のちにイエール・カレッジの学長を務める。

　語源の改訂は、早くも 1854 年に、ドイツのマーン (D.A.F. Mahn) と取り

決めがなされている。ということは、メリアム社もグッドリッチも、ノア・ウェブスターの語源が時代遅れ、というよりも、学問に基づかない直観的な語源であることを認識していたことを示す。しかし、商売上は、それを表に出さなかった、と考えられる。前版『アメリカ英語辞典・絵入り版』(1859) はそのような状況での出版であった。1864 年の語源改訂で、『アメリカ英語辞典』(1864) は、ヨーロッパの比較言語学をアメリカの辞書に導入することになり、同書の学問的根拠のない独断的な面が払拭された。その意味でこの版の持つ意味は大きい。辞書史では「ウェブスター・マーン版」とも呼ばれる。

『アメリカ英語辞典』(1864) は、ロイヤル四つ折り版で、前付け 72 頁、辞書本体 1,538 頁、付録 31 頁から成る。前付けには、グッドリッチによる「ノア・ウェブスターの思い出」、英語小史などがある。

付録は多い。ギリシャ語・ラテン語の固有名詞発音、英米を含む人名・地名の発音、分類挿絵、古代のアルファベットなどがある。この版はイギリスでも出版され、付録のない版もある(当然値段も違う)。

『アメリカ英語辞典』(1864) は、8 大特徴を打ち出す。

1. 語源の改訂
2. 定義の改訂
3. 引用のための古典の体系的調査
4. 収録語彙の充実
5. 科学用語・専門用語の定義の見直し
6. 挿絵
7. 発音担当者を置く
8. 正書法は 1847 年版の堅持

第 1 に挙げられている語源の改訂は英断であった。ノア・ウェブスターの、近代言語学以前の語源が変えられた。序文は、「この分野におけるウェブスター博士の勉励――10 年以上にわたり語源研究に没頭――はすばらしく、その貢献は貴重ではあるが」、近年の「比較言語学のもたらした原理と方法は、ウェブスター博士の語源の全面的改訂を必要としている」と述べる。まさにその通りであった。

ヨーロッパでは、デンマークのラスムス・ラスク (1787-1832) の先駆的研究のあと、ヤーコプ・グリムが『ドイツ語文法』(1818) でゲルマン語の文法構造を明らかにし、その第 2 版では、サンスクリット、ギリシャ語、ラテン語、ゴート語の音の対比を解明した。また、パリ大学では、サンスクリット語が教授されていて、そこで学ぶドイツ人も少なくなかった。ドイツは、比較言語学の中心であった。一方、アメリカは、この分野での遅れが著しかったのである。

　ドイツ人マーンに語源の全面的改訂が委ねられる。語源改訂を改訂版の特徴の第 1 に挙げるのも当然であった。

　カルデア語をすべての言語の元とするノア・ウェブスター説は、マーンによって否定、排除される。したがって、動詞 address の語源で、「フランス語、スペイン語、イタリア語形を挙げ、ラテン語 dirigo に由来するとされる；カルデア語、アラビア語、シリア語とも一致する」と言うウェブスター説は退けられる。マーンは、フランス語、ポルトガル語、イタリア語形を挙げ、ラテン語で終える。同様の例は枚挙にいとまがない。

　ノア・ウェブスターの語源の問題点のもう一つに、イギリスのホーン・トゥック (John Horne Tooke, 1736 - 1812) 説の重視がある。ホーン・トゥックは、すべての語は名詞か、動詞であり、接続詞・前置詞は動詞から派生したと説く。19 世紀初頭の英米で影響力があった。ウェブスターは、ホーン・トゥック説により、接続詞 if の語源は動詞 give であるとする。「サクソン語 gifan、ゴート語 giban［与える］の形態の一つサクソン語 gif からの縮約された命令形である」。また、ウェブスターの論拠は意味にも基づく。Grant ［Suppose, Admit］he shall arrive, I will send him with a message. (彼が着けば、伝言を持たせよう) と［近代英語で］言うように、Give John shall arrive....である。そして、If that John shall arrive ....であって、この if は「かつてと同様に、後に続く文あるいは命題を指す代用語・代名詞の that が if に続いて使われるべきである」［if that...は中英語では普通である］。「If thou wilt, thou cannst make me whole. はあなたが望むという事実があれば、あなたは私の病を治すことができる」というのが、ウェブスターの説である。

ウェブスターは、古英語 gif が動詞 gifan と発音・形態が近いことに加えて (古英語 gifan は［jivan］である)、同様の意味を持つ grant などの動詞の用法を無理に if と結びつける。
　マーンによって改訂された if の語源の前半では、ホーン・トゥック説を「なるほどと思わせる」と一応の同意を示すが、「他のチュートン語［ゲルマン語］に対応する語の形態と用法によっては裏付けられない。それ故、ありえないとは言えないものの、少なくとも確認できるものではない」と、穏やかに否定する。これは、ウェブスター辞典への配慮であったであろう。「他のゲルマン語との対応」こそが比較言語学のあり方であった。
　もう一つ、おかしいものを指摘したい。dad, daddy の語源である。マーンもウェールズ語、アイルランド語に遡るものとし、ノア・ウェブスターの域を出ていない。
　しかし、全体を見るならば、語源はマーンによって近代的なものとなった。
　定義の見直しもなされる。主要語は、イェール・カレッジのウィリアム・ホイットニー (William D. Whitney) と、ダニエル・ギルマン (Daniel Gilman) が担当する。ホイットニーは、1850 年から 53 年までベルリンに留学し、帰国後イェール・カレッジのサンスクリット教授となる。のちに世界的なサンスクリット学者とされた。一般言語学の分野でもソシュール『一般言語学講義』(*Cours de Linguistique Générale*) に名前が出て来る。ギルマンも、イェール卒業後、ベルリンに留学する。カリフォルニア大学学長、ジョンズ・ホプキンス大学学長をのちに務める。主要語の定義担当者は、ともに当時のアメリカを代表する知性であった。
　この版では、語義の記述にまず原義を出し、歴史的に意味の発達を記述する方針の徹底を図ろうとしている。ここに、イギリスのトレンチの影響を感じることができる。
　また、語義の区分も検討され、改められたものがある。abatement の語義が 7 に分類されていたものを 4 にまとめ、abjure (他動詞) を 4 から 2 に、ablution を 6 から 3 にするなど、語義全体を見直している。
　第 3 の特徴、引用文では、古典からの引用の充実がある。さらに、19

世紀も重視されている。I項をチェックしてみると、コールリッジ、スコット、ド・クウィンシー、テニソン、マコーレーなどの引用がある。序文には挙げられていないが、ランドー (Landor)、ワーズワースなどが複数でI項にある。しかし、全編を通して圧倒的に多いのは、依然としてシェイクスピア、ミルトン、ドライデン、ポープである。

第4の特徴の語彙の充実は、数を増やすための増加ではないとする。最初の部分を見ても、ウスター『英語辞典』(1860) にはない aad-vark, Aaron's rod, abaft (*ad.*), abaiser, abandon (*n.*), abanga などが、見出し語となる。aad-vark には挿絵もある。

I項では、internationalize, irenic (*adj.*), itemize が新たに見出し語となる。これらは、それまでの辞書にはどれにも無い。したがって、これらの『新英語辞典』(NED) の初出は、『アメリカ英語辞典』(1864)(「ウェブスター・マーン版」) である。jump-seat (可動座席つき馬車、可動座席) も NED の初出となっている。income bond (収益社債) の NED 初出年は 1889 年であるが、これも「ウェブスター・マーン版」の追い込み見出しとなっている。NED の編集協力者・編集者の見落としである。internationalize は時代を伝える新語である。

収録語彙では、アメリカニズムの充実に触れるべきであろう (アメリカニズムであるか否かはマシューズ編『アメリカニズム辞典』(1951) による)。

フランス語からの借用では次のものがある。

   bateau   caribou   gopher
   bayou   cariole, carryall   picayune
   butte   charivari   portage (*n.*)
   cache   chowder   sault
   calumet   flume   voyageur

スペイン語からの借用では次のものがある。

   adobe   filibuster   placer
   arroyo   hacienda   poncho

bonito	lariat	sierra
calaboose	lasso	sombrero
canon, canyon	mulatto	stampede
chaparral	mustang	tornado
corral	octoroon	vamoose
creole	pickanny	

　スペイン語の影響は、テキサス、南西部、西部へのアメリカ人の進出とスペイン語を話す人たちとの接触による。牧畜関係の語が目立つ。
　アメリカニズムが広く採録されるようになったのは、南西部・西部への進出に加えて、本格的なアメリカニズム集が出版されており、辞書編集者に使えるようになったこともある。バートレット『アメリカニズム辞典』が1848年に出版され、1859年には第2版が出版されていた。このアメリカニズム集を「ウェブスター・マーン版」もNEDも利用して、それぞれの収録語彙の典拠としてあげる。
　第5の特徴、科学用語・専門用語では、isobareを見ることにする。

　　(*Phys. Geo.*) A line connecting those places upon the surface of the globe where the mean height of the barometer at the level of the sea is the same.
　　([物理学、地理学] 地球の表面で、海抜点における気圧計の高さの平均が同じ場所を結ぶ線)

　この語のNEDの初出は、1864年ウェブスターである (isobarをNEDは見出し語とし、isobareを異綴りとする) NEDの編集者にも、「ウェブスター・マーン版」より古い文献は見つからなかった (この語は現在はisobarが使われている)。
　butt weld (突き合わせ溶接) は、『オックスフォード英語辞典・第2版』(OED2；1989) で、はるかに遅れて採録され、『ウェブスター新国際英語辞典』(1909) の定義を初出とするが、すでに「ウェブスター・マーン版」に記述されている。

定義も isomerism, isomorphism などでは、「ウェブスター・マーン版」は数字も使い、きわめて専門的である。

第6の特徴とする挿絵が、辞書本体に入る。分類挿絵も付録にある。ウスター『英語辞典』(1860) の挿絵は小さく、控えめであるが、「ウェブスター・マーン版」は、挿絵が目に付く大きさである。

「ウェブスター・マーン版」の挿絵は、『インピリアル辞典』の挿絵を大幅に採り入れ、その上で独自のものを加える。

phrenology (頭蓋骨相学) の図は、一見すると『インピリアル辞典』と同じである。19世紀ヨーロッパに流行した頭蓋の特徴、骨相 (bump) から性格などを判断するこの疑似科学には、頭蓋全体と部分の図解が重要である。しかし、よく見ると、正面を向いた頭蓋の頂点は、『インピリアル辞典』では部位番号が13で Benevolence (博愛) であり、「ウェブスター・マーン版」では 14 Veneration (尊敬) である (しかし、『ウェブスター国際英語辞典』(1890) では頂点は13になり、『インピリアル辞典』と同じになる)。さらに真上からのものが加わり、4図である。それぞれの部位 (1～35) の名称が与えられている。『インピリアル辞典』では、正面、真横、後の3図である。問題は、この疑似科学にそれだけのスペースを取ることが妥当かどうかの判断である。メリアム社は、「ウェブスター・マーン版」を修正した『ウェブスター国際英語辞典』(1890) のイラストを1934年の『ウェブスター新国際英語辞典・第2版』まで使う (『ウェブスター新国際英語辞典・第3版』では「頭蓋骨相学」に全くイラストを用いない)。

skeleton では、人体に加えて、魚、象の骨格図が加わる。column では、3分の2欄ほどを図に使う。geology では、第2欄 (約6cm) を拡大して (約8.9cm)、ほぼ1欄を占める図と表がある。

anamorphosis (歪像描法) では、『インピリアル辞典』の優れた図に対して「ウェブスター・マーン版」は、いかにもちゃちである。全体的に見ると、挿絵は「ウェブスター・マーン版」のほうが劣る。

phrenology (頭蓋骨相学)、sail (帆) などの挿絵で、部位や種類を示し、その名称を与えるやり方は、『インピリアル辞典』に始まる。しかし、beef の図解に部位を示し、名称を与えるのは、「ウェブスター・マーン版」に

始まる。サーロインがどの部分の肉であるかを図示することは、部分と全体の関係を明らかにし、極めて有効である。この方式は、アメリカの辞書では「ウェブスター・マーン版」が伝統を作る。ウスターではない。この図示方式は日本の国語辞典にも及び、現在では『広辞苑』、『大辞林』なども使う。

挿絵で目を引くのは、見出し語 iron-clad (装甲艦) である。「ウェブスター・マーン版」は南北戦争 (1861 - 65) 中の出版にもかかわらず、New Ironsides (「新甲鉄艦」) と Monitor (モニター号) の挿絵が入る。南軍のメリマック号と北軍のモニター号が5時間にわたる「装甲艦の戦い」を演じたのは、1962年3月9日であった。その「モニター号」が1864年の辞書に登場している。この「モニター号」から普通名詞の「モニター艦」が生まれる。

付録の分類挿絵では、蒸気機関は細密な絵で目を楽しませる。

アメリカの大辞典、中辞典には、ウスター『英語辞典』、『アメリカ英語辞典』(「ウェブスター・マーン版」) 以後、辞書本体の挿絵が不可欠となる。

その後、挿絵だけではなく、カラー別刷りで、世界の国旗、国家の紋章、合衆国紋章が加わる。このカラー別刷りは、1961年の『ウェブスター新国際英語辞典・第3版』にも継続している。メリアム社は商売もうまい。

発音では、第2強勢が入ったことを特筆すべきであろう。geʹologʹical, lifeʹ-weaʹry のようになる。

『アメリカ英語辞典』(1864年改訂「ウェブスター・マーン版」) は、見出し語も補強され、発音に第2強勢を入れ、語源をほぼ一新し、説明的挿絵を加えた。「ウェブスター大辞典」の再生と言ってよい。メリアム社は、ここに『ウェブスター新国際英語辞典第2版』(1934) まで続く型を作った。その意味で、この「ウェブスター・マーン版」の持つ意味は大きい。ウスターとの「辞書戦争」も「ウェブスター」に軍配が上がる。

NED の基礎を築いたジェイムズ・マリーが、出版社から編集の依頼を受けた条件は、「「分量においてウェブスターに匹敵し、質において可能な限り優った」ものというのであった。これは手ごわい課題であった。何故

なら、1828 年に出版されたウェブスターの初版はその後大幅に改訂増補されており、1864 年の最新版「大辞典」は海外でも名声を博していたからである。同辞典は米英だけでなく極東においても、他のいかなる辞典よりも優れており、語義に関しては第一流の権威と目されていた」と、マリーの孫は正当な評価をする (K. M. Elisabeth Murray 1977；加藤訳 1980：148-9)。

　その後も「ウェブスター・マーン版」は、フランクリン・デクスターにより補遺 (約 4,500 語) を追加した版が、1879 年に出版される。1882 年には、歴史学者ホレース・スカダーのアメリカの歴史を加えて、予約を募った版が出版される。さらに、1884 年には、新語を補遺に、そして地名も増した版が出版された。また、それ以前の 1879 年に「ウェブスター・マーン版」の改訂の仕事が本格的に始まっており、1890 年には『ウェブスター国際英語辞典』となる。

Ⅲ 19世紀末から20世紀前半の大辞典
―アメリカの英語辞典・第3期―

概　　説

　1880年代から1890年代にかけて、英語辞典は新しい時代を迎えた。新しさを象徴するのが1884年に第1分冊 (A-Ant) を出した『歴史的原理に基づく新英語辞典』(*A New English Dictionary on Historical Principles*) である。膨大な資料を基に、可能なかぎりもっとも古い用例から編集当時までの英語の語彙を載せる画期的な辞書であった。ドイツの言語学、グリムのドイツ語辞典に触発され、それをイギリス独自の形で粘り強くつくりあげていく。その徹底さの故に、最初の分冊から完成までに約45年を要する。21世紀に至るまでこれを超える学問的な英語辞典は存在しない。

　この『新英語辞典』は、1857年にイギリスの言語学会 (Philological Society) において行なわれたトレンチ (Richard Chenevix Trench) の論文発表「我々の英語辞典のいくつかの欠陥について」("On Some Deficiencies in our English Dictionaries") に端を発する。この論文は発表と同年の1857年に出版され、1860年には第2版が出る。

　トレンチは、次のように述べる。

　　理論的に支持することができるとわたしには思われる理念にしたがえば、辞書は言語の明細目録である…。辞書編集者がひきうける任務は、善い語にせよ悪い語にせよ、また善い語と判断されるにせよ、そうでないにせよ、すべての語を集めてこれを配列することである。(林哲郎 1968: 285-6)

　このすぐあとで、辞書編集者は、言語の「歴史家」であって、「批評家」ではない、とトレンチは断言する。

ことばの選択は、辞書編集者の主観とは関係ない。言語を標準化することが辞書の機能のように思っている人が多いが、そんなことは決してない。辞書編集者は明細目録を作るのが仕事である。辞書は歴史の記念碑であって、ひとつの観点から見られた一国民の歴史である。これがトレンチの言う辞書のあるべき姿であった。そして、この理念で作られたのがマリー他編『新英語辞典』である。

　トレンチの辞書編集のあり方は、パッソウ (Franz Passow) が提唱し、リデル＆スコットのギリシャ語辞典 (A Greek-English Lexicon, 1843) で実践された、語の歴史的記述であった。イギリス言語学会は、トレンチの説に基づき、新しい方針による辞書編集を決議する。長い準備期間を経て、1884年に第1分冊が出版された。

　しかしながら、スコットランドには別の動きがあった。トレンチとも、ジョンソンの文学的に「良い」語のみを選び、「正しい」定義を与える辞書とも違い、日常語、科学技術用語を重視する方向である。

　ノア・ウェブスターの影響を受けたスコットランドの辞書編集者ジョン・オゥグルヴィ (John Ogilvie) は、科学技術用語を重視し、ノア・ウェブスターの第2版 (1841年刊) の増補版とも言えるほど「ウェブスター」を利用し、その上で、百科事典的説明を加えた『インピリアル辞典』(1847-50) を出版していた。横17.2センチ、縦26.4センチの2冊本 (1856年刷り使用) で、当時としては大部なものである。

　スコットランドでは百科辞典が発達していた。1728年に出版されたイーフレイム・チェインバーズ (Ephraim Chambers) の『百科辞典』(Cyclopædia; or, an Universal Dictionary of Art and Sciences) と共に、百科辞典の歴史に残る『ブリタニカ』(Encyclopædia Britannica) も、1768年から1771年にかけて、100分冊でエディンバラで出版されていた。『ブリタニカ』第2版10巻本 (1778-1783) は伝記、歴史を大幅に入れて評判の良いものであった。

　オゥグルヴィはスコットランドの出版社 (Blackie and Son) から、1838年にノア・ウェブスターの『アメリカ英語辞典』(1828) の大衆向け要約版の依頼を受けるが、実際に仕事を始めてみて、要約よりは増補版が必要であることを悟り、出版社もそれを認める。大英帝国にふさわしい辞書『イン

ピリアル辞典』の編集となる。彼は主としてノア・ウェブスター『アメリカ英語辞典』(第2版；1841) を利用した。当時はまだアメリカの書籍はイギリスでの版権はなかった。

　オゥグルヴィの『インピリアル辞典』は、技術・科学用語の百科辞典的記述に加えて、おそらくは百科辞典からヒントを得たと思える図版をことばの辞書へ導入した。技術・科学部門の不足と、説明的な図版の欠如を『アメリカ英語辞典』の欠点である、とオゥグルヴィは見なした。科学・技術用語を重視し、挿絵を入れる大衆向けの辞書の一つの型がここにできる(『インピリアル辞典』にはアクセント記号はあるものの、見出し語がどのように発音されるかの記載がなく、この点でことばの辞書としては物足りない)。すでに触れたように、『アメリカ英語辞典・絵入り版』(1859) の挿絵は『インピリアル辞典』の模倣である。

　辞書本体への挿絵の導入は、ウスター『英語辞典』(1860) に続いて1864年の『アメリカ英語辞典』(「ウェブスター・マーン版」) でも行なわれ、これがアメリカの大辞典の伝統となる。その意味でスコットランドの大衆辞典がアメリカに影響を与えたと言える。

　オゥグルヴィの死後、1843年スコットランド生まれのチャールズ・アナンデール (Charles Annandale) が『インピリアル辞典』を改訂して、4巻本の『新版』(*New Edition*, 1882-3) を出版する。これもさらにアメリカの辞書に影響を与える。

　評判の良い『インピリアル辞典・新版』の翻刻版を、ニューヨークのセンチュリー社が出版する。さらに、それを基にセンチュリー社はアメリカ版を企画する。監修者に人を得て、この辞書は『インピリアル辞典・新版』をはるかにしのぐ、極めてすぐれた『センチュリー辞典』(*The Century Dictionary*, 1889-91)、全6巻の大辞典となる。この辞書は『インピリアル辞典・新版』とは異なり、詳細な語源、優れた定義・類義語解説、適切な引用文で、学問的にも優れている。英語辞典の傑作の一つである。

　『インピリアル辞典』の影響は『センチュリー辞典』にとどまらない。続いて百科事典的性格の強い大衆的な辞書『スタンダード英語辞典』(*A Standard Dictionary of the English Language*, 1893-4) 全2巻が出版される。『イン

ピリアル辞典』より高度の内容を、明解に説明する。図版も多い。baseballの項に野球用語を載せるなどで、『インピリアル辞典』とは異なる独自の辞書作りをしている。『スタンダード英語辞典』のアメリカ的な性格の顕著な点として、もっとも頻度の多い語義を最初に載せ、効率よく辞書を使えるようにしたことが挙げられる。

　一方、メリアム社は、すでに声価の確立した「ウェブスター・マーン版」を、さらに収録語数を増やし、書名も新たに『ウェブスター国際英語辞典』(Webster's International Dictionary) とした版を1890年に出版する。

　アメリカには「ウェブスター」、『センチュリー辞典』、『スタンダード英語辞典』と大辞典が揃う。これらの辞書は、イギリスの歴史的原理に基づく『新英語辞典』への、アメリカ文化の回答とも言える。政治で独自の体制を追求し続けるアメリカは、文化においても歴史主義を採らず、現代重視の道を追求する。

　『センチュリー辞典』の語源は詳細で、ヨーロッパの歴史主義を最大限に採り入れたすばらしいものではあるが、同時に科学・技術用語を重視する点で極めてアメリカ的である。そして、その『センチュリー辞典』も1911年の改訂増補版 (辞書部10巻) のあとは、惜しまれながら消えてゆくことになる。詳細な百科事項は、全面改訂に費やされると思われる時間と費用に値しないとされたためであろうが、詳細な語源もまたアメリカ文化あるいはアメリカの大衆には馴染めなかったであろう。

　『ウェブスター国際英語辞典』(1890) は、「アメリカの辞書」から「世界の辞書」へと理念を変える。これが、アメリカの世界への進出とうまく合った。と言うよりも、アメリカ人の世界進出の流れから生まれた版と言って良いであろう。1890年版は、いまだ理念に終わっている感を拭えないが、1909年の『ウェブスター新国際英語辞典』はまさにその実践と言えるものである。

　1934年の『ウェブスター新国際英語辞典・第2版』は、アメリカの英語辞典編集第3期が頂点に達したことを示し、ウェブスターの名声も最高と言えるものとなる。愛好者はアメリカに限らなかった。

第1章

『インピリアル辞典』(1883)
―アメリカでの翻刻版―

　1847年から分冊で始まり、1850年に完本がロンドンで出版されたオゥグルヴィ『インピリアル英語辞典』は、『アメリカ英語辞典』初版、1841年第2版を基に、科学・技術用語、挿絵を加えた実用的で大衆的な辞書であった。語源、定義は、臆面もなくウェブスターを借用し、その上で実用的で大衆的な解説を付け加え、挿絵を入れた (イギリスの知識人がこの辞書を評価しないのは、ウェブスターの焼き直しと考えるからであろう)。

　オゥグルヴィはスコットランド北東部バンフシャー、マーノッホで1797年に生まれ、1831年から1859年までアバディーンの学校 (Gordon's Hospital) で数学の教師を務めた。1867年にアバディーンで死去。

　オゥグルヴィの死後、チャールズ・アナンデールがオゥグルヴィ自身による補遺を加わえた『インピリアル辞典』(1855) を改訂増補して、『インピリアル辞典』の新版を1882-83年に初版と同じ出版社から出版する。四つ折り版で全4巻であった。

　その新版をニューヨークのセンチュリー社 (The Century Co.) が、翻刻版として1883年に出版する。アメリカ版には、「イギリスで英語の標準的典拠として一般に受け入れられている辞書を、比較参照のために所有したいと望むアメリカの学徒が多いとの信念のもとに、変更・改訂なしに、この重要な書物をアメリカの大衆に提供する」とあり、イギリスの原版と同じであることがわかる。横8.5センチ、縦27.2センチの版で、Ⅰ.A‒Depascent, Ⅱ. Depasture‒K, Ⅲ. L‒Screak, Ⅳ. Scream‒Zの四巻から成る。

　新版の序文は、編者アナンデールによるものと推測できる。チャールズ・アナンデール (1843-1915) はスコットランド東部のキンカーディン・

シャーに生まれる。アバディーン大学を卒業した。

序文によると、収録する語は1550年以後のものを主とする。だだし、チョーサーの語彙は入れる。廃語、古語で見出し語を膨らますことはしていない、と言う。オゥグルヴィ自身が補遺を加えた版 (1855) に、少なくとも3万語を加え、約13万の見出しとなる。1883年の時点でもっとも見出し語が多い英語辞典である。

例証となる引用文を多くする。語の意味を示し、その語の現れる文法構造を例証する引用はもっとも価値のあるもので、現代の詩人、小説家、歴史家、随筆家、批評家から何千もの引用例を加えた、とする。

さらに、序文は主張する:―人文科学・自然科学、神学、哲学、法律、政治、風俗習慣に関する極めて多くの語は、ただ簡単な定義だけでははっきりした記述にはならない。百科辞典と結びつける必要がある。horse という語を、ドクター・ジョンソンのように、'a neighing quadruped used in war, and draught, and carriage.' (戦争、運搬、馬車に使われる、いななく四足獣) とするだけでは、誰の知識にもほとんどプラスするところはない。馬に関する説明に、品種や crest (首筋)、withers (鬐甲(きこう))、pastern (繋(けい)) を説明する図版を加えるべきである。

このような観点から、アナンデールは非常に多くの語に図版を入れて、定義を補っている。4,000の図版があるとする。旧版の図版の半分ほどは差し替えている。

序文で、語彙の包括性は目標とはしているが、一つの辞書で人文科学・自然科学のすべての語を含むことはできない、とする。しかしながら、実際には各分野の専門用語を収録していて、一般読者があまり目にしないレベルの語までを含む。動植物には学名をも加える。

語源はこの25年ないし30年の比較言語学の進歩にしたがって全面的に改訂した、とする。

このような特徴に、さらに、ギリシャ語・ラテン語、聖書の固有名詞、現代の地名などの付録を加え、四つ折り版で、全4巻約3千頁の大部な辞書である。この辞書の英語辞典編纂史上の最大の貢献は、人文科学・自然科学の専門用語、技術用語を最大限に収録したことにある。

A 項の am から ampac までの範囲で『インピリアル辞典』の見出し語を、先行する『アメリカ英語辞典』(「ウェブスター・マーン版」); W.1864)、この辞書以後に出版される『新英語辞典』(NED)、『センチュリー辞典』(*Cent. Dict.* とする)、『ウェブスター国際英語辞典』(1890; W.1890)、さらには 20 世紀を代表する『ウェブスター新国際英語辞典・第 3 版』(1961; W3)、『オックスフォード英語辞典第 2 版』(OED2) と比べてみよう (見出し語の最初の文字を大文字とするのは『インピリアル辞典』による。amende honorable は同辞典で追い込みである)。

『インピリアル』(1883)	W.1864	NED	Cent. Dict.	W.1890	W3	OED2
Ama ［a kind of vessel］	×	×	○	×	○	×
Amaranthaceae	×	×	○	×	○	×
Amaranthus	○	×	○	○	○	×
Amarylidaceae	×	×	○	×	○	×
Amassette	○	×	○	○	○	×
Ambages	○	○	○	○	○	○
Ambarie	×	×	△	×	△	△
Amende honorable	○	○	○	○	○	○
A Mensa et Thoro	○	×	○	○	○	○
Amentia	×	×	○	○	○	○
Amharic	○	×	○	○	○	○
Amia	○	×	○	○	○	×
Amicus Curiae	○	×	○	×	○	○
Ammiral	○	○	○	○	×	○
Ammocoetes	×	×	○	×	○	×
Ammophila	×	×	○	×	○	×
Amontillado	○	×	○	○	○	○

　ambarie の△印は、ambari で 3 辞典の見出し語になっていることを示す。
　この表を見て気づくことは『インピリアル辞典』(1883) と W3 (『ウェブスター新国際英語辞典・第 3 版』) が収録語彙において極めて近いことである。

ammiral は、『インピリアル辞典』その他が廃語としているものである(『ウェブスター新国際英語辞典・第3版は、原則として、1755年以降の語を見出し語とする)。『センチュリー辞典』は『インピリアル辞典』を基にしているので、当然、語彙の採録はほぼ同じである。

　NED の編集者と OED2 版の編集者では若干の違いがあるように思える。少なくとも NED の A 項の編集者ジェームズ・マリーは a mensa et thoro, amicus curiae, amontillado を学問的な英語辞典に不必要とした。OED2 版の編集者は、これらを英語語彙の記述に必要と考えている。

　基本語彙で、『インピリアル辞典』(1883) の定義を見る。ウェブスターの『アメリカ英語辞典・第 2 版』(1841) (以下、W.1841 とする) を基にしていることを考慮して、W.1841 とも対比しながら、検討する。

　as では、次の項が「ウェブスター・マーン版」にはなく、『インピリアル辞典』(1883) にある。これらは『アメリカ英語辞典・第2版』にも記述されていない。

　　　(a) as...as が形容詞、副詞を伴い、同じ程度を表す。
　　　　例　Jack is *as* good *as* his master;
　　　　　　I accompanied him *as* far *as* the church;
　　　　　　He has *as* many *as* you.
　　　　詩と修辞的散文では最初の as が省略されることがある。
　　　　　　Thou good old man benevolent *as* wise.　*Pope.*
　　　(b) although, however, notwithstanding ［の意味］。
　　　　　　For *as* mighty *as* he is , I dread him not.
　　　(c) as well as 「...と同様に」
　　　　　　He *as well as* she was there.

　意外なことに、同等比較がノア・ウェブスター『アメリカ英語辞典』初版以来、「ウェブスター・マーン版」にも無い。

　as mighty as he is の語法は、アメリカ英語に顕著な用法である。『インピリアル辞典』(1883) にはイギリスではより普通な mighty as he is の用法もほ

しかった。

　比較すると、「ウェブスター・マーン版」より、『インピリアル辞典』(1883) の方が as では勝る。

　前置詞 above では、「ウェブスター・マーン版」は、W.1841 の 8 区分された語義を 4 にまとめているが、『インピリアル辞典』も語義を 4 区分する。「ウェブスター・マーン版」を参照したことを窺わせる。ただし、"things above comprehension" に類する句例はない。

　ask では、『アメリカ英語辞典・第 2 版』にあった 'ask + 人 + to do' を「ウェブスター・マーン版」が省いてしまったのに対して、『インピリアル辞典』は、

　　　6. To invite ; as,... *Ask* my friends to step into the house.

と、ask の基本的な用法を省いてはいない。さらに、『インピリアル辞典』は ask が二重目的語をとることを明示し、"*Ask him* the *time.*" に加えて、"to *ask a person how he is*" の作例を添えて、従属節をとることにも触れる。

　内容語では『インピリアル辞典』(1883) の特徴がいっそう顕著である。

　horse は、馬の絵に体の部位の名称を添える点では、「ウェブスター・マーン版」も『インピリアル辞典』(1883) も同じであるが、「ウェブスター・マーン」が生物的特徴にとどまるのに対して、後者は馬の原産地、アメリカ大陸の馬、用途、種などに触れる。読む記事といった感じを与える。

　English でも 1 欄を使って英語の歴史を扱う。エリザベス朝の男の服装として我々の知る doublet は、4 つの絵とともに、14 世紀にフランスからイングランドにもたらされ、チャールズ 2 世の時代まで男も女も、そしてあらゆる階級の人によって着られたことを知ることができる。便利な辞書である。

　専門用語では、『インピリアル辞典』(1883) 補遺の見出し語となっている aphasia「失語 (症)」に典型を見る。NED、『ウェブスター国際英語辞典』と比べる。

NED (1884) Path. Loss of the faculty of speech, as a result of cerebral affection.

「【病理学】脳の疾患の結果による話す能力の喪失」

Imp. Dict. In *pathol*. A symptom of certain morbid conditions of the nervous system, in which the patient loses the power of expressing ideas by means of words, or loses the appropriate use of words, the vocal organs the while remaining intact and the intelligence sound. There is sometimes an entire loss of words as connected with ideas, and sometimes only the loss of a few. In one form of the disease, called aphemia, the patient can think and write, but cannot speak; in another, called *agraphia*, he can think and speak, but cannot express his ideas in writing. In a great majority of cases where post-mortem examinations have been made, morbid changes have been found in the left frontal convolution of the brain.

「【病理学】発声器官が損なわれていなく、知能も正常でありながら、患者が語によって考えを表現する力を失う、神経系統の病的な症状。考えと結びつく語の完全な喪失もあるし、少数の語のみの喪失もある。中枢性失語症と呼ばれるこの病気の一つの種類では、患者は考え書くことはできるが、話すことはできない。失書症と呼ばれる別の種類の場合には、考え話すことはできるが、書いて考えを表現することはできない。死後調査の大部分の場合、左前脳回に病的な変化が見られる。」

W. 1890 (*Med.*) Loss of the power of speech, or of the appropriate use of words, the vocal organs remaining intact, and the intelligence being preserved. It is dependent on injury or disease of the brain.

「【医学】発声器官は損なわれることなく、知能も保持されながら、話す能力の、あるいは語の適切な用法の喪失。脳の外傷あるいは病気による。」

NEDでは最小限のことばで定義をしている。『インピリアル辞典』が素人にはもっともわかりやすかったであろう。約百年後の『新ショーター・オックスフォード英語辞典』(*The New Shorter Oxford English Dictionary*,

1993；NSOED) の定義では "Loss or impairment of the faculty of speech or of understanding of language (or both), due to cerebral disease or damage." とあり、「(言語) 障害」が挿入され、『ウェブスター国際英語辞典』(1890) に近い。NSOED の定義ぐらいが、ことばの辞書としては妥当なところであろう。『ウェブスター国際英語辞典』は "It's..." を別の文としているところに、現在から見れば定義としてはやや問題がある。

『インピリアル辞典』は、脳の前頭葉左に起こることも述べ、読者にほぼ失語症を理解できた気持ちにさせる。ここに『インピリアル辞典』の特徴がある。しかし、百科事典を持つ人に、上の説明が必要だろうか。また、ことばの辞書にこのような説明まで必要であろうか。意見の分かれるところであろう。

さらに、ざっと目を通していて気づいたことに触れたい。

一つは、Darwinism, natural selection が記述されていることである。ダーウィンが『種の起源』を著すのは 1859 年である。『インンピリアル辞典』(1883) は、Darwinism, natural selection を採り入れたおそらく最初の一般用辞書であろう。natural selection にはダーウィンの文章が 9 行にわたって引用されている。その中には、"the survival of the Fittest" (適者生存) を含む。ここにも『インピリアル辞典』の特徴がよく現われている。

もう一つは、agaricus (アガリクス) である。『インピリアル辞典』は絵入りで、記述する。NED はこれを見出し語としない。おそらくは、agaricus は学名であるとしたのであろう (OED2 版も見出し語とはしていない)。しかし、『センチュリー英語辞典』は見出し語としている。

定義は、英語の骨格を成す語においてオッグルヴィに手を入れたと序文は言う。しかし、『インピリアル辞典』(初版) は、大部分においてノア・ウェブスターの定義を使っていたから、定義の一部にウェブスターの語句が生きていることもある。aquire の定義を見る。

> To get or obtain, the object being something which is more or less permanent, or which becomes vested or inherent in the subject; as, to acquire a title, estate, learning, habits, skill, dominion, &c.; to *aquire* a stammer,; sugar acquires a

brown colour by being burned. A mere temporary possession is not expressed by *acquire*, but by *obtain, procure*, &c.; as, to *obtain* (not *acquire*) a book on loan.

「程度の差はあるが、永続的なあるいは主語に固有のものとなる目的語を、得る、手に入れる。例、称号、財産、学問、習慣、技術、統治権など得る［獲得する］；どもりになる；砂糖は火で焦がすと茶色になる。単に一時的な所有は、acquire によってではなく obtain, procure によって表わされる。例．借り入れて本を (acquire ではなく) obtain する。」

この優れた定義と語法は、『アメリカ英語辞典』(1828) と趣旨は同じで、語句も近い。違いは、ノア・ウェブスターが "To obtain, by any means" としているところを、『インピリアル辞典』が "To get or obtain," とし、"in a degree" を "more or less"、"possessor" を "subject" とし、to *acquire* a stammar を追加し、ノア・ウェブスターの "Plants acqires a green color from the rays." を "sugar *acuires* a brown colour by being burned." に変えただけである。「単なる一時的な所有」以下では、ノア・ウェブスターの by *gain, obtain*...の gain を省いているだけである。それに加え、引用例文 (Blackstone のもの) も同一である。綴り字では『インピリアル辞典』は colour である。

ノア・ウェブスターの acquirement も同様に優れているが、これも『インピリアル辞典』はほとんど同じである。特に、natural gifts との対比、endowment との違いなど 9 行にわたって同一である (ノア・ウェブスターがそれだけ優れていたとも言える——特にジョンソンの定義と比較すると)。

『インピリアル辞典』の引用例は、マコーレー、テニソン、ディケンズ、サッカレー、スコットなどがあり、これも特徴の一つとなっている。

引用例文でも『アメリカ英語辞典』(1828) と同一のものもあり、次の acorn はその一例である。

The first settlers of Boston were reduced to the necessity of feeding on clams, muscles, ground-nuts, and acorns.　　*B. Trumbull*

「ボストンの最初の入植者たちは、余儀なくハマグリ、イガイ、アメリカホドイモ、ドングリを食べる必要に迫られた。　B.トランブル」

ノア・ウェブスターは、アメリカの作家からの引用を誇りとしたので、それが19世紀後半のイギリスの辞書にも残ることを知ったならば喜んだであろう。

語源は、全面的に書き換えられている。オゥグルヴィはノア・ウェブスターに従い、それだけではなく、おかしな語源を褒め上げていた。19世紀後半になり、アナンデールは賢明な処置をした。

挿絵にも触れたい。オゥグルヴィ『インピリアル辞典』(1850) は、ベイリー以後途絶えていた挿絵を辞書に持ち込んだ。動植物が圧倒的に多いが、建築、衣装 (doublet など)、器具などに及ぶ。これらの挿絵も、この辞書を基にして編集された『センチュリー辞典』の資料となっている。全く同一の図が acalephæ, accidental point などで使われている。挿絵では定評ある『センチュリー辞典』より、aqueduct のようにアナンデール編『インピリアル辞典』の方が優れているものもある。『センチュリー辞典』にない alcove (部屋の一部を引っ込めた空間) は、定義では伝えにくいところを、なるほどと思えるイラストを使っている。

アナンデール編『インピリアル辞典』にも、『アメリカ英語辞典』の影響を感じさせるものがないわけではあるが、アナンデールによって独自の辞書に変った。百科事典的要素において、メリアム社「ウェブスター大辞典」をも脅かすものを持つ。新しいタイプの大衆的な英語辞書であって、この翻刻版はアメリカの19世紀末の大辞書に大きな影響力を持つ。20世紀には、「ウェブスター大辞典」もこの流れを無視できなくなる。

第 2 章

『センチュリー辞典』(1889-91)
―19世紀を代表する英語辞典―

　1889年から1891年にかけてアメリカで新しい大辞典が出版される。『インピリアル辞典』のアメリカ版を出していたセンチュリー社からの、ウィリアム・ホイットニー (William Dwight Whitney) を監修者とした大辞典である。横24.2センチ、縦32.5センチの大型で全6巻の大部なもので、書名に特徴が良く出ている。百科事典的説明の多い辞書である。

　書名は、『センチュリー辞典――英語百科辞典』(The Century Dictionary, An Encyclopedic Lexicon of the English Language) で、

　　　Ⅰ　A – CONO (1889年刊)　　Ⅳ　M – P (1890年)
　　　Ⅱ　CONO – FZ (1889年)　　Ⅴ　Q – STRO (1891年)
　　　Ⅲ　G – L (1889年)　　　　　Ⅵ　STRU – Z (1891年)

から成る (初刷り使用)。

　『インピリアル辞典』(1883) をアメリカ人に合わせて作り変えるという、センチュリー社社長の1882年の提案から編集は始まる (序文)。

　監修者ホイットニーは、マサチューセッツ州ノーザンプトンに1827年に生まれ、1845年にウィリアム・カレッジを卒業、その後イェールでサンスクリット語を学び、1850年から53年までドイツへ留学、ボップ (F.Bopp)、ヴェーバー (A. Weber) などに師事する。1854年にイェールのサンスクリット語教授となる。『言語と言語研究』(Language and the Study of Language, 1868) は広く知られ、『サンスクリット文法』(Sanskrit Grammar, 1879) は名著とされる。ソシュール『一般言語学講義』(Ferdinand de Saussure, Cours de linguistique générale) で、ホイットニーの名を知る人も少なくない。彼はまた『アメリカ英語辞典』1864年版 (「ウェブスター・マーン版」) の語

義改訂を担当した一人である。19世紀アメリカ最高の言語学者であった。ドイツで言語学を学んだ監修者の下に、『センチュリー辞典』は語源に力を入れる。

例えば、名詞 cook では、ME (中英語) 形 cook, coke, cok, coc をまず挙げ、AS. (古英語) 形 cōc に遡り、OS. kok, D.kok, OHG. choh, MHG. G. koch, Dan. kok, Sw. kock, It. cuoco < L.coquus, cocus, early L. coquos, (a cook), < coquere (cook) とし、動詞 cook を参照させる。

動詞 cook でも、中英語形を挙げ (古英語 gecōcnian も参照とし)、オランダ語、ドイツ語 (古高ドイツ語、中高ドイツ語を含む)、デンマーク語、スウェーデン語、フランス語、ポルトガル語、スペイン語を併記し、ラテン語、ギリシャ語に遡る。さらには、サンスクリットの pach まで進める。一方、NED は、名詞、動詞ともにゲルマン語でとまる。

『センチュリー辞典』の語源は NED の語源をしばしば超える。監修者に人を得た結果である。これを超える語源の記述は、アメリカでは現在に至るまでない (ノア・ウェブスターの恣意的、思弁的語源はかなりのスペースを占めてはいたが...)。

『センチュリー辞典』の序文で特に述べられているのは、次の3点である。

1. あらゆる文学的、実用的な用途に役立つ、英語の一般辞典であること。
2. 今まで試みられた、いかなるものより完全で、さまざまな科学、芸術、商業、専門職の専門語の収集。
3. 図解入りで、一般人の参考に便利な本となる百科事項を、本来の定義に加えること。

この方針により、約20万語が定義された (序文)。これは、『センチュリー辞典』の基となった『インピリアル辞典』(1883) の約13万語より7万語多い。1891年の時点で最大の英語辞典となった。

「包括的辞書の第一の義務は収集であって、選択ではない」とし、採り入れないで間違えるより、採り入れて間違える方がましである、という編集方針であった (ここにトレンチの影響を見ることができる)。

時代的には、「古フランス語とアングロ・サクソン語［古英語］の混じりあった時代から現代まで」を含み、地域的には方言を含む。

収録する語彙の時代を広げた結果は、従来の辞書よりも廃語、特にチョーサーの語彙を含むことになる。中英語はそれ自体大変興味があるばかりでなく、生きたことばと語源その他で密接な関係があるから、とする。

口語表現、スラング、隠語には制限を加えはするが、口語表現とスラングですら、英語のありのままの全体像を描こうと望む辞書編集者は、それらに注意しなくてはならない、と(従来の辞書よりも)積極的な姿勢を示す。

アメリカニズムもアメリカの辞書に期待される扱いをする。

辞書の心臓部である定義を見ると、現代的な定義と言って良いものになっている。face を例に取り、ジョンソン以後の定義をごく簡単に見てみる。 *J.* 1755 はジョンソン『英語辞典』、W 1828 はウェブスター『アメリカ英語辞典』(1828)、*W.* 1864 は『アメリカ英語辞典』(ウェブスター・マーン版；1864)、*Cent. Dict.* は『センチュリー辞典』(1889-91) を示す。

J. 1755　1. The visage.

「顔［visage は類義語］」

W. 1828　3.The surface of the fore part of an animal's head, particularly of the human head; the visage.

「動物、特に人間の頭の前面の表面；visage［類義語］」

W. 1864　5.That part of an animal, especially of a human being, in which are the principal organs of sense, as the eyes, the nose, the mouth; visage; countnance.

「動物、特に人間の、目・鼻・口のような主要な感覚器官のある部分；visage; countenance［類義語］」

Cent. Dict. 1. The front part of the human head, and by extension of the head of any animal, made up of the forehead, eyes, nose, mouth, cheeks, and chin; the visage; the countenance.

「額・目・鼻・口・頬・顎からなる人間の頭と、意味の拡大により動物の頭の、前面；visage; the countenance［類義語］」

ジョンソンは言い換えであって、定義とはいえない。ノア・ウェブスター (W. 1828) は、分析的で head の一部であるとしたところに、前進が見られる。「ウェブスター・マーン版」(W. 1864) は、目・鼻・口などの構成要素を挙げている点で、これも前進である。しかし、感覚器官に限定したところに、まだ足りないところがある。『センチュリー辞典』で、現代の定義と言えるものになった。「ウェブスター・マーン版」の基本語の語義改訂は、『センチュリー辞典』の監修者ホイットニーとギルマンが担当した。ギルマンは、状況から判断すると、理系の語彙を扱ったように思える。「ウェブスター・マーン版」と『センチュリー辞典』の定義の近さは、『センチュリー辞典』が主として『アメリカ英語辞典・第2版』(1841) を採り入れた『インピリアル辞典』(1850) を利用していることに加えて、ホイットニーが両者に関わっていることによるのではないかと思える。

NED の F–Fang は 1894 年に完成しているが、「額から顎までの、頭の前の部分」(The front part of the head, from the forehead to the chin; the visage, counten-ance.) としている。これはこれで充分ではあるが、もう少し補足を加えても良い。

『センチュリー辞典』には、三つある引用例文の第一に次のものがある。

Henry played with Lewis the Heir of France at Chess, and winning much Money of him, Lewis grew so cholerick (sic), that he threw the Chess-men at Henry's *Face*.

Baker, Chronicles, p.30.

(ヘンリーは、フランスの王位継承者ルイスとチェスをして、彼から大金を得ると、ルイスは怒ってヘンリーの顔にチェス駒のいくつかを投げつけた。―[リチャード] ベイカー [1568-1645]、『[イギリス王] 年代記』[1641]、30頁)

読んで楽しい引用例である。引用文に、作品名、頁数 (あるいは章) が体系的に入るのは、分冊で出はじめた NED を除けば、『センチュリー辞典』

が初めてであって、この点でも本格的な辞書と言える。
『センチュリー辞典』の定義は、明晰さで知られた。
次に、新語を一つ見る。
アイルランドで自治を求める運動の一環として結成され、アイルランドの土地はアイルランド人のものであることを主張した土地同盟 (Land League) から生まれた boycott 「ボイコット」の定義は、次のものである。

> *v.t.* To combine (*a*) in refusing to work for, buy from, sell to, give assist-ance to, or have any kind of dealings with, and (*b*) in preventing others from working for, buying from, selling to, assisting, or having any kind of dealings with (a person or company), on account of political or other differences, or of disagree-ments in business matters, as a means of inflicting punishment, or of coercing or intimidating. The word was introduced in Ireland in 1880, and soon became (like the practice) common throughout the English-speaking world, and was adopted by the newspapers in nearly every European language.

「他動詞。政治上その他の意見の相違やビジネス上の争いにより、罰を与えたり、強要・恫喝の手段として、(a) (人あるいは会社) のために働き、売買、援助、取引をすることを拒否することで、(b) (人あるいは会社に) 人を働かせない、買わせない、売らせない、援助させない、いかなる種類の取引もさせないことにより、[人を] 団結させる。
この語は 1880 年にアイルランドで初めて使われ、すぐに (その行為同様) 英語圏で普通となり、またヨーロッパのほとんどすべての新聞で採り入れられた。」

いろいろな状況を考えた定義である (「この語」以下は、ポイントの小さな活字での説明)。『センチュリー辞典』の定義は『インピリアル辞典』(1883) の補遺にある次の定義を基にしている。

> To combine in refusing to work to, to buy or sell with, or in general to give as-sistance to, or have dealings with, on account of difference of opinion or the like in

social and political matters: a word introduced under the auspices of the Land League in Ireland in 1880.

　上の定義に、ボイコット発生状況を『センチュリー辞典』は、整理・補足を加えて、on account of 以下で、一般論にまでもっていき、そして十分な定義としている。
　また、『センチュリー辞典』は、boycotee, boycotter, boycotting も見出し語とする。そして動作名詞 boycotting の用例として『インピリアル辞典』(1883) の 1880 年の引用文 (11 行) の前に、アメリカの用例と、「現在、自分たちを労働者と呼ぶ人たちがよく口にする語句である」を含む 6 行にわたる文を挙げる。この辺りに、『センチュリー辞典』の真価が表われている。
　次に、アメリカニズム maverick を検討する。

1. On the great cattle-ranges of the United States, an animal found without an owner's brand, particularly a calf away from its dam, on which the finder puts his own or his employer's brand; or one of a number of such animals gathered in a general round-up or muster of the herds of different owners feeding together, which are distributed in a manner agreed upon.
2. Anything dishonestly obtained, as a saddle, mine, or piece of land. [Western U.S.]

「1. 合衆国の大放牧場で、所有者の焼印なしで見つかる動物、特に、雌親から離れた子牛、(発見者は自分自身あるいは雇用主の焼印を押す)；あるいは、一斉のラウンド・アップ (駆り集め)、すなわち、いっしょに草を食べる (所有者が異なる) 群れを寄せ集め、合意された方法で分配される、焼印のない動物の一匹。
　2. 鞍、鉱山、土地など、不正に得たもの。[合衆国西部]」

　この語でも、ごく普通の事例だけでなく、周到な定義をする。また、語義 2 は、『新英語辞典』(NED) にそのまま定義として使われ、"*Cent. Dict.*

1890" と出典が『センチュリー辞典』であることが示されている。M－P (第Ⅳ巻) は、1890 年の出版であった。maverick が「一匹狼、異端者」の意味で一般に使われるようになるのは、20 世紀になってからである。

ちなみに、『オックスフォード英語辞典』(OED) は、『センチュリー辞典』(第 2 版、1913) から 2,118 回の引用をしている (『オックスフォード英語必携』(1992) による)。

『新英語辞典』(NED) は学術に徹しているが、『センチュリー辞典』は、生活で使われている語にも注意を払う。

NED には、bathtub は bath の語義 6 に bath-room, bath-tub と列挙されているだけで、また、tub の項に "A bathing-tub, bath-tub (of any shape)." とあるだけであるが、『センチュリー辞典』は、見出し語とし、

> A tub to bathe in ; in the usual form, approximately of the length of the body, and often permanently fixed in a bath-room. Also called bathing-tub.
> 「入浴のための湯船；普通は、ほぼ人体の長さで、浴室にしばしば［一時的ではなく］固定されている。bathing-tub とも呼ばれる。」

とある。この定義で使われている bath-room も見出し語としてあり、"A room for bathing in." で、この定義は『インピリアル辞典』(1883) と同じである。このように、生活で日常使われる語の扱いに、NED と『センチュリー辞典』の違いが現れる。bath-room は OED の 1933 年の補遺にも現れず、1972 年出版の『オックスフォード英語辞典補遺Ⅰ』になって、やっと見出し語となる。

浴室、バスタブ (浴槽) があまりにも日常的であるならば、もっと高尚な語の定義はどうか。

アメリカ、フランスの政治に始まり、世界的な政治の理念にまでなっている立憲主義 (制度) constitutionalism を NED は、

1. A constitutional system of government.
   「憲法に基づく政治体制」

とするだけである。一方、『センチュリー辞典』は、

The theory or principle of a constitution or of constitutional government; constitutional rule or authority; constitutional principles.
「憲法あるいは立憲政治の理論または原理；立憲的支配または権限；立憲的原理」

と、NED の上を行く。
NED は文献学的手法であり、その点ではこれを超える英語辞典はないし、これからもないであろう。しかしながら、辞書は文献学的編集に限られるものではない。
『ウェブスター国際英語辞典』(1890) と比べるならば、紙数があまりにも違うので単純な比較はあまり意味が無いが、収録語数、百科事典的要素では『センチュリー辞典』が「ウェブスター大辞典」を圧倒する。語源でも同様である。
収録語の範囲も、「ウェブスター大辞典」(1864；1890) は、中英語を重視していないので、当然『センチュリー辞典』が勝る。
『センチュリー辞典』は、アメリカ英語でも『ウェブスター国際英語辞典』(1890) を超える。イギリスの方言で使われており、アメリカでも方言でかなり使われる「...と思う、...と言う」の allow は後者にはないが、前者には記述されており、さらに引用 3 例のうち 2 例がジョーエル・チャンドラー・ハリス (Joel Chandler Harris) のものである。

"I '*low'd* maybe dat I might ax yo' fur ter butt 'gin de tree, and shake 'em down, sis Cow," sez Brer Rabbit, sezee.　　*J.C. Harris*, Uncle Remus, p.48.
Brer Tarrypin he say wich he wern't gwine nowhar skasely. Den Brer Rabbit he '*low* he wuz on his way to Miss Meadows. *J.C. Harris*, Uncle Remus, p. 50.

黒人の語る動物譚『アンクル・リーマス』(*Uncle Remus*) の引用文の英語

は「英語をあるがままに描く」編集方針を反映している。このような英語が辞典に引用されるのは、おそらくこれが最初であろう。

　また、NED を除けば、(NED は 19 世紀末では A から E 項までしか出版されていないが)、語源欄に中英語形を体系的に提示し、また見出し語とするのには、『センチュリー辞典』が初めてであろう。『センチュリー辞典』は、チョーサーの『カンタベリー物語』(Geoffrey Chaucer, *The Canterbury Tales*) 以後であるならば、中英語に対応できる辞書である。

　　Ther was also a Nonne, a Prioresse,
　　That of hir smyling was ful simple and coy ;
　　Hir greteste ooth was but by seynt Loy ;
　　And she was cleped madame Eglentyne.
　　Ful wel she song the sevice divyne,
　　Entuned in hir nose ful semely ;
　　And Frensh she spak ful faire and fetisly,
　　After the scole of Stratford atte Bowe,
　　For Frensh of Paris was to hir unknowe.
「また尼僧もいました。
彼女は尼僧院長であり、ほほえむさまがまことに楚々として、しとやかでした。
この人が口にする最も極端な誓言だってせいぜいロイ聖人さまにかけてというくらいなものでした。
みんなからマダム・エグレンティーンと呼ばれておりました。
ほんとうに上手に聖歌をうたいましたが、それが鼻にかかった歌いぶりでこの人にとてもふさわしいものでした。
また、ストラットフォード・アト・ボウの尼僧院流でフランス語を実にうまく優美に話しました。
そのわけはパリのフランス語は彼女には知られていなかったからでありました。

　　　　　　　　　(桝井迪夫訳『カンタベリー物語』岩波文庫」)

この『カンタベリー物語』序章の一節の nonne, wel, entune, semely, fetisly scole, ate, unknowe, などが『センチュリー辞典』の見出し語となっており (clepe はもとより)、prioresse, ful, seynte, spak などは prioress, full, saint, speak の ME 形としてある。例えば、次のようになる。

    entune, *v.t.* To chant; intone.
        Ful wel sche sang the servise divyne,
        Entuned in hire nose ful seemly.
                              Chaucer, Gen. Prol. to C. T., 1, 123.
    fetisely, *adv.* Neatly : same as *featly*.
        Frensh sche spak ful faire and fatysly,
        After the scole of Stratford atte Bowe.
                                Chaucer, Gen. Prol. to C. T., 1, 125.

    unknowe, *a.* A Middle English form of *unknown*.

特殊辞典ではなく、一般用辞典で『カンタベリー物語』が読めるようになった。NED の最後の分冊が出版されるのは、1928 年である。したがって、『センチュリー辞典』の存在価値は大きかった。

『センチュリー辞典』の特徴の一つに、百科事典的説明と豊富な図解がある。NED は、図解・挿絵なしに、定義だけである。言葉による、ことばの辞書に徹している。bowie-knife ならば、

    A large knife, with a blade from ten to fifteen inches long and above an inch broad, curved and double-edged near the point, carried as a weapon in the wilder parts of the United States.

    「合衆国の未開地で武器として携帯される、刃渡り 10〜15 インチ、幅 1 インチ以上の、刃先の近くでは湾線を描き、両刃となる大きなナイフ」

となる。『センチュリー辞典』では、

 A heavy sheath-knife first used in the early part of the nineteenth century in Kentucky and other parts of the United States which were then on the borders of civilization. The blade is from 9 to 10 inches long, and has one edge; the back is straight for three quarters of its length, and then curves toward the edge in a slightly concave sweep, while the edge finishes toward the point in a convex curve. The guard is very small, and the tongue is of the full breadth of the grip or barrel, which is formed of two rounded pieces of wood or bone. The best knives were made by frontier blacksmiths, of old horse-rasps and the like, and naturally differed much in size and pattern. The term is used at present for almost any large sheath-knife.

 「最初は19世紀初期にケンタッキーや、当時は文明との境界地であった合衆国の他の地方で使われた、重い鞘つきナイフ。刃渡りは9～10インチで、片刃であり、峰の4分の3は真っ直ぐで、その先でややへこむような曲線を描き、刃は、刃先の近くでふくらむような曲線で終わる。鍔は大変小さく、根部は柄と同じ長さで、柄は丸みを帯びた2片の木か骨からなる。最良のナイフは、古い馬用やすりか同じような材質から、フロンティアの鍛冶屋により作られ、大きさと型は当然異なる。この語は、大きな鞘つきのナイフであれば、ほとんどのものに現在では用いられる。」

と、より具体的であり、さらに挿絵が入り、一目瞭然である (定義は第1文で、あとは小さな活字による百科事典的説明である)。あるいは、挿絵から説明に入ることもできる (挿絵は、全般的に、当時の辞書ではもっとも優れ、動物の中にはシートン (Earnest Seaton) のものが数多くある)。

 NEDの定義の問題点は、「鞘つき」であることが欠けている。

 『センチュリー辞典』で残念なのは、bowie-knife に適切な引用例がないことである。次のような引用がほしいところである。

A stalwart ruffian....who carried two revolvers in his belt, and a bowie-knife projecting from his boot. *Mark Twain, Roughing It*, chap.31.
　(ベルトに2丁の回転式拳銃を下げ、靴からボウイーナイフを突き出した、がっしりした頑丈な無法者。　マーク・トウェイン『苦難を忍んで』(1872) 31章) ［Farmer 1889 から引用］

　マーク・トウェインの文から推定できるように、bowie-knife には鞘が必要である。鞘なしに靴に入れられるような、やわなナイフでは武器とはならない。しかし、ボウイーナイフは戦いだけでなく、鹿の皮をむくためなどにも使われた。
　アメリカに関する事項以外でも、『センチュリー辞典』は優れている。アイルランドに関する文章を読むと、しばしば round tower が出てくる。NED (round の追込み見出し語) の定義「【考古学】土台から少しずつ細くなり、頂部が円錐形の屋根でおおわれた、高い円形の塔の一つで、ある種の国、特にアイルランドで見られる」だけで、正しくイメージできる人は少ないであろう。
　『センチュリー辞典』(tower の追込み見出し語) は、ウォーターフォード県アードモアのラウンド・タワーの細密画を載せている。そのうえで round tower の説明が加わる。土台から少しずつ細くなる、普通は円錐形で、高さが 30 から 130 フィート、直径が 20 から 30 フィートの細長い高い塔で、建設されたのが 9 世紀から 12 世紀と見なされ、［敵の来襲などで］危険なときには聖職者だけではなく、多分、付近の住民も貴重品を携え、逃げ込む砦の役割を果たしたであろう、と述べる。round tower をアイルランドで実物を見ることなしに、辞書で調べる人は、『センチュリー辞典』の方を歓迎するであろう。
　技術に関する事項では、間違いなく NED を圧倒する。実用を重んじ、またメリアム社ウェブスター辞典が培ってきた、専門語は専門家に依頼する方式を『センチュリー辞典』も採っている。
　専門家の一人に、監修者ウィリアム・ホイットニーの兄 ジョサイア (Josiah Dwight Whitney) がいる。彼はハーヴァード大学教授で、アメリカ

を代表する地質学者であった。また、チャールズ・パース (Charles Sanders Peirce) もまた論理学・形而上学・数学・力学・天文学・度量衡を担当した。数十年後にはプラグマティズムの創始者とされ、記号論においても評価されるパースは、生前はあまり評価されず、講義をすることはあっても大学教授にもならなかった。しかし、『センチュリー辞典』を愛用するものにとって、パースは大きな存在となっている。

　『センチュリー辞典』は、語源で顕著なように、学問的にもしっかりとしている。しかも、実生活にも役立つ辞書である。このアメリカの実用性に関しては、1831年にアメリカを訪れた、フランスの政治家で著述家トクヴィルの言が参考になる。彼は『アメリカの民主主義』(*De la démocrasie en Amérique*; 1961年ガリマール版第2巻47頁) で、「アメリカでは、科学の純粋に実用的な部分がすばらしく開発されていて、応用に直接必要な理論の部分に注意深い関心を抱く。アメリカ人は明晰で、自由で、豊かな精神を常に示している。しかし、合衆国には、人知のなかで本質的に理論的・抽象的な部分に専心する人はほとんどいない」と、アメリカを洞察している。

　『センチュリー辞典』は、極めて実用的で、NEDの学術的性格と対照をなす。それでいて、同時にことばの辞書としても優れたものであり、文学的にも味わいのある辞書でもある。

　したがって、イギリスの辞書編集者も注目した。百科事典の老舗チェインバーズ社の机上辞典『チェインバーズ英語辞典』(*Chambers's English Dictionary*) は1898年の序文で、次のように述べている (1901年三省堂復刻版使用)。

　　完全な英語辞典の中では、二つのアメリカの辞書、ホイットニー教授のすばらしい『センチュリー辞典』(6巻、1889-91) と、情報量がより少ない点でやや劣るだけのファンク・アンド・ワグナルズ出版『スタンダード辞典』(2巻、1893-95) が第1位を占める。これらの辞書は、西洋の学問に照らして賞賛に値する。

学術的な、そして未完の『オックスフォード英語辞典』を除けば、『センチュリー辞典』は、19世紀最高の英語辞典と言える。
　『スタンダード英語辞典』は第4章で扱う。

第 3 章

『ウェブスター国際英語辞典』(1890)
―ウェブスター大辞典の着実な前進―

　メリアム社は、『アメリカ英語辞典』(非省略版) の書名を変えて、1890年の改訂版として出版する。『ウェブスター国際英語辞典』(*Webster's International Dictionary of the English Language*) となる。編集主幹は、前版と同じノア・ポーター (Noah Porter) であった。版型も大きくなり、横約 21.5 センチ、縦 29.7 センチである (1892 年刷りを使用)。

　タイトル・ページの前に、色刷りで国旗などが厚紙で入り、前付けに、「ノア・ウェブスターの思い出」、1828 年版、1847 年版および 1864 年版序文、「引用作家表」(10 頁)、「英語小史」(16 頁)、「英語におけるインド・ゲルマン語語根」(9 頁)、「発音案内」(34 頁)、「正書法」(8 頁) が入る。

　辞書本体は 1,681 頁である。

　後付けには次のものがある。

「有名なフィクションの人名・地名辞典」(1685-1716 頁)

「世界地名辞典」(1717-1816 頁)

「1 万人著名人名発音辞典」(1817-1872 頁)

「聖書固有名詞発音語彙」(1873-1880 頁)

「ギリシャ・ラテン固有名詞発音語彙」(1881-1900 頁)

「クリスチャン・ネーム発音語彙」(1901-1906 頁)

「引用・語・句・諺・口語表現」(1907-1918 頁)

「略語」(1919-1923 頁)

「印刷などで用いられる記号」(校正の仕方も含む) (1924-1928 頁)

「ウェブスター国際英語辞典・分類挿絵」(1929-2010 頁)

「英語アルファベット略史」(2011 頁)

「ウェブスター国際英語辞典出版者のことば」(3頁)付録だけでも300頁を越える。大冊である。

ポーターの序文は「1890年の改訂」(the Revision of 1890) とあるだけで、書名変更の理由はまったく述べられていない。しかし、巻末に付された「出版者のことば」で明らかにされている。

「ウェブスター博士が、辞書のアメリカ的性格を強調したのは、国家創成期の愛国者の熱意によるものであった」が、「いまや母国の言語［英語］は地球を取り囲んでいる。母国の英語から分かれた英語のそれぞれの文学は、すべての人に共通な所有物となっている。これらすべての民族の文学のことばだけではなく、大衆のことばにも統一した構造、共通の語彙、英語全体としての十分な同一性が見られる」。「このような英語の辞書が完全であり、英国・合衆国・カナダ・オーストラリアの住民にも、インド・アフリカの英語を話す住民にも、役に立つためには、収録の範囲が包括的でなければならないし、同時に、あらゆる所で認められる、もっとも優れた語法の基準を反映したものでなければならない」。

「現代の、あるいは古代のいかなる言語をも超えて、英語は世界語 (world-speech) になりつつある。英語を母語として使う民族の拡大と、英語を話すあらゆる国民の、ますます強まりつつある一体感の絆は、現代のもっとも意義のある有益な事実である。この認識と、また、ウェブスター辞典 (Webster's Dictionary) が権威あるものとして合衆国にとどまらず、英国とその属国にひろく使用されているという認識のもとに、この版を他の版とは違って国際版 (The International) と呼ぶ」のである。

編集主幹が書名変更に口を閉ざしていることと、出版社の意向を考えるならば、『国際版』は出版者側の希望と推定される。出版社側には、『国際版』としなければならぬ別の理由もあった、と筆者は想像する。

著者所蔵本 (1892年刷り) には、「古いウェブスター非省略版の安いプリント版への注意」と題する一枚が入っている。それによると、次のタイトルで、ウェブスター1847年版のファクシミリ版が出回っている。

『ウェブスター辞典』 WEBSTER'S DICTIONARY

『ウェブスター百科辞典』 WEBSTER'S ENCYCLOPEDIC DICTIONARY

『ウェブスター非省略辞典』 WEBSTER'S UNABRIDGED DICTIONARY
『原典 ウェブスター非省略版』 THE ORIGINAL WEBSTER'S UNABRIDGED
『大ウェブスター辞典』 THE GREAT WEBSTER'S DICTIONARY
『ウェブスター辞典―大型四つ折り版』 WEBSTER'S DICTIONARY, *Large Quarto Edition*

これだけの、版権の切れた古い「ウェブスター」が市場に出まわっていた。別の書名のファクシミリ版もあったようである。この類の一つを見たことがある。紙は粗悪なものであった。

1847年版は、出版された時は良い本であったが、「15年以内に、極めて明白に、不充分で欠陥のあるものとなったので、多額の費用をかけてつくり直し、1864年の改訂版出版とともに市場から引き上げられたものである」。「最新の改訂版で本物のウェブスター辞典を手に入れたい人はだれでも、タイトル・ページの出版地・出版社名に SPRINGFIELD, MASS.: PUBLISHED BY G. AND C. MERRIAM & CO. とある Webster's International Dictionary を入手するように注意すべきである」と、メリアム社は警告する。

辞書を買う人の中には、内容を検討することなく、「ウェブスター」と書名にあれば、あとは値段で買う人たちが相当いたことを示している。ウェブスターの名は、それほど確立していた。メリアム社としては、自社の純正品をなんとしても売らなくてはならなかった。したがって、書名変更は、以後、純正ウェブスターが容易に見分けられるためでもあった。

収録語彙では科学用語などの専門語が増える。

編集主幹ノア・ポーターは、序文で「非常に多くのスペースが、文学的というよりも純粋に専門的な説明と図解に与えられていることを、遺憾とする批評家諸氏の気持ちには同感するものの、科学の発見、発明の功績、生命に関する新事実を記録する語を、手元の辞書も注意深く定義することが求められる、現代の差し迫った必要に、我々は屈せざるをえないのである」と述べる。辞書は文芸にかかわるものを主とすべきである、との主張は、少なくともアメリカでは著しく後退した。ポーターの気持ちがにじみ

出ている。しかし、詳細に見るならば、シェイクスピア、『欽定訳聖書』(1611年刊)などを読む時に、前版からの前進を認めることができる。『欽定訳聖書』の語釈においては『新英語辞典』(NED)を超えることもある。

科学用語の多さは、例えば ianthina, iatrochemical, iatromathematical などに加えて、ichneumonides, ichnoscopy など ich- が、18語も追加されたことだけでもわかる。

1864年版は南北戦争中に出版されたが、1865年に19世紀最大の戦争と言われる内乱も終わり、南部は再建の時代に入っていた。南北戦争と再建の時代に生まれた語と意味を『ウェブスター国際英語辞典』でチェックしてみる。

イギリス英語で使われていた ironclad (甲鉄艦) がアメリカの船にも使われ、その一つの「モニター号」(the Monitor) から、monitor の意味に、重砲を旋回砲塔に備えた「低舷甲鉄艦」が加わる。

ensign が「海軍少尉」の意味で使われるようになるのも南北戦争時代である。

北部人で、南部との妥協を説き、リンカンを批判したヴァランディガム (Clement L. Vallandigham) 一派をけなして、北部人は copperhead 「アメリカマムシ」と呼んだ。そこから、copperhead は「南部に同調する北部人」の意味を持つようになる。

国際法で言う contraband of war (戦時禁制品) の contraband を、北軍の戦線内に逃げ込んだ (あるいは連れてこられた) 奴隷黒人を指して使うようになったのも南北戦争中であった。

内乱が終わると、南部の再建の時代 (1865-77) となる。

利権あさりの政治屋・山師 carpet-bagger や、共和党の権力に便乗する南部白人の輩 scalawag [『ウェブスター国際英語辞典』の綴字] どもが黒人を利用し、南部を食い物にする。

解放された黒人の政治上の権利を抑えようとする Ku Klux が結成されるのも1866年頃である。1875年の公民権法制定まで特に力を振う。

以上の ironclad, carpet-bagger, scalawag, Ku Klux が『ウェブスター国際英語辞典』の見出し語となり、monitor, ensign, copperhead, contraband にアメ

リカで発達した意味が記述された。

　モニター号の挿絵は、iron-clad から monitor の項に移される。この挿絵に見られる turret にも「回転砲塔」の意味が加わる。

　見出し語となっていても当然と思える語に、Jim Crow がある。ミンストレルで、

My name's Jim Crow,
Walk about, and turn about,
An' do jis so.

と歌われ、1880 年代には軽蔑的にではあったが、黒人を指してよく使われていたからである。『センチュリー辞典』は見出し語とした。『センチュリー辞典』は、また、copperhead でも語義 1 で、この毒蛇が、

　Unlike the rattlesnake, the copperhead has the habit of striking without previous movement or warning, whence its name is a synonym of hidden danger or secret hostility.
　「ガラガラヘビと違って、アメリカマムシは前もって動かず、あるいは警告なしで襲う習性がある。そこからアメリカマムシは隠れた危険あるいは秘められた敵意と同義である。」

と、比喩的に使われる理由を明らかにしている。『ウェブスター国際英語辞典』を使うイギリス人には、この比喩はわからなかったであろう。『ウェブスター国際英語辞典』にはアメリカマムシの習性が明示されていないから。

　缶詰(瓶詰)によるアメリカ式食料が、南北戦争で使われた。この技術は、1858 年のジョン・メイソンによる、瓶に食べ物を密封する発明に始まる。動詞 can を『国際版』は、"To preserve by putting in cans. [*U.S.*] "*canned meats*" *W. D. Howells*."「缶に入れて保存する。[アメリカ(語法).]「缶詰食品」 H.D. ハウエルズ」とする。一方、『センチュリー辞典』は "To put into a can ; especially, to put into sealed cans or glass jars, for preservation, as prepared vegetables, fruits, and meats." (缶に入れる；特に、加工された野菜・くだもの・肉などの保存のために、密封された缶やガラス瓶に入れる) と定義する。canning は、現在でも、家庭で瓶詰にして食べ物を保存するときにも使う。したがって、『センチュリー辞典』の定義の方が正確である。cannery も『ウェブスター国際英語辞典』の見出し語となり、"A place where the business of canning fruit, meat, etc., is carried on. [U.S.]"「くだもの、肉などの缶詰 (瓶詰) 作業が行われる場所。[アメリカ (語法)]」と定義する。

　南北戦争後は、鉄道の建設に拍車がかかった。1869 年に最初の大陸横断鉄道が開通する。1881 年には第二、1883 年には第三の大陸横断鉄道が完成する。

　馬車がレールの上で車を引いていたのを、蒸気機関車が引くようにしようとする試みは、1804 年にイギリスで始まっていた。最初に成功したのが、1829 年のロバート・スティーブンソンの「ロケット号」である。

　アメリカでも、木あるいは鉄のレールの上を馬車が引く railroad, railway が使われた。1813 年に railway という語、1816 年には railroad がアメリカで使われている。機関車が引く railroad, railway は、アメリカではともに 1825 年に初出が見られる。これらは、1864 年の『アメリカ英語辞典』(「ウェブスター・マーン版」) の見出し語となっていた。iron horse「機関車」が『国際版』に口語として入る。

　『ウェブスター国際英語辞典』の railroad, railway では (見出し語として railroad, railway が併記されている)、"*Railway* is the commoner word in England; *railroad* the commoner word in the United States." と入る。1890 年の時点では、アメリカでも、現在とは違い、railway もかなり使われていたことがわかる。

　train が「列車」の意味で使われるのもイギリスで、1824 年以前にすでに文献に現れている。イギリスでは最初は train of carriages と言ったものを、アメリカでは train of cars として、1833 年には使い始めている。train (列車) は当然 1864 年版に記述されている。

　through train (直通列車) と way train (各駅停車列車) は、「ウェブスター・

マーン版」では見出し語であったが、『国際版』では、それぞれ through と way の追い込み語 (小見出し) となった。

　accommodation coach, accommodation train (普通列車) は「ウェブスター・マーン版」以来 accommodation の小見出しになっている。

　express train (急行列車) は、「ウェブスター・マーン版」から形容詞 express の句例としてある。

　locomotive は、当然、1864 年版から見出し語である。巻末の付録に図解を入れて重視している。『国際版』ではその図も書き換える。

　機関車の部分では、headlight (前照灯) が「ウェブスター・マーン版」にすでにあり、cab (機関士室)、tender (炭水車) が『国際版』で記述され、付録の図解に cab が描かれている。アメリカならではの cowcatcher も『国際版』の見出し語にあり、付録に図示される。ただし、『インピリアル辞典』(翻刻版) にもすでに挿絵がある。

　汽車の安全な運行に貢献することの大きかった「エアブレーキ」は、1868 年にジョージ・ウェスティングハウスにより発明され、最初は atmospheric brake と呼ばれたが、1871 年から air brake と呼ばれるようになった。その air brake が『国際版』の見出し語となっている。

　engineer (機関士)、conductor (車掌) はもとより、baggage master (手荷物係長) がすでに「ウェブスター・マーン版」にある。

　「無賃乗車券を持つ乗客」 dead head も「ウェブスター・マーン版」にあるが、『国際版』で ［*colloq. U.S.*］が加えられた。本来は、dead head を 1864 年版でも口語表現とすべきであった。

　car (車両) を『アメリカ国際英語辞典』では、

　　In England a railroad *passenger car* is called a railway *carriage;* a *freight car* is called a *goods wagon;* a *platform car* a *goods truck*, a *baggage car* a *van*. But styles of cars introduced into England from America are called *cars;* as, tram *car*, Pullman *car*.

　「イングランドでは、鉄道の客車が railway carriage と呼ばれる；貨車は goods wagon と呼ばれる；長物車が goods truck と、［客車に連結され

る] 荷物車は van と呼ばれる。しかし、アメリカからイングランドに輸入される型の車両は、tram car, Pullman car のように car と呼ばれる。」

とし、英米の違いを明らかにする。英米で車両が別の名称で呼ばれ、語彙の分岐の一つとなった。この説明にある freight car, platform car は1864年版にすでにある。

『アメリカ国際英語辞典』で、plaform car, parlor car, palace car, sleeping car, Pullman car が入る。本来は、sleeping car が上位語で、Pullman car が下位語である。それが『国際版』では、Pullman car が親見出しであるのに対して、sleeping car は car の一部になっている。Pullman car が「寝台車」の代名詞となっていたからであろう。

ニューヨーク州生まれのジョージ・プルマン (George Pullman 1831-97) は、1859年(『アメリカ英語辞典・絵入り版』出版の年)に最初の寝台車を製作、1864年(「ウェブスター・マーン版」出版の年)に自分の名前を付けた寝台車を作った。彼は連結通廊を持つ vestibule car (初出1887年) も発明している。

英米の違いの説明で使われている passenger car と tram car をそれぞれ passenger, tram の小見出しにないのは、編集上のミスである。

frog (軌道分岐器) は、『国際版』の挿絵を見ると、蛙の足との類似からつけられた名前ではないかと思えるが、ウェブスター・マーン版にすでに語義も挿絵もある。gondola も転義「無蓋運搬車」も『国際版』に入る。

depot (停車場) は、"A railway station; a building for the accommodation and protection of passengers and freight. [*U.S.*]" (鉄道の駅；乗客と貨物の収容と保護のため建物。[合衆国]) と、ウェブスター・マーン版と同じ定義を使う。

station 項の類義語解説には、

In the United States, a stopping place for passengers and freight is commonly called a *depot;* but to a considerable extent in official use, and in common speech, the more appropriate name, *station*, has been adopted.

「合衆国では、乗客と貨物のために停車する場所は、depot と呼ばれるのが普通である。しかし、公式にはかなり、そして日常の話しことばでも、より適切な名前である station が採り入れられている。」

とあり、depot が普通であり、station をあとから導入していったことがわかる。

「depot という語をめぐる一連の意味変化は、もっとも興味深い例の一つといってよい。[…] 18 世紀の末には depot は「置くという行為」を指し、次に「置かれた物、集積物」を指すようになり、更に後になってほとんどありとあらゆる物 (軍用品、捕虜、商品など) が保管・収容される場所を意味するようになった。1830 年頃、鉄道の発達と共に、depot は「終点の貨物駅」(a goods station at a terminus) を指すことばとなった。しかし、アメリカでは、終点の貨物駅ばかりでなく路線沿いの同種の駅にまで意味が拡大し、特に鉄道がしばしば定住地の彼方にまで延びている人口希薄な地域では「旅客駅」(passenger station) に対しても適用されるようになった。そうした地域では、同一の建物が貨物の保管、切符の販売、旅客の待合所といった諸機能を備えていたからである。1910 年代頃、depot を station で置き換えようとの試みが盛んになり、その結果、Depot Street［デポー通りに］ Pennsylvania Railroad Station［ペンシルヴァニア (鉄道) ステーション］があるというような滑稽な矛盾がしばしば生じた」(Marckwardt 1980; 長井訳 1985：55)。

マークワットからの引用文では、depot を station に変えようとする動きは 1910 年代とあるが、『国際版』にあるように、1890 年以前にその動きは顕著であった。アメリカニズム集をみると、フランス語では「駅」の意味をもたないのに、アメリカ人が「駅」の意味で使うのは、ばかげているとの「識者」の発言がすでに 1870 年にある。いろいろな意味で興味あるアメリカニズムである。

『国際版』が出版された 1890 年は、アメリカにとって象徴的な年であった。米国商務省国勢調査局が、もはや合衆国にフロンティアは存在しない、と宣言した年である。

広大な西部の開拓も急速に行なわれていた。"Go West, young man! Go West!"「若者よ、西部へ行け！西部へ」とジョン・ソウル (John Soule) が書いたのが 1851 年であった。そして、"Go West, young man, grow up with the country."「若者よ、西部へ行け、そして共に成長せよ」とグリーリー (Horace Greeley) が若者に説いたのは 1865 年、「ウェブスター・マーン版」出版の翌年であった。南北戦争終了と共に、西部では急テンポに開拓が進んだ。

都市部では、南北戦争中に普及した野球が広まりつつあった。baseball が、『センチュリー辞典』に続いて見出し語となった。しかし『センチュリー辞典』ほど百科辞典的でもなく、また定義ももう一歩である。

co-education も『センチュリー辞典』に続いて、見出し語となる。『ウェブスター国際英語辞典』は、「性別や人種の違う人などの一緒の教育」で、『センチュリー辞典』は「合同で行う教育；特に、同じ学校での青年男女の教育」である。co-education の適用範囲は、当時は、まだ男女共学に限らなかったことがわかる (形容詞 co-educational、逆成 (backformation) の co-educate, 男女共学の女子学生 co-ed はすでに使われていたが、いまだこの二つの辞書の見出し語とはなっていない)。

このように、『ウェブスター国際英語辞典』は、時代を反映している。学術的な辞書と違い、日常使う辞書としての性格が強まる。そして時代を映す。

また、『センチュリー辞典』や次章で扱う『スタンダード英語辞典』と比べるならば、ことばの辞典としての性格がいまだ強く、1 冊本辞書として存在価値を有する。ゆったりと組まれた紙面構成は目にやさしく、常用辞典として優れている。

いまや、アメリカ人は世界へ進出していた。国際化への道を進む。その反映が書名の『ウェブスター国際英語辞典』である。しかし、同辞典の謳う国際英語の理念は、「アメリカ」の英語辞典からの前進を示すものの、内容的には、イギリスの英語もおろそかにしてはいないが、「アメリカ英語辞典」の性格は依然として強い。アメリカ英語辞典としては着実な成長を示した。国際的という観点から見るならば、『センチュリー辞典』の方

に、より濃厚に方向性と内容が見られる。
　1900年には、『ウェブスター国際英語辞典』の1890年版に、新たに2万5千の語・句・定義を加えた版が出版されている。

第4章
『スタンダード英語辞典』(1893-4)
― 新興中産階級の辞書 ―

　ファンク・アンド・ワグナルズ社 (Funk and Wagnalls Company) から1893年から1894年に大辞典が出版される。*A Standard Dictionary of the English Language* (『スタンダード英語辞典』) である (以下『スタンダード』とする)。第1巻 (1893) と第2巻 (1894) (横22.5センチ、縦30.5センチ) で、総頁2,319の、見るからに大辞典である (1896年刷り使用)。

　編集主幹アイザック・ファンク (Isaac K. Funk 1861-1912) は、ルーテル派教会牧師を務めたあと、牧師を対象に出版を始めた。辞書出版以前の同社は、必ずしも一級の出版社とは言えない。イギリスの書籍を印刷し、安く売ることにより利益を得た。国際著作権が確立していない時代であった。

　ファンク・アンド・ワグナルズ社の社長アイザック・ファンクが1890年に辞書出版を思いつき、自ら計画を立て、この辞書に大きな投資をする。そして1893年に第1巻を出す。

　『スタンダード』発売に先立ち、1頁大の新聞広告を23州、200紙に同日掲載する (『オックスフォード英語必携』)。アメリカ的な広告であった。

　タイトル・ページには、英語諸国民の話しことばと文学に現れるすべての語・イディオム、意味、正書法、発音、語源を、最新の知識と進歩に照らして、大衆がもっとも容易に使えるような完全かつ正確な辞書、とある。

　辞書本体2,100頁に付録が付く。

　収録語数は30万4千語で、『センチュリー辞典』の約20万語をはるかに越える。アメリカが大辞典の時代となったことを決定づける出来事である。

「辞書は言語の目録であるべきである」とのリチャード・トレンチのことばを引き、英語の包括的辞書を目指す。良い語、悪い語を編者が判断して、語の採否を決めてはならない。この態度が1884年に第1分冊を出版した『新英語辞典』(NED) の編集方針であったが、『スタンダード』も目標を同じくする。NEDは学問的辞典で、『スタンダード』は大衆的辞典である点で、性格は大きく異なる。
　『スタンダード』は、「良い辞典に欠かせないのは、包括性・正確さ・わかりやすさ (comprehensiveness, accuracy, and simplicity) である」とする。正確であるかどうかの判断は容易ではないが、語義がわかりやすいことは、この辞書を手に取ることにより歴然とする。
　『スタンダード』の新機軸は、語義の配列を変えたことである。ウェブスター大辞典、『センチュリー辞典』は、二つ以上の語義のある語では、古い意味を第1にし、その後に新しい意味を配列する。
　『スタンダード』は、もっともよく使われる意味を最初に出す。NEDの歴史的原理とは違うことをはっきりと打ち出し、現在のもっとも普通な意味を優先する。容易に、そして確実に意味を見出せるようにした、と序文は言う。従来の大辞典は、語源、そして、語源に近い原義から始まるから、しばしば求める意味が最後に来る。普通の人は当惑し、混乱する。それを避けた、とする。便利さが優先されるべきである、と編者は言う。アメリカ的効率主義と言えるだろう。
　また、意味の使用頻度を語義配列の基準とするならば、語源を語義の前に置く必要は無くなる。ここでも大辞書編集の「常識」を覆す。
　『スタンダード』以後のアメリカの辞書は、この方式を採り入れる辞書が大勢を占める。現在の『ランダムハウス・ウェブスター非省略辞典』(*Randam House Webster's Unabridged Dictionary*, 1997) や『アメリカン・ヘリテッジ辞典』(*The American Heritage Dictionary*, 1969)でも『スタンダード』の語義配列の方針に従う。ただし、「ウェブスター大辞典」とその簡約版『ウェブスター大学辞典』(*Webster's Collegiate Dictionary*) は歴史的配列を守る。
　例を barrack にとれば、『新英語辞典』(NED) であれば、

1. A temporary hut or cabin; *e.g.* for the use of soldiers during a siege, etc. Still in *north. dial.*

  b. 'A straw-thatched roof supported by four posts, capable of being raised or lowered at pleasure, under which hay is kept.' Bartlett *Dict. Amer.* 1848.

2. A set of buildings erected or used as a place of lodgement or residence for troops.

  a. usu. in *pl.* (collective), sometimes improperly treated as a *sing.*

  b. sometimes, in *sing.*

  c. *transf.*

1. 一時しのぎの仮屋または小屋；例えば、包囲中などの兵隊用；［イギリスの］北部方言では今でも用いられる
b.「4本柱で支えられ、干草を保存するための、自在に上下できる藁葺きの覆い」バートレット『アメリカニズム辞典』(1848)
2. 軍隊の宿営所や住居として建てられるか、用いられる一群の建物
  a. 普通複数形で (集合的に)、時に単数として不適切に用いられる［例文省略］
  b. 時に単数で［例文省略］
  c. 転義［例文省略］

となる。『スタンダード』では、

1. A permanent structure for the lodgment of soldiers, as distinguished from a hut or tent: generally in the plural.

2. A temporary or rough building or a number of huts in an enclosure, serving as a shelter for a company of laborers or the like. 3. A light adjustable roof supported at the corners by four posts, for sheltering hay, etc.; also a barn for such storage.

1. 仮屋やテントと区別して、兵隊の宿営のための永続的な建造物；普通、複数形で

2.労働者などの住まいとして使われる、一構内の、一時しのぎの、または粗末な建物、またはいくつかの仮小屋 3.干草を保存するための、角を4本柱で支える、軽い、調整可能な覆い；また、そのような貯えのための納屋

である。

　NED は城塞の包囲攻撃期間などで使われる、一時的な小屋の意味をまず挙げ、次に、その分義として、干草保存用の、4本柱に取り付けられ、上下に移動可能な麦わら覆いの意味を、バートレット『アメリカニズム辞典』の定義をそのまま使う (ただしバートレットは hay barrack を見出し語とする)。バートレットによれば、オランダ語の hooi berg が訛ったものである (この説を『アメリカ地域語辞典』(*Dictionary of American Regional Language*, 1985-) も採る)。

　NED の語義2「兵営」を、『スタンダード』は、語義1とする。現代ではこの意味で使うのが、もっとも普通だから。語義2の「粗末な建物」に、労働者を収容していたことは、20世紀のアメリカの映画でも確かめることができる。この意味は『センチュリー辞典』も記述している。NED はそのようなアメリカ事情は考慮していない。barrack のこの用法は、決してアメリカだけの用法ではなかったが。

　『スタンダード』は、語義3で「干草覆い」を挙げる。挿絵を加えていて、ここにも『スタンダード』の特徴が出ている。

　「干草覆い」は、おそらくはオランダ系移民の多い地域で主として使われていたので、全国的には、あるいは、英語圏では使用頻度が低かったためであろう。これが『スタンダード』の語義配列である。

　『スタンダード』の語義2,3 は『ウェブスター国際英語辞典』(1890) には無い。

　引用例に移る。シェイクスピアなどの詩人、ディケンズなどの小説家もかなりあるが、他の大辞典と比べると、当時の作家、新聞、雑誌からのものが多い。abalone (あわび) では、次の引用例がある。

The animal with its shell is called *abalone*.
　　　　　　　　　A. AGASSIZ *Letter to Standard Dict.* Oct. 6, '90.
「この動物は殻と共に、abalone と呼ばれている。
　　A. アガシー『スタンダード辞典』への手紙　1890 年 10 月 6 日」

In California these mollusks are all known as *abalone*, which is said to be a corruption of Spanish aulon or aulone.
　　　　　　　　Fishery Industries, U.S.; 5, vol. ii, p.622　［GOV. PTG. OFF.］
「カリフォルニアでは、これらの軟体動物はすべて abalone として知られていて、スペイン語の aulon か aulone の訛りと言われている。」

　第一の引用は、スイス生まれでアメリカに移住した動物学者で地質学者 (ハーヴァードに籍を置いたこともある) アガシーの、『スタンダード』編集室への 1890 年 10 月 6 日の手紙からであり、二番目は、アメリカ合衆国印刷局発行の『漁業、合衆国』からの引用である。『スタンダード』が優れているのは、出典とその頁 (あるいは章など) を明記している点である。これは NED に倣ったものと考えられる。
　政治で使う (競馬からの転義の) dark horse では、イギリスの政治家で歴史家ジェームズ・ブライス "BRYCE *Am. Commonwealth* vol.ii, pt. iii, ch.70, p.153 ［MACM. '89］" から引用している。「ブライス『アメリカ共和国』第 2 巻、第 3 部、第 70 章 153 頁 ［1889 年にマクミラン社から出版］」と、出典を明記する。手元にあるファクシミリ版 (1994 年 American Classics Library) と照合してみると、引用文にわずかな違いが見出せる。『スタンダード』の colorlessness は、原文では colourlessness で、favorites は Favourites である。ブライスの綴字をアメリカ綴りに直している。原文どおりではない点で、NED とは違う。
　引用は社会的なものだけではない。ビール、ウイスキーの擬人化 (「麦太郎」の訳語を与える英和辞典もある) John Barleycorn には、

Then let us toast *John Barleycorn*, Each man a glass in hand.

BURNS *John Barleycorn* st. 15.
「それでは、麦太郎君に乾杯。皆様、お手にグラスを。
バーンズ『麦太郎』15連［1787］」

と、ウイスキーの本場スコットランドのバーンズを引用する。『センチュリー辞典』もバーンズの同じ詩から採っているが、『スタンダード』の方に味がある。

また、bargain (安い買物、掘り出し物) では、

Next to the pleasure of buying a *bargain* for one's self, is the pleasure of persuading a friend to buty it.　　LAMB *Letters* vol.1,ch. 5, p.136.　［A.& S. '81.］
「掘り出し物を自分のために買う楽しみの次には、友達に勧めて買わせる楽しみがある。
ラム『書簡集』第1巻、第5章、136ページ［A & S. 出版'81年］」

と、チャールズ・ラムの人柄が感じられる文を書簡集から採っている。

『スタンダード』は新聞からの引用も多いが、新聞は人民に近く、今の普通の語法を示しており、今日の英語のもっとも優れたものも、上質の新聞に見られる、と序文は述べる。引用においても、『ウェブスター国際辞典』や『センチュリー辞典』の文学中心とは違った立場を鮮明にしている。

『スタンダード』の大衆性は、baseball に "the national game of the United States" (合衆国の国技) との説明を加え、次の用語を挙げ (野球の絵にも野手、打者、アンパイアなど13語が与えられている)、当時の辞書では野球にもっとも多くのスペースを与えている。

bag	double	home run	run
balk	error	interfere	safe
base-hit	field	mask	safe hit
base-running	fly	muff	single

battery	foul	on deck	slide
box	fumble	overrun	spike
coach	grounder	plate	steal
diamond	homer	play off	triple

　これらの用語の全部が定義されているわけではなく、やや編集上一貫性を欠く。しかし、この用語一覧もまた従来の辞書にない面を試みていて、それなりの意味がある。

　ところで、baseball の NED の初出は、ジェーン・オースティン (1775-1817) の『ノーサンガー僧院』(1815 年頃執筆) である。"It was not very wonderful that Catherine .. should prefer cricket, base ball .. to books." (キャサリンが本よりクリケットやベースボールを好むのは、あまりすばらしいことではなかった) の base ball は、もちろん、野球ではない。『ワールド・ブック百科辞典』は、1838 年にアブナー・ダブルデイ (Abner Doubleday) が考案したとの説を挙げている。しかし、専門書 (*Baseball*, Alfred Knoph, 1994) は俗説と斥ける。学術的なマシューズ編『アメリカニズム辞典』(1951) は、1850 年を初出とする。

　ところが、2004 年 3 月の『ボストン・グローブ』紙は、baseball に言及した、1791 年の文書発見を伝えた。マサチューセッツ州ピッツフィールドの文書に、

　For the Preservation of the Windows in the New Meeting House, no Person or Inhabitant of said town, shall be permitted to play at any game called Wicket, Cricket, Baseball, Football, Cat, Fives, or any other game or games with balls, within the Distance of Eighty Yards from the said Meeting House.

　「新礼拝堂の窓の保護のために、いかなる人物・住民も、当該礼拝堂の 80 フィート以内で、ウィケット、クリケット、ベースボール、キャット、ファイヴズと呼ばれる球技、あるいは、ボールを用いる他のいかなる球技もすることあたわず。」

とある。この文書を、野球殿堂も1791年に野球が行なわれていた「議論の余地のない」証拠と認めた。野球殿堂は、それまで1823年のニューヨーク市のbase ballの記事を最古の文献としていたのを訂正した。このように100年の長い歴史を持つ大衆スポーツに『スタンダード』は、十分なスペースを与えた。

『スタンダード』の特徴の一つに、百科辞典的説明の多いことが挙げられる。挿絵も多く使われる。「馬」では15種が描かれている。いろいろな馬がいることがわかるとも言えるが、1頁を取るほどの意味があるだろうか、疑問である。

『スタンダード』は、見出し語の提示の仕方において『センチュリー辞典』に従う。固有名詞は大文字で始めるが、それ以外は小文字で始める。

1896年には1冊本となる。書名は

A Standard Dictionary of The English Dictionary
  UPON ORIGINAL PLANS
  COMPLETE IN ONE VOLUME

となる。「全一巻」となっただけで、内容は変わらない。

この『スタンダード』は好評であった。『アメリカ伝記辞典』は、ファンクを「アメリカの中産階級の要求に対して鋭い感覚」を持った人物とし、彼の出版物は「新しい中産階級の発展の上に築かれた」とする。けだし至言と言うべきである。

第5章

20世紀の『センチュリー辞典』と『スタンダード英語辞典』
―百科事典的大辞典の頂点―

　20世紀のアメリカの大辞典は、1906年の『スタンダード英語辞典』の改訂増補版で始まる。
　A Standard Dictionary of the English Language
　　A New Edition Revised and Enlarged
　　　Complete in One Volume
である。『スタンダード』の編集者数十人が仕事をしている編集室の絵がタイトル・ページの前に入る。さらには8頁にわたって編集者の顔写真がある。
　巻末に、94頁の色刷り地図、The Standard Cyclopedia (28頁)、the Universal Calendar (3頁) が加わる。
　辞書本体は 2,187頁で、87頁の増加である。文字通り、改訂、増補がなされた。
　さらに、1913年には、全面改訂の新版が出る。書名は *Funk and Wagnalls New Standard Dictionary of the English Language* で、全一巻である。編集者として、カルヴィン・トマス (Calvin Thomas) とフランク・ヴィズィテリ (Frank H. Vizetelly) が加わる。1913年以後の『ファンク・アンド・ワグナルズ・ニュー・スタンダード英語辞典』を『ニュー・スタンダード』と略称で呼ぶこととする。
　大衆的辞典の編集理念は変わらない。包括性・正確さ・わかりやすさを強調する。初版出版以来20年、その間における世界の進歩の生み出した新しい情報を加えた、と序文は述べる。
　あらゆる種類の語、51万3千語を検討して、45万語を見出しとする (序

文)。この25年間の科学の進歩は稀有のもので、したがって科学用語の増加は著しい、とする。

確かにその通りの紙面である。

『スタンダード』の特徴であった百科項目は、さらに拡大する。図版の入れ替えも見られ、1頁大の図も増加する。aeronautics には Montgolfier balloon (1783年に初飛行) から Baldwin dirigible balloon (1908年初飛行)、Ville de Nancy (1909年初飛行) までの絵が載る。1900年に14マイル飛行し、第1次大戦にはドイツ軍の有力な武器となった Zeppelin airship を含む。

1903年12月にライト兄弟が飛行に成功し、1909年にはルイ・ブレリオがカレーからドーヴァーまでの英仏海峡横断に成功していた飛行機は、しかしながら、まだ扱いが軽い。

百科事項と比較して、『ニュー・スタンダード』で物足りないのは、基本語の意味分析が『スタンダード』とほとんど変わっていないことである。get の定義は、他動詞も自動詞も一字一句変わらない。

come では語義5に、

> In provincial use the present tense is employed in this sense with the date following as subject; as, *come* Michaelmas, he will be forty.

が入る。この追加は良い (文法的にはこの「聖ミカエル祭になれば、彼は40歳だ」の come は現在形ではなく、仮定法であって、間違いである)。

come の語義13の廃れた意味 "To be becoming" がなくなる。他にも韻文2、散文1の引用例文が消える (適切な例に代えるべきであった)。

come で注目すべきは、come と cum を併記して見出し語としていることである。後者は漫画でおなじみの綴字である。『ニュー・スタンダード』では cum の右肩には P が付く。アメリカ言語協会 (American Philological Association) の薦めるものであることを示す。

『スタンダード』初版が野球を大きくとりあげたように、『ニュー・スタンダード』は、1891年にアメリカで考案されたバスケットボールにかなりのスペースを割く。コートの図解に加えて、野球の場合と同様に、バス

ケット用語を17個並べる。大衆重視の編集方針に変わりはない。

『ニュー・スタンダード』が新たに始めたのは、地名・人名の辞書本体への組み込みである。これも、効率よく辞書を使いたい人に好まれ、その後追随する辞書が、特にアメリカに多い。

『ニュー・スタンダード』は、その後改訂版と銘打ったものを出すことなしに、主として、辞書本体の前に補遺を加える形を取りながら出版を続けた。

筆者が確認している範囲では、『ウェブスター新国際辞典・第3版』(1961) 出版前の1946年版『ニュー・スタンダード』がある。この版では atomic bomb が辞書本体の見出し語となっている。

> **Atomic bomb**. A bomb of formidable destructive power, actuated by the energy of disintegrating atomic nuclei: first used at Hiroshima, Japan. August 6, 1945 (U.S. time).
> 「原子核を分裂させるエネルギーによって作動される、おそるべき破壊力を持つ爆弾；1945年8月6日 (合衆国時間) に日本の広島で最初に使われる。」

したがって、多少の本文改訂が行われていたと推定することが許されるであろう。1963年版『ニュー・スタンダード』には38頁の補遺がある。しかしながら、19世紀末の編集方針による、百科辞典的辞書は全面改訂以外に生き残る道はない。それには莫大な費用と、専門的な知識を持つ多数のスタッフを必要とする。

一方、センチュリー社は、1898－91年の6巻本の辞書を1897年に8巻とする。その間に、1894年に『センチュリー固有名詞百科』(*The Century Cyclopedia of Names*) を、さらに1897年に『地図帳』(*Atlas*) を出版する。

1909年には、『センチュリー辞典・新版』(2巻) (*The Century Dictionary, New Volumes*) が出版される。

したがって、『センチュリー辞典』(1909年版) は次のようになった。

I	A.B.CELT	VII	SALSI. – TECH.
II	CELT – DROOL.	VIII	TECH.U.V.W.X.Y.Z.
III	DROOP – E,F,G.	IX	PROPER NAMES
IV	H.I.J.K.L.	X	ATLAS
V	M.N.O.PHAR.	XI	NEW VOLUME A – L.
VI	RHAR.Q.R.SALSE	XII	NEW VOLUME M – Z PROPER NAMES.

「新版」はAからLまで781頁の第11巻、MからZまでの727頁が第12巻で、総頁数1,508である。

この「新版」も辞書本体に匹敵する出来映えである。

現在使われている意味でのプラグマティズムを、

pragmatism *n.* 3. In *Philos.*. a method of thought, a general movement or tendency of thought, and a specific school, in which stress is placed upon practical consequences and practical values as standards for explicating philosophic conceptions and as tests for determining their value and, especially, their truth.

「[哲学] 哲学概念を説明する基準として、またその価値、特に真理性を決定する試金石として、実際的結果と実際的価値が強調される、思想方法論、思想の一般的動向あるいは傾向、また特定の学派。」

と、「新版」で明解な定義を与え、さらに42行にわたって解説を加える。

その解説の中で、パース (C.S. Peirce) がこの理論を1878年の雑誌 (*Popular Science Monthly*) において論文 "How to Make Our Ideas Clear" で最初に論じたこと、またパースが「哲学の会話で、たぶん、1870年代半ばには絶えず用いていたことなどが触れられる。

解説の後に、デューイ (John Dewey)、ウィリアム・ジェイムズ (William James)、シラー (F.C.S.Schiller) の引用文が続く。ウィリアム・ジェームズのものは2例ある。

解説にはパースのことば、

As late as 1893, when I might have procured the insertion of the word pragmatism in the *Century Dictionary*, it did not seem to me that its vogue was sufficient to warrant that step.

「1893年になって、プラグマティズムという語を『センチュリー辞典』に私が加えてもよかったような時には、その流行はそうするにはまだ充分ではないように私には思えた。」

が引用され、パース自身が『センチュリー辞典』とのかかわりに触れている。彼は『センチュリー辞典』の初版以来、論理学などの編集を担当していた。上の文は、しかしながら残念なことに、のちの『センチュリー辞典・改訂増補版』(1911) では省かれている。

また、「新版」(1909) の序文に拠れば、プラグマティストのデューイが pragmatism とその関連語に関係していた。

「新版」の aeroplane の語義2に「飛行機」が入り、双葉機と単葉機の図がある。

この「新版」をさらに改訂して、1911年に辞書本体のそれぞれの巻の巻末に補遺を配する。辞書10巻に、第11巻「固有名詞百科」、第12巻「地図帳」である。「固有名詞百科」は後々まで評価の高いものであった。

『センチュリー辞典』の評価としては、NED の編者の一人であったウィリアム・クレーギー (William A. Craigie) と共に、歴史的原理により『アメリカ英語辞典』(*A Dictionary of American English*) を編集したジェイムズ・ハルバート (James R. Hulbert) の 1955 年の次のことばが妥当である。

> この Century は、百科全書的な内容、特に学術・技術に関する知識を採り入れたほか、豊富な用例をおさめ、稀に見る明解な定義をあたえている。[...] 優秀でもあるし、これに代わるものも現れないので、この辞書は今なお参考書として価値がある (Hulbert 1955; 中西訳 40 頁)。

『センチュリー辞典』、『ニュー・スタンダード』が基本的に19世紀の辞書編集方針であるのに対して、メリアム社は書名も『ウェブスター新国際

英語辞典』(1909) とし、版組みから改める。大国アメリカの辞書が前面に出てくる。

　1909 年『ウェブスター新国際英語辞典』、1911 年『センチュリー辞典・改訂増補版』、1913 年『ニュー・スタンダード英語辞典』の出版後に、世界は激動動時代を迎える。

　1914 年から 18 年 11 月 11 日まで続いた第 1 次世界大戦は、飛行機の急速な発達を促し、海軍王国イギリスは 19 世紀の最強国イギリスではなくなった。アメリカ合衆国の目覚しい台頭は誰の目にも明らかであった。アメリカ兵のイギリス滞在により、以前では考えられない、大衆レベルでの英米のコミュニケーションが行われた。

　1895 年 12 月 28 日、パリにおける最初のスクリーン式に始まる映画は、1896 年 4 月 23 日にはニューヨークでエディソンによるキネトスコープ上映を生む。世界はこのスピードで動く時代であった。

　第 1 次世界大戦中のヨーロッパでは映画制作はあまり見られず、アメリカ映画がヨーロッパで歓迎される。

　1927 年の The Jazz Singer でのアル・ジョルスン (Al Jolson) の歌といくつかのせりふは、トーキーの時代を生む。トーキーはアメリカ英語のイギリスへの浸透をもたらす。

　世界大戦、自動車産業、飛行機、映画の時代に、『センチュリー辞典』も『ニュー・スタンダード』も全面的な改訂版を出すことがなかった。年と共に時代遅れとなっていく多くの百科事項とその説明を背負った巨大な図体は、細部の手当てを施したところで、全体としては機能不全となるだけであった。ひとりメリアム社のみが 1934 年に全面改訂をし、『ウェブスター新国際英語辞典・第 2 版』(1934) を上梓する。ここに、ウェブスターの 1 冊本大辞典は全盛期を迎える。

　センチュリー社は、2 冊本の中辞典『ニュー・センチュリー辞典』(The New Century Dictionary, 1927) を出版するだけである。ファンク・アンド・ワグナルズ社は『ニュー・スタンダード』の補遺を改訂するだけであった。共に、消えゆく運命にあった。

ここで極く簡単にアメリカの学術辞書に触れておきたい。
　1938年に、『アメリカ英語辞典』(*A Dictionary of American English on Historical Principles*; DAE) がシカゴ大学出版局から出版される。全4巻で、総頁数2,552の大きな辞書である。『オックスフォード英語辞典』(OED) の編集者の一人ウィリアム・クレーギーと、ジェイムズ・ハルバートが編集に当たる。OEDと同じく歴史的原理により、アメリカ英語の引用例を年号とともに載せる、学術的辞書である。OEDを補うものであって、例えば、不定冠詞は見出し語にならない。その意味で、特殊辞典である。しかし、OEDの編集方法をアメリカに定着させた功績は大きい。
　1951年に、これも特殊辞典『アメリカニズム辞典』(*A Dictionary of Americanisms on Historical Principles*; DA) がシカゴ大学出版局から出版される。DAEのassistant editorの一人ミットフォード・M. マシューズ (Mitford M. Mathews) が編集する。このDAはアメリカニズムだけに絞ったもので、DAEより扱う範囲は狭いが、OED方式により、DAEより多くの資料を駆使した、極めて良心的な辞書である。アメリカニズム研究には不可欠である。アメリカでも非営利的な辞書が可能であることを示す点でも注目に値する。

第 6 章

『ウェブスター新国際英語辞典』(1909)
―大国アメリカの英語辞典―

　1909 年に、メリアム社はウェブスター大辞典の新版を出版した。『ウェブスター新国際英語辞典』(*Webster's New International Dictionary of the English Language*) である。新たに組み替えられた版で、大きな改訂を伴う。『ウェブスター国際英語辞典』(1890) (以下『国際版』と略す) よりわずかに大きな版型 (横約 23 センチ、縦 30 センチ) であるが、収録語彙は 40 万を越す。『国際版』が 17 万 5 千語であったから大幅な増加である。『スタンダード英語辞典』、『センチュリー辞典』との市場での競合によるところが少なくない、と考えられる。

　辞書本体 2,373 頁に、地名・人名の発音などの付録が付く。地名・人名を辞書本体から外すのは、この部分だけの改訂に備えるためである。しかし、聖書に現れる固有名詞などは辞書本体に移された。巻末の分類挿絵は依然として残る (1924 年刷り、1926 年インディア・ペーパー版、1929 年刷りを使用)。

　頁の大部分は、従来通りの 3 欄組みで、それに下欄に小さな活字で、あまり重要ではない語を 6 欄に収める。体裁でもっとも変わったのはこの点である。このようにして 40 万語を収録語彙とした。

　編集主幹は W.H. ハリス (Harris)、編集長 F. アレン (F. Sturges Allen) となる。前付けからは、ノア・ウェブスターの伝記がなくなる。「英語小史」、「発音案内」は改訂されて残る。

　見出し語の扱いに変化が見られる。追い込みによる小見出しをやめ、これらを独立見出し語とする。したがって、basket ash, basket ball, basket boat, basket button, basket cells, basket cloth, basket elm などが新たに見出し語とな

った。この辞書の方式を、その後のほとんどのアメリカの英語辞典が踏襲することになる。この点でもイギリスの辞書とは違いを見せる。

アメリカの世界進出は、国際問題を扱う世界的な語彙が必要である、と序文は述べる。また、世界の新聞の半数が英語で、1904年にはアメリカ合衆国・カナダで23,000種、イギリスで9,800種の新聞が発行されており、その新聞を読む手がかりを与えるのがウェブスターの役割である、とする。ウェブスターは、博識ある学者だけではなく、生徒や新聞読者の要求の応じてきた。『ウェブスター新国際英語辞典』(以下『新国際版』と略す)も同様であると、広範な読者に適した辞書であることが強調されている。『スタンダード英語辞典』の大衆性を無視できなくなっていることが感じられる。

新聞は独自の語彙を持ち、旅行・実業・国際関係・村のゴシップ・政治・通商・地理・歴史・文学・方言・技術・外国語・科学用語などに関する語彙が現れるが、それらを読み解く鍵を与える、とする。

収録される語彙選定の基準は、有用性であって、辞書を引く人のもっとも求めそうな語を収めることを、編集者は目指す。文学に現れる語、口語、専門語、方言、科学用語、外国語を収録する。古い文学は、『国際版』発行時には、ジェフリー・チョーサーの学習が確立していたが、いまやチョーサーは高校で教えられているおり、中世文学に対する関心はチョーサーを越えて広がり、また深い。『新国際版』は中世文学に対応できる唯一の、全一巻の辞書である、という。引用作家表を見ると、ラヤモン (Layamon；1200年頃の詩人)、『女子修道院生の戒律』(*The Ancrene Riule*)、『ガウェイン卿と緑の騎士』(*Sir Gawain and the Green Knight*)、ラングランド (Willam Langland, c.1330-c.1440) などががある。

当時はイギリスを含めて、代表的な中世英文学を読める一冊本の一般用辞書は存在していなかった。『センチュリー辞典』もチョーサー以降を対象とする。

この版は、『オックスフォード英語辞典』(OED) に言及した最初のウェブスター大辞典である。OEDは1908年の時点でN項まで上梓されていた。その徹底した歴史主義は英語研究の一大金字塔となることは明白であっ

た。メリアム社も早くから注目していたとみて良いであろう。

『ウェブスター新国際辞典』は、すべての本格的な辞書と同様に、『オックスフォード英語辞典』に計り知れないほど多くを負うものであり、特に英語の発達と、意味の分析の基礎となる豊富な、年号を入れた引用文に対して負うところ大である、と序文に記す。OED は、1933 年までの書名は *A New English Dictionary* であるが、19 世紀末から *The Oxford English Dictionary* 『オックスフォード英語辞典』も使われていた。『新国際版』は『オックスフォード英語辞典』の名称を使用している。

『新国際辞典』が、「定義はいっそう精密に、いっそう歴史的方法で扱われた」と述べるとき、OED の存在を我々は意識する。

bachelor の語義配列が『国際版』の、

1. A man of any age who has not been married.
2. An unmarried woman. [*Obs.*]
3. A person who has taken the first or lowest degree in the liberal arts, or in some branch of science, at a college or university; as, a *bachelor* of arts.
4. A knight who had no standard of his own, but fought under the standard of another in the field; often, a young knight.
5. In the companies of London tradesmen, one not yet admitted to wear the livery; a junior member. [*Obs.*]
6. (*Zoöl.*) A kind of bass, an edible fresh-water fish (*Pomoxys annularis*) of the southern United States.

から、『新国際版』の、

1. A knight who followed the standard of another, either because of his youth or of having too few vassals of his own; hence, a novice in arms. Hence, also, a knight bachelor (which see).
2. A junior member of trade guild or city company. *Obs.*
3. A man (now also a woman) who has taken the first or lowest degree in the liber-

al arts, or in some branch of learning at a college, school, or university; as, a *bachelor* of arts. See GOWN.
4. A man of any age who has not married.
5. A woman who has not married. *Rare or Attributive.*
6. **a.** The crappie. **b.** Sometimes, any male animal, when without a mate during the breeding time; — esp. applied to male fur seals three to six or more years old, which are prevented from breeding by the older males. These are the seals which may legally be killed for their skins.

1. 若さ故にまたは家臣が余りにも少なき故に、他の騎士の旗下に馳せ参ずる騎士；そこから、戦さの駆け出し。そこからまた、最下級騎士 (Knight bachelor の項参照)。
2. ギルドまたは市商業組合の若い会員。廃義。
3. 自由教養科目の最初のまたはもっとも低い学位を大学あるいは学校で得た男子 (現在は女子も含む)。例、文学士。GOWN 参照。
4. 年齢の如何にかかわらず結婚していない男性。
5. 結婚していない女性。まれ、あるいは形容詞的に。
6. a. クラッピー。b. 時に、繁殖期につがいのいない時のオス、特に、年上のオスに生殖を邪魔される3歳から6歳以上のオスの、毛皮用オットセイ。このオットセイは、毛皮採取のために殺すことが法的に認められている。

となるのを見るとき、OED 出版を契機に歴史的観点から語義配列が再検討されたことがわかる。

また、語義 6a の意味、北米の魚「クラッピー」はすでに『センチュリー辞典』(1889年) に記述されている。OED は 1989年の第2版にも採り入れていない。『センチュリー辞典』の影をも『新国際版』に見ることができる。

基本語も見直され、良くなる。

get では、他動詞に口語的用法が加わり、そして区動詞、イディオムには俗語も入る。

語義では、"to get three months (3ヶ月の刑を食らう) など、口語としての「刑を食らう」、"He got me in the argument." (議論で彼にやっつけられた) の「追い詰める、参らせる」、"What have you got now to worry about? (今度は何が問題なんだい) の「見つける」などが追加される。
　イディオム・句動詞では、
　to get it (しかられる、いやな思いをする)〔口語〕
　to get on (b. 賭ける)〔俗語〕
　to get religion (宗旨替えをする)〔米、卑俗〕
　to get square with (〔人〕に仕返しをする、貸しを返す)
　to get the drop (〔相手より〕先に銃を突きつける；機先を制する)〔口語または俗語〕
　to get the mitten (s) (ふられる、捨てられる)〔口語〕
のように、口語表現の充実が目立つ。
　自動詞の get (他動詞とは別見出しである) では、『新国際版』で次の2項が加わる。

　　3. To go away quickly; to take one's self off; — often pronounced *git*. *Vulgar, U.S.*
　　　急いで出かける；立ち去る；— しばしば /git/ と発音されて。〔米、卑俗〕。
　　4. To manage; contrive; as, I couldn't *get* to go. *Dial. U.S.*
　　　なんとか...する；うまく...をやってのける；例、俺は行けなかった。；〔米、方言〕。

　語義3は、すでに『センチュリー辞典』(1898年) に、

　　3. To go; start; be off. 〔Low, western U.S.〕
　　　　　The driver finally mounted his box,...and as he yelled to them 〔his horses〕 to *git*,...all started to run.　　*Rocky Mountains*, p.149.
　　行く；出発する；出かける。〔下品な表現、米西部〕。

御者はついに御者席に上って、馬に「行け」と叫ぶと、馬ども
は皆、走り出した。　『ロッキー山脈』149頁

とあり (従って、『センチュリー辞典』に軍配が上がる)、NED (1901年刊)
の語義 31 d にも "*U.S. colloq.* or *slang* (often in form *git*) : To be off, 'clear
out'." とある。
　『新国際版』の語義4は『センチュリー辞典』の、

4. To be able to; manage; used with an infinitive; as, I didn't *get to go*.
   [Colloq. Pennsylvania, U.S.]
   …できる；なんとか…する；不定詞と用いて；例、私は行けなかっ
   た。[合衆国ペンシルヴァニア州、口語]

に相当する。この意味は OED は第2版 (1989年) も採り上げていない。し
かし、ライト『イギリス方言辞典』(Joseph Wright, *The English Dialect
Dictionary*, vol.2, 1900) の語義13　で、

[**Amer.** He didn't get to do it, CARRUTH *Kansas Univ. Quar.* (1892) I.]

と、アメリカの例を参考として出している。
　この用法を筆者は、深層構造に〈get oneself to do〉を想定することによ
って manage, contrive (どうにか…できる、うまくやってのける) の意味を説
明できると思っている。〈get + 人 + to do〉は、しばしば、難しいことを人
にさせたり、努力を必要とするとのニュアンスを伴うからである。また、
自動詞は他動詞の再起用法から発達することもある。
　ついでながら、志村正雄氏が加島祥造氏との対談 (『翻訳再入門』198-
200頁) で、"I got to carry it." を「私はそのラジオを持たせてもらえた」、あ
るいは、"so we always get to sit on the big rock." は「少し遅くなって日光浴
に出かけると、とても、いい場所の岩の上に坐ることができないんだけれ
ども、私たちは早くから行ったから坐れる」と指摘する用法も、「困難

さ・努力」から生じた用法と説明できるであろう。

『NTC アメリカ英語学習辞典』(*NTC's American English Learner's Dictionary*, 1998) は、ずばり、"to be allowed to do something; to be permitted to do something." の語義を与えている。

『新国際版』もウェブスターの伝統を遵守し、科学用語を重視する。しかし、アメリカには今や『センチュリー辞典』という、科学用語では極め付きの辞書があり、しかも 1909 年には 2 冊本の『補遺』が加わり、1909 年の時点では、『新国際版』は『センチュリー辞典』のはるか後塵を拝する。しかし、1 冊本に限定して言えば、『新国際版』は前版をさらに充実させていることは明らかである。

新たに見出し語となったもので、注目されるのは okapi である。

[Native name on the borders of the Belgian Congo, possibly the same word as Mpongwe *okapo* lean.] A peculiar mammal (*Okapia johnsotoni*) closely related to the giraffe, discovered in the deep forests of Belgian Congo in 1900. It is smaller than an ox, and somewhat like a giraffe, except that the neck is much shorter. Like the giraffe, it has no dew-claws. There is a small prominence on each frontal bone of the male. Its color is chiefly reddish chestnut, with the cheeks yellowish white, and upper parts of the fore and hind legs striped with purplish black and cream color.

[ベルギー領コンゴー境界の原住民の名前、あるいはアムパングウェイ語の okapo (痩せた) からか] ベルギー領コンゴーの深い森林で 1900 年に発見された、キリンと近い関係にある、珍しい哺乳類 (学名オカピア・ジョンストニア)。牡牛より小さく、首がずっと短いことを除けばキリンにやや似ている。キリンと同様に、偽蹄はない。オスの前頭骨には隆起がある。色は主として赤みがかった栗色で、頬は黄色っぽい白、前脚・後脚の上部は紫がかった黒色とクリーム色の縞がある。

1900 年にジョンストンにより発見されたオカピーが 1909 年の辞書に登場しているのは、それだけ関心を引いたためであろう。百科事典並みの扱

いである。挿絵があり、このような場合に挿絵は有効である。
　人文系では　back-formation (逆成) が入る。1889 年 NED の見出し語 burgle (泥棒に入る) の語源欄に "A back-formation from BURGLAR, of very recent appearance, though English law-Latin (1354) had a verb *burgulāre* of same meaning." (イギリスの法律ラテン語で 1354 年に同じ意味で動詞 burgulāre はあるが、burglar からの極く最近現れた、逆成) とある。back-formation は NED の編集主幹マリーの造語で、NED の見出し語にはなく、『オックスフォード英語辞典・補遺』(1933) で見出し語となった。この語は、のちには語形成に関する基本的な語の一つとなり、それを採録した『新国際版』編集陣の先見性が光る。
　『新国際版』は、百科事項のかなりの増加を見る。automobile には AUTOMOBILE: TYPICAL FORMS として 16 種の自動車の絵が入る。さらに車体の構造図を横から見たものと上から見たものが入り、部品名と合わせて別刷一頁を占める。
　motor cycle (オートバイ) にも図とともに部品名が与えられる。fin keel (深竜骨) などにも船の絵があり、ことばだけでは説明しきれないところを補う。
　百科事項の増加は、明らかに、『センチュリー辞典』、『スタンダード英語辞典』の影響である。激しい販売合戦を勝ち抜くためには、競合するものから受けのよいものを取り入れていく方式が、辞書にも適用されたのであろう。
　挿絵も 6 千となり、メリアム社も『センチュリー辞典』、『スタンダード英語辞典』とますます似てきた。『国際版』から動植物の絵はほぼ引き継ぎ、機械・道具に一層の注意が払われる。
　人体図に 1 頁をとり、部位の名前を詳細に対応させる。cathedral には別刷の 1 頁にノートルダムやケルンなど世界の有名な大聖堂 10 ケ所の絵を載せる。
　forum では、『国際版』の語義を改めただけではなく、古代ローマの広場の図を掲げる。大きな法廷 (Basilica Julia) や寺院が、広場 (Forum Romanum) を取り囲む。視覚に訴え、語義「店あるいは後には公共的建造

物、柱廊などで取り囲まれた広場から成る、都市の市場あるいは公共の場所。司法その他の公務の中心であったから、人々が自然に集まる所であった。」と、挿絵と一体となり、理解を深める (この定義にも OED の影響が見られる)。ここから、日本語でも使うフォーラム (聴衆も加わる公開討論) はもう一歩である。

ところで、『新国際版』はすべての点で優れた辞書と言えるであろうか。気になるところがないわけでもない。

序文に言う：――アングロ・サクソン民族［イギリスとアメリカ］は、文明世界の境界地［文明と未開の境界地］において、ますます活動的な国家群になりつつある［...］文明の二つの教えを学ぶために、学校に行かない未開の国民はいない；［文明の教えの］第1は、機械による自然の征服法で、第2は、自分の住むところと、他のすべての人類と一つになる方法である ―― 通商による商品の交換と生産性の高い工業によって、そしてそれだけでなく、特に経験と思想を相互に伝達共有することによってである。この相互伝達において、英語は主役を果たすことになる：境界地の語法を広く認めることにおいて、ウェブスター新国際辞典はその名が正当であることを新たに示し、その性格を強調する。

ここで言われていることは、文明の中心・イギリスとアメリカに「未開の国民」(a savage people) は学ぶべきであるとする、自文化中心主義である。「機械による自然の征服」もとどまるところなく進めるべきであり、それが人類の進歩である、と編集者は考える。

この序文の世界観は、19世紀末 (1898年) に、大統領マッキンレーが「フィリピン全体を併合してフィリピン人に教育をほどこし、彼らを精神的に向上させ、文明化し、キリスト教徒らしくする」(サミュエル・モリソン『アメリカの歴史』西川正身翻訳監修Ⅱ.574頁) と語ったことを思い起こさせる。また、1903年4月3日にセオドア・ルーズベルトがラテン・アメリカについて、

> I have always been fond of the West African proverb: "Speak softly and carry a big stick; you will go far.

「穏やかに話しなさい、そして大きな棍棒を携えていなさい、そうすれば、うまく行くものです」という西アフリカの諺が私は昔から好きです。

と語ったことばを思い出さざるを得ない。南米に対する強硬策であった。

1898年の米西戦争で、アメリカはプエルト・リコ、グアム、フィリピンを獲得し、同年ハワイを強引に併合する。

『ウェブスター新国際英語辞典』序文の、アングロ・サクソンによる支配志向は、決してこの辞書に限られたものではなかった。

自文化中心主義は、文化人類学の相対主義の強い反対と対峙しなければならなくなる時がいずれは来る。しかし、1909年のウェブスター大辞典は、19世紀の超大国イギリスと20世紀初頭には大国となっていたアメリカ合衆国による覇権を予言するものとなっている。

アングロ・サクソン民族中心主義の表れとして、voodoo, voodooism をあげることが出来る。voodooism を『新国際辞典』は、次のように定義する。

A degraded form of superstition and sorcery, said to include human sacrifice and cannibalism in some rites. It is prevalent among the negroes of Haiti, and to some extent in the United States, and regarded as a relic of African barbarism.

堕落した迷信と魔術、ある種の儀式においては人身供犠と人肉嗜食を含むと言われる。ハイチの黒人の間で広く、合衆国でもある程度行われ、アフリカの野蛮の残滓と見做されている。

この定義は1890年刊『国際版』と同一である。しかし、序文と合わせるならば、アメリカの主流を形成する層の、異質の文化のとらえ方が浮き上がるのである。多様性ととらえるのではなく、文化を優劣でとらえる。

また、「ヴードゥー＝低俗な迷信で、儀式によっては人心供犠・食人」ととらえているが、人肉を食することが、20世紀初頭にも行われていると読める書き方である。

『新国際版』の編集方針をあらためて序文で確認する。改訂の第一の目標は、常に正確であること、正確さに続く目標は、綿密であり且つ十分であること、次の目標は、辞書全体が均一で統一がとれていることである、とする。「語の意味がどうあるべきかについて編集者の意見を述べるものではなく、語が実際に使われている意味を(はっきりと)述べるのが辞書の機能である、というのが、すべての点において改訂の態度である」。

　実際に使われている意味の記述というのは、トレンチが19世紀半ばに表明した辞書編集のあるべき姿であって、『新国際版』もその流れのなかにある。編集者は、この語はこういう意味であるべきであると、個人の意見を書くのではなく、多数の引用カードを読み、そこから語義を抽出して記述するのが仕事である。編集者が説教師であってはならないし、偏見を持ち込んではいけない。これが19世紀中葉以後の辞書編集の理念である。しかし、本格的な辞書においても、実態は理念から時に離れ、時に逆らう。『国際版』を全く変えることなく使う『新国際版』のヴードゥーの定義は、この辞書の編集陣の偏見である。あるいは、アングロ・サクソン系白人の偏見と言ってもよい。世界の大国になりつつあるアメリカの心性を反映していると見なさざるをえない。アングロ・サクソン文化を基準に、他の文化の優劣を決めている。

　辞書は時代を反映するのである。

第7章
『ウェブスター新国際英語辞典・第2版』(1934)
―1巻もの最高の百科的英語辞典―

　1934年に、『ウェブスター新国際英語辞典・第2版』(*Webster's New International Dictionary*, Second Edition) (以下『新国際・第2版』(1934) と略す) が出版される。あまり重要ではない語は、下部に6欄組の小活字で提示する形式を前の版から踏襲している。横約22.5センチ、縦約30センチの版型で、辞書本体2,987頁に、略語、地名発音辞典、人名発音辞典が加わる。

　「現代の文化と文明の解釈」としての辞書である、と序文は述べる。続いて、序文は言う：― 成人教育が、近年、新たに強調されている。学校は増加し、大学生が大幅に増えてはいるものの、教育は教育機関への出席で終わるものではないし、終えることはできないことが、ますます認識されつつある。教育は、生涯にわたる過程であって、学校あるいは大学は、道具を与え、その使い方を教える上で主として重要である。完成品としての教育を受けた人の概念に代わって、巨大な人間の無知を意識しつつ、科学研究や他の人間精神の活動を通して宇宙のすべての面にたえず投げかけられつつある光と向かい合う、知的好奇心を持つ人の概念が、今や取って代わりつつある。これらの成果を、我々の環境の理解のために、またその環境への実際的な適応のために利用するために、現代の聡明な人は、たえず読まなくてはいけない。書籍、雑誌、新聞には、新しい概念を表わすために、新たに造られ、また復活された語に満ちている。これまでになく、辞書は理解と前進のために欠くことのできない道具である。こうした必要性から、この辞書は企画され、でき上がった。

　この序文は、『ウェブスター新国際英語辞典』(1909) (以下『新国際・第1

版』(1909)と略す)とは、趣きを異にする。

　大学を出れば、教育は完成するのではなく、巨大な「人間の無知」を認識すべきであり、宇宙は絶えず解明されつつあり、知的好奇心をもって望まなくてはいけない、とする『新国際・第2版』(1934)は、『新国際・第1版』(1909)の、アングロ・サクソン民族主導を説く世界観を乗り越えて成熟を示す。「ウェブスター」は、本来の意味での大辞典となりうる編集理念をここに打ち出した。

　編集体制が変わる。

　編集主幹 (Editor-in-Chief)、編集長 (General Editor)、編集局長 (Managing Editor)、社長から成る編集委員会 (Editorial Board) を作る。編集主幹はスミス・カレッジ学長ニールソン (William Allan Neilson) が務める。一人の編集主幹あるいは編集長が全巻を見られる規模ではなくなったことが強調される。

　「実用的知識、文化的知識に驚異的な進展が、この25年間に見られ、それに対応する新しい本である」(広告)。

　見出し項目は60万となる。その内の12万2千語は他の辞書には載っていない、と言う。専門用語は262人の専門家が担当した。専門用語の重視で、『オックスフォード英語辞典』との違いは、より明瞭となる。

　見出しの提示に新機軸を打ち出す。一つの概念を表わす〈名詞 + of + 名詞 (句)〉も見出しとする。例えば、

　apex of a lung (肺尖)
　apex of the earth's motion (地球向点)
　apex of the heart (心尖)
　apex of the sun's motion or way (太陽向点)

これらが見出しとなる。これが見出し60万語に多少は貢献していることも確かである。『ニュー・スタンダード英語辞典』(1913)はこの方式を採らないから、『新国際・第2版』(1934)は宣伝においても優位に立つ。しかし、大辞典が見出し語の多さを競うのは、この辞書をもって終わることにな

る。

　1909年の『新国際』出版以後、世界は大きく動いた。自動車の発達は著しかった。第1次世界大戦 (1914-18) ではアメリカの兵隊がヨーロッパで参戦する。大戦中に飛行機が戦争の強力な武器となり、航空機は飛躍的な発達を遂げる。

　1903年に、映画『大列車強盗』(The Great Train Robbery) が上演され、1907年に、ロスアンゼルスで最初の映画が作られ、1911年にはハリウッドで映画制作が始まる。

　1909年にアメリカで実験放送が始まったラジオは、1920年にデトロイトで最初のラジオ局が放送をはじめ、選挙結果が放送される。ラジオの時代が始まった。1921年には、ニュージャージー州ニューアークでのワールド・シリーズが実況放送される。1922年にはアメリカのラジオ局が500を越した。ラジオがアメリカ文化・アメリカの英語へ影響を及ぼす。

　1908年にヘンリー・フォードの造ったモデルTに始まる大衆車は、自動車時代をもたらした。1918年から始まる分割払い (installment buying) の効果は大きく、1929年には450万台の新車が売られる。同年の自動車登録は2,670万台となる。『新国際・第2版』(1934) は、「自動車文化」(car culture) の時代である。

　スラング、方言、口語表現にはどちらかと言うと、消極的であったメリアム社も、これらにかなりの力を入れることになった。「サミュエル・ジョンソンもノア・ウェブスターも標準語の純粋さを維持することを、辞書編集者の義務と信じた。しかしながら、この百年で読み書きの能力は進み、また、フィクション、ドラマ、ラジオ、映画において、方言、スラング、口語の使用は増加し、地域方言・職業方言 (occupational dialect) を一般用辞典が記録・解釈することを必要としている」(序説)。それらを編集部が入念にチェックし、スピーチ・レベル「口語」(Colloq.)、「方言」(Dial.)、「俗語」(Slang) を定義に付す。

　低地スコットランド英語に言及していることが目を引く。スコットランド英語は低地スコットランドと、スコットランド人が移住した世界の多くの地で話されているだけではなく、バーンズ、スコット、スティーヴンソ

ン、バリーでも用いられているので、重要な作品で用いられているすべてのスコットランド英語を収めることを目指す、と序説にある。

1921 年にアルスターを除いて自治領となったアイルランドも、ケルト研究の重要な分野として収録語彙にそれを反映させる、としている。

アジアでは、特にインド、中国、フィリピンに注意を払う、という。アメリカのアジア進出を反映した。

言語学も重点的扱いの対象となった。音声学では、編集顧問を務めるケニオン (John Samuel Kenyon) が音声学用語の定義を担当する (のちに、編集長ノット (Thomas Albert Knott) とともに、『アメリカ英語発音辞典』(*A Pronouncing Dictionary of American English*, 1944) をメリアム社から出版した)。口語の発音を重視する。

文法ではイエスペルセン『近代英語文法』(Otto Jespersen, *A Modern English Grammar* 1909-49) とサピア『言語』(Edward Sapir, *Language*, 1921) の用語が採り入れられている。ともに名著であった。

心理学では精神分析、精神療法、行動主義、ゲシュタルト心理学への大衆の関心を反映して、その用語が見出しとなる。

科学では、物理学、天文学、天文物理学の新しい概念が採り上げられる。化学用語にも充分なスペースが与えられる。植物学は古い定義も新たな知見に合わせ、書き直された。

これらが収録語彙を増やし、60 万の見出しとなる。一冊もので最大の語彙数である。

廃語・廃義は、現代語重視により大幅に削減される。1500 年以前の語は、チョーサーの語彙を除き省かれる。近代英語の辞書としての性格が明らかになる。綴字も、現代でも元の綴りで読まれるチョーサーとスペンサー (Edmund Spenser) のものを除き、1600 年以前の異綴りは原則として見出し語としない。これは『オックスフォード英語辞典』との違いを明確化するのに役立ったであろう。この方向が、一冊もの一般読者用辞典の採るべき方向であろう。

編集方針は「正確さ、明解さ、包括性 (accuracy, clearness, comprehensiveness)」を謳う。これは『スタンダード英語辞典』(1893-4) の「包括性、正

確さ、わかりやすさ」(comprehensiveness, accuracy, and simplicity) に極めて近い (254 頁参照)。

膨大な引用文を基に、定義をする。書籍、パンフレット、雑誌、新聞、カタログ、学術誌から 160 万を越える引用例文を集め、さらに 200 万の他の辞書の引用文を調べ、聖書、シェイクスピア、ミルトン、ブラウニング、テニソン、チョーサー、ポープ、グレイ、シェリーなどのコンコーダンスを利用する。用例に基づく辞書であることは、いくら強調してもしすぎることはない、と誇る。確かに辞書のあるべき姿に近づいたことは認められるであろう。

引用例文ファイルにより、前版の定義はすべて見直したので、3 分の 2 は書き換え、改訂された、と序文は述べる。

『新国際・第 2 版』(1934) の D 項の最初の 1 頁を、『新国際・第 1 版』(1909) と照合してみると、見出し語は、連結形 (daco-) を含めて 19 の見出し語の増加である (追い込み見出しは省く)。大部分は科学用語である。

見出しの提示に変更が見られた。『新国際・第 1 版』(1909) までは他動詞と自動詞を別見出しとしていたが、動詞は一つの見出しとなる (名詞と動詞は、同じ語であっても、go のように別見出しとし、従来と変わらないもの、それに diet のように同一見出しにするものがあり、一貫性を欠く)。

D 項全体の定義を見ると、基本語はあまり変わっていない。

多少改善されたものに、diet がある。『新国際・第 2 版』では、次の定義である。

1. Habitual course of living, thinking, reading, or, specif., feeding; hence, food and drink regularly provided or consumed; also, fare; viands; as, a steady *diet* of Aristotle and Plato; to simplify one's *diet*.
   習慣的な、生活・思考・読書・特に、食事の仕方；そこから、規則的に与えられ、摂取される飲食物；また、fare［類義語、食事］；viands［食料］とも言う。例、アリストテレスとプラトンのいつもの食事；食事を質素にする。

2. The kind and amount of food selected with reference to a particular state of

health; prescribed allowance of food; regimen prescribed; as, a diabetic *diet.*
"To fast like one that takes *diet.*" *Shak.*
健康上のある状態との関連で選ばれる食事の種類と量；処方された食べ物量；食養生法；例、糖尿病の食事。
「食養生している病人よろしく、食事をめしあがらず」
シェイクスピア (北川悌二訳　筑摩書房版)
(定義 3,4,5 省略)

1909 年版の語義 1 は、"Course of living or nourishment; also, what is eaten and drunk habitually; food; viands; fare."「生き方、滋養 (物)；また、習慣的に飲み食いされるもの；food ; viands ; victuals ; fare［類義語］」であった。

次に、1933 年に出版された『オックスフォード英語辞典・補遺』(OEDS 1933) と定義を比較してみる。

feminism
  OEDS 1933 2. ［after F. *feminisme.*］The opinions and principles of the advocates of the extended recognition of the achievements and claims of women; advocacy of women's rights.
  ［フランス語 feminisme に倣う］女性の功績と要求を今までよりも広く認める人たちの意見と原理；女性の権利の主張。
  W. 1934 The theory, cult, or practice of those who advocate such legal and social changes as will establish political, economic, and social equality of the sexes; propaganda or activity favoring the emancipation of women.
  男女の政治的・経済的・社会的平等を確立する、法的・社会的変革を主張する人たちの理論・熱狂・実践；女性解放に味方するプロパガンダあるいは活動。

比較するならば、「男女の政治的・経済的・社会的平等」を明示する点で、また「法的・社会的変革」に触れる点で『新国際英語・第 2 版』(1934) の定義が勝る。

次に、folk-song (これは OEDS の見出しで、W. 1934 は folk song) も共通の見出し語である。

OEDS 1933 [f. FOLK + SONG sb. After G. *volkslied*.] A song originating from 'the people'; also *collect. sing.*
[FOLK + SONG から. (名詞). ドイツ語 volkslied に倣う]「民衆」に始まる歌；集合的に単数でも［用いる］。
W. 1934 A song originating and traditional among the common people of a country, and hence embodying characteristic qualities of form and feeling. From their more or less impersonal origin, folk songs are in general contrasted with *art songs*, which are the known work of individual composers.
ある国の民衆に始まる伝統的な、それ故、特徴的な形式と感情を具現する歌。起源が程度の差はあるものの非個人的であるので、フォークソングは一般的に個人の作曲家の作であることがわかる歌曲と対比される。

これは由来は別として、対義表現も加えていて、誰が見ても『新国際・第2版』(1934) の方が上であろう。のちの『オックスフォード英語辞典・補遺・第1巻』(1972) では、"A song originating from the common people; also, a modern imitation of such a song ; also *collct sing*." と書き改められている。
次に fool-proof を見る。

OEDS 1933 Orig. *U.S.* Proof against even the incompetence of a fool; simple and straightforward so as to respond to the most inexperienced or careless handling; safeguarded against every sort of accident.
(元、アメリカ語法) 馬鹿の無能力さにも耐える；もっとも経験のない人や不注意に扱う人にも対応できるほど簡単でわかりやすい；あらゆる種類の事故にも予防策を施した。
W. 1934 So simple, plain, strong, or the like, as not to be liable to be misun-

derstood, damaged, etc., even by a fool.

　大変簡単で、わかりやすく、頑丈 (など) で、馬鹿にも誤解されることもなく、壊されない、など。

　『オックスフォード英語辞典・補遺』(1933) の前半の定義は、この語の構成要素を使って解説、後半はやや回りくどい。『ウェブスター新国際英語辞典・第 2 版』は、fool-proof の語調も定義に生かす。

　『新国際・第 2 版』(1934) の優れている点の一つに、学問用語・科学用語がある。continental drift が見出し語となっている。

continental drift
　　geol. A hypothetical slow movement of the continents on a supposed deep-seated, viscous or plastic zone within the earth. See WEGENER HYPOTHESIS.
　　【地質学】地球内部における、仮定される深層の粘性または可塑性帯上の、仮説上のゆっくりした大陸の移動。「ヴェーゲナー仮説」参照。

Wegener hypothesis
　　Geol. [After Alfred *Wegener* (b. 1880), Ger. geophysicist.] The view that the existing continents were originally one land area of which portions were separated and, since Carboniferous time, have slowly drifted apart, moving on a plastic substratum, or sima.
　　【地質学】[ドイツの地球物理学者アルフレート・ヴェーゲナー (1880 年生まれ) から] 現在の大陸は、元は一つの陸地で、その一部が分かれ、石灰期以来、可塑層すなわちシマ上をゆっくりと離れてきたという見解。

　このヴェーゲナーの仮説は 1912 年に発表されたが、一般に認められるのは 1950 年代である。『オックスフォード辞典・補遺』(1933) には全く見られない。「ウェブスター」の科学用語の語彙選択は先を読む。

　relativity の語義 2 では、アインシュタインの説を、31 行にわたって解説している。「ウェブスター」が理系の研究室にも置かれる理由がここにある。

百科事典的要素は、これまでの「ウェブスター大辞典」の中ではもっとも力を入れられている。『ニュー・スタンダード英語辞典』(1913) は全面改訂を行なっていない。『センチュリー辞典』は 1911 年以後の改訂はない。『ニュー・センチュリー辞典』(1927) は 2 冊本の大判ではあるが、大辞典とは言えない。『ウェブスター新国際英語辞典』のみの全面改訂である。ここに「ウェブスター」独走は明らかとなった。

spinal cord (脊髄) では 4 行の定義を与え、18 行の解説を加える。そして、約 20 行分にあたるスペースに脊髄の断面図と、14 行にわたって 300 の部位名を示す。こうした扱いは随所に見られる。挿絵も 1 万 2 千を越える。

『新国際・第 1 版』(1909) で指摘した偏見はどうか。voodoo あるいは voodooism はどうなったであろうか。

> **Voodooism**, *n. 1.* [*often cap.*] A negro religion, originating in Africa as a form of ophiolatry, now found chiefly among the negroes of Haiti, and, to some extent, of other West Indian islands and the United States; also, belief in or practice of this religion. In practice, voodooism consists largely of sorcery. It formerly, in some rites, included human sacrifice and cannibalism.

この定義によると、「一種の蛇崇拝」であり、『新国際・第 1 版』(1909) との違いは、「人身供犠人肉食い」を「以前は」行なっていた、とする点にある。『国際英語辞典』以来「ウェブスター」の説明は、偏見をもってヴードゥーを見ている。『ブリタニカ』(1970 年版) によると、1920 年代以降、人類学者によってヴードゥーは偏見抜きに研究されていた。

偏見に関しては、『新英語辞典』(NED) の定義もこの定義に近い。

『新国際・第 2 版』(1934) までの定義に偏見があったことを、『新国際・第 3 版』(1961) の編集主幹ゴゥヴ (Philip B. Gove) が認めている (H.C. Morton, *The Story of Webster's Third*, 1994, p. 92)。

> He often used as an example the definition of *Maori*: "one of the aborigines of New Zealand .... They are vigorous and athletic, tall in stature, and *pleasing*

in features, and brave and warlike", "Pleasing to whom?" he would say.
　彼［ゴゥヴ］は、［編集者の根拠のない私見の］例として、マオリの定義「ニュージーランドの先住民の一人。…彼ら［マオリ族］は、活力にあふれ、運動が得意であり、容貌は感じがよく、背が高く、勇敢で好戦的である」をしばしば用いた。「感じがよいって、誰に？」と彼は言ったものだ。(イタリックはモートン)

「勇敢」はまだしも、「好戦的」と決め付ける根拠は何か。
Maori は『ウェブスター新国際英語辞典・第 3 版』(1961) では、

a (1) : a Polynesian people native to New Zealand (2) : a member of such people
　(1) ニュージーランドに生まれ住み着いているポリネシア人；(2) その一員。

と、客観的であっさりしたものになっている。
voodooism を『ウェブスター新国際英語辞典・第 3 版』(1961) は、

　　a religion originating in Africa as a form of ancestor worship, practiced chiefly by Negroes of Haiti and to some extent other West Indian islands and the U.S., and characterized by propitiatory rites and use of the trance as a means of communicating with animistic deities
　神の怒りを鎮める儀式と、アニミズムの神とのコミュニケーションの手段としてのトランスとを特色とする、主としてハイチの黒人、多少は他の西インド諸島や合衆国の黒人も行なう、元は一種の先祖崇拝としてアフリカで始まった宗教。

と定義する。全く違った。「トランス」を用いているところは適切であろう。定義中に見られる Negro は、1961 年の時点でのアメリカ社会では許されていた。

ゴゥヴが問題とする『新国際・2版』(1934) の定義を、2 例挙げる (Morton 1994: 92)。

Holi, *n*. Also **Hoolee**, **Hohlee**. A licentious spring festival, held in honor of Krishna, esp. by the cowherd castes.
クリシュナのために行なわれる、特に牛飼い階級による、みだらな春の祭り。

Apache, *n*. 1. An Indian of a group of Athapascan tribes formerly ranging widely in Arizona, New Mexico, Texas, and northern Mexico. Nomads, of warlike disposition and relatively low culture, they were inveterate raiders of Indian pueblos and white settlements, until the surrender of the Chiricahua chief Geronimo in 1886. There are over 2,000 on reservations in Arizona, New Mexico, and Oklahoma.
かつてはアリゾナ、ニューメキシコ、テキサス、北メキシコに広く分布した、アサバスカ諸族の一つのインディアン。好戦的で比較的文化の低い、遊牧民である彼らは、1886 年のチリカワ族の酋長ジェロニモの降伏までは、インディアンのプエブロ集落と白人植民地を常習的に襲撃した。アリゾナ、ニューメキシコ、オクラホマの居留地に 2 千人以上がいる。

ヒンドゥー教の「ホーリー祭」は「みだらな、不道徳な」であり、アパッチは「好戦的で、比較的文化が低い」のである。Apache は前版 (1890 年版) にも "warlike"、"a low order of culture" が見られる。

「[Maori を含む] これらの賞賛とあざけりは、主観的で自民族中心義である」と、ゴゥヴは批判する (Morton から引用)。彼はまた、何心なく出る偏見に対しても編集スタッフに注意を与えた。

アングロ・サクソン系白人プロテスタントの価値観を、自分たちの文化を基準として、ある特定の文化の全体像をとらえることなく、ある部分に当てはめる。それが辞書に反映していると言わざるをえない。アングロ・サクソン文化を物差しとして、優劣を決めているのである。

『新国際・第2版』(1934) は、文学作品からの引用も多く、愛用者はアメリカだけではなく、日本にも多かった。しばしば、辞書の傑作とされた。
　古くは、1936年に岡倉由三郎が「鬱然3,300頁の中に、六拾萬語を包んで世に出たのが、『ウェブスター大辞典』の"Second Edition"で、さすがに行き届いた編輯方法と、今更ながら敬服せられる」と、『新英和大辞典』(新版・研究社) の序に記す。
　また、英文学者で英語辞典にも造詣の深かった福原麟太郎は、

　　この辞書の特徴は、あらゆる言葉を集めてその意味を解説すると共に、百科辞典的にその語の内容に関する知識を詳しく収めていることで、英国風、ことに、Oxford Dictionaries と甚だ趣を異にしている。Oxford Dictionaries が全く絵を用いないのに対して、これは、豊富に図解を施している。[...] 又この大辞典は、英米文学に現われた名句の引用なども怠らず、Chaucer、Shakespeare などの特殊語法も入れ、他方 slang、colloquialism なども見逃さず、全く一冊で完全な英語辞書である。(「辞書の話」、『新英語教育講座　第6巻』所収)

と評価する。『新国際・第2版』(1934) の紹介としては、上の2文でほぼ十分であろう。これまでの「ウェブスター」の歴史で最高の出来である。しかしながら、問題点のあることも無視できない。『ウェブスター新国際英語辞典・第2版』(1934) は、世界の大国となったアメリカと、その意識が頂点に達したエトスとが作り出した傑作であった。

Ⅳ　第2次世界大戦後の大辞典『ウェブスター3版』
　　(1961)
　　　　　　　　―アメリカの英語辞典・第4期―

概　説

　ここでは、IからIIIまでの概説を極く簡単に振り返る。
　1798年の『学校用辞典』のささやかな出発から始まるアメリカの英語辞典は、ノア・ウェブスター『アメリカ英語辞典』(1828) で、ジョンソン『英語辞典』(1755) に匹敵する高さにまで到達する。30年の短い期間であった。そして、アメリカ英語の記述を前面に出した編集方針は、現在まで続くアメリカの辞書編集の基調を創る。これが、アメリカ辞書編集の第1期である。

　第2期の出発点は1829年であった。『アメリカ英語辞典』の翌年に、その簡約版が出版される。簡約版の編集をジョーゼフ・ウスターが担当し、編集技術に才能を発揮する。彼はいくつかの便利な辞書を出版し、ノア・ウェブスターの強力なライバルとなった。
　ノア・ウェブスターは、1841年に『アメリカ英語辞典』の第2版を自費出版する。この辞書は、芳しくない売れ行きとは別に、アメリカの英語辞典のあり方―アメリカ人のためのアメリカの英語辞典―を、いっそうはっきりとさせた。彼の死後は、チョーンスィ・グッドリッチが『アメリカ英語辞典』(1947) の増補を担当する。『アメリカ英語辞典・絵入り版』(1859) も、挿絵、類義語解説が加わった点で見かけ上の新しさはあるが、基本的にはノア・ウェブスター辞書の増補である。
　一方、便利な辞書で、特にアメリカ的な面を強調しないウスターの辞書は、1860年の『英語辞典』に集大成され、ウェブスター大辞典と共に、19世紀中葉を代表する優れた英語辞典となった。
　しかし、1859年の「ウェブスター大辞典」出版以前から進められてい

た本格的な改訂作業は、1864年の大改訂版として結実する。ノア・ウェブスター『アメリカ英語辞典』初版以来の、前近代的な語源がドイツ人マーンにより、全面的に書き換えられる。ヨーロッパの研究成果が採り入れられ、「ウェブスター・マーン版」で語源においてもイギリスより進む。語義も見直しがなされる。挿絵、類義語解説が辞書本体に入り、現在まで続くアメリカの大辞典の直接の出発点となる。また、大辞典を基に編集される、より小さなアメリカの辞典の原型もこの「ウェブスター・マーン版」により定まる。これが、アメリカの辞書編集の第2期である。

　次の第3期は、1883年の『インピリアル辞典』(アナンデール改訂) 翻刻版の出版に刺激された大辞典の時代である。『インピリアル辞典』を基に編集された『センチュリー辞典』(1889–91) は、元版をはるかに超える優れた辞書となった。語源・定義・引用文・挿絵のすべてにおいてアメリカ最高の辞書で、19世紀末までの英語辞典として傑出している (『オックスフォード英語辞典』(OED) はいまだ完成からほど遠い)。『スタンダード英語辞典』(1893–94) は、語彙数の多さを誇り、アメリカ的特質の一面を見せる。明快な定義・語義の配列においてもその後のアメリカの辞書編集に影響を与える。ノア・ウェブスター直系の大辞典は『ウェブスター国際英語辞典』(1890) として、少なくとも理念上は、アメリカの英語辞典からイギリスとイギリスの植民地でも使われる英語辞典を目指す。これまた、新しい出発点となる。1890年代からの30年ほどは、『センチュリー』、『スタンダード』、「ウェブスター大辞典」の並立する、アメリカ辞書史上の「三国志」の時代である。

　その中から生き残ったのは、『ウェブスター新国際辞典』(1909) とその第2版を出版し続けたメリアム社の大辞典であった。『ウェブスター新国際英語辞典・第1版』(1909) で、『オックスフォード英語辞典』の影響の下に語義配列を歴史的に見直す一方で、現代英語の語彙体系をとらえ直す。収録語彙も飛躍的に増える。『ウェブスター新国際英語辞典・第2版』(1934) では、第1版の編集方針を継続し、内容的にはさらに進め、完成の域に達する。イギリス、アメリカでの1冊本では最高の辞書と評価された。

また、ウェブスター大辞典ではもっとも百科辞典的色彩が強い。この辞書は、アメリカの英語に関する権威とされた。『オックスフォード英語辞典』は学術的な辞書で、また一般読書人が気軽に購入できる価格でもなかった。『コンサイス・オックスフォード辞典』(Concise Oxford Dictionary, 1911; COD) は日常使うイギリスの辞書としてはもっとも権威のあるものではあったが、極めて英国的な辞書であった。また、科学・技術用語には重きを置いていない。そうした中で、ウェブスター大辞典は、科学・技術用語も伝統的に重視し、『ウェブスター新国際英語辞典・第2版』(1934) は、新聞に現れる語句にも注意を払い、その権威はアメリカにとどまらず英語圏全体のものとなっていた。

　評価の高い『ウェブスター新国際英語辞典・第2版』(1934) を全面的に書き換えたのが、アメリカの英語辞典編集の第4期である。全く新しい編集方針の下に、ウェブスター大辞典の編集上で最大の改訂であった。それだけに反響はすさまじいものであった。自分たちの拠りどころとした辞書が全面的に変わってしまったと感じたジャーナリズムが、猛烈な批判を展開したのである。『ウェブスター3版』を買収し、廃棄しようとする出版社社長も現れた。しかしながら、これはアメリカでの反応であって、イギリスではそのような批判とは無関係であった。『ウェブスター3版』が2005年まで出版され続けていることを見れば、アメリカ・ジャーナリズムの過剰な反発は、正当な根拠に欠ける面があったのである。新しい編集方針による現代英語の記述は、正当に評価されたと言って良いであろう。

　しかしながら、2005年の現在に至っても『ウェブスター3版』の全面改訂版が出ていない。ウェブスター大辞典の歴史において40年にわたって改訂版の出ないことは、今までに見られない。現在は、そこに問題があると言わざるを得ない。

      *   *   *

　1945 年に、第 2 次世界大戦が終わる。新しい企画として最初にアメリカで出版された英語辞典は、カレッジ版辞典であった。1947 年にクラレンス・バーンハート (Clarence Barnhart) を編集主幹とする『アメリカ大学辞典』(*The American College Dictionary*) である。横約 29 センチ、縦約 31.3 センチと、頃合いの大きさのこの辞書は好評で、第 2 次世界大戦後に急増した大学生に広く用いられた。

　編集は企画段階から入念であった。「編集顧問委員会」が結成される。言語学者レナード・ブルームフィールド、バーナード・ブロック、英語学者チャールズ・フリーズ、キャベル・グリート、ケンプ・マローン、心理学者アーヴィング・ロージから成る。

　編集主幹バーンハートが後に書いているところによると (Barnhart 1978)、顧問会議で編集方針を定め、1920 年代の心理学研究、1930 年代・40 年代の言語学 (構造言語学) の成果を、すでに好評であったエドワード・ソーンダイク (Edward Thorndike) 編集の学校用英語辞典の編集方法に採り入れて、カレッジ版をつくる。

　心理学者ソーンダイクは、『ソーンダイク・センチュリー・ジュニア辞典』(*Thorndike-Century Junior Dictionary*, 1935) で、アメリカの学習用辞典の歴史に新たな一歩を刻んでいた。その後の『ソーンダイク・センチュリー・シニア辞典』(*Thorndike-Century Senior Dictionary*, 1941) の発音記述をほとんどそのまま『アメリカ大学辞典』に使う (Barnhart 1978)。

　編集方針を、バーンハートは緒言で言う：──

　　この辞書は、我々の言語の話し手と書き手の慣用を記録する。現代の学問に基づくどの辞書も、慣用に関して、規範を定めることはできない、慣用の事実に基づいて情報を与えられるだけである。良い辞書は慣用への良きガイドである。良い地図が、旅行したいと思う土地の自然を教えてくれるのとほぼ同じである。川を移動させたり、山並を変えたり、湖を埋めることは、地図作成者の職務でないのと同様に、話し方を教える

ことは、辞書編集者の職務ではない。辞書は、一般に容認されている慣用は何か、英語の用法のどの点で階級が違えば違うのか、地域が違えばどう違うかを伝える。我々は、慣用の分布 (口語、俗語、英、米など) の記録に労を厭わなかった。

言語学者の助言は、アメリカの歴史では 19 世紀後半にホイットニーによる『センチュリー辞典』(1889-91) がある。1947 年のカレッジ版辞典では、複数の構造言語学者の、編集方針への参加であった。

編集顧問の一人であるブルームフィールドは、アメリカ先住民の言語研究から記述を重視する立場で知られていた。「科学的言語学者の唯一の (少なくとも主たる) 仕事として、分類と記述とが［ブルームフィールドによって］強調された」(F.F. Dinneen1970；三宅鴻他訳 352 頁)。20 世紀前半のアメリカの言語学は、記述的方法で分類することが主流であった。その記述主義が辞書編集にも及ぶ。

記述的であることを徹底させたのが、20 世紀後半のウェブスター大辞典、1961 年出版の『ウェブスター新国際英語辞典・第 3 版』(*Webster's Third New International Dictionary*) である。

この通称 *Webster's Third* (『ウェブスター 3 版』) は、実際の辞書が市場に出回る前に、PR 活動としての印刷物がジャーナリズムに配布された段階から、轟々たる批判を浴びた。誤解による非難が大部分であった。その一つに、「ウェブスター」が構造言語学者に乗っ取られたとするものである。ひどい英語をそのレッテルなしに記述するのは、「すべて良し (どんな英語でも良い)」(Anything goes.) とする構造言語学を、権威ある「ウェブスター」に持ち込むものである、と批判した。「ウェブスター」の歴史において、ノア・ウェブスターは別として、辞書を英語の良し悪しの基準としようと考えた編集主幹は 1864 年以降にいない。しかし、編集者の意図とは別に、メリアム社自身は、『ウェブスター新国際英語辞典・第 2 版』を「最高の権威」と売りこんでいた。ウェブスター大辞典を、従うべき規範を教える、最高の書としてきた。手元にある『ウェブスター新国際英語辞典・第 2 版』(1957 年刷り) の 3,193 頁にある広告にも「これまで組織された最大の編集陣が、この辞書をつくり、メリアム・ウェブスターは最高の権威とい

う世評を維持するために、つくり出した」とある。

　新しい『ウェブスター3版』見本刷りを見たジャーナリズムは、ain't に対してあまりにも寛容な態度である、と大騒ぎした。ウェブスター神話は崩れた、と評者は騒ぎ立てた。

　問題は、批判したジャーナリストの側にあった。

　批判を読んだ上で言うならば、『ウェブスター3版』の批判者の大部分は、彼らの辞書観、自分たちと同じ規範を、「ウェブスター」に求めたのである。『ウェブスター3版』は、『オックスフォード英語辞典』同様に、前版までに収集されていた166万5千の引用例に加えて、『ウェブスター3版』のために集められた実例450万を基に編集された、編集者の主観を抑えた辞書である。違いは、『ウェブスター3版』が現代英語に重点を置いていることにある。アメリカの辞書では、これだけ客観的な編集をした、ことばの辞書はない。

　『ウェブスター3版』を見て、まず誰でも気がつくことは、それまでの「ウェブスター大辞典」に付いていた巻末のさまざまな付録が無くなったことである。百科事典的な性格の強い『新国際・第1版、第2版』から、ことばの辞書へと大きく変わった。

　横約23センチ、縦32.5センチの大型版で、前付け56頁に、辞書本体2,662頁から成る。『新国際英語辞典・第2版』は辞書本体が3,210頁であった。10万の新語・新語義を採録する。

　辞書本体を3欄組みに統一する。『新国際・第1版、第2版』で見られた、あまり重要ではない語を下欄の6欄組みに記載するやり方を変えた。

　編集方針も変わる。20世紀前半のアメリカの言語学の影響のもとに、言語事実を記述する方針を貫く。編集者の主観は排除される。

　収録語数45万語は、『新国際・第2版』より15万も見出し語が少なくなる。しかし『新国際・第2版』は地名・人名を加えての60万語であろう。『ウェブスター3版』は、付録の人名・地名の発音辞典を外しただけでなく、固有名詞も見出しとしない。しかしながら、point of addition, point of aim, point of articulatin などを見出しとする方式は、前版を継続する。新たに、go on, carry out のような句動詞を見出しとする。これは英語辞典で

初めてである。

　収録される語は、原則として 1755 年以後に使われている語である。近代英語後期に絞った辞書であるが、なぜ 1755 年であるかは、全く説明されていない。1755 年はサミュエル・ジョンソン『英語辞典』の出版年であり、辞書史では時代を画する年はあるが、その点にも触れていない。

　1755 年以前に廃語となったものも、少数の大作家の、よく知られている主要な作品に現れる語は含む (大作家が誰を指すかは明らかにされていない)。

　『新国際・第 2 版』で謳われた「辞書編集の基本的な 3 価値、正確さ・明晰さ・包括性」を守ると、序文は語る。この 3 要素がぶつかるときは、正確さを優先させる、とする。

　定義の検討から始める。

　実際の英文を読みながら、2, 3 の定義を見てみる。

　例えば、"my concern about oil companies" (*New York Times*, 2004) のように使われている concern は、

　　an uneasy state of blended interest, regard, uncertainty and apprehension about a present condition or future development
　　「現状や将来の先行きに対する、関心・気がかり・半信半疑と危惧の混じり合った不安な状態」

とする。分析的である点で、この定義は優れている。環境問題でこのように concern はしばしば用いられる。『新国際・第 2 版』を含む他のどの辞書よりも優れる。

　次は、カルティエ・ブレッソン死去の記事の "Contracting blackwater fever, he nearly died." (*New York Times*, 2004) の blackwater fever (ブレッソンがかつて患った病気) を見る。

　　[so called fr. blackish or dark red urine passed during the disease] : a febrile condition occurring after repeated attacks of malaria (as falciparum malaria) and marked by destruction of blood cells with hemoglobinuria and extensive kidney damage

「[病気中に出る黒っぽいまたは暗赤色の尿から]（熱帯性マラリアとして）マラリアの頻発する発作のあとに現れるヘモグロビン尿症と、広範な腎臓の損傷を伴う、血球の破壊を特徴とする発熱状態」

これも医学の専門辞典を別とすれば、もっとも優れた定義である。
もう一つ、democracy の定義を見る。

1 a: government by the people: rule of the majority **b** (1): a form of government in which the supreme power is vested in the people and exercised by them directly (as in the ancient Greek city-states or the New England town meeting) — called also *direct democracy* (2): a form of government in which the supreme power is vested in the people and exercised by them indirectly through a system of representation and delegated authority in which the people choose their officials and representatives at periodically held free elections — called also *representative democracy*

（**1 a**： 国民による政治；多数決原理　**b** (1) 主権が国民に付与されていて、直接行使される (古代ギリシャの都市国家やニューイングランドのタウン・ミーティングのような) 政治形態—直接民主制とも呼ばれる。(2) 主権が国民に付与されていて、定期的に行われる自由な選挙で国民が公務員と代議士を選ぶ代議制と委譲された権限により間接的に行使される政治形態—代表民主制とも呼ばれる。)」

この定義は一般用辞典というよりも専門辞典の定義といったほうが良さそうでもあるが、正確さを目指せばこの長さとなるであろう。語義2の「民主国(家)」と併せてみれば、『ウェブスター3版』の定義は他のどの辞書より抜きんでている。
　定義の書き換えは、ほとんどすべての行に及んだ、と序文は言う。
　『新国際・第2版』との比較を okapi で確かめる。その定義は、『ウェブ

スター新国際英語辞典』(1909) の the fore and hind legs を forelegs and hind legs に変えただけである (したがって、276 頁参照)。『3 版』は、次のように定義する。

> a mammal (*Okapia Johnstoni*) discovered in the deep forests of the Belgian Congo in 1900 and closely reltated to and in many respects resembling the giraffe but being somewhat smaller than an ox, having a relatively short neck, a coat of solid reddish chestnut on the body, the cheeks yellowish white, and the upper parts of the legs ringed with cream and purplish black

この定義で『新国際・第 1 版、第 2 版』ともっとも大きく違うのは、"It is somewhat smaller than an ox ....", "Like the giraffe, it has no dew-claws."のような、〈主語＋述語〉の文を排除していることである。これは、序文にも謳われている completely analytical one-phrase definition (完全に分析的な一つの句による定義) による。名詞の見出し語は、定義の主要語 (headword) は名詞であるべきで、複雑な場合も、名詞 (句) に形容詞句・形容詞節を加えることにより、定義する。この方式を、2,662 頁にわたって貫いている (OED の定義は、句のあとに、文による補足を加える場合もある)。したがって、okapi の定義を、英語の構造を活かしながら日本語に置き換えると煩雑な文となる。内容的には、「学名ジョンストニア・オカピア属で、1900 年にベルギー領コンゴーで発見され、キリンに近く、牡牛よりやや小さく、胴体は一様に赤みを帯びた栗色で、脚の上部は、クリーム色と、紫色を帯びた黒の、縞模様である、哺乳類」と読む。

正確さ・明晰さ・包括性のどれかを犠牲にしなければいけない時はどうするか。正確さを優先させると言う。論理的にはそうなるであろう。しかし、次の定義はどうだろう。

> **ricinolein** *n* : an ester of glycerol and ricinoleic acid; *esp*: the tri-ricinoleate C_3H_5- $(C_{18}H_{33}O_3)_3$ constituting the chief component of castor oil

「ヒマシ油の主成分」以外は、化学的知識の乏しい読者には難解である(化学式そのものは『新国際版』第1版でも使われている)。『ウェブスター3版』は、特殊辞典ではなく、一般用辞典である。その定義が、これでよいのだろうか。
　ところで、『オックスフード英語辞典・第2版』(OED2) (1989) は、この語を見出し語としていない。専門用語とみなしているのであろう。
　『タイムズ文芸付録』(*TLS*) (1972年10月13日号1,209-1,212頁)の「辞書選びのすべて」の筆者は、somosis の10行にわたる一つの句による定義を問題とする。「定義されている概念が複雑な場合には、定義は大変長く、息切れのする、込み入った構文になる傾向があり、読者はどこにいるかわからなくなり勝ちである」。筆者もこの評に賛成である。この点では、『ウェブスター3版』は、1句定義で一貫し、ピューリタン的厳密さを守り、行き過ぎの感を免れない。
　緒言は言う：—— 明晰さを求めて、編集者は定義をできる限り読みやすいものとした。そうは言っても、多くの分野の術語は、その分野の手ほどきの予備的段階を通過した人のみに、充分にそして明晰に、説明できる語を含むものである。辞書は、使用者に多くの理解力を要求するものであり、一人の人間で辞書のすべてを理解できる人は誰もいない。
　しかし、専門分野の人に任せたままでよいのか。科学の発達の当然の結果で、その専門用語を採り入れた大辞典を難解なものとしていることはわかるが、専門事典とことばの辞書が同じであっていいはずがない。
　「ウェブスター大辞典」は、ノア・ウェブスター以来、科学用語を重視している。科学用語の中には、英語以外のヨーロッパの言語にもほぼ同じ形態で使われる語がある。これらに『ウェブスター3版』は、語源欄に ISV と記す。international scientific vocabulary (国際科学用語) は、15世紀以来の科学用語で、ラテン語に基づいた語形成により2ヶ国語以上、通例は数ヶ国語で使われている場合である。例えば、多発性硬化症 (multiple sclerosis) に関する文章でしばしば使われる myelin (ミエリン) は、フランス語 myeline, イタリア語 mielina, ドイツ語 Myelin である。このような場合に、myelin の語源欄に ISV と入る。

この『ウェブスター3版』は科学に関心の強い人には最初から好評であった。専門誌の書評 (Supplement to *Nature*; 1962年4月7日) は、「『ウェブスター国際辞典』は、元は、世界の教養ある、実際的な市民のためにつくられた。今では、はるかに進んで、学問上および技術上の参考図書であり、いかなるオフィス、図書館も購入して有益なものとなっている」と、好意的である (Sledd and Ebbitt 1962: 203)。社内の編集スタッフと、80人を越す社外の科学の専門家が、第2版以後の科学・技術・医学用語の発達を見事に捉えていると、この書評は『ウェブスター3版』を評価する。

　ところが、内容的にはきわめて優れたこの辞書に与えられたられたアメリカでの批評は、すでに触れたように、少なくとも出版当初は、きわめて厳しいものであった。ジャーナリズムが強烈な批判を展開したのである。

　記述的な姿勢を明確にした『ウェブスター3版』に対して、規範的な辞書を望む側の反撃であった。「善悪の区別をしない定義」(*New Republic*) と批判した。ある語を使う人がいれば、使うから辞書に載せてよいのか、と激しく『ウェブスター3版』を叩く。

　『ニュー・リパブリック』誌 (1962年4月23日号) は、「無知な人たちが bimonthly を「月に2回 (の)」の意味で使うなら、それが新しい意味とはなるが、bimonthly は「ひと月おきに」の意味で使うべきである」と主張する (Sledd and Ebbitt 1962: 204)。無知な人に、ことばの使い方を教えるのが、大辞典の務めであるかにように『ウェブスター3版』をこき下ろす。

　アメリカン・ヘリテッジ社社長は、『ウェブスター3版』を攻撃するだけでなく、買収し、潰そうと試みた。彼が企画した、良い英語を教えるために生まれた『アメリカン・ヘリテッジ辞典』(*The American Heritage Dictionary*, 1969) は、bimonthy (月に2回 (の)) を「非標準 (Nonstandard)」とする。同辞典が作る (したがって、反記述・親規範的であることを予想させる)「語法パネル」(Usage Panel) は、16％がこの用法を認めるだけである。

　ain't を「ain't という語はもはや文法上の間違いではねぇ」(The word "ain't" ain't a grammatical mistake any more.) と、『シカゴ・トリビューン』(*The Chicago Tribune*) 紙は、『ウェブスター3版』を皮肉る。

批判はカナダにも及び、『トロント・グローヴ・アンド・メール』(*Tronto Globe & Mail*) 紙は、9月8日に「ain't の容認は、無知な人たちを慰め、凡庸な人たちを認め、正しい英語はスノッブのみの使う道具であることを暗示はするであろうが、他の人々が正確に話す助けとはならないであろう」と、早くも、見本刷りの段階、すなわち出版前に、論評する。
　9月28日の『ウェブスター3版』出版後も、メリアム・ウェブスターが ain't を認めたと判断したジャーナリズムは激しく『ウェブスター3版』を批判した。
　スレッド＆エビット (Sledd and Ebbitt 1962) は、『ウェブスター3版』批評を再録していて、有益である。また、モートン (Morton 1994; 土肥他訳 1999) も批判派の紹介に詳しい。
　『ウェブスター3版』は、次のように ain't を記述する。

　　ain't　also **an't**　**1 a** : are not 〈you ~ going〉〈they ~ here〉〈things ~ what they used to be〉 **b** : is not 〈it ~ raining〉〈he's here, ~ he〉 **c** : am not 〈I ~ ready〉 — though disapproved by many and more common in less educated speech, used orally in most parts of the U.S. by many cultivated speakers esp. in the phrase ain't I　**2** substand. **a** have not 〈I ~ seen him〉〈you ~ told us〉 **b** : has not 〈he ~ got the time〉〈~ the doctor come yet〉

　　1 a. are not の短縮形　**b.** is not の短縮形　**c.** am not の短縮形　多くの人によって認められてはいないし、あまり教育のない人たちの話しことばでより普通ではあるが、多くの教養ある話し手により、特に ain't I という句では、合衆国の大部分で口語として用いられている　**2 a.**〔非標準〕have not **b.** has not

　are not, is not の場合も nonstandard (非標準) あるいは substandard (標準語とは言えない) とすれば、批判派も満足したであろう。「権威ある」辞書が ain't を「容認」したことが許しがたいのであった。
　編集主幹ゴゥヴには、もちろん、根拠があった。彼は、メリアム社の引用文ファイル、彼自身の観察、ハンス・キュラス (Hans Kurath) の言語地図

を基に決めている (Morton 1994: 161; 土肥他訳 208 頁)。

　編集者個人の好き嫌いや、良い悪いの判断抜きに、社会で使われていることばを辞書に記録しようとする、トレンチの提唱から始まる 19 世紀後半から見られた編集方針以前へ、批判派は先祖帰りした。「無知な人たち」(the ignorant) を嘲笑するエリート意識でもあった。辞書はことばの良し悪しを教えるべきである、無知な人たちに。この「常識」を『ウェブスター 3 版』によって破られたと断じた新聞記者や一部「知識人」からの反撃であった。

　しかし、イギリスではアメリカのような感情的批判は見られなかった。辞書編集者は記録をするのであって、批評家ではない、と言う理念が『オックスフォード英語辞典』を生んだイギリスでは定着していた。

　言語学者クワーク (Randolph Quirk) は、「オーバー (overcoat) の値段で、約 50 万語の見出しを持つ、細部まで完璧な英語語彙のこのすばらしい記録」を持てる、と評価する。クワークは、『ウェブスター 3 版』が他の辞書よりはっきりと優れていることの一つに新しさがある、とする (Sledd and Ebbitt 1962: 151-4)。『新国際・2 版』出版直後から集められた、膨大な引用文カードに基づき、新語が選ばれ、定義されていることを評価する。

　定義の新しさと比べると、挿絵は必ずしも新しくないこともクワークは指摘する。coracle は以前の版のものと変わらないと控えめに述べる。これは、筆者が 1973 年にアイルランドのアラン島で乗ったコラクルとは、控えめに言っても、違う。前時代のコラクルである。

　チューリップ型の電話機を載せる必要があるだろうか、とクワークは言う (筆者には電話機そのものの絵が必要ないと思える)。

　コラクル、電話機以外は、クワークには挿絵は全体的に「大変すばらしく、大変歓迎すべきもの」である (しかし、これは甘すぎる評価ではなかろうか)。

　書名の重要な一部となっている「国際」に関しては、クワークの筆にやや違いが見える。アメリカ英語以外にあまり注意を払っていないことを批判できる立場ではないが (「イギリスの辞書がアメリカの英語を正しく扱わなかったため、ノア・ウェブスターに辞書を書かせたのであることを我々

は知っている」)、真に国際的な編集方針をノア・ウェブスターの直系の辞書が育みにくいことはわかる、とイギリス人の皮肉が入る。スタッフ全員がアメリカ人であるのは当然ではあるが、200人の「社外顧問」のうちアメリカ人でないのはイギリス人女性一人だけのようで、それも Girl Guiding の分野だけに限られている。telephone box にはイギリスという地域限定があるが、pay station にはそれに相当するものが付されていない［アメリカの用法と記されていない］と不備を突く。ほかにも多少のこの種の不満をクヮークは追加する。また、「語法表示」(usage labels) ではスラングは使っているが、「口語」(colloquial) とか「格式ばらない」(informal) を使わないのはやや残念なことであるとし、『アメリカ大学辞典』(*The American College Dictionary*) には、awful の語義 ugly (例、an awful hat) や very great (例、an awful lot) には口語 (Colloq.) が表示されているのに (これらの句例はクヮークのもの)、4倍か5倍は大きく新しい「ウェブスター」が、これらを an awful majesty と並べて無表示にしている、とクヮークは不満を述べる。

「国際的」という観点からは、発音を表わすのに国際音標文字 (IPA) を使っていないことも残念なことであると、我々も共感する意見をクヮークは述べる。

color の項は、正確なスペクトログラム、図表、最近の学会の報告にも触れ、アメリカ辞書のもっとも優れた面を代表するものとクヮークは褒め、同時に「これもアメリカの辞書の特徴である」地名、人名を省いたことを惜しむ口調が漂う。

「英語の辞書編集上の大きな出来事」がクヮークの結論である。

『タイムズ文芸付録』(*TLS*) は、『ウェブスター3版』は『オックスフォード英語辞典』とその補遺 (1933) とほぼ同数の見出しを持つので、比較せざるを得ない、とする (Sledd and Ebbitt 1962: 197-8)。

OED は、800年前に溯り、すべての語を、使用された豊富な用例に年号を入れて、最初の出現からあとづけるが、「ウェブスター」は、なによりもまず、現代英語の辞書である。科学用語、技術用語の記載では「ウェブスター」の方がより完全である、とまず評価する。

double では、名詞・動詞・形容詞・副詞を別の見出しとして一欄を占め、複合語は double account から double zero まで約 300 の見出しで、2 頁を占めることを指摘する。
　10 万の新語・新語義の増加についても触れ、原子力、ラジオ (wireless)、医学、宇宙旅行などの進歩、ジャズの時代が生み出した語彙にも、*TLS* は触れる。しかし、同時に cosmonaut, clearway, travolator が見出し語から脱落していることも指摘する。地名辞典、人名辞典が省かれたことは、コメントなしに触れられる。*TLS* も ain't などに感情的反応を全く示していない。
　アメリカとイギリスの主な反応は、上述のようなものであった。
　ここで『ニューリパブリック』誌 (1962 年 4 月 23 日号) の批判「善悪の区別をしない定義」について再度触れたい。
　『ウェブスター 3 版』は、英語は実際にはこのように使われている、ということを記述したものである。アメリカの主流である、アングロ・サクソン系白人プロテスタントの価値観を、抑えたところを評価すべきである。Apache, Maori の『ウェブスター新国際英語辞典・第 2 版』の定義を『ウェブスター 3 版』の編集主幹ゴウヴが批判したことは、前章でも取りあげた。ゴウヴは偏見ある定義を排除することを目指した。しかし、そのことが、自分たちの価値観を判断の基準とする人たちの反発を招くこととなったのである。
　『ニューリパブリック』誌 (1962 年 4 月 23 日号) は、辞書の「いかなる先進国の社会においても不可欠な機能である、その言語の質の維持という機能」を『ウェブスター 3 版』は捨てたと断じる。この語はこういう意味であるべきだ、ということは、他の意味で使う人たちを認めないことである。しかし、どのような意味で使うかは、使う個人が決めることであって、辞書編集者が決めることではない。
　それと同時に、定義に偏見を持ち込むべきではない。ある集団の価値観ですべてを判断すべきではない。ドイツから帰化したユダヤ系アメリカ人ボーアズ (Franz Boas) は、アメリカ先住民の研究を平等主義的観点から行ない、アメリカ文化に影響を与えていた。一つの文化の中に多様な文化

的・民族的な存在を認め、寛容な態度を取る文化多元主義 (cultural pluralism)、他の文化を自民族中心主義 (ethonocentrism) ではなく、それぞれの文化はそれ独自の価値を内在していると考える文化相対主義 (cultural relativism) を、アメリカの文化人類学は生み出していた。『文化多元主義』が1956年にカレン (H.M. Kallen) により出版され、「おのおのの民族の基準と価値観を客観的に見る習慣」に cutural relativism を充てる用法は、1958年に見られる。「自分の文化がもっとも重要である」との意味での ethnocentric は、1900年に使われだし、ethnocentrism は1907年以来使われている。この時点で、「自分自身の集団がすべての中心で、他のすべてはそれを基準に判断・評価される」という意味で、自文化中心主義を用いている。1907年にはこうした見方が確固として存在していたことを示す。ところで、『ウェブスター新国際英語辞典』は1909年の出版である。

「国際英語辞典」を標榜する辞書は、自文化中心主義であってはならない。そこを超えようとした編集主幹ゴゥの功績は評価されるべきである (しかし、このことは、すべての定義にアメリカ文化が反映していない、ということでもない)。

我々が『ウェブスター3版』を見るとき、徹底した記述主義が成功しているのは、発音表記である。

実際の発音の記述、各地で使われる発音を広く記述している点で、この辞書は極めて優れている。「発音辞典」を凌ぐ。herb には6種類の発音があり、schedule には7種ある。onion には方言としての発音も記載されている。ブッシュ大統領が2004年の演説で、nuclear の第2音節を聞いたことのない発音をしているので、調べてみるとその発音は「主として非標準英語の話しことばで［使われる］」(chiefly in substandard speech) とある。これが現在も当てはまるかどうかは、49年以上改訂されていないので判断できないのが残念である。

なお、アメリカの発音辞典として評判の高かったケニオン＆ノット『アメリカ英語発音辞典』(1953) には、ブッシュの使う発音は記載されていない。イギリスの発音辞典『ロングマン発音辞典』(*Longman Pronouncing Dictionary*, 1990) は、ブッシュの発音を正しくない (incorrect) としている。

我々の観点から言えば、「非標準英語の話しことば」は、「少数の人によって使われる」とすべきである。

発音表記はきわめて優れてはいるが、クヮークも言うように、表記法が国際音標文字でないのが惜しまれる。また、複合語にアクセントを表示しない点も物足りない。その点では、『ランダムハウス英語辞典・非省略版』(1968) が上を行く (ただし、vaccuum coffe maker の vacuum と coffee の二つに第1アクセントを付けている点では不満ではあるが)。

見出し語の扱いでの新機軸は、set up のような句動詞を見出しとする (この場合もアクセント記号はない)。set にかぎってみると、set back, set by, set down, set in, set off, set on, set out, set to, set up が見出しとなる。

見出し語の問題点は、すべて小文字で通すことである。japanese, irish が見出しで、品詞名のあとに usu. cap. と入る。e. e. cummings ならいざ知らず、japanese を見たことは、筆者はない。

語源は、辞書編集者ロバート・バーチフィールド (Robert W. Burchfield) が評価している。「私が調べた例では、『オックスフォード英語辞典』の出版後の主要な語源に関する著作が、この第3版全体を通して見事に再評価されている。外国語の正書法の変化を見過ごしていないし、ラテン語・後期ラテン語・中世ラテン語の単語の信憑性と、古英語・中英語・古ノルド語等の形態の信憑性が慎重に再検証され、たいていはとてもうまくいっている。国際的になった科学技術用語の急速な普及に伴い、ISV というレーベルの導入が役立ち理にかなったものとなっていると言えよう」(Morton 1994；土肥他訳 1999: 328) と、バーチフィールドは語源と ISV について 1963 年に書く。

挿絵は、45万語を収容しても削ることはしない。一部に古いものがあることはすでに触れたが、定義を補うものもあって、イギリスとは違うアメリカの辞書の特色となっている。acdemic costume では、undergraduate, bachelor, master, doctor の違いを、『新国際・第2版』に多少の手を入れ、図示する。今は見られない aeolipile も、定義よりはイラストのほうがわかる。

『ウェブスター3版』は、『新国際・第2版』までの百科事典的説明を削

除した、ことばの辞書ではあるが、horses, insects, poisonous plants などに1頁を使った色刷りの絵を加えて、伝統を残している面もある。man に1頁を占める人体図を載せ、これも1頁を占める体の部位名を示すのも『新国際・第1版』(1909) 以来の伝統である (別刷りであることも、『新国際・第1版、第2版』、『ウェブスター3版』と同じで、内容的にもほぼ同一である)。

　長く使用した上での筆者の評価は、現代アメリカ英語の優れた記述で、膨大な引用文ファイルを活かした定義は、多くの場合に、英語辞典の最高を行く。定義に偏見を入れない努力は、『新国際版』の歴史の中で初めてである。総合的に見て、45万の見出しを持ち、1755年以後の英語に重点を置く『ウェブスター新国際英語辞典・第3版』で、アメリカの英語辞典は今までない成果を達成した。

　『ウェブスター3版』出版後の新語、あるいは脱落を補うために、辞書本体前に補遺を加える一方、6,000 Words, 9,000 Words, 12,000Words が出版されてきた。そして、それが辞書本体に組み込まれていく。

　2,000年に『ウェブスター3版』の CD-ROM が出るが、辞書本体の補遺以上に新語・新語義が加わったわけではない。『ウェブスター3版』の2002年刷りでは、90頁に及ぶ補遺がある。しかし、meter (メートル) は古い基準のままの定義であり、語義の補足は必ずしも十分ではない。

　「英語は、ほかの言語と同様に、絶えず変化し、新陳代謝を行っている」と、ゴゥブは言う (緒言)。『ウェブスター3版』が出版された1961年以降も英語圏には、新しい表現が生気に満ちて使われている。それらを、語彙体系全体を睨み、見直し、再検討する必要がある。

　「ウェブスター大辞典」は、出発はジョンソン『英語辞典』を基に編集され、その後も「ウスターの大辞典」、『インピリアル辞典』、『センチュリー辞典』、『スタンダード英語辞典』、『オックスフォード英語辞典』などの刺激を受けながら、絶えず成長してきた。我々がさらなる発展を期待するのも当然すぎるほど当然である。

Ⅴ　20世紀の机上辞典
―第3期・第4期のカレッジ版辞典と大型机上辞典―

概　説

　1860年代の「ウェブスター大辞典」とその簡約版が現在まで続く両者の関係をつくる。簡約版は定義を簡略にし、1867年以後は挿絵を入れ、類義語解説を加える。

　アメリカの辞書は、19世紀と同様に、20世紀もノア・ウェブスター直系の「ウェブスター大辞典」とその簡略版(カレッジ版辞典)を中心にアメリカの辞書界は展開する。ランダムハウス社、ホートン・ミフリン社も同様に、親版とその簡略版を揃える。

　これらの関係を次に示す。

1864　『アメリカ英語辞典』(「ウェブスター・マーン版」)
　　　1867　『英語辞典』(背文字『ウェブスター・ナショナル絵入り辞典』)
1890　『ウェブスター国際英語辞典』
　　　1898　『英語辞典―ウェブスター大学辞典』(WCD1；上記の簡約版)
1909　『ウェブスター新国際英語辞典』
　　　1910　『ウェブスター大学辞典』(WCD2；上記の簡約版)
　　　1916　『ウェブスター大学辞典』(WCD3；上記の改訂版)
　　　1931　『ウェブスター大学辞典』(WCD4；上記の改訂版)
1934　『ウェブスター新国際英語辞典・第2版』
　　　1936　『ウェブスター大学辞典』(WCD5；上記の簡約版)
　　　1949　『ウェブスター新大学辞典』(WCD6；上記の改訂版)
1961　『ウェブスター新国際英語辞典・第3版』(『ウェブスター3版』)
　　　1963　『ウェブスター第7版新大学辞典』

             (通称『ウェブスター大学辞典』WCD7；上記の簡約版)
　1976　『6,000 語―ウェブスター 3 版補遺』
　　　　1979　『ウェブスター第 8 版新大学辞典』
             (通称『ウェブスター大学辞典』WCD8；WCD7 の改訂版)
　1983　『9,000 語―ウェブスター 3 版補遺』
　　　　1983　『ウェブスター・第 9 版新大学辞典』
             (通称『ウェブスター大学辞典』WCD9；WCD8 の改訂版)
　1986　『12,000 語―ウェブスター 3 版補遺』
　　　　1993　『メリア・ウェブスター大学辞典・第 10 版』(WCD10；WCD9 の改訂版)
　　　　2003　『メリアム・ウェブスター大学辞典・第 11 版』(WCD11；WCD10 の改訂版)

「ウェブスター」以外では、次のようになる。
　1911　『センチュリー辞典・改訂増補版』
　　　　1927　『ニュー・センチュリー英語辞典』

書名にウェブスターが入るが、全く関係が無い大型机上辞典とカレッジ版辞典『ニューワールド』は、次のようになる。
　1951　『ウェブスター・ニューワールド・アメリカ語辞典・百科版』
　　　　1953　『ウェブスター・ニューワールド・アメリカ語辞典・カレッジ版』
　　　　1970　『ウェブスター・ニューワールド・アメリカ語辞典・カレッジ版・第 2 版』
　　　　1988　『ウェブスター・ニューワールド・アメリカ英語辞典・カレッジ版第 3 版』
　　　　2000　『ウェブスター・ニューワールド・大学辞典・第 4 版』

ランダムハウスの大型机上辞典とカレッジ版は、次のようになる。
　1966　『ランダムハウス英語辞典・非省略版』
　　　　1968　『ランダムハウス・カレッジ辞典』
　　　　1975　『ランダムハウス・カレッジ辞典・改訂版』
　1987　『ランダムハウス英語辞典・第 2 版・非省略版』

　　　　1991　『ランダムハウス・ウェブスター大学辞典』
　1997　『ランダムハウス・ウェブスター非省略辞典・第2版』
　　　　1991　『ランダムハウス・ウェブスター大学辞典』
　　　　1997　『ランダムハウス・ウェブスター大学辞典［組み替え］』
『アメリカン・ヘリテッジ英語辞典』とその簡略版は、次のようになる。
　1969　『アメリカン・ヘリテッジ英語辞典』
　　　　1976　『アメリカン・ヘリテッジ英語辞典・新カレッジ版』
　　　　1982　『アメリカン・ヘリテッジ辞典・カレッジ版第2版』
　　　　1984　『ウェブスターⅡリヴァーサイド大学辞典』
　1992　『アメリカン・ヘリテッジ英語辞典・第3版』
　2000　『アメリカン・ヘリテッジ英語辞典・第4版』
　　　　2002　『アメリカン・ヘリテッジ大学辞典・第4版』
　第5部では、上記のカレッジ版辞辞典と、『ウェブスター3版』以外の『ランダムハウス辞典』、『アメリカン・ヘリテッジ辞典』の親版を中心に扱う。
　上記の辞書以外にも、その後の辞書に影響を与えたもの、例えば、エドワード・ソーンダイクの中学生用、高校生用の辞典や、『アメリカ大学辞典』なども取り上げる。
　一方では、『オックスフォード英語辞典』の簡略版で、辞書史に残る『コンサイス・オックスフォード辞典』(1911)、さらには大型机上辞典として極めて優れた『ユニバーサル英語辞典』(1932)などのイギリスの英語辞典にも簡単ながら触れる。
　アメリカの辞書であっても、丁寧につくられてはいるが、辞書編集の上で貢献するところはとくにない『マクミラン辞典』(*Macmillan Dictionary*, 1973)や『ソーンダイク・バーンハート総合机上辞典』(*Thorndike-Barnhart Comprehensive Desk Dictionary*, 1955)『メリアム・ウェブスター机上辞典』(*Merriam Webster's Desk Dictionary*, 1995)などは省いた。『メリアム・ウェブスター机上辞典』は横約17センチ・縦23.5センチで、またハーコート・ブレース・アンド・ワールド社版『ファンク・アンド・ワグナルズ・スタンダード・カレッジ辞典』(©1963)のカバーには「全く新しい机上辞

典」とあり、これは横 18 センチ・縦 23.5 センチで、アメリカではほゞこの大きさまでに机上辞典の名称が付けられる傾向がある。
　イギリスの優れた辞書のアメリカ版は、今後も視野に入れて、この第 5 部に入れている。

　　　　　＊　　＊　　＊

　書店に行くと、いくつかのカレッジを書名の一部とする辞典、カレッジ版辞典が並ぶ。それよりも大きな辞書もある。『ランダムハウス・ウェブスター非省略辞典』(*The Random House Webster's Unabridged Dictionary,* Second Edition,1997; 以下 RHD4 と略す) や『アメリカン・ヘリテッジ英語辞典』(*The American Heritage Dictionary of the English Language,* Fourth Edition, 2000; AHD4) はかなり大型である。しかし、これらを大辞典と呼ぶことには躊躇せざるを得ない。内容的に 20 世紀の『ウェブスター新国際辞典』(1 版、2 版、3 版) とは開きがありすぎる。また、19 世紀末の大辞典と比べてもその感が強い。『アメリカーナ』は、これらを「半非省略」(*semi-unabridged*) と分類する。しかしながら、英語表現としても定着していないし、日本語でも落ち着きが悪い。ここでは、カレッジ版辞典を机上辞典とし、RHD4 や AHD4 を大型机上辞典と呼ぶこととする。

　20 世紀の机上辞典に入る前に、アメリカ英語辞典編集史の第 2 期 (1829-1883) を見ておく必要がある。1864 年に、大きな改訂を伴う『アメリカ英語辞典』(「ウェブスター・マーン版」) が出版され、アメリカの英語辞典は大きな前進を見せた。挿絵を入れた「ウェブスター・マーン版」に揃えて、簡略版にも挿絵をメリアム社は入れる。大学生レベル、高校生レベル、会計事務所用の机上辞典にも挿絵が入る。これが、現在に至るアメリカの机上辞典の流れを作ることとなる。

　大学生レベルが、1867 年のホィーラー編『英語辞典』(W. A. Wheeler, ed., *A Dictionary of the English Language*) で、背表紙には『ウェブスター・ナショナル絵入り辞典』(*Webster's National Pictorial Dictionary*) とある (この時代の正式な書名と背表紙の書名の違いはしばしば混乱を招いている)。メリアム社、リピンコット社 (J. B. Lippincott) からこの机上版が出版される (リピンコット社版 1872 年刷りを使用)。横 15 センチ、縦 23.2 センチで、辞書本体 834 頁に、挿絵、類義語解説が入る。「適度の大きさと値段の 1 巻本で、現代英語の主要部を構成する語の意味・発音・正書法を出来るだけ

完全に提示する辞書」(序文) である。そして、1864 年の『アメリカ英語辞典』に基づくこと、したがって、それ以前の簡約版とは違うことが強調される。営業的には、挿絵がこの辞書の新しさを象徴した。

このホィーラー編『英語辞典』(『ウェブスター・ナショナル絵入り辞典』) が、大辞典に基づくメリアム社カレッジ版の原型となる。

高校生レベルでは、『ウェブスター・ナショナル・絵入り辞典』よりもやや小さい『英語辞典——アカデミー版』(*A Dictionary of the English Language — Academic Edition*) が、ウィリアム・ウェブスターとホィーラーの編集でこれも 1867 年に出版される。背表紙は『ウェブスター・アカデミー辞典 — 絵入り』(*Webster's Academic Dictionary; Illustrated*) である (アイヴィソン・ブレイクマン・テイラー社版 1870 年刷りを使用)。辞書本体 486 頁に、付録 74 頁、その中に地名・人名の発音と、分類挿絵がある。

この「アカデミー用」というのは、19 世紀アメリカの学校制度の主流である、コモン・スクール (common school)、その上のアカデミー、さらにその上のカレッジという学校体系の中でのアカデミーである。したがって、「アカデミー用」は、高校生用である。ベンジャミン・フランクリンなどがペンシルヴァニアでアカデミーを作ったのは 1749 年である。これは、のちにペンシルヴァニア大学となった。1778 年、1781 年に作られたアカデミーは現在もそれぞれ存在している。ハイスクール (high school) は、1821 年にボストンで最初に創られた。ハイスクールが公立学校制度で不可欠のものとなるのは、19 世紀末である。

アカデミー用辞典も、名前を変えて現在まで続く。『ソーンダイク・バーンハート学生辞典』(*Thorndike-Barnhart Student Dictionary*) は、高校生用と謳った優れた辞典である。この辞書は、横 19.5 センチ、縦 25 センチで (1991 年版)、辞書本体に固有名詞を入れており、カラー印刷であることが、1867 年の高校生用辞典『英語辞典—アカデミー版』とは違うだけと言ってもよい程である (写真、略図も入っている)。

再び繰りかえせば、ホィーラー編『英語辞典』(背表紙『ウェブスター・ナショナル絵入り辞典』1867) と『英語辞典—アカデミー版』(1867) によってアメリカの机上版は新たな時代を迎えた。

さらに、それらを発展させ、現在のカレッジ版辞典に直接繋がるものが出版されるのは、19世紀末である。

1898年に『英語辞典―ウェブスター大学辞典』(*A Dictionary of the English Language — Webster's Collegiate Dictionary*) がメリアム社から出版される。背表紙にも使用した『ウェブスター大学辞典』(*Webster's Collegiate Dictionary*) が定着し、21世紀まで続くことになる (Collegiate は登録商標で、他社は使えない)。

この1898年のカレッジ版辞典は、『ウェブスター国際英語辞典』(1890) の簡約版である。「ウェブスター」の新たな出発は、1890年の大辞典と1898年のカレッジ版である。

大きさは、横約15.5センチ、縦24.5センチで、辞書本体は948頁、それにスコットランド英語、固有名詞の発音その他の付録が付く (1899年刷りを使用)。

序文によれば、一般読者、特に大学生のために『ウェブスター国際英語辞典』のもっとも重要な部分を、コンパクトで便利な形で提供するとある。科学用語は一般読者のための書物に現れる範囲で収録する。

定義はできるだけ大辞典のものを保持したとする。カレッジ版も親版大辞典と同じく、語義を歴史的に古いものから新しいものへと配列する。

挿絵は1,100以上、多くは大辞典のものを縮小して入れる。

語義を大辞典と照合すると、確かに簡略化されている。また、文学作品からの引用を省く。大辞典では独立していた見出し語も absorbability, absorptiveness, absorptivity, abstemiously, abstemiousness, abstersiveness などの派生語は、追い込み見出しとする。追い込み見出しには、アクセント以外の記述はない (これらの語の定義も省かれている)。

aboard では、to fall aboard of, to haul the tacks aboard, to keep the land aboard, to lay (a ship) aboard などのイディオムも省かれる。come では、to come about, to come across, to come home, to come in for, to come off, to come round, to come short, to come to が記述され、他は省かれる。

このカレッジ版の gentleman の定義を見てみる。

In Great Britain, the term *gentleman* is applied in a limited sense to those having coats of arms, but without a title, and, in this sense, *gentlemen* hold a middle rank between the nobility and yeomanry. In a wider sense, it includes every man above the rank of yeoman. In the United States, the term is applied to men of education and good breeding of every occupation.

英国では、gentleman という語は、狭い意味では、紋章はあるが称号のない人たちに使われ、この意味では gentleman は、貴族とヨーマン (郷士) の間の位を占める。より広い意味では、郷士以上のすべての男を含む。合衆国では、この語は、職業の如何をとわず教育があり、育ちの良い男に使われる。

この定義は、親版大辞典とほぼ同じである。
　序でながら、日本語の「紳士」は、「職業の如何をとわず、教育があり育ちの良い人」に基づいていた。『大言海』は、英語 Gentle man (原文のママ) の訳語として、「身柄ノ人。即チ、社会ノ一人トシテ、道徳、礼儀、地位、財産、等ヲ供ヘタル人」と定義する。編者大槻文彦は「ウェブスター」を使用していた。
　複合語は大辞典に合わせて、ハイフンを使わない分離複合語 (separate composition) の形、例えば air brake, air pump が『ウェブスター・ナショナル絵入り辞典』より大幅に増えている。また、分離複合語にも、大辞典同様、第2アクセントを付けていることは評価できる。
　基本語の扱いは簡単であるし、イディオムも少ない辞書ではある。しかし、一般読者は、不確かな意味、綴り、発音を確かめるために辞書を使うことが多い。その点で『ウェブスター国際英語辞典』の権威を体現する『ウェブスター大学辞典』は歓迎されたであろう。掌にのる頃合いの大きさも使いやすい。
　アメリカでは、大学の大衆化が進んでいた。リンカン大統領時代 (1862年) のモリル法 (the Land-Grant College Act (Morrill Act)) に始まる大学の大衆化は、1890年の第二モリル法で、アメリカ全土にさらに大学と大学生の数を増やした。

『ウェブスター大学辞典・初版』(*Webster's Collegiate Dictionary*; WCD1) 出版の時点で、ランドー (Landau 2001:90) によれば、合衆国の高等教育機関に在学していた学生は「24万以下であった」。しかし、イギリスと (そして日本と) 比べるならば、24万人近くもいた、と解釈すべきであろう。時代が大学生用辞典を求めていた。

『ウェブスター大学辞典』は、その後、2版 (1910)、3版 (1916) と続く。2版は、未見であるが、3版の序文によると、初版に約150頁の補遺を付ける。出版年から見て、1909年『新国際・第1版』から資料を得ているであろう。

『ウェブスター大学辞典・3版』(1916; WCD3) は、WCD1, WCD2 の改訂ではなく、『ウェブスター新国際英語辞典』(1909) に基づくことが、タイトル・ページに明記されている (1922年刷り、1930年刷りを使用)。これは、カレッジ版としては第2世代であり、内容的には20世紀最初のものと言える。縦約21センチの、やや小さなフォーマットもある (1930年刷り使用)。WCD3 の abalone の定義は (WCD1 では見出し語とはなっていなかった)、

A large gastropod mollusk (genus Haliotis) having a slightly spiral shell, perforated with a row of holes for the escape of water from the gills. The shell is lined with mother of pearl which is used in inlaying, button making, etc.; an ear shell.

やや螺旋状の殻を持ち、鰓から水を逃す穴の列のある、大きな腹足類軟体動物 (ミミガイ属)。殻の裏側は真珠層で、象嵌・ボタン製作などに使われる；ear shell ［類義語］。

で、親版よりかなり簡略である。しかし、親版は百科辞典的で、語釈ももたもたしている面もあり、ことばの辞典としては WCD3 の方がすっきりしている。ちなみに、イギリスの代表的机上辞典『コンサイス・オックスフォード辞典・2版』(*Concise Oxford Dictionary*, 1929; COD2 (初刷り使用))、COD3 (1934) に、このアメリカニズムは見出し語になっていない。COD よ

り大きい『ユニバーサル英語辞典』(The Universal English Dictionary, 1932;初刷り使用)では、

A shell-fish, haliotis or ear-shell, with perforated dark blue and green shell, lined with mother-of-pearl.
(裏は真珠層の、穴の開いた暗青緑色の殻を持った貝、ミミガイ)

とあり、定義は WCD3 の方が優れる。これはアワビがカリフォルニアではすでに食料となっていたこと、したがってアメリカ人の方が abalone を正しくとらえていたことによる、と想像できる。

さらに、アメリカにもかかわる語をイギリスの机上版と比べる。academy では、

[WCD3]
1. [*cap.*] A grove near Athens where Plato and his followers met; hence, the school of philosophy of which Plato was head. **2.** An institution for the study of higher learning; popularly, a school ranking between a common school and a college. **3.** A place of training; a school. **4.** A society of learned men united to advance art or science.
1. プラトンと弟子がつどいを持ったアテネ近郊の森。そこから、プラントが創めた哲学学派。2. 高等教育のための機関。一般に、コモン・スクールとカレッジの間に位置する学校。3. 訓練のための場所、学校。4. 学芸や科学を促進するために結ばれる会。

[COD2]
The garden near Athens in which Plato taught; Plato's followers or philosophical system; a place of study, including universities, but gen. used pretentiously or depreciatingly of something between a school and a university; a place of training in a special art (Royal Military A.) ; a society for cultivating literature, art, &c., of which membership is an honour, esp. the Royal A. of Arts; the R.A.'s annual exhibition.

プラトンが教えたアテネ近郊の庭園。プラトンの弟子または哲学体系。大学を含む学習の場、しかし学校と大学の間のものに、仰々しく、またはけなして使われる。特別な技術の訓練の場 (英国士官学校)。会員であることが名誉となる、文学・芸術を奨励する会、特に王立美術院。王立美術院の例年の展覧会。

と、違いを見せる。アカデメイア学園、プラトン学派は同じで、また教育機関を指す点では両者に共通である。次が大きく違う。アメリカでは、主として私立の中等教育機関に使われていた。進学校として知られるものもある。「アカデミー」は、元は、アメリカでもおおげさな名称であった。1855 年 2 月のアメリカのある雑誌は、「学校 (schools) は、町にも村にももはや存在しない、畑にもめったにはない；アカデミーとカレッジが取って代わっている」とアカデミーを皮肉る (Schele de Vere 1872)。

COD2 の定義は、大学以外の教育機関の「アカデミー」を、英国陸軍士官学校などを除いて、まともなものとは見ていない。

上の例でもわかるように、机上辞典では、イギリス英語はイギリスの辞書を、アメリカに関してはアメリカの辞書を使うべきである。これが 20 世紀前半の状況であった。

WCD3 に戻る。第 1 頁では、挿絵は『新国際・第 1 版』を縮小して aard-vark, aard-wolf, abacus, abalone に使う。初版にはなかった aard-wolf, abalone が新たに入り、aard-vark, 建築用語の abacus が書き換えられている。A1 が新たに見出し語となる。abandon の意味 "To banish. [Obs.]" が WCD3 では削除される。このように、3 版は大幅な改訂で、「全く新しい」との序文のことばは、誇張ではない。しかしながら、分離複合語にアクセントを記載しなくなったのは、後退である。

1931 年に、4 版 (WCD4) が出版される。3 版を改訂したものである。

1936 年に、『ウェブスター新国際英語辞典・2 版』に基づき、カレッジ版 5 版 (WCD5) が出版される。辞書本体 1,174 頁に、地名・人名発音などの付録が付く (1937 年刷り使用)。基本語にも力を入れだした版で、go (名詞) の口語表現や、make, set などに前進の跡が見える。

一方、センチュリー社は、1927年に『ニュー・センチュリー英語辞典』(*The New Century Dictionary of the English Language*) を出版する。約18センチ×27.5センチのかなりの大判3巻本で、総頁数2,792頁である (のちに全2巻となる)。印刷も鮮明、11頁の一頁大の色刷り挿絵も良い。版型・頁数も違うが、エッセンスだけのWCD4との違いは明瞭である。
　『ニュー・センチュリー英語辞典』は、「日常用いられている、あるいは一般の話しことば・書きことばで接するすべての語、よく使われる多くの句、さらには、重要な科学技術用語と一般読者が時折は目にするような科学技術用語の定義を目的とする」(序文)。
　1911年改訂の『センチュリー辞典』に基づき、それに新語・新語義を加える。しかし、詳細な語源は簡略化され、優れた文章からの引用はなくなる。account であれば、"postponed on *account* of rain"、"of no *account*"、"do not go on my *account*" のような句例になる。
　イディオムや句動詞も、 to get along, to get away, to get even with, to get off, to get over, to round, to get round, to get up とかなりあり、WCD3, WCD4より使いよい。一般家庭では十分な辞書であったであろう。
　その後、出版元が1933年からアップルトン・センチュリー社、1952年からアップルトン・センチュリー・クロフト社となる。辞書本体に関するかぎり、内容は同じである。
　この辞典の与えた影響は大きい。学習辞典として画期的な存在である『ソーンダイク・センチュリー・シニア辞典』(*Thorndike-Century Senior Dictionary*, 1941) は、『センチュリー辞典』、『ニュー・センチュリー英語辞典』を利用している。さらに、第2次大戦後のカレッジ版として出色の『アメリカ大学辞典』(*American College Dictionary*, 1947; ACD) も『センチュリー辞典』、『ニュー・センチュリー英語辞典』なしには存在しない。『ランダムハウス英語辞典・カレッジ版』(*Random House Dictionary of the English Language*, College Edition,1968) は、ACDを発展させたものである。それだけでなく、『ランダムハウス英語辞典・非省略版』(*Random House Dictionary of the English Language*, unabridged edition,1968) もACDの拡大版の性格を持つ。

メリアム・ウェブスター系とは異なる辞書の出発点に、『ニュー・センチュリー英語辞典』があった。その意味で『ニュー・センチュリー英語辞典』は、アメリカの辞書史では素通りできない辞書である。

1927年に、イギリスの『ポケット・オックスフォード辞典』(The Pocket Oxford Dictionary, 1924; POD) のアメリカ版が、ニューヨークのオックスフォード大学出版局から出版される。PODは、「英語を使用する特定の言語社会の人々の生活と文化にしっかりと根をおいた辞書こそPOD初版の目指したものであり、その言語社会に属する典型的な成員が内蔵する語彙的知識をできるだけそっくり映し出して、それを中核に辞書という形で語彙的小宇宙を作り上げること」(岩崎研究会 1989：229-30) を追求した小辞典の傑作であった。そのアメリカ版である。書名にはポケット辞典とあるが、ことばの情報量において並みの机上辞典を越えるので、ここで取り上げる。『ポケット・オックスフォード辞典・アメリカ版』(The Pocket Oxford Dictionary, American Edition) は、ザントヴォード (George Van Santvoord) が増補した (1949年11刷りを使用；これは巻末にル・メジュラ (H.G. Le Mesurier) による補遺を含む)。横約9.5センチ、縦17センチでイギリス版より縦横ともに若干大きい。辞書本体は1,010頁である。

内容はかなりきめ細かくアメリカの状況に合わせようとしている。sabbatical year に "also U. S. univv. [= universities] colloq., period of freedom from lectures &c. allowed for purposes of travel, research &c." (また、〔合衆国大学口語〕旅行・研究のために許される、講義などからの解放される期間) とあり、safe に "S.! [Safe!] umpire's for batsman or man on base" (「セーフ！」打者や走者に対するアンパイヤのことば) と入る。umpire にも野球への言及がある。football にも "American f. development of the latter [= Rugby football]" (アメリカン・フットボール、ラグビーの発展したもの) とPOD式の簡略された記述がなされる。basketball も、当然、追い込み見出しとなる。選挙で使う caucus, primary や、奴隷の逃亡を助けた underground railroad も記述されている。このようにアメリカ版PODは、本来のPODにかなりアメリカ英語を加えた興味のあるものとなっている。

1949年に11刷りが出ているところを見ると、イギリスの辞書のアメリカ版としてはかなり成功した部類であろう。基本語の用例・イディオムでは、「ウェブスター大学辞典」の各版をかなり越える。

　ここで、20世紀前半における他のイギリスの机上辞典にも簡単に触れておきたい。

　イギリスでは、1911年に『コンサイス・オックスフォード辞典』(*The Concise Oxford Dictionary of Current English*; COD) が出版される。書名に明示されているように、現代語の辞書である。タイトル・ページに「『オックスフォード辞典』から、『キングズ・イングリッシュ』の著者 H. W. ファウラー (H.W. Fowler) と F. G. ファウラーにより編集」とあるように、『オックスフォード英語辞典』(OED) の簡約を謳う (実際は、OED はまだ完成はしていないし、正式の書名ともなっていない)。ファウラー兄弟の天才的辞書つくりから生まれた独創的な辞書である。限られたスペースに英語の生態を見事にとらえる。すでに触れた POD もファウラー兄弟の編集になる。COD も POD も日本でも愛用者は多かった。

　COD は固有名詞を排除し、百科事項を省く。縦18.5センチで、辞書本体は1,041頁、付録はない (1912年刷りを使用)。挿絵も一切使わず、アメリカの辞書編集とは際立った違いを示す「ことばの辞書」である。基本語を重視し、イディオムもスペースの許すかぎり収める。そして品位のある辞書である。

　COD 第2版 (1929年) の序文で、改訂に当った H. W. ファウラーは、当時の話しことば・書きことばを出来るかぎり生き生きと描くことが目的であった、と述べる。生きたことばは、20年間そして世界大戦を経て、変らずにいることはないので、改訂版を出す、とする。COD2 で、辞書本体は1,444頁に増える。

　1934年に、『OED 補遺』(*OED Supplement*, 1933) を基に COD 第3版 (COD3) が出版される。H. W. ファウラーと H. G. ル・メジュラの改訂である。序文によると、ル・メジュラが1933年2月に3版の仕事を委嘱され、12月26日の H. W. ファウラー死去まで彼の指導を受ける。第2版 (COD2)

の辞書本体 1,444 頁に、COD3 では 61 頁の補遺が付く (1934 年刷り使用)。この補遺は、ル・メジュラによることが明記されている。さらに、その補遺をル・メジュラが 1944 年に改訂している。

1951 年にマッキントシュ (E. McIntosh) 改訂の COD4 版が出版される。辞書本体 1,496 頁で、1952 年刷りには、さらに、8 頁の補遺が付く。

この COD を「日常使用するもっとも権威のある辞書」とする『エヴリマン百科辞典』(*Everyman's Encyclopaedia,* fourth edition, 1958) の評価は、イギリス知識人全体の評価でもあった。権威のある机上辞典と言えば、COD であるとされる時代が長く続く。『ウェブスター大学辞典』との比較で言えば、基本語では COD の方がはるかに優れている。

イギリスでは、1932 年に『ユニヴァーサル英語辞典』(*The Universal Dictionary of the English Language*; UED) が出版される (初版およびシカゴで印刷された 1938 年版使用。アメリカ版にはアレン・リードのはしがきが付く)。優れた英語学者ワイルド (Henry C. Wyld) の編集で、大型机上辞典である。辞書本体 1,417 頁に略語表が付く。UED も、百科事項を含まない「ことばの辞書」で、詳しい語源、明解な定義、口語を多く含む例文を特色とする。20 世紀前半のイギリスを代表する大型机上辞典である。UED、COD を持つイギリスは、アメリカの机上辞典を圧倒する。『アメリカ大学辞典』(1947)、『ウェブスター・ニュー・ワールド・アメリカ語辞典・カレッジ版』(1959) が出版されるまでは同じような状況であった。

1933 年には OED の簡略版『ショーター・オックスフォード英語辞典』(*The Shorter Oxford English Dictionary*; SOED) が出版される。1936 年に第 2 版、1944 年に第 3 版が出る。OED 同様、歴史的原理による。OED の内容のすべてを必要とはしないが、古典を読む人、例えば『カンタベリー物語』やシェイクスピアを読む人には便利な辞書である。簡便に調べるのにもよい。また、基本語では、SOED でチェックし、その後で OED を読むなどの使い方ができる。

COD, UED は非常に優れてはいるが、極めてイギリス的な辞書である。これらは、アメリカ人が日常生活で接する英語に十分な配慮が払われているものとは言えない。アメリカの政治制度ひとつをとっても、ノア・ウェ

ブスターの言を俟つまでもなく、独自の表現を生み出しており、口語表現においては、アメリカ英語はイギリス英語にも影響を与える活気を持つのが20世紀である。机上辞典においても、アメリカ人によるアメリカ人のための辞書が必要であった。

　第2次世界大戦後のアメリカの辞書は、1947年のランダムハウス社の『アメリカ大学辞典』(The American College Dictionary ; ACD) に始まる。クラレンス・バーンハート を編集主幹とし、編集顧問にレナード・ブルームフィールド、チャールズ・フリーズ、W. キャベル・グリート、アービング・ロージ、ケンプ・マローンを並べる。ブルームフィールドは20世紀前半アメリカ最高の言語学者であった。

　ACDは、資料としてOED、『センチュリー辞典』、『ニュー・センチュリー英語辞典』、さらに、OEDと同じく歴史的原理により編集された『アメリカ英語辞典』(A Dictionary of American English, 1933-44；全4巻) も、それぞれの出版元の許可を得て使う。英語辞典でしばしば見られた剽窃ではない。ここにもこの辞書の新しさがあった。

　さらに、ロージ&ソーンダイク『英語語彙の意味の統計』(Irving Lorge and Edward L. Thorndike, A Semantic Count of English Words, 1938) とロージ『最もよく使われる570語の意味の統計』(The Semantic Count of the 570 Commonest English Words, 1949) により、使用頻度の統計を参考に語義の選定、配列を行う。

　学習心理学の影響も見られる。ウィリアム・ジェームズの指導を受けた心理学者E. L.ソーンダイクは、学習心理学の知見に基づいて、中学生向きの辞書『ソーンダイク・センチュリー・ジュニア辞典』(The Thorndike-Century Junior Dictionary, 1935)、高校生用『ソーンダイク・センチュリー・シニア辞典』(Thorndike-Century Senior Dictionary, 1941) を出版し、教育界に注目されていた。前者は、横14.4センチ、縦15.3センチの2欄組み、辞書本体970頁の机上版で、統計による語の頻度を基に見出し語を選定した最初の学習用辞書である。語末に頻度を数字で表わす。1,000語単位で、1から20まで分け、さらに数字の付かない語に分類されている。settle, seven は 1 (もっともよく使われる 1,000 語に入る)、seventh は 3、sever は 5 と、頻度順の数字が付く。語義も平明、その上に例文を多く添える。例えば、settle であれば、

1. set or be set in fairly permanent position, place, or way of life. At last we are settled in our new home. Our cousin intends to settle in California.
かなり永続的な地位・場所・生活様式に［人を］落ち着ける・落ち着く。とうとう私たちは自分たちの新しい家に落ち着いた。私たちの従兄弟はカリフォルニアに居を構えるつもりだ。

となる (語義・例文の最後に、*v.t. v.i.* 1 と頻度番号が入る)。

　ソーンダイクはその後、さらに、辞書の使い方に 13 頁を当てた小学生用辞典『ソーンダイク・センチュリー初歩辞典』(*Thorndike Century Beginning Dictionary*, 1945) を出版し、学習辞典に確固たる地位を築いていた。そのソーンダイク最初の辞書『ソーンダイク・センチュリー・ジュニア辞典』の定義の原稿にコメントを付ける仕事を担当したのが、クラレンス・バーンハートであった (Barnhart 1991: 6)。その後、彼はソーンダイクの影響を強く受ける。そのバーンハートが ACD の編集主幹を務めた。したがって、学習辞典としての性格がはっきりと出ている。メリアム社の『ウェブスター大学辞典』(WCD) との違いを打ち出すためにも、この路線は成功であった。

　ACD は、横 16.5 センチ、縦 24.5 センチで、辞書本体は 1,241 頁、それに 3 頁の記号解説、given names 解説 8 頁が付く (1951 年刷り使用)。収録語数は約 13 万 2 千語である。

　編集方針は慣用 (usage) の重視である。「この辞書は、我々の言語の話し手・書き手の慣用を記録する」と序文で明記する。現代の学問［言語学］の方法に基づいた辞書は、慣用の事実に基づいて inform (情報を提供) するのであって、prescribe (規範を与える) のではない、と明言する。1961 年出版のメリアム社『ウェブスター 3 版』もこの方針であり、ACD より徹底したものである。ACD に始まった第 2 次世界大戦後の記述主義は、『ウェ

ブスター 3 版』で確立する (『ウェブスター 3 版』の場合は、すでに第 4 部で述べたように、強い反発を買う)。

　ACD の基本語の扱いは、当時の『ウェブスター大学辞典・第 5 版』(1936 年；WCD5) より丁寧である。come を例にとれば、ACD は、自動詞 17、他動詞 2 の語義を与え、句動詞は 17 に及ぶ。WCD5 は、自動詞 8、他動詞 1 の語義に、句動詞は 4 つあるのみである。現在のどのカレッジ版も記述する come の "to become; to come untied" (..になる；ほどける) も、ACD にはあるが、WCD5 には無い。ほかの基本語を見ても、ACD の出現で、アメリカのカレッジ版は辞書としての機能に不足するところはなくなった、と言ってよいほどである。

　ACD は、わかり易い定義を特色とする。come の基本的な意味を WCD5 と比べてみる。

　　［WCD5］　　To move hitherward; approach; as, he is *coming*; opposed to *go*.
　　(こちらに動く、近づく。例、彼がやってくる；go と反対)
　　［ACD］　to move toward the speaker or toward a particular place; approach.
　　(話者の方へ、あるいは、ある場所の方へ動く、近づく)

WCD5 の hitherward は文語的で、この場合は適切さを欠く。come は文語でも使うが、口語の基本語中の基本語である。ACD の定義は今日から見ても不足ない。ほかの基本語を見ても、ACD はカレッジ版としてあるべき姿に近づいた、と言える。

　類義語解説も参考にするに値する。

　大学生に便利なのは、*Moby Dick*『白鯨』の出版年を確かめたければ、作品名が見出しにあり、"a novel (1851) by Herman Melville." (ハーマン・メルヴィルの小説 (1851 年刊) とある。

　scarlet letter には、

　　1. a scarlet letter "A," formerly worn by one convicted of adultery. **2. The Scarlet Letter**, a novel (1850) by Hawthorne.

(1. 不義で有罪と決定した人によって身に付けられる赤いAの文字。2.『緋文字』、ホーソーンの小説(1850年刊))

とある。確認のためにも便利である。

　口語、俗語、英、米(Colloquial, Slang, Brit, U.S)などの表示が、5人の専門家、アルバート・ボー、ウィリアム・クレーギー、チャールズ・フリーズ、ミットフォード・マシューズ、アレン・ウォーカー・リードの助言のもとになされた。英語学ではいずれもよく知られた名が並ぶ。しかし、英米の別はともかく、口語、俗語は客観的判断が難しいが、これらを表示したために、『ウェブスター3版』のような批判を受けることはなかった。

　発音では、『ソーンダイク・センチュリー・シニア辞典』ですでに使われていたシュワ〈ə〉を導入した。

　第2次世界大戦後帰国したGIは、軍人社会復帰法(1944年制定)により、就学金を援助され、大挙して大学で学ぶことになる。ランドー(Landau 2001;91-2)によれば、1949年から50年に200万6千人の大学生がいて、ACDは彼らに受け入れられた。

　このアメリカのカレッジ版も、しかしながら、ワイルドの『ユニバーサル英語辞典』(UED)を使い慣れた者には物足りなさを感じざるをえない。ワイルドの辞書は、ことばの面白さを教えてくれる。比較すると、ACDはやはりアメリカ的で、どこかドライなところがある。UEDやCODにある味に欠ける。これは多数が書く原稿をまとめることに由来するのではなかろうか。

　振り返ってみれば、ACDは、1898年に始まる名門『ウェブスター大学辞典』(WCD)を、ほとんどすべての面で抜いた。大辞典では、『センチュリー辞典』、『ニュー・スタンダード英語辞典』が本格的な改訂版を出せないで、『ウェブスター新国際英語辞典・第3版』(1961)の独走状態にあるとき、『センチュリー辞典』、『ニュー・センチュリー英語辞典』の系統を受け継いだ斬新なACDの誕生は、アメリカのカレッジ版に新しい時代をもたらした。また、影響は国際的でもあった。

イギリスのハムリン社は、ACDを自由に使う権利を得て、『百科世界辞典』(*Encyclopedic World Dictionary*) を1971年に出版する (1971年刷りを使用)。comeでは、自動詞の語義17までACDと定義・句例・文例まで一字一句同じである。語義18に "*Taboo.* to have an orgasm."（［タブー用法］オルガスムに達する）が『百科世界辞典』に入っただけである。他動詞もACDと同じである。と言って、イギリス版にふさわしい編集がされていることは、言を俟たない。
　さらに、このイギリス版を基にオーストラリアで『マクウォーリ辞典』(*The Macquarie Dictionary*) が11年の歳月をかけて、1981年に出版される(1982年刷りを使用)。イギリス人にとってのオックスフォード辞典、アメリカ人にとっての「ウェブスター」と同じような関係に、『マクウォーリ』とオーストラリア人はある、と同辞典は序文に誇る。そのオーストラリアの国語辞典も、遡ればACDとなる。

　1947年、ACDの数ヵ月後に、ファンク・アンド・ワグナルス社からも意欲的なカレッジ版辞典が出版される。『ファンク・アンド・ワグナルズ・カレッジ新スタンダード辞典』(*Funk and Wagnalls New College Standard Dictionary*) で、チャールズ・ファンク (Charles Earle Funk) が編集者である。横16.3センチ、縦23.1センチで、辞書本体1,365頁、それに付録が付き、総頁数1,404である (初刷りおよび1947年3刷り使用)。挿絵・類義語解説が入る。
　この辞書は「すべての成人英語話者の一般的なニーズに応えるためにつくられる」(序文)。『ニュー・スタンダード』(1913) を基に、徹底した実用性 (thorough practicality) を目標に編集される。「実用」は『スタンダード英語辞典』(1893-4) 以来の伝統である。収録語数は14万5千であった。
　見出し語はすべて大文字で (これは19世紀前半では普通であった)、アクセントのある音節に下線を引く。A・BACK, A・BAN・DONED のようになる。abandoned には -dund と綴り直して、発音を表わす。この方式をファンク・アンド・ワグナルス社は以前にも机上辞典で採用したことがある。

動詞には他動詞・自動詞の区別を記載しない。これも大学生には不親切であっただろう。

『ウェブスター3版』(1961) に先んじるように、口語・俗語の区別をやめて、popular の省略 Pop. を使う。「今日の俗語は明日の口語となりうる」からである。『ウェブスター3版』(1961) で轟々たる非難を浴びるぐらいであるから、おそらくは、これも評判が悪かった。

意欲的な編集態度は、come に "7 [Pop.] To play the part of ; act; also, to perpetrate; as, he came a joke on us."（...の役を演じる、また、［いたずらなど］をする。［例］彼は私たちをからかった。）を載せ、『ウェブスター3版』に先んじる（後のカレッジ版『ファンク・アンド・ワグナルズ・スタンダード・カレッジ辞典』 Funk and Wagnalls Standard College Dictionary, 1963) では削除される)。

編集者の意欲にもかかわらず、1950年に増刷されただけで消えてしまった。

1949年にメリアム社から『ウェブスター新大学辞典・第6版』(Webster's New Collegiate Dictionary, 6th edition; WCD6) が、ジョン・ベセル (John P. Bethel) の編集で出版される (1961年刷りを使用)。フォーマットが大きくなり、現在の大学版と同じ大きさになる。辞書本体997頁、地名・人名の発音、合衆国・カナダの大学一覧表などが付いて、1,174頁となる。

「語彙は、明解で正確な、しかし百科事典的ではない情報を求める大学生と一般読者の要求に答えるべく選定された」(序文)。有用性を基準に『ウェブスター新国際英語辞典・第2版』から選ぶ。

この6版 (WCD) は、5版 (WCD5) に見出し語を追加し、定義・類義語解説も多少変えている。しかし、基本的には1934年の『ウェブスター新国際辞典・第2版』に基づく。ACDと比べるならば、新味に欠ける。

1951年に辞書界に新顔が現れた。『ウェブスター・ニューワールド・アメリカ語辞典・百科版』(Webster's New World Dictionary of the American Language, Encyclopedic Edition) で、ウェブスターを冠するが、メリアム社と

は無関係で、ワールド出版社 (The World Publishing Company) から刊行されたものである。

編者 (General Editors) は、ガラルニック (David B. Guralnik) とフレンド (Joseph H. Friend) である。後者は、辞書研究家で、構造言語学者であった。

2冊本で、辞書本体は1,696頁、それに多くの付録が付く。独立宣言、合衆国憲法、色刷りの地図その他で、総頁数2,068であった。付録どっさりの辞書ではあるが、辞書本体がすぐれていた。

そこで、付録の多くを削除して、1953年に、『ウェブスター・ニューワールド・アメリカ語辞典・カレッジ版』(*Webster's New World Dictionary of the American Language*, College Edition; WNWD1) として出版される (以下『ニューワールド』と略す)。編者はガラルニックとフレンドである。

収録語数は14万で、ACDの13万2千より多い。見出し語が多いことはアメリカの辞書市場では販売上有利となる。

語義の配列は独自のものを目指し、本義から分義へと記述する。その定義と、語源の詳しさ、口語・スラングを広く採り入れているところに特徴がある。

meatで、ACDと『ニューワールド』を比較する。

[ACD] 1. the flesh of animals as used for food. 2. food in general; meat and drink. 3. the edible part of anything, as a fruit, nut, etc. 4. the principal meal; *to say grace before meat*. [ME and OE *mete*, c. OHG *maz*]

(1. 食べ物として用いる動物の肉。2. (一般に) 食べ物。[例] 飲食物。3.果物や堅果の、食べられる部分。4. 主食。[例] 食事の前にお祈りをする。[中英語及び古英語 mete、古高ドイツ語 maz と同族語])

[WNWD1] [ME. & AS. *mete*; akin to Goth. *mats*; IE.base **mad*-, to be moist, trickle, seen also in *mast* (beech-nuts, etc.)]. 1. food; especially, solid food, as distinguished from drink: now archaic or dialectal except in *meat and drink*. 2. the flesh of animals used as food; usually, the flesh of mammals, as distinguished from fish and fowl. 3. the edible part; as, the *meat* of a nut. 4. the substance, meaning, or gist; as, the *meat* of a story. 5. a meal; esp. a dinner: now, obsolete except in *at meat*, *before meat*, etc. 6. one's quarry. 7. [Slang], something that one especially enjoys or is skillful at: as, golf's my *meat*.

　([中英語及び古英語 mete;ゴート語 mats に近い；印欧語語根 *mad- し めっている、したたる、mast (ブナの実) にも見られる] 1. 食べ物；特に、飲み物と区別して、固形の食べ物；現在は meat and drink (飲食物) など を除いて、古義または方言。2. 食べ物として使う動物の肉；特に、魚 肉・鳥肉と区別して、哺乳類の肉。3. 食べられる部分；堅果の実。4. 実 質、意味、要点；話の核心。5. 食事；特に、一日の内で主要な食事；今 は、at meat (食事中で)、before meat (食事前に) を除いて、廃義。6. [騙 しやすい] '鴨'。7. [俗語] 特に好きなこと、うまいこと；例、ゴルフ が大好き (得意) だ。)

　比べれば、情報量の違いは一目瞭然である。『ニューワールド』は、語 源でゴート語を挙げ、さらに印欧語祖語に遡る。簡潔ではあるが、本格的 である。ACD は、同源の古高地ドイツ語を挙げるにとどまる。また、 ACD では語源の位置が、『スタンダード英語辞典』が始めた、最後の位置 である。

　『ニューワールド』は、語源に続いて、最も古い語義「食べ物」から始 めて意味の発達がわかるようにし、語義「(人の) '鴨' 」「楽しみ」までを 記述する。「食べ物」「食事」に付された説明も丁寧である。

　句動詞も come には 27 項あり、ACD の 18 項より相当多い。基本語にお いて、当時の COD に匹敵する、あるいは凌駕するのは、カレッジ版では この『ニューワールド』である。アメリカニズムに関して言えば、書名 「アメリカ語」辞典 (アメリカ語なるものが存在しないが) が示すように、 重視されている。meat 「'鴨'」は、その一例である。

　ACD が学習用としての性格が強いのに対して、『ニューワールド』は大 学を卒業しても十分使えるレベルである。アメリカのジャーナリズムでも 好評であった。

　のちにガラルニック (『ニューワールド・アメリカ英語辞典・カレッジ

版・3 版』1988: x) が書いているところによると、「1941 年に、比較的若い言語学者が、当時の辞書界に存在していた保守主義を抜け、真に時代を反映する辞書をつくることに着手した」のである。ここに、メリアム社カレッジ辞典、『センチュリー』系 ACD とは、また異なる新しい流れが生まれた。アメリカの辞書界は活気を帯びる。第 2 次大戦後は、20 世紀前半とは異なり、机上辞典はアメリカが中心となってゆく。

その後、『ニューワールド』第 2 版が 1970 年に出る。第 2 版 (Second College Edition) は、編集主幹ガラルニックの下に、急速に進む科学・技術、ベトナム戦争を契機とする社会的・政治的激動から生まれた表現、若者の生み出す俗語、借用語などを多く採り入れる。

語義・用例の提示の仕方が、初版の sore "giving physical pain; painful; tender: as, a *sore* throat." (肉体的に苦痛を与える、痛い。例、痛い喉) から、"giving physical pain; painful; tender [a *sore* throat] (肉体的に苦痛を与える、痛い、[痛い喉]) のように変わった。これだけで使いやすさの点はかなりの違いである。

また、例文にも注意が払われ、sore の語義 5 "provocative of irritation or disagreeable feelings"に [a *sore* point] が入る (「苛立ちや不快な感情を起こさせる；[しゃくなこと]」となる)。

アメリカニズムは、『アメリカニズム辞典』の編集者ミットフォード・マシューズにより、見出し語または語義に星印 (☆) が付く。

アメリカの地名にも語源を付ける点でも、この辞書はユニークであった。点字版も出るほど好評であった。日本にも愛用者は少なくなかった。

1963 年に、メリアム社から『ウェブスター・第 7 版新大学辞典』(*Webster's Seventh New Collegiate Dictionary*; WCD7) が出版される (1965 年刷りを使用)。辞書本体 1,041 頁に、地名・人名の発音、合衆国・カナダ大学一覧表などが付いて 1,221 頁となる。

『ウェブスター 3 版』(1961) に基づく。編集主幹はゴゥヴで、『ウェブスター 3 版』と同じである。

しかし、親版『ウェブスター 3 版』(1961) が Aaron を見出し語から省い

ているのに対して、大学版は聖書などに現れる Aaron のような固有名詞をも見出しとする。また、親版が見出しには大文字を一切使わないのに対し、Aaron, Aaronic のように慣用に従う。

　定義は、親版に限りなく近い。それは基本語だけにとどまらない。Rock Cornish などにも当てはまる。

「WCD7」 **Rock Cornish** *n* : a crossbred domestic fowl produced by interbreeding Cornish and white Plymouth Rock fowls and used esp. for small roasters
　　（コーニッシとプリマス・ロックの交配によりつくられ、特に小さな丸焼き用に用いられる家禽）
［W3］ **rock cornish** *n. usu cap R & C* : a crossbred domestic fowl produced by breeding Cornish and white Rock fowls and used esp. for the production of small well-fleshed roasters

　で、WCD7 は、『ウェブスター 3 版』の white Rock の定義を white Plymouth Rock に、small のあとの well-fleshed を省く律儀さである (breed を interbreed に変え、the production を省いている点も違う)。しかし、親版『ウェブスター 3 版』の full-fleshed (肉好きのいい) は削除されるべきではなかろう。なお、Plymouth Rock も Cornish (これはイギリス種) も見出し語となっており、その定義も適切である。

　braille (これは小文字；品詞名のあとに often cap ［しばしば大文字で］とある) では、定義は簡略化されているが、a から w、そして大文字、数字の点字が図示される (これは親版と同じである)。この点では ACD に勝る。
　句動詞を、親版と同じく、見出しとする。例えば put では、

put about	put down	put out
put across	put in	put over
put away	put off	put to
put by	put on	put up

20 世紀の机上辞典　*337*

が見出しとなる。set では、set down, set in, set off, set on、set out を見出しとする。

　WCD7 となって、見出し語、定義においてイギリスの COD5 版 (1964) を超えた。WCD7 は、WCD3 以来の大きな改訂である。

　しかしながら、この辞書は、エッセンスだけを与えるようなもので、いわば蒸留水を飲むように、味に欠ける。そして、問題はイディオムが少ないことである。イディオムを含めて英語の生態が明らかになると考える筆者は、そこに物足りなさを感じる。

　この WCD7 を日本の辞書研究家は評価しないが、再評価の必要があるのではなかろうか。大衆性には欠けるが、21 世紀の 11 版までの『ウェブスター大学辞典』は、基本的にはこの 7 版と同じコンセプトで編集されている。

　第 2 次大戦後のアメリカのカレッジ版辞典は、『ウェブスター大学辞典』を超えようとした歴史と言っても過言でない。

『ウェブスター・第 7 版新大学辞典』出版と同年の 1963 年に、『ファンク・アンド・ワグナルズ・スタンダード・カレッジ辞典』(*Funk and Wagnalls Standard College Dictionary*) が出版される。ファンク・アンド・ワグナルズ社は、1947 年にもカレッジ版を出していたが、見出し語 14 万 5 千語を誇るこの辞書は失敗に終わっていた。しかし、1963 年の『スタンダード・カレッジ辞典』は、ランドー (Sidney I. Landau) を中心に、語源はマークワット (Albert H. Marckwardt)、類義語はハヤカワ (S.I. Hayakawa) が担当した。今度は、外面的な新機軸を追うことはなく、ほかのカレッジ版辞典に近い。

　「ことばの辞書」として、カレッジ版辞典最大の 15 万語を見出しとする。見出し語には、地名・人名の固有名詞に加えて、数は少ないが、Hamlet, Washington's Birthday なども見出し語となる。

　特に、類義語解説は入念に書かれており、現在でも参考になる (後に、これを基にした類義語辞典がファンク・アンド・ワグナルズ社から出版される)。

語法解説も入る。編集顧問の一人、マーガレット・ブライアント『現代語法辞典』(Margaret Bryant, *Current American Usage*, 1962) と同じ趣旨である。

手元にあるのは、1973 年刷りで、この辞書はかなり使われたようである。©1963 とだけ印された、他社版も所持している。

1961 年の『ウェブスター 3 版』後に、内容的に大辞典と言えるものは出版されていないが、1966 年に『ランダムハウス英語辞典・非省略版』(*The Random House Dictionary of the English Language*, the Unabridged Edition; RHD) が出版される。見出し約 26 万項目、縦 30.5 センチの大型机上辞典である。編集主幹はジェス・ステイン (Jess Stein) である。

まったく新しい辞書である、と序文は謳う。また、「サミュエル・ジョンソン、ノア・ウェブスター、A.H.マリー、ウィリアム・クレイギー、ウィリアム・ドゥワイト・ホイットニーなどの偉大な辞書編集の伝統に値するものすべてを受け継ぐことに努めた」。「ACD は机上辞典に新しい基準を打ち立てたが、RHD が新しい高い基準をより新しい辞書に確立することが我々の望みである」と、抱負を語る。「まったく新しい」は誇張であって、実質は ACD の拡大版と言える。

大型化した利点も、もちろん、ある。一般に英語辞典では、名詞が動詞から派生したような場合で、動詞の意味から名詞の意味もすぐにわかる範囲であれば、改めて定義を繰り返すことはない。例えば、fumble であれば、動詞に定義を与え、名詞には "an act or instance of fumbling" (『ウェブスター 3 版』) とする。カレッジ版辞典では、それだけであるが、大辞典『ウェブスター 3 版』では、引用例文が 2 例入る。RHD にも "We completed the difficult experiment without a *fumble*." (私たちは難しい実験を不手際も無くやり終えた) と、おそらくは編集者の作ったと思える例文が加わる (とは言っても、実例に基づいているであろう)。ことばの辞典としては、実際の用例が求められるわけで、優れた用例があれば、カレッジ版では飽き足らない層に大型化は意味がある。

RHD は、ACD のようにわかり易い定義で、固有名詞も見出し語とし、

地名には必要に応じて概略図を入れる。ACD を大きくした辞書という意味で、この辞書は成功している。しかしながら、ACD の慣用重視と比べるならば、規範性が強まる。おそらくは、『ウェブスター 3 版』の記述主義へのアメリカ・ジャーナリズムの批判を考慮してのことと思える。その意味で営利を重視した辞書の性格がかなり濃厚に現れている。

発音では、ghost shrimp, ghost town のような分離した複合語に、第 1 アクセント・第 2 アクセントを付す。当然そうあるべきことではあるが、この段階では他の辞書は無視している。

2,059 頁中、1,664 頁が辞書本体で、その他は付録である。付録の中心はフランス語辞典、スペイン語辞典、イタリア語辞典、ドイツ語辞典と、色刷りの 62 頁にわたる世界地図帳である。フランス語辞典とはいうものの、仏英・英仏の単語集といった感じで、他も同様である。二ヶ国語辞典を持っている者にはほとんど意味がない。RHD は「ことばの辞書」というより便利な参考図書といった趣きが強い。

RHD に対しては、厳しい評価もある。『ファンク・アンド・ワグナルズ・スタンダード・カレッジ辞典』の編集主幹ランドーが (Landau 1984; 小島他訳 1988:68)、「出版社ではこれを非簡略版と称したが実際には百科的見出し語をつめ込んだ水増しカレッジ版辞典であった」と厳しい評価を与えている。確かに、「水増し」的なところがあるのが RHD である。

1968 年に RHD のカレッジ版が出版される。『ランダムハウス英語辞典・カレッジ版』(*The Random House Dictionary of the English Language*, College Edition; RHCD) で、編集主幹はアーダング (Laurence Urdang) である。RHD の簡約版であることを強調する。しかし、実際は ACD を発展させたものである。

序文がこの辞書の性格を明らかにする。辞書は、伝統的に、大部分の人たちにとって唯一の情報源であった。辞書に期待するのは、どう綴るか、ハイフンはどう付けるか、意味はどうか、起源と歴史はどうか、語が専門語か一般語か、ある語が洗練された人たちの中で使えるかどうか、また、ある語で呼ばれた人が、怒るのは正当であるかどうかなどを、知りたいの

である。知らないものを絵で示してもらいたいのであり、ある場所の正確な位置を地図上で示してもらいたいし、伝記的な情報、地理的・人口統計的・政治的データ、省略、記号、類義語、反意語、語法ノートを望んでいるのである―要するに、人々は、辞書の表表紙と裏表紙の間に、言語に反映された世界の知識が圧縮されていることを期待するのである。RHCD はこれらに応える、とする。

　1,568 頁中、1,534 頁が辞書本体で、付録は少ない。収録語彙は約 15 万 5 千で、句動詞も充実し、come の句動詞は 24 を数える。カレッジ版としてはイディオムも多い。

　語法解説 (Usage) が aggravate, ain't, all, altogether, and などに入る。しかし、その解説は、拠りどころにするには簡単すぎる。

　しかしながら、ACD を発展させたものだけに、全体的に内容は良い。序文の主張は、おおむね達成されているようである。紙質も良く鮮明な印刷で造本もしっかりしており、この辞書は悪くない。

　1975 年に、『ランダムハウス・カレッジ辞典・改訂版』(*The Random House College Dictionary*, Revised Edition) がジェス・ステイン (Jess Stein) を編集主幹として出版される。辞書本体は 1,534 頁で、初版と変わらない。極めて部分的な改訂であった。

　1968 年に、1963 年に初版を出した『ワールド・ブック辞典』(*The World Book Dictionary*) の 1968 年版が出版される。

　1963 年版は未見であるが、編集主幹クラレンス・バーンハート (Clarence L. Barnhart 1978: 114) によると、17 万の見出しであった。1968 年版で、収録語彙は 20 万になる。『ワールド・ブック百科事典』(*The World Book Encyclopedia*) との併用を編集方針とする 2 冊本の大型机上辞典であるが、単独に使用できることばの辞書である。『ワールド・ブック百科事典』は全 22 巻の家庭用百科事典で、明解な説明・豊かな情報量・読みやすさを特色とする。高校生にも使えるように編集されているが、アメリカの大学図書館にも置かれる。バーンハートは、かつて ACD の編集主幹であった。編集主幹が同じバーンハートであることもあり、ここにも ACD の影響が

濃厚である。ほぼ同じ定義が散見する。

『ワールドブック辞典』は、高校生以上の一般読者用として、丁寧な定義・わかり易い引用例文・読みやすい活字で傑出する。例文は、引用ファイルに基づく。おそらく、1960年で最高の大型机上辞典であろう (RHD や、次に扱う『アメリカン・ヘリテッジ英語辞典』よりも、私見では、はるかに優れている)。

「この辞書は豊富な用例引用文と十分な語義を含んだ現在もっとも優れた辞書の一つである」と、ランドーは評価する (Landau 1984；小島他訳 1988:69)。

『ワールド・ブック辞典』は、百科辞典方式に少しずつ改訂を重ねる。1995年版の編集主幹は、クラレンスの息子ロバート・バーンハート (Robert K. Barnhart) である。挿絵も改訂の対象としていて、1995年版では llama の項に、よく似た alpaca, guanaco, vicuña が入り、なるほどと思わせる。また、caricature では、Lincoln から George Bernard Shaw に変わり、caricature の理解を深めさせる見事なものである。

1974年版で、総頁数 2,415 で、1995年版が 2,430 頁である。2001年版までチェックしたが、基本的な性格は変っていない。

1969年に、ウィリアム・モリス編『アメリカン・ヘリテッジ英語辞典』(William Morris, ed. *The American Heritage Dictionary of the English Language*; AHD) が、アメリカン・ヘリテッジ出版社とホートン・ミフリン社から出版される。『ワールド・ブック辞典』と同じ版型 (ただし横幅が1センチ弱狭い) で、1,550頁に約15万5千の見出し語を収める。大型ではあるが、実質的にはカレッジ版の収録語数と内容である。

『ウェブスター3版』の記述的編集に対する怒り・反発からアメリカン・ヘリテッジ社の社長パートン (James Parton) が G.& C. メリアム社を買い取り、『ウェブスター3版』を焼き捨てようとした。このばかげた企ては失敗し、社長は新たに辞書出版を決意した。市場調査の結果、『ウェブスター3版』に匹敵する規模の辞書は不可能と知り、カレッジ版程度の語数の辞書を、ホートン・ミフリン社と出版することになる。ウィルアム・

モリス (William Morris) を編集者とする。

特色の第1は、105人からなる「語法パネル」(Usage Panel) の意見に基づく「語法ノート」(Usage Notes) にある。

ain't は、意図的に口語として使う場合やユーモア、ショックその他の特別な効果を与える場合を除き、語法パネルによって強く非難されている。しかし、疑問文の ain't I は、話しことばでは特別の場合と見なされ、他の代名詞あるいは名詞と共に用いられる ain't よりは容認される。このような判断が約800項目になされた。『ウェブスター3版』の批判を契機に出版された辞書であるから、当然、保守的になる。また、「識者」の意見も、資料に基づいたものでもない。「識者」の選定そのものも問題とされた。105人の内、女性は11人で、平均年齢は64歳であった (McArthur 1992)。

AHD は、文語・口語・俗語などの区別を明示したことを誇る。これは『ウェブスター3版』がそれらを除いたことに対する批判でもある。

have the goods on ... として使う goods を、『ウェブスター3版』が "evidence or proof of wrongdoing 〈didn't have the ～ s on him — T.G. Cooke〉" (悪事の証拠〈彼の悪事の証拠はなかった。T. G. クック［からの引用］〉) として、文体上のレーベルを付けないのに対して、AHD は、**get** (or **have**) **the goods on**. *Slang*. To obtain or have incriminating information or material against" (〔俗語〕...に対して告発できる情報または資料を手に入れる、持っている) と、「スラング」のレーベルを付ける。

AHD のレーベルも、語法解説と同様に保守的な傾向を示す。

意外なことに、この AHD が cunt, fuck, fucking を、"vulgar", "vulgar slang" を付すものの、見出し語としている。4文字語 cunt を見出しとするのは、1727年刊の辞書 (ベイリー『ユニバーサル語源入り辞典』) 以後では、俗語辞典などの特殊辞典は別とすれば、一般用辞典として、イギリスの『ペンギン英語辞典』(*The Penguin English Dictionary*, 1965) に続き、アメリカでは初めてである。

AHD は、コンピュータによるコーパスを使った最初のアメリカの辞書でもある。ブラウン大学のスラブ語学者ヘンリー・クーチェラと英語学者ネルソン・フランシスによって開発されたコーパス (*Standard Corpus of*

Present-Day Edited American English)、通称ブラウン・コーパスを用いる。前付けに、クーチェラによる「言語分析と辞書編集におけるコンピュータ」がある。辞書そのものには批判があるものの、この新しい編集技術を時代の先端を行くものと、筆者は評価する。

　もう一つの特色は、語源に力を入れ、巻末に46頁にわたる印欧語語根表を載せていることである。各語の語源はそれほど詳しいわけではないが、巻末の語根表は詳細である。アーダング (Urdang 1993) によると、印欧語語根表は『ランダムハウス辞典』編集時点で検討されたが、比較言語学の知識のない人には正しく理解できない可能性があるため、同辞典では取り止めとなった。『ランダムハウス辞典』の編集完了とともに (実際に出版されるのは少し時間をおいてであった) 解雇された辞書編集者が、AHD 編集部に雇われ、AHD の特色の一つとなる語根表は、日の目を見る。序でながら、辞書としての編集に一貫性を欠く面があるのは、編集陣の寄せ集めにもよると思われる。

　AHD は、欄外に図解・写真を入れる。写真が極めて多いのも特徴である。北アメリカ最大の鹿 wapiti の語源は「白い尻」であるが、その白い尻がわかる写真、また leg-of-mutton (袖の一種) をイラストで示すなどの優れたものもある一方で、gondola, submarine のように不必要なものがかなり見られる。語義の理解を助けるよりは、体裁を重視している節がある。

　語義の配列順は、現在の意味を中心としている。meat であれば、

1 The edible flesh of mammals, as distinguished from that of fish or poultry.
7 Anything eaten for nourishment; food. Now chiefly used in the phrase *meat and drink*.
1．魚肉・鳥肉と区別して、哺乳類の食用肉。
7．栄養のために食べるものの総称；食べ物。今では主として meat and drink〔飲食物〕という句で用いる。

となる。meat の古英語以来の意味は「食べ物」で、「肉」は13世紀半ばからである。したがって、『ウェブスター3版』では、

1 a: something eaten by man or beast for nourishment: FOOD
3 a: (2) FLESH 1b; specif.: flesh of domesticated cattle, swine, sheep, and goats — distinguished in legal and commercial usage from *meat by-product* and from flesh of other kinds of animals
1. a 人間や獣が栄養を採るために食べるもの：食物［類義語］
3. a (2) 肉［類義語 FLESH］；特に：家畜の牛、豚、羊、山羊の肉―法的・商業的には肉の副産物や、他の種類の動物とは区別する。

となる (meat and drink は引用例に含まれている)。『ウェブスター3版』の定義は周到である。一方、AHD の定義は、従来の辞書と変わらないレベルである。さらに言えば、『ウェブスター大学辞典』(WCD) に、大部分は劣る。

AHD の定義に関して、忍足欣四郎 (1982) は、「誤りとまでは言えないが、不正確・不十分な定義がしばしば見受けられる」として、barley corn, clastic などの例を引いて、批判を展開している。

AHD は奇妙な混交物である。ある語を非難するかと思うと、四文字語を見出し語とする。写真を多用するなどの大衆レベルの編集がなされているかと思うと、専門的な知識を必要とする印欧語語根表を巻末に付す。コーパスを利用しながら、凡庸な定義が大部分である。

しかしながら、何よりも、コンピュータ利用によるこの辞書の編集技術の新しさに意味を見出すべきであろう。

1976 年に縮刷して、カレッジ版を出版する。

1982 年にそのカレッジ版の改訂となる『アメリカン・ヘリテッジ辞典・カレッジ版第 2 版』(*The American Heritage Dictionary*, Second College Edition; AHCD2) が出版される。出版元はホートン・ミフリン社一社となる。版型も他のカレッジ版と同じである。辞書本体が 1,408 頁、それに 4 欄組みで人名、地名、省略、大学一覧などが加わり、総頁 1,568 である。AHD (1969) では、地名・人名は辞書本体の見出し語となっていた。このカレッジ版 2 版で、『ウェブスター大学辞典』同様、巻末にまとめられる。人名

には写真と肖像画、地名には略図が入る。略語表、全米大学一覧もあり、印欧語語根表を省く点でもAHD (1969) との差別化をする。
　編集者は、タイトル・ページには明記されてはいないが、ウィリアム・モリスである。序文によれば、シェイクスピアの言語から現代までの語彙を収録する。この序文をまともにとって、例えば『ハムレット』を読むとする。

　　Thus was I, sleeping, by a brother's hand
　　Of life, of crown, of queen, at once dispatch'd.
　　(こうして仮寝の間(ま)に、わしは実の弟の手によって
　　命を、王冠を、妃を一時(いちどき)に奪い取られ、——野島秀勝訳(岩波文庫))

　上の dispatch のようなシェイクスピア時代の特徴的な意味は、AHCD2には見出せない。『ウェブスター第7版新大学辞典』(WCD7, 1963) には、廃義として "deprive" と記述されている。
　あるいは、

　　Let not the royal bed of Denmark be
　　A couch for luxury and damned incest....
　　(デンマーク王の高貴な臥所(ふしど)を
　　淫楽と呪わしい近親相姦の床としてはならぬ。——野島秀勝訳(岩波文庫))

　この luxury は「贅沢」ではなく、シェイクスピア時代には良く使われた "archaic lechery, lust" (WCD7) で「情欲」であり、これも AHCD2 に記述されない。辞書の序文は、内容に即して書かれるべきである。
　基本的には AHD (1969) と編集方針は同じで、新たに2万5千の新語・新語義が加わる。「語法ノート」が約 400 項目になる。「語法パネル」のメンバーの変動があり、新たに 70 名ほどが加わり、総計 166 名となる。語法重視の姿勢が一段と明らかになる。
　動詞では、イディオム・句動詞を一緒にしていた AHD 初版あるいは他

のカレッジ版と違い、二つを分け、句動詞、イディオムをそれぞれ一括する。検索しやすくなった。

「語法ノート」は、この辞書の売り物となり、他のカレッジ版にも影響を与える。メリアム・ウェブスター社のカレッジ版も無視できなくなる。

1972 年に、『ラルース図解国際百科辞典』(*Larousse Illustrated International Encyclopedia and Dictionary*) がラルース社とマグローヒル国際出版社から出版される。横 21.5 センチ、縦 27.7 センチの大型版で、AHD (1969) よりもわずかに大きい。

序文によると、「新しい概念から作られた英語の参考図書で、言語と一般知識が一つの分離できないものとして扱われている。1865 年にピエール・ラルースにより始められたラルース百科辞典の世界的名声は、この概念の上に築かれている。英語を話す読者に、同様の、文化の道具 (cultural tool) を提供しようとする試みである」。

豊富な写真・地図・図版を、説明とは切り離せないものと見なす。

第 1 部「百科事典」527 頁、第 2 部「辞書」1,023 頁から成る。第 1 部と 2 部の間に 1901 年から 1971 年までのノーベル賞受賞者の一覧が 3 頁にわたってある。

辞書部にも色刷りの写真・イラストが入る。ローマ芸術 (Roman art) では、建築・彫刻などの写真を 2 頁に掲載する。インド芸術、現代彫刻、石油、切手などにそれぞれ 1 頁を使う。

見出し語では、AHD にはない au pair [girl]、Borna disease, breathalyzer などがある。また、百科事典部に Black Panthers (ブラックパンサー)、Cultural Revolution (文化革命) などがあり、後者には 9 行の解説が付く。これらも AHD は見出しとない。

第 1 部 (百科事典部) は、地名・人名を中心とする。写真、地図がふんだんに利用される。California, New Hampshire, New Jersey などにはそれぞれの景観・歴史的建造物などの写真が入る。『ラルース図解国際百科辞典』は、アメリカの百科事典的要素を一層進めようとするものであった。しかし、この系統は続かず、フランス型辞書の導入はアメリカでは実を結ばな

かった。

1973年に、『ウェブスター新大学辞典』(*Webster's New Collegiate Dictionary*; WCD8) が出版される。この8版の編集主幹は、ヘンリー・ウルフである。辞書本体が、7版の1,041頁から8版で1,355頁となる。7版は、親版(『ウェブスター3版』) と同じく資料1千万の引用例文を基にしたが、8版ではその後に収集した百万の引用例文を参照して編集されている。同じフォーマットで約300頁の増加は、使用者に期待を抱かせる。

8版に採録された見出し語には、B項で、biofeedback, bionics, black box, black hole, black power, bossa nova, brain hormone がある。「バイオフィードバック」は『オックスフォード英語辞典補遺』(1972) にも採録されていない。

定義は親版に基づいた7版をやや変えたものもあるし、親版にはない新しい語義の追加もある。さらに、例文の追加が随所に見られ、8版を使いやすいものとしている。

7版の apex は、"**1 a** the uppermost point: VERTEX **b** the narrowed or pointed end: TIP **2** the highest or culminating point" (1a 最高点；VERTEX (類義語) b 狭いまたはとがった端；TIP　2 最高のあるいは全盛を極める) であった。

8版では 1a に用例 〈the ～ of a mountain〉(山頂)、1 b に 〈the ～ of the tongue〉(舌端)、2 に 〈the ～ of his career〉(彼の生涯の頂点) が入る。

abandon では、5b の定義 "to cease intending or attempting to perform" (行う意図や試みをやめる) に、〈～ *ed* their attempts to escape〉(逃走しようとするのを断念した) と例文が追加される。この例文は、親版『ウェブスター3版』にないもので、ここに『ウェブスター第8版新大学辞典』は、新編集主幹の下に、従来の親版とその簡略版の型から、新たな方向を見せ始めた、注目に値する版である。

「*MW*8［WCD8］はとくに優れた辞書で、評判がよかったのは当然である。メリアム＝ウェブスターの膨大な引用文ファイルを参照し、創作の用例に加えて引用文の用例を載録している。その発音表記は NID3［『ウェブ

スター3版』]よりも簡潔ではあるが、他のカレッジ版辞書の表記よりも優れているし、その語義は厳密に、しかも上品に仕上げられている」と、ランドー (Landau 1984；小島他訳 1988: 70) は高く評価する。

1983年に、『ウェブスター第9版新大学辞典』(*Webster's Ninth New Collegiate Dictionary*; WCD9) が出版される。メリアム・ウェブスター社 (Merriam-Webster, Inc.) からである。1982年に、社名を変更した。

WCD8より百万多い引用文ファイルを利用しての改訂版である。編集主幹はフレデリック・ミッシュ (Frederrick Mish) となる。辞書本体は1,373頁で、やや増える。

新たに、「語法」が加わる。ain't の趣旨は『ウェブスター3版』と変わらず、強調のためや、注意を引くためには、すべての教育レベルで使われるとする。面白いのは、話しことばの例としてノーベル文学賞受賞者ウィンストン・チャーチルの〈makes me look half-witted, which I *ain't*〉を引用例文としていることである。惜しむらくは、引用例の年号を欠く。「[それでは] うすのろに見えようが、断じてそんなもんじゃねぇっ」が、首相在任中なのか、それ以後の発言なのかまったくわからない。『メリアム・ウェブスター語法辞典』(*Merriam Webster's Dictionary of Usage*、1989) により、1978年1月12日の『ニューヨーク・タイムズ』紙に掲載された "Sir Winston ... said the portrait of him seated and wearing his characteristic bow tie "makes me look half-witted, which I ain't." が状況の理解に役立つ。椅子にすわり、いかにもチャーチルらしい蝶ネクタイのポートレートでは「うすのろに見えようが、私はそんなもんじゃねぇっ」と言ったのである (しかしチャーチルは1965年に死去しているので、この発言がいつなされたかは依然として不明であることに変わりはない)。

書きことばの例として、〈the wackiness of movies, once so deliciously amusing, *ain't* funny anymore — Richard Schickel (かつては気持ちよく楽しかった映画の突飛さが、もはや面白くなんかない―リチャード・シッケル〉が選ばれている。『ポーギーとベス』で歌われる〈It *Ain't* Necessarily So〉(いつもそうとは決まってない) も挙げられ、興味ある解説となっている。シッ

ケルも『メリアム・ウェブスター語法辞典』から、1971年の雑誌『ハーパーズ』の3月号にあることがわかる。辞書はスペースとの戦いではあるが、〈1971 Richard Schickel〉または〈Richard Schickel 1971〉のようにすべきである。

　between には among との違いがあり、なるほどと思わせる。get には発音 /git/ の説明がある。

　WCD8 とのもう一つの違いは、類義語解説が書き換えられた。trite のものは新たに設けられ、例文を含めて、適切である。abandon では例文を削り、後退した。項目により、評価は分かれるであろうが、全般的に類義語解説は後退した。

　さらに、各語に初出年を加え、多義語の場合は最初の語義の初出であることを明らかにしている。古英語に遡る語には、bef. 12c (12 世紀以前) と入り、中英語には世紀、たとえば 14c と入る。近代英語は yeomanly adj. (1576)、zombie (ca. 1871) のようになる。'ca.' は'circa' で、'ca. 1871' ならば、1871年頃の文献に初出することを示す。

　この初出年の表記は、アメリカの辞書で初めてであろう。メリアム社独自の調査もあるが、OED への依存を明記すべきである。

　WCD9 で、用例の追加、語法解説により、調べる辞書であるともに読める辞書ともなった。WCD7 の蒸留水的味の無さを脱したと言えよう。

　1884年に、『ウェブスターⅡ新リヴァーサイド大学辞典』(*Webster's II New Riverside University Dictionary*) がホートン・ミフリン社系列のリヴァーサイド出版社から出る。版権はホートン・ミフリン社が持つ。

　辞書本体 1342 頁に、省略、人名、地名、ラテン語・フランス語などの語句解説が付く。

　ホートン・ミフリン社は『アメリカン・ヘリテッジ辞典』の出版元であるから、カレッジ版『アメリカン・ヘリテッジ辞典・カレッジ版 2 版』(1982；AHCD2) と無作為に照合してみた。

　jet¹, jet², jet boat, jeté, jet engine, jet lag, jetliner, jet port, jet-propelled, jet propulsion, jetsam, jet set, jet stream の定義は同じである。

違いは、jet airline が新たに見出し語となった。また、jet stream の語義が、"A high-speed stream; JET." (高速の気流；JET (類義語)) と jet がスモール・キャピタルになる。これは、『ウェブスター新国際英語辞典・第3版』と、それに基づく『ウェブスター大学辞典』(WCD7以後) が行なってきた方式である。

さらに、語源を定義の前に置く方式も『ウェブスター大学辞典』と同じである。

人名、地名も後付けに配置する点でも同じである。AHD は、カレッジ版も含めて辞書本体に入れている。

『ウェブスターⅡ新リヴァーサイド大学辞典』は、AHD の特徴である写真も全く使わない。このように、この辞書はメリアム・ウェブスター式の辞書となっている。

内容的には、AHCD2 の増補版といえる。

Jim Crow に形容詞を加えて、アフリカ系アメリカ人で最初のノーベル平和賞受賞者バンチ (Ralph Bunche) の 〈"I told them I wouldn't tale a *Jim Crow job*."— Ralph Baunche〉(黒人を差別する仕事はごめんだ、と彼に言った) を引用例文とする。この辞書に増補された部分は、『アメリカン・ヘリテッジ英語辞典・第3版』(1992) に利用されることになる。

しかし、内容的には物足りない。cornpone (牛乳・卵を入れないトウモロコシパン)、goober (南京豆) などのアメリカの方言を重視したとあるが、hern［=heron］はあるものの、1890年代に出版された『センチュリー辞典』に記述されている hern［=hers］, ourn［=ours］もない。

この辞書にもウェブスターを冠することは、ウェブスターがいかにアメリカでは強力なネーム・ヴァリューを持つかを証明している辞書でもある。

ここで、専門辞典にも触れる。1985年に、『アメリカの地域英語辞典』の第1巻がハーヴァード大学ベルナップ・プレスから出版される。アメリカ方言の辞書で、営利を目的としない学術書である。

英語学者フレデリック・キャシディが編集長を務める、1965年から始

まるプロジェクトで、2,777 人のインフォーマントの協力を得たフィールドワークに基づく。

引用には、年号が入り、歴史的に古いものから新しいものへと配列される。アメリカ方言学会により収集された資料を使うが、マシューズ編『アメリカニズム辞典』(1951) も利用する。

地図は人口比により作られた独自の形であって、それにドットで分布を示す。

第 2 巻 D-H (1991 年出版)、第 3 巻 I-O (1996 年)、第 4 巻 P-Sk (2002 年) がすでに出版されている。

トンボ (dragonfly) には、80 のアメリカ合衆国内の変種表現が挙げられている。その一つ darning needle を見ると、Chiefly NEast, Inland Nth, West、すなわち、主として北東部、内陸北部、西部で主に使われていることがわかる。地図を見ると、ニューヨーク、ペンシルヴァニア、ニュージャージー州が特に多い。

資料的には、darning needle は 1889 年の『センチュリー辞典』が初出で、"*Darning needle*, the dragon-fly; the devil's darning-fly. See *dragon-fly*.〔U.S.〕" とあり、これが『アメリカ地域語辞典』の初出例となる。序ながら、ここにも『センチュリー辞典』の優秀さが現れている。

この辞書の本体は 5 巻で、それに文献表などの第 6 巻が加わる予定である。完成されれば、アメリカの大辞典に影響を与えるであろう。

1987 年に、『ランダムハウス英語辞典・第 2 版・非省略版』(*The Random House Dictionary of the English Language*, Second Edition, Unabridged, RHD2) が出版される。スチュアート・フレックスナーが編集主幹となる。

序文によると、新しい見出しが約 5 万、新しい定義 7 万 5 千が加わる。見出しは約 31 万になる。ランダムハウス社の辞書は固有名詞を辞書本体に入れる。したがって、固有名詞以外の語がどの程度増えたかはわからない。また、語数の数え方が辞書によって違う。多いことはいいことだ、というのがアメリカの辞書販売のあり方である。『ランダムハウス英和大辞典・第 2 版』(1994) のまえがきによれば、「RHD2 の収録語数は、派生語・

変化形・成句を含めて、31万5千語 (RHD1 に5万5千語プラス) である」。派生語・変化形のカウントは普通であろうが、成句まで含めて「語数」というところに疑問を持つ (そして、その説明が RHD2 には無い)。しかし、語義の追加7万5千は相当なものである。

初版 RHD1 と RHD2 の最初の3頁を照合して見る。

見出しでは Abakan, abandonee, abba-dabba, abbreviatory, ABC soil, abductee が新たに見出しとなる。見出し語 Abbott には Berenice, Sir John Joseph Caldwell, Robert Sengstake の3名が加わる。見出し語から Abantes, Abaris, Abas, Abdias などの、ギリシャ神話や聖書に現れる固有名詞が消える。

最初の3頁を越えて、目立つところを拾えば、AIDS (1982) は当然入り、

acid precipitation (1975-80)　　break dancing
Argie [= an Argentine]　　　　build-down (1980-85)
AZT　　　　　　　　　　　　　camcorder
biobehavioral science (1980-85)　CD-ROM
biocompatibility (1975-80)　　　compact disk
bioenergy (1975-80)　　　　　　cellular phone
bioplastic (1980-85)

などである。括弧内は RHD2 による初出年代である。

chairperson (1970-75)、spokesperson (1970-75) なども見出し語となり、Ms (初出年代なし) に24行の語法が付く。性差別には特に注意を払っていて、時代を反映する (しかし、アメリカのジャーナリズムでは行き過ぎとの指摘もあった)。

RHD2 の1～3頁で目立つのは、冠詞 a に41行の「語法」(USAGE) が付いた。しかし、その解説の大部分は初歩的なものである。

また、RHD2 で、「発音」という解説が、数は少ないが、加わる。例えば、again の -gain の発音では、アメリカのすべての地域で /e/ がもっとも普通で、/ei/ は大西洋沿岸諸州で主として使われる。pit や sip の [i] または [e] と [i] の間の発音が南部の多くの地域で使われている、というような解説がある (ここだけではなく、他のアメリカの辞書と同様に、国際

20世紀の机上辞典　353

音標文字は使っていない)。「発音」解説は、either, Ms などにもある。

　序文で特に強調されているのは、語彙項目に初出年を載せることと、アメリカ起源の語を記録する「最初のアメリカ非省略辞典」であることである。これは、語の定義・例文のあとに、たとえば、abalone であれば、[1840-50, *Amer.*] と語源欄に入ることを意味する。アメリカニズムは、『ウェブスター・ニューワールド・アメリカ語辞典・カレッジ版第 2 版』(1970) が星印を付けていたので、決して新しいことではない。初出年はすでに『ウェブスター大学辞典・8 版』(1979) が行っている。初出年 (代) とアメリカニズムの併記が新しいだけである。しかし、ここにも問題がある。アメリカでの造語 (OK など) や借用語 (bonanza など) には Amer. と表示が入る。しかし、これまた、代表的なアメリカニズム、corn の『トウモロコシ』には何の表示もない。『ニューワールド』であれば、"corn ☆ **3***a*) a cultivated American cereal plant (Zea mays) ..."と、星印が語義にも付く。このようなところに、RHD、RHCD の雑なところがある。

　独自の資料によって、初出年を入れているものがあることは、詳細に検討して見ればわかる。たとえば、ブッシュ政権やアメリカのタカ派がイラク攻撃を "a pre-emptive strike" (先制攻撃) であると正当化する pre-emptive strike を RHD2 は見出し語としていて、初出年を [1955-60] としている。『オックスフォード英語辞典・補遺』(1982) は pre-emptive strike は採り入れていないし、『ウェブスター 3 版』の補遺『12,000 語』(*12,000 Words*, 1986) には pre-empt の「先制の」の語義はあるものの a preemptive strike [attack] はない。RHD2 のあとに出版された OED の 2 版 (1989) の初出年は 1959 年である。

　ところで、pre-emptive strike を　RHD2 は見出し語としているが、妥当であろうか。pre-emptive strike は、a pre-emptive attack とも言う (『インタナショナル・ヘラルド・トリビューン』2002 年 10 月 11 日号)。また、pre-emptive と strike の間に修飾語が入りうる。A doctrine of pre-emptive first strike (同紙 2002 年 9 月 11 日号) がその例である。したがって、pre-emptive strike は見出し語とすべきではなく、pre-emptive の句例とするか、『ショーター・オックスフォード英語辞典・第 5 版』(*The Shorter Oxford English*

Dictionary, Fifth Edition, 2002) のように "Freq. [= Frequently] in ***pre-emptive strike***" (しばしば、pre-emptive strike として) とすべきである。

　RHD2 の初出年は徹底されているわけではない。読者が知りたいと思う abductee や CD-ROM その他に初出が記載されていない。この辺の一貫性の無さに無頓着なのが、RHD である。

　独自の資料以外の初出は何に依拠するのかは、まったく触れられていない。OED 以外には考えられない。しかしながら、『ウェブスター第9版新大学辞典』(1983) 同様、OED への言及は全くない。

　RHD2 の特色の一つに、「地域変種」(Regional Variation) の欄が新設された。dragonfly には darning needle, devil's darning needle, sewing needle, snake feeder, snake doctor, mosquito hawk, skeeter hawk, spindle, ear sewer の変種が地域と共に記述されている。序文に、『アメリカ地域英語辞典』(*Dictionary of American Regional English*) を使用したことが明記されている。地域変種が加わったことは評価されるべきであろう。この欄は、『ランダムハウス英和大辞典・第2版』にも受け継がれている。

　この特色を一層充実させた、特色ある辞書作りが望まれる。

　RHD2 出版の10年後に、書名を変更した。『ランダムハウス・ウェブスター非省略辞典・第2版』(*Random House Webster's Unabridged Dictionary*, Second Edition, 1997) となる。辞書本体は 2,214 頁で変わらない。前付けの「この辞書の使い方」の前に「新語セクション」が加わる。7頁分の新語・新語義が入る。また、フランス語辞典などの単語集レベルの2ケ国語辞典が無くなったことは、歓迎すべきことである。色刷りの世界地図帳も省かれた。

　1988年に、『ウェブスター・ニューワールド・アメリカ英語辞典・カレッジ版第3版』(*Webster's New World Dictionary of American English*, Third College Edition; WNWD3) がサイモン＆シュスター社系のニューワールド出版社から出版される。書名が、アメリカ語 (American Language) からアメリカ英語 (American English) となる。「アメリカ語」なる言語は存在しないので、当然である。アメリカニズム重視は、しかしながら、初版から一貫していて、

この辞書の特徴の一つとなっている。

　編集主幹も変わった。1985年12月までのガラルニックからヴィクトリア・ニューフェルド (Victoria Neufeld) となる。

　編集にコンピュータを使った最新のデータベースを用いる。カレッジ版辞典もデータベースの時代となった。

　カレッジ版を代表する『ウェブスター第9版新大学辞典』(WCD9) とWNWD3とを多少比べる。

　『ニューワールド・3版』も2版と同じくアメリカニズムに星印を付す。例えば、☆theme park となる。WCD9 では、theme park (1967) と初出年が入る。WNWD3 にあり、WCD9 に無いのは、T項の一部でも次のようなものもある。

　　☆taffy pull　　☆teleconference
　　☆tagmeme　　☆Telstar
　　☆tagmemics　　☆Tennessee Valley Authority
　　☆Talwin
　　☆tank car
　　☆tank truck

　わずかに26頁で、これだけのアメリカニズムが、WNWD3には採録されている。ここにこの辞書の特徴が依然として生きていることがわかる。

　WCD9との比較で言えば、WNWD3はイディオムをかなり採り入れている。

　time では、WNWD3 にある abreast of time, in good time, lose time, make time, many a time, time after time, time of one's life, time was が WCD9 に無い。

　新たに、語法 (Usage) が入るが、あまり重視されてはいない。

　分節では、行末での望ましい分節がアメリカの辞書では始めて入る。音節と音節の間に、中点 (・)、ヘアライン (｜)、アクセント記号を入れて、例えば reassurance であれば、re・as｜sur´rance となり、re-が望ましく、reas-は望ましくない。これは便利である。

このように、WNWD3は、カレッジ版辞典としての存在理由を持つ。

1991年に、『ランダムハウス・ウェブスター大学辞典』(*Random House Webster's College Dictionary*; RHWCD) が出版される。『ランダムハウス・カレッジ版』(RHCD) の改訂版に当たる。見出し語 hammer の5種類の金槌の挿絵がまったく同じで、語義1で 'usually' が 'usu.' となった以外は同一であることからも、そう判断してもよいだろう。しかし、RHCD の改訂とは、序文のどこにも見られない。『ウェブスター』を冠することは、ウェブスターの威光が20世紀末にも続いていることを、ランダムハウス社自身が認めていることを示すが、同社の見識を疑いたい。ランダムハウス、お前もか！と、言いたい。

序文では、データベースの使用、コンピュータ技術による迅速な編集が謳われる。辞書本体 1,534 頁から 1,555 頁となる。合衆国、カナダの大学一覧はなくなる。

RHCD 同様、「語法」がある。

『アメリカン・ヘリテッジ辞典・カレッジ版第2版』と同様に、句動詞とイディオムとを分ける。イディオムは名詞、動詞を一緒に並べる。例えば、go であれば、句動詞は動詞の語義区分のあとに列挙され、イディオムは、from the go, go all out, go and, go it alone などのようになる。この扱いも、AHD2 と同じである。イディオムも品詞別にすべきである。

それ以外は、内容的に前版と大きくは変わってはないが、きめの細かい改訂がなされていることは確かである。その一つに、性差別がある。

性差別を避ける businessperson, chairperson などが見出し語となり、-person に語法解説がある。

百科事項が多いのも特徴で、「この辞書の使い方」では「マイクロ百科辞典」と称している。その解説によると、地理に関する見出し7千以上、人名4千である。人名はワレサ (Lech Walesa) に及ぶ。

親版 RHD と同じく、初出年代が入る。

1997年に、新たに改訂・組みかえられた『ランダムハウス・ウェブスター大学辞典』(*The Random House Webster's College Dictionary*) が出版される。

性差別に関する注意が差別一般に拡大され、巻末に入るが、基本的な性格は前版と変らない。

＊

1992 年に、『アメリカン・ヘリテッジ辞典・第 3 版』(*The American Heritage Dictionary of the English Language*, Third Edition; AHD3) がホートン・ミフリン社から出版される。2 版は縦 24.2 センチのカレッジ版であったが、3 版は縦 28 センチで、第 1 版と同じ版型に戻った。辞書本体は初版の 1,491 頁から 3 版は 2,080 頁となる。巻末に印欧語族の解説と語根表が加わることは初版と同じである。

データベースを用い、序文よれば 1 万 6 千の新語・新語義を加えた。

初版では基本語に例文を欠くことが多かったのに対して、第 3 版ではかなりその欠点を補い、辞書として成長を見せる。

引用例文にはキャロル・オーツ、ジョーン・ディディオン、ジョン・アップダイク、トム・ウィッカーなどを含む (序文)。実際に使ってみると、『ニューヨーク・タイムズ』、『US ニューズ・アンド・ワールドレポート』誌のようなジャーナリズムからも引用している。

類義語解説は書き換えられた。

語法解説では、「語法パネル」に新しく加わったメンバーもかなりいるが、初版同様、保守的な見解が目立つ。

しかし、その見解とは別に、『ウェブスター 3 版』や RHD2 (1987) が触れていない語法に注意を向けている点は評価すべきであろう。"We are not about to negotiate with terrorists." (我々はテロリストと交渉することはない) が決意を表わす場合である、とするのはその一例である (この語法に対しては「話しことばでは容認できるが、書きことばでは容認できない」とコメントが加わる)。

コラムとして「語史」(Word History) が新たに入る。

plantation の「語史」では、北部のプリマス・プランテーション (Plimoth (*sic*) Plantation) のような宗教の自由を求めた人たちの「植民地」、そして南北戦争以前の南部白人エリートの美しい大邸宅 (mansion) と圧迫された黒人奴隷の掘っ立て小屋 (hovel) のあるプランテーションとの間に、意味の

つながりがりのある皮肉を、ラテン語に遡って説明する。

　ラテン語 plantātiō「植物の繁殖」が、中世ラテン語で「植え付け、土台、備え付け」や「苗床、植えつけられた一群の植物」の意味を発達させる。「プリマス植民地」は、新しい国に確立した開発地、移住地の概念に由来し、「南部のプランテーション」は、作物を植える概念、亜熱帯・熱帯の農場で栽培され、かつては奴隷労働によった、たばこや綿のような作物を植える概念に由来する、と説明する。

　このように、今では曖昧となった語義と語義のつながりを明らかにすることも、比較的スペースに余裕のある大型机上辞典では必要であろう。

　boycott の「語史」では、アイルランドの歴史を読んだものならば誰でも知る由来を述べる。

　bleed では、blood との関係を *blodhjan に遡って説明する (ただし、ウムラウトのような専門用語は使わない；* は推定形を示す)。

　「地域ノート」(Regional Note) も新設される。これは既に『ランダムハウス英語辞典』が始めている。

　欄外の白黒写真、イラストはかなり入れ替えられる。紙質が良くなって、見やすくなった。

　AHD3 はそれなりの前進を示すが、辞書編集者アーダングは、この辞書の書評で (Urdang 1993) で詳細な分析をし、次の結論を出す (この結論に筆者も賛成である)。

　　要するに、AHD‒III は、多くの優れた材料を含む。その大部分は提示の仕方も良いし、定義も正確である。贈り物を探しているのであれば、この辞書は大変良い印象を与える物と言えよう。しかし、見出し語の中に、新しい品詞ごとに主見出し語を重複して加え、また過剰な伝記に [人名の見出し語の解説が長く]、もっと多くの情報に与えるべき非常に多くのスペースを無駄にしている。辞書としては、最高のもの、すなわち『ランダムハウス・ウェブスター大学辞典』、『ウェブスター・ニューワールド辞典』、『ウェブスター新大学辞典・9 版』と並ぶことはできない。

要するに、AHD3 は、サイズにおいて一回り小さい『ランダムハウス・ウェブスター大学辞典』、『ウェブスター・ニューワールド・アメリカ英語辞典・カレッジ版第 3 版』、『ウェブスター第 9 版新大学辞典』より、辞書としての本質において劣るのである。

　1993 年に、メリアム・ウェブスター社から『メリアム・ウェブスター大学辞典・10 版』(Merriam Webster's Collegiate Dictionary, Tenth Edition; WCD10) が出版される。「メリアム・ウェブスター」を商標として、ランダムハウス社、ニューワールド社など他社の「ウェブスター」との違いを明らかにする。WCD9 と同じくフレデリック・ミッシュを編集主幹とする。
　WCD10 と、『ウェブスター 3 版』に基づく最初のカレッジ版 WCD7 (1963 年刊) を比較してみる。
　まず、全体にかかわるものでは、WCD9 から始まる見出し語の初出年の記載がある。次に、語法が WCD9 から加わっている。WCD7 の編集主幹ゴゥヴの下では、考えられないことであった。彼にとっては、語法を踏まえての定義で、ことさら語法など不要である、と言ったであろう。
　7 版から 10 版では見出し語に入れ替えがある。これはアメリカ社会の言語活動の変化を反映する。WCD7 の最初の 2 頁を見てみる。
　WCD10 の見出し語で、7 版にないものものは、
　　-a-, ABD, Abdias, abducens nerve, abducent nerve, abelia, abelian, Abenaki, aberrated, able seaman, abluted, Abnaki, abnormal (*n.*), abnormal psychology, aboil
　WCD7 にあり WCD10 から削除されたものは、
　　A battery, ABC soil, abdicable, abdominous, abduce, abele, aberrance, ab extra, abhominable
　追い込み語で削除されたものは、
　　abiogenetical, abiogenist
である。
　見出し語の提示の仕方が変わったものに、abelian group から abelian へと

変更され、abelian group, abelian ring が句例となった。

　わずか 2 頁でこれだけである。WCD10 の辞書本体 1,378 頁では相当なものになるとみてよい。

　語義で削除されたものは、最初の 2 頁では次のものだけである。
abhor vt **2**: to turn aside or keep away from esp. in scorn : REJECT

　定義は、WCD7 のゴゥヴの徹底した「一つの句による定義」(one-phrase definitions) を、親版とは違って、構文を変えたり、句読点を使うなどでわかりやすくしている。 abalone を比べる。

［WCD7］any of a genus (Haliotis) of rock-clinging gastropod mollusks having a flattened shell of slightly spiral form that is lined with mother-of-pearl and has a row of apertures along its outer edge

［WCD10］(1850)［初出年］any of a genus (Haliotis) of edible rock-clinging gastropod mollusks that have a flattened shell slightly spiral in form, lined with mother-of-pearl, and with a row of apertures along its outer edge

10 版では、7 版の that is lined ... が過去分詞節となり、視覚的にもわかりやすい。has a row... も句となって、これもわかりやすくなった。この形は編集主幹が代わった 8 版からである。7 版の編集主幹ゴゥヴは、カンマを使うことも嫌った。10 版で edible が入る。このような着実な改訂を他でも行なっている。

　語義を補う引用例文が、abandon, abject などに追加され、親版を見て補う手間が少なくなる。カレッジ版の独自性が増し、これは評価されるべきであろう。

　挿絵は abacus のものが無くなり、aardvark に入る。WCD7 と WCD10 を見ただけではわからないが、9 版の bird, dog の極めて大きな挿絵が 10 版では、またほぼ元の大きさに戻る。これらは、体の部位を示す図解辞典の役割を果たしているが、それにしても 9 版の挿絵は、迫力はあるものの貴重なスペースを無駄に使っていた。

　類義語解説は able, abolish が消えた。しかし、abandon, abdicate には引用

例が入り、説得力を増す。
　以上のように、WCD10で20年間の着実な歩みを示し、私見では、この時点でカレッジ版辞典の中でもっとも優れた辞書となる。
　WCD10の「最新版」(update edition) (2001年刷り) では、辞書本体の見出し語・語義に追加が見られ、これも良心的である。

　2000年に、IDG Books Worldwide社から『ウェブスター・ニューワールド大学辞典・4版』(*Webster's New World College Dictionary*, Fourth Edition: WNWD4) が出版される。『ニューワールド』の書名と内容を継承しているが、出版元が変わった。
　一見して、気がつくのは写真が入ったことである。しかし、第1頁にハンク・アーロン、32頁にアルバート殿下、35頁にモハメッド・アリという程度で、決して多くはない。
　基本的な編集方針は同じで、前の版に落ちていた語句を補い、新語・新語義を加えた増補版である。
　doの他動詞では、次の語義が追加された。

　　5 to have or take (a meal) *[let's do lunch]*
　　17 [Informal] (*a*) to prepare; cook*[that restaurant does ribs really well]* (*b*) to eat *[let's do Mexican tonight]*
　　21 [Slang] to perform a sexual act upon; specif., to have sexual intercourse with
　　22 [Slang] to kill
　　5 (食事) をする*[昼食にしよう]*
　　17 〔くだけた表現〕 (*a*) 調理する；(熱を加えて) 料理する *[あのレストランはリブが大変いい]* (*b*) 食べる*[今晩はメキシコ料理にしよう]*
　　21 〔俗語〕...と性行為を行う；(特に) ...と性交する
　　22 〔俗語〕...をやる (殺す))

　自動詞では、次の用法が加わる。

7 [Informal, Chiefly Brit.] used as a substitute verb after a modal auxiliary or a form of have in a perfect tense /I haven't seen the film, but she may have done]
〔主に英・くだけた表現〕法助動詞や、完了時制の have のあとで代動詞として用いて、/その映画は私は見ていないが、彼女なら見たかもしれない/

また、イディオムでは do a deal (取り決めをする；(取引き) を結ぶ)、do it (あれをやる) が追加された。なお、do a deal のような場合に、英和辞典では目的語である名詞の項に入れるのに対して、アメリカの辞書の多くは動詞の項に入れる。

『ランダムハウス・ウェブスター大学辞典・第2版』(2000) の見出し語となっている active-matrix (アクティヴ・マトリックス方式の)、anatomically correct (解剖学的に正しい [性器を正しく表現した])、antialiasing (エイリアシング除去) も WNWD4 には見られない。

『ニューワールド』初版・2版は、突出して優れたカレッジ版辞典であった。今はカレッジ版の一つに過ぎなくなった。アメリカニズム重視は変わらないが、かつての『ニューワールド』の持っていた、編集者の意気や力量は感じられない。

ただし、初版以来の、まず語源を挙げ、語義と語義の繋がりを捉えようとする点は変わっていない。blade であれば、欽定訳聖書の "But when the blade was sprung up, and brought forth fruit, then appeared the tares also." (Matt. xiii.26) (葉が出て実を結ぶと、毒麦もまた現れた) に見られるような「(草などの) 葉」を語義1とし、葉の形から語義2「艪の櫂、プロペラの翼」など、語義3「肩甲骨」、語義4「(刃物などの) 刃」、語義5「(アイススケート靴の) ブレード」、語義6「剣」、語義7「剣士」、語義8「【古】威勢のいい若者」、語義9「〔音声〕舌端」とする語義分析は今でも色褪せていない。『ウェブスター大学辞典』か『ウェブスター・ニューワールド大学辞典』のどちらかは、語義の検討には必要であろう。

2000年に、『アメリカン・ヘリテッジ英語辞典・第4版』(The American Heritage Dictionary of the English Language, Fourth Edition; AHD4) が出版される。第3版(1992)に続いての大型本である。

1万の新語・新語義が入る (序文)。収録語彙、定義、引用例文など全般的に初版が与えた頼りなさを脱して、使える辞書に成長した。しかし、このサイズの辞書としてはイギリス英語に弱い。

大型机上辞典としてまだ物足りないのは、副詞の扱いである。"The voters give him [Bush] only marginally better marks than they did a year ago." (投票者は、一年前よりちょっといい点を彼[ブッシュ]に付けた) に見られる marginally を追い込み語としている。したがって、定義・例文は与えられない。このサイズの辞書であれば、1998年にイギリスで出版された『新オックスフォード英語辞典』(The New Oxford Dictionary of English; NODE) のように、定義と例文を挙げるべきである。この点では、日本の英和大辞典も似たり寄ったりで、marginally に例文を載せるものは無い。

AHD4になってもまだ体系的に不足しているのが、イディオムである。

他にも、このサイズの辞書として物足りない点がある。記述的編集をするならば、前置詞的に用いる depending on が何故ないのか。a damn sight better (ずっといい)、have a foot-in-mouth disease (失語癖がある) のような口語表現を何故採り入れないのか。実際に英文を読みながらチェックすると、欠点が目立つ。そして、使用者は、他の辞書へと移っていく。

視覚的要素を重んじる『ヘリテッジ』はAHD4になり、欄外の写真の大部分がカラーとなった。pen computer (ペン・コンピュータ) にも写真が入った点、仮面を付け仮装する mummer のカラー写真など、初版から3版までのものと比べると良くなる。annual ring (年輪) も写真になり、リアルになった。

人名に伴う写真の選定は、それに反して、基準がわからないものがある。ニール・アームストロングは3版以来あるが、なぜルイ・アームストロングがなくなるのだろうか。なぜバーバラ・ブッシュの写真が必要なのか。

4版で「現代語」(Our Living Language) のコラムができる。序文で触れて

いる mine の項を見る。hern, ourn がニューイングランドの地域語であること、歴史的には中英語時代の類推によること、南部イングランドの中心地のどこかにたぶん起源があることなどを教えてくれる。最後に、アフリカ系アメリカ人の語法 "This is mines." (これは私のものです) に触れる。

　AHD3 以来の「語史」のコラムは、lord と lady のつながりのような英語史の知識、英語に借用される以前の語源などを、わかり易く解説する。問題は、それぞれの項目が本当に必要かどうかである。3 版の 13 行に及ぶ afraid の「語史」が 4 版では無くなる。announce (8 行) も 4 版で消える。apartheid (25 行) も無くなる。

　大型机上辞典としては、ことばの辞典としていっそうの充実が必要である。

　AHD4 に続いて、『アメリカン・ヘリテッジ大学辞典・第 4 版』(*The American Heritage College Dictionary*, Fourth Edition, 2002; AHCD4) に触れる。辞書本体 1,597 頁に、30 頁あまりの印欧語解説と印欧語語根表が付く。

　コンピュータ用語、インターネット用語、テロに関する用語を収めた「最新版」である。

　親版同様、イギリス英語が十分ではない。例えば、"Dwight Eisenhower, Ronald Reagan, Bill Clinton all saw their parties take a hammering in elections halfway through their first terms." (アイゼンハワー、レーガン、クリントンは、皆、最初の任期中の中間選挙で、自分の党が散々に負けるのを経験した) のように使う hammering が欠けている。イギリスの辞書では、外国人のための学習用辞典もデータベースを基に hammering を記述している。『ヘリテッジ』は、親版もカレッジ版も、この hammering に触れない。その点では、イギリス版を基にした辞書のアメリカ版の存在理由がある。『新オックスフォード・アメリカ英語辞典』(*The New Oxford American Dictionary*, 2001; NOAD) では、hammering も見出し語となっており、成句として take a hammering (完敗する) を記述する。

　全体的に見るならば、しかしながら、AHCD4 は使いやすい、そして使えるカレッジ版辞典に成長している。特に、あずき色のクロス装丁のもの

は品位もある (他の紙表紙版もある)。

2001年に、『新オックスフォード・アメリカ英語辞典』(*The New Oxford American Dictionary*; NOAD) が出版される。これは、1998年刊『新オックスフォード英語辞典』(*The New Oxford Dictionary of English*; NODE) のアメリカ版である。NODE は、「『ニューヨーク・タイムズ』の書評で好評だよ」との、あるアメリカ文学者からの助言で使い始めた (NODE の方は 2003 年に第 2 版 *Oxford Dictionary of English* となる。多少の増補があるだけで基本的には変らない)。

NODE (1998) も NOAD (2001) も大部分は共通である。版型も横 21.5 センチ、縦 7.7 センチで、AHD4 と同じである。アメリカ版は、辞書本体 1,966 頁で、「簡易レファランス」として、大統領一覧表、独立宣言、合衆国憲法などがつき、総頁数 2,023 である。

大型机上辞典で初めて可算名詞・不可算名詞を表示する (一部に徹底しないところもないわけではない)。

文型に関する表記もイギリス版、アメリカ版共通の特色の一つである。この文型は大方優れている。他動詞で副詞類 (adverbials) とともに使うことが義務的である場合は、[with obj. and adverbial of direction] (目的語と方向を表わす副詞類と共に) のように表示する。自動詞でも同様の場合は、[with advervial] のようになる。大型机上辞典では、NOAD、NODE だけである。A. S. ホーンビーに始まる文型表示は、オックスフォード大学出版局の第 2 言語学習用辞典の伝統である。それが母語話者の大型机上辞典にも採り入れられた (英語を第 2 言語とする人も対象となっていることが、この辞書を使えばわかる)。

ただし、問題もある。"She stopped giggling." (彼女はくすくす笑うのをやめた)、"I've stopped eating meat." (私は肉食はやめている) の〜 ing を現在分詞とする。現在分詞は、動詞の目的語となることはない。これは stop だけの問題ではない。全編通じての問題点である。

もう一つの問題点は、NODE では発音表記を省いている語がある。cosmos, cosset, cossie, cost などに表記がない。アメリカ版にはこの欠点はなく、

発音はすべての語に記載されている。

固有名詞は、NOAD、NODE ともに多く採り入れている。オックスフォード辞典は、「ことばの辞典」として固有名詞は、原則として見出し語としなかった。『オックスフォード上級学習用辞典』(*Oxford Advanced Learner's Dictionary*, 2005; OALD) も固有名詞を見出し語としていない。

読みやすさも特徴の一つである。付随的な説明・語法などは網掛けで印刷されている。

定義では、現代英語の「中心的、典型的」なものを明らかにし、「意味の核 (core)」を抽出し、そこから転義・比喩的意味・派生的意味を導き出そうとする。

wing では、

1 any of a number of specialized paired appendages that enable some animals to fly, in particular:
■ (in a bird) a modified forelimb that bears large feathers. ■ (in a bat or pterosaur) a modified forelimb with skin stretched between or behind the fingers. ■ (in most insects) each of two or four flat extensions of the thoracic cuticle, either transparent or covered in scales. ■ the meat on the wing bone of a bird used as food. ■ (usu.*wings*) figurative power or means of flight or rapid motion: *time flies by on wings.*
5. a side area, or a person or activity associated with that area,, in particular:
■ (*the wings*) the sides of a theater stage out of the view of the audience.

1. 動物に飛ぶことを可能にする対の分化した付属肢の一つ、特に：
■ (鳥では) 大きな羽毛を持つ前肢の変形したもの。■ (コウモリや翼竜では) 指の間や後に伸びた皮膚を持った前肢の変形したもの。■ (大部分の昆虫では) 透明であるか燐片で被われた、2または4の胸部クチクラから伸びた2または4からなる、扁平なものの一つ。■ 食べ物として使われる、鳥の羽の骨についた肉。■ (普通、wings として)〔比喩的に〕飛翔力・飛翔の手段または急速な動き：時は飛ぶように過ぎる。
5. ［場所としての］袖、そこと連想される人や行動；特に、

■ (the wings として) 観客からは見えない、劇場の舞台の横。)

となる (語義5のtheaterは、NODEではtheatreである)。
　日本語の翼は、鳥に限られるが、英語のwingは、鳥の翼・昆虫の翅、コウモリ、翼竜にも使われる。
　語義2で、飛行機の翼を載せる (この点は従来の辞書と変わらない)。語義5の定義が良い。例えば、"He is about to fade into the wings."のような表現はどの辞書も載せてはいないが、"out of the view of the audience"を参考にすれば、「彼は第一線からしりぞこうとしている」となる。
　spateの定義では、

1 (usu. in sing.) a large number of similar things or events appearing or occurring in quick succession: *a spate of attacks on travelers.*
　(普通、単数で) 次々と現れたり起ったりする、多くの同じようなことや出来事：旅行者への相次ぐ襲撃。

となる。ほぼ同じ頃に出版された『アメリカン・ヘリテッジ英語辞典』(2000)には該当する定義を欠く。『ランダムハウス・ウェブスター非省略辞典・第2版』(1997)は、

a sudden, almost overwhelming, outpouring: *a spate of angry words.*
　(突然の、圧倒的ともいえるほとばしり：ほとばしり出る怒りのことば)

で、ここに挙げられた句例の語釈としてはいいが、spateはもっと適用範囲が広いので、これでも非省略版と謳うのがのがおこがましい。『ウェブスター3版』(1961)は、

3 a: a large number or amount 〈a ~ of books on gardening〉〈a ~ of cowboy movies〉〈a ~ of publicity〉 **b**: a sudden or strong outburst: RUSH 〈a ~ of anger〉〈a ~ of words〉

(**3 a**: 多数、多量〈ガーデニングに関するたくさんの本〉〈多くのカウボーイ映画〉〈大変広く世間に知られること〉 **b** 突発的な、または強いほとばしり: RUSH［類義語］〈怒りの爆発〉〈ほとばしり出ることば〉

と、40年前にしては良い。

　手元の用例 "the spate of recent business scandals in the United States" (相次ぐ合衆国の最近のビジネス界のスキャンダル) などの使い方を検討してみても、現在では『オックスフォード・アメリカ英語辞典』(NOAD) の定義が一番よいと言えそうである。語源も後期中英語 (元は、スコットランド英語・北部英語) で「洪水」として、この語の理解を深める。

　spate はほんの一例に過ぎないが、日頃の漠然と持つ印象—『オックスフォード・アメリカ英語辞典』が良く、『ランダムハウス・ウェブスター英語辞典・非省略版』がまずまず、『アメリカン・ヘリテッジ英語辞典』は項目によっては良いものもある—は、あまり間違ってはいない、と言えそうである。

　『新オックスフォード・アメリカ英語辞典』(NOAD) の記述的な編集方針は、us and them, them and us (俺たちと奴らと、奴らと俺たち) など NOAD, NODE 以外には記述されていない表現を少なからず含む。

　NOAD で NODE と外面的に大きく変わったのは、挿絵・写真がアメリカ版を飾っていることである。図解辞典の役割を果たす drum kit (ドラム一式) などは良い。glengarry (帽子の一種) の写真も良い。しかし、現職のアメリカ大統領の写真が必要であろうか。

　イギリス版を基にしているため、イギリスの英語の多くは NOAD にも入っている。ただし、"the court, called the Law Lords" や "a very clean message by the Law Lords" (ともに『ニューヨーク・タイムズ』2004年12月号) に見られる the Law Lords はアメリカ版には無い。したがって、NOAD だけでイギリス英語に対応できるわけではない。

　NOAD の見出し語は、NODE にないものも加わる。"the clickety-clack of the trains passing nearby" (そばを通る列車のガタンゴトン) のような clickety-clack が、その一例である (ただし、その定義は『ウェブスター3版』

には及ばない)。

　2001年9月11日以後しばしば用いられた bioterrorism も入っている。

　NOAD で語義が追加されているものも、当然ながら、ある。

　収録語彙の選定は、もちろん万全とは言えない。アメリカの一般紙にかなりの頻度で現れる genetically modified がこの NOAD になってもどこにも無い。しかし、比較すれば、この辞書は良く出来ている。

　オックスフォードのアメリカ版英語辞典は、古くは POD のアメリカ版 (1927) (325頁参照)、20世紀末の POD のアメリカ版『オックスフォード机上辞典・アメリカ版』(*The Oxford Desk Dictionary*, American Edition, 1995) や、COD のアメリカ版『オックスフォード現代アメリカ英語辞典』(*The Oxford American Dictionary of Current English*, 1999) などは、品位のある辞書ではある。しかし、今ひとつ魅力に欠けた。今度のアメリカ版、NOAD は、アメリカの辞書界にも影響を与えるであろう。

　英語を第2言語とする者の立場からすれば、『ニューヨーク・タイムズ』、『ワシントン・ポスト』、『インタナショナル・ヘラルド・トリビューン』などを読むためには、カレッジ版ではやや物足りなく、この規模が必要である。現代英語の生態をとらえうるのも大型机上版のスペースが必要である。増補版が期待される。

　イギリス版とアメリカ版の出版を意図したものが、さらにある。1999年に、『エンカータ世界英語辞典』(*The Encarta World English Dictionary*) がイギリスのブルームズベリー出版社とアメリカのセント・マーティン・プレスから出版される。縦約28センチの大型机上辞典で、辞書本体2,074頁である。

　英語は21世紀の初めには15億人が世界中で使っていて、インターネット、イー・メールにより、通信機関は大きな変貌をとげた。この状況に応えようとするのが、編集の意図である。

　約3年間にわたって、20カ国の320人が同時に執筆に当たる。世界のさまざまな英語資料を基にした5千万語のコーパスを使用する。北アメリカ人のための英語の包括的記録であって、合衆国およびカナダの、国民の、

国民による、国民のための辞書であることを強調する。その上で、他の文化への、すなわちカリブ、オーストラリア、ニュージーランド、太平洋地域、アフリカ、東南アジア、イギリスの英語を収録することを謳う。2004年には、イギリスで『エンカータ世界英語辞典』第 2 版が『ブルームズベリー英語辞典』(*Bloomsbury English Dictionary*) として出版される。

初版 (1999) のカレッジ版『マイクロソフト・エンカータ大学辞典』(*The Microsoft Encarta College Dictionary*) が 2001 年に出版される。横 19 センチ、縦 24.2 センチで、辞書本体は 1,678 頁に及び、付録は無い。カレッジ版を名乗るものとしては最大級である。カバーの宣伝文句によれば、「見出し語と語義 32 万語以上」で、「5 千以上の新語」を含む。

語義の提示にカレッジ版として新しい試みをする。大部分の多義語で、太字で簡略な説明ないしは類義語をまず与え、次に定義を出す (これは、イギリスの第 2 言語学習者用辞典で行われている方式である)。

したがって、back-pedal の語義 3 は、次のようになる。

backpedal 3 *vi* **RETREAT** to try to escape the consequences of a statement or action by retracting it, modifying it, or toning it down
［自］〈撤回する〉取り消し、修正、トーン・ダウンすることにより、発言や行動の結果を逃れようとする。

この検索方式は、特に多くの語義を持つ語の場合に有効である。『ロングマン現代英語辞典』(*The Longman Dictionary of Contemporary English*, 1995; LDCE) ですでに試みられており、データベース作成から生まれたものであろう。

新語の代表的なものとして、

dotgov   e-blocker   digital forensics   cyberlaw   usability engineer
blog   Web log   denial-of-service attack   ROMvelope   cyberwar
digital divide   HOAS

を挙げる。それ以外では、環境、エコロジーにかなりの注意が払われている。unsustainable, ecofriendly を見出し語とし、定義を与えているのはカレッジ版では『エンカータ』だけである (大型机上版では『新オックスフォード・アメリカ英語辞典』(NOAD) に記述されている)。

面白い試みに、主要概念 70 に、主な人物・年月日・要素・作品などを列挙する。見出し語とその連想される (固有名詞を含む) 語を提示する。

他の点では、挿絵、写真、略図を含み、固有名詞を見出し語とする。これらは、カレッジ版辞書では定番である。

定義も丁寧になされており、この辞書独特の特色をさらに練り上げていくならば、おもしろい存在となるであろう。

2003 年の夏に、『メリアム・ウェブスター大学辞典・第 11 版』(*Merriam Webster's Collegiate Dictionary*, Eleventh Edition; WCD11) が出版される。メリアム・ウェブスター社のカレッジ版は 1898 年の初版から百年を超える息の長い辞書となった。CD－ROM が付属する。辞書本体 1,459 頁で、それに外国語 (句) 4 頁、人名 35 頁、地名 89 頁、その他で、1,623 の総頁数になる。カバーの広告によると、見出しは 16 万 5 千、語義は 22 万 5 千からなる。見出し 16 万 5 千には、人名・地名が含まれるであろう。たびたび触れてきたが、句動詞が見出しとなる。as for, aside from, as if, as long as などが見出しとなることも基本的には変わっていない (多少の変更はある)。

新語・新語義は、1 万に及ぶという。例文は 4 万で、机上版で最大と謳う。7 千 5 百の成句・イディオムを含む (しかし、それでもイディオムが弱いと筆者は判断する)。7 百を超える挿絵、数十の図表が入る。

編集方針は、7 版以来の記述的態度を踏襲する。編集主幹フレデリック・ミッシュが、9 版 (1983)、10 版 (1993)、11 版と 10 年毎の改訂を担当する。したがって、基本的には、辞書の性格に変更はない。11 版で MP などの略語が辞書本体に入った。compact disk よりは CD の方が普通であることを考えれば、当然であって、むしろ遅すぎた。

カレッジ版では特にスペースを有効に使わなければならない。「メリアム・ウェブスター」の場合は、多用される out there, laugh one's head off, at the end of one's rope, pull one's chestnut out of the fire, water off a duck's back などのイディオムを省く。口語表現 close, but no cigar も記述されていない。自明の表現と考えているのであろうか。カレッジ版辞典のあるべき姿と言えるであろうか。

限られたスペースによる限界を心得て使うならば、WCD11 は優れた辞書である。筆者は 2003 年のハワイ滞在 3 週間では、ほとんどこれだけを用いた。新聞の政治・国際関係・外交に関する限り、不足はない。

定義は優れている。mental retardation (精神遅滞) はさらに詳しい定義となった。WCD10 の 2001 年刷りの clone の定義にも手を入れている。menopause (閉経) では "between 45 and 50" が "between 45 and 55" (45 歳と 55 歳の間に) となった。musk-ox では "with the males producing a strong musky odor from glands beneath the eyes" (オスは目の下の腺から発する強い麝香の香りを持つ) と、定義を加え、大型机上辞典を凌ぐ。

基本語の定義にも細心の注意が払われている。代表的な例 marriage を見る。

[WCD10] **1 a**: the state of being married **b**: the mutual relation of husband and wife: WEDLOCK **c**: the institution whereby men and women are joined in a special kind of social and legal dependence for the purpose of founding and maintaining a family

[WCD11] **1 a** (1) the state of being united to a person of the opposite sex as husband and wife in a consensual and contractual relationship recognized by law (2) : the state of being united to a person of the same sex in a relationship like that of a traditional marriage 〈same-sex ~〉 **b**: the mutual relation of married persons: WEDLOCK **c**: the institution whereby individuals are joined in a marriage

WCD11 では、まず「法で認められた、同意と契約の関係」ととらえ、その上で「伝統的な結婚のような関係で同性と結ばれる状態」が新たに入る。これは言うまでもなくアメリカ社会の大きな争点となっている「同性

婚」を定義に採り入れたものであり、それを句例としている。『ニューヨーク・タイムズ』などでもこの用法は確立されている。出版当時の大統領を始め同性婚を認めない人にとって、この定義は認めがたいであろう。記述的な辞書を編集方針とするメリアム・ウェブスター社の面目躍如たるところである。

実際に英文を読みながら短期間に使った範囲で、見出し語をチェックしてみる。

10版初刷りになく、その2001年刷りで追加された見出し語、

applet	grunge
cell phone	homepage
dis (*vt. slang*.:to treat with disrespect or contempt)	HTML
DVD	kickboxing
e-mail	screen saver
ethnic cleansing	¹spam. ²spam
get-go	World Wide Web

は、当然ながらWCD11見出し語となっている。次の語、

bioterrorism	MD
backstory	madrassa
blowback	minidisc
BSE	muticulti
canyoning	must-have
collateral damage	neocon
cybercafe	netizen
damaged goods	PDA
dietary supplement	personal digital
dis (*n. slang*: a disparaging remark or act)	phat
doping	photo op

dress-down day	profiling
DWEM	recovered memory
Feminazi	tech
Generation X	unipole
GM ［=general manager, etc.］	V-chip
IT	Web site
JPEG	white zinfundel

などが、新たに見出し語となっている。photo op (政治家などがテレビ・写真に撮られる機会) は、WCD10 では photo opportunity であった。新聞などでは前者が使われており、適切な変更である。

ただし、IT を見出しとしながら、information technology (情報科学) を省いているのはなぜか。後者も見出し語とし、定義を与えるべきものである。

また、かなりの頻度で使われている virtuous circle なども加えるべきである。

語義でも WCD10 (2001 年刷り) で追加されたもの、例えば

out (［他動詞］...の隠れホモであることをばらす；［自動詞］世間に知られる)
surf (［他］(テレビ、インターネットで) 何か面白いものや必要なものを求めてチャンネルをあちこち変える
web (= World Wide Web)

が WCD11 にあることは言うまでもない。
新たに語義として追加されたものには、

catchy (覚えやすい 〈～ melody〉〈覚えやすいメロディ〉)
come out (自分ことで隠していたことを公にはっきりさせる—しばしば as と共に用いて、〈blew his cover and came out as a CIA agent — William

Prochnau〉〈[彼は] 正体を明らかにして、CIA のスパイであると公言した―ウィリアム・プロシュノー〉

immersion (生まれ育った、または学習の対象に関係のある環境や条件に広く接することに基づく教授；特に、教えられている言語のみが使われる外国語教授〈learned French through 〜〉〈イマージョンでフランス語を学んだ〉

jungle (電子楽器によるダンス音楽)

mobile (移動電話の〈〜 phone〉〈携帯電話〉)

roadkill (激しい競争の犠牲者)

outreach (現在または普通の制限を越えての業務や援助〈an 〜 course〉〈市民講座；また、その程度〉

slacker ((政府や権威に) 不満を持った、無感動な、冷笑的な、大望を持たないと見られる人、特に若者)

supplement (サプリメント)

tank ([自] 急速に下落する、だめになる、崩れる)

wired (通信ネットワーク、特にインターネットに接続した；インターネットへの接続を特色とする)

ハワイ大学のアウトリーチ・カレッジ (Outreach College) は、正規の学生以外の市民の生涯教育や、海外の学生に夏などに語学研修講座を開いている。

見出し語となっていないものに、

babelicious	Internaut
bad hair day	paid-up
Britpop	SARA
cybernaut	severe acute respiratory syndrome
demonize	slow food
Euroland	small-bore
Extropy	strawberry guava

false memory　　　　text message
goodfella　　　　　 wood sore
　hot desking

などがある。イギリスの新聞で使うMoD (= Ministry of Defence) や、オーストラリア・ニュージーランドの英語でイギリスでも使われる jumbuck (= sheep) も見出し語となっていない。本来はナルコレプシーの薬であるが、スポーツ選手が興奮剤として不正に使う modafinil は「メリアム・ウェブスター」だけでなく、他の辞書にも見出し語とはなっていない。

　ハワイでは日常語となっている hale (家、ホール)、kona (コーヒーの一種；南西風)、mahalo (ありがとう)、makai (海側) なども見出し語となってはいないが、カレッジ版であることを考えれば、これは納得できる。

　語義では、satellite に「衛星中継 (の)」、mobile「携帯電話」が落ちている。

　挿絵では、定義ではわかりにくい banyan (ベンガルボダイジュ) が入る。geta (下駄) が WCD10 のおかしなものからまともなものになる。menorah (ユダヤ教の燭台) がやや縮小されるが、理解に十分な大きさである。外された挿絵もある。

　『ウェブスター 3 版』の改訂版が出ないことを考えると、『メリアム・ウェブスター大学辞典』はもう少し大きくして、より包括的となることが望まれる。

　現在のアメリカの英語辞典で、代表的なものはどれか。『ニューヨーク・タイムズ』に『アトランティック・マンスリー』誌の編集者バーバラ・ウォールラフ (Barbara Wallraff) が「辞書が言っているからといって」と題する文を書いている (2004 年 9 月)。彼女は、アメリカの主要な 7 辞書として次のものを挙げている。

　The American Heritage Dictionary (『アメリカン・ヘリテッジ英語辞典』)
　Merriam-Webster's Collegiate Dictionary (『メリアム・ウェブスター大学辞

典』)
Microsoft Encata Dictionary (『マイクロソフト・エンカータ辞典』)
The New Oxford American Dictionary (『新オックスオード・アメリカ英語辞典』)
The Random House Webster's Dictionary, Unabridged Edition (『ランダムハウス・ウェブスター非省略辞典』)
Webster's New World Dictionary (『ウェブスター・ニューワールド・アメリカ英語辞典』)
Webster's Third (『ウェブスター3版』)

　上の『アメリカン・ヘリテッジ英語辞典』は、「カレッジ」が入っていないので、大型机上版を指すと思える。辞書の編集には携わらない人物で、これらの辞書を何百もの事項で調べてきた只一人の人物である、と彼女は豪語する。25年間プロとして辞書を使ってきたと言う彼女は、他にもいくつもの辞書を使っていると述べているが、それはその通りであろう。『オックスフォード英語辞典』(OED) については、「語の歴史については、利用できるもので最高の情報源であるが、上記の他の辞書とは比べなかった。アメリカのものでもないし、特に現代的というわけでもない」と言う。OEDに関してもその通りである (しかし、『ワールド・ブック辞典』に言及しないのは解せない)。
　『アメリカン・ヘリテッジ英語辞典』は、「教育を受けた話し手」が守る微妙な相違に注意を払っていて、例えば、「語法ノート」で自動詞 impact on を「語法パネル」の84％が認めない、他動詞の impact は、95％が認めないという価値判断を、ウォールラフは肯定的に引用している。
　それに対して、『メリアム・ウェブスター大学辞典』には批判的である。『メリアム・ウェブスター大学辞典』は、そのような価値判断をできるだけ避けている。impact を自動詞、他動詞として挙げていて、コメントなしに「直接影響またはインパクトを与える」という定義を与えている、と不満げに言う。このように、現在も、辞書は規範的であるべきである、との意見は決して消えたわけではない。

その一方で、『メリアム・ウェブスター大学辞典』を評価する人たちも当然いる。アメリカの政治用語辞典を著したウィリアム・サファイア (William Saffire) もその一人である。WCD10 の 2001 年刷りのカバーに「すばらしい」(Superb) の評価を載せている。『サファイア政治辞典』は極めて優れたものであり、彼は現在も『ニューヨーク・タイムズ』のコラム ("On Language") で、英語に関する広範な、そして洞察に富んだ文章を書いている。

　サファイアがどの点をすばらしいと評したかはわからないが、それなりの根拠をもって「すばらしい」と評していることは間違いない。また、ウォールラフも『メリアム・ウェブスター大学辞典』をアメリカのベストセラー辞書であることに触れている。

　ここで、個人的な意見を述べることで締めくくりたい。現在最も優れたカレッジ版は『メリアム・ウェブスター大学辞典』(WCD11) であると思う。かつては、『ウェブスター・ニューワールド・アメリカ語辞典・カレッジ版第 2 版』およびその改訂版 WNWD3 を常用していたが、『メリアム・ウェブスター大学辞典』(WCD10) からは「メリアム・ウェブスター」に変えている。現在常用しているのは、最新の WCD11 と合わせて、WCD10 を基に子会社 (Federal Street Press) から出版されている『ウェブスター新百科辞典』(Webster's New Encyclopedic Dictionary, 2002) である。この辞典は、書名に反して百科的辞書ではなく、内容は WCD10 そのもので、それに語史 (WORD HISTORY) が入っている。『ランダムハウス・ウェブスター非省略辞典』とほぼ同じ大きさに印刷されているため、極めて読みやすい。そして空白が多いため、書き込みに便利である。主として『ニューヨーク・タイム』の社説から引用例文を書き込む。

　次には、『新オックスフォード・アメリカ辞典』を評価する。この辞書の使用頻度も高い。読みやすい印刷で、しかも文法情報があり、コロケーション、例文が多い。イギリス版 NODE とは違って、複合語を除くすべての見出し語に発音記号が付く。英語を第 2 言語とする者には親切な編集である。語源も良い。

この二つの辞書で不十分なときは、上記の「7つの主要辞書」の他のもの、それに『ワールド・ブック辞典』を使う。また、イギリスの辞書ではあるが、英米共通の語彙の記述にすぐれる『ショーター・オックスフォード英語辞典・第5版 (2巻本)』(*The Shorter Oxford English Dictionary*, Fifth Edition, 2002) もときどきは手にする。『ショーター・オックスフォード英語辞典』(SOED) は、元は OED 簡約版であったが、1993年の第4版で「近代英語の歴史辞典」としての性格を強める。第5版は20世紀の引用を英米から採り、読める辞書となっている。紙質も良く、印刷は鮮明で、これで1冊本であるならば、さらに頻繁に参照するであろう。OED1 も必要に応じて登場する。OED2 は、CD-ROM を備えている。

　20世紀半ばまでのものを読む場合は、本書では取り上げていない (辞書発達史的には触れる必要がない) クラレンス・バーンハートの簡潔・明快な定義を見るために『ソーンダイク・バーンハート総合机上辞典』(*Thorndike Barnhart Comprehensive Desk Dictionary*, 1955年初版；1961年刷り) を使うこともある。その簡潔な記述はファウラー兄弟の POD、COD を思わせる。そしてファウラーよりは外国人にも楽に使いこなせるところがよい (POD の9版 (2001) 以降は大学進学者のためのものであり、COD の10版は NODE の簡約版ではあるが、用例は極めて少なく、ともに頼りない。電車の中で使うときには、今でも POD5版、6版のインディア・ペーパー革装丁のもの、あるいは『タイムズ文芸付録』(1972年) が「すばらしい」とする『チェイバーズ新コンパクト辞典』(1969) にする)。また、『ニューヨーク・タイムズ日常辞典』(1982) も『ニューヨーク・タイムズ』紙からの引用を例文とし、捨てがたい。

　20世紀初頭までであれば、『センチュリー辞典 (改訂増補版、1914年出版)』(*The Century Dictionary*) が断然優れている。『ニュー・スタンダード英語辞典』(1913) は、ファクシミリ版を備えてはいるが、出番はあまりない。『ウェブスター新国際英語辞典』は第2版の評価が高い (そしてその通りである) が、、その第1版も欽定訳聖書 (1611年) を読むときや、中英語の異綴りをチェックする時には第2版よりも便利である。『ウェブスター国際英語辞典』(1890年初版；1892年刷り) もゆったりと組まれたもので、これ

また捨てがたい。

　アメリカニズムを調べるのであれば、マシューズ編『アメリカニズム辞典』(1951) の右に出るものはない。そのあとで、クレイギー＆ハルバート編『アメリカ英語辞典 (全 4 巻)』(1938-44) や、ソーントン『アメリカ語彙集』(1912)、さらにはリプリントされた、例えばバートレット『アメリカニズム辞典』(1848 初版及び 1859 年第 2 版) などで調べる。

　アメリカの辞書の発達を考えて定義を見るときは、結局はノア・ウェブスターの『アメリカ英語辞典』(1828 年刊のファクシミリ版) に戻ることになる。サミュエル・ジョンソンがイギリスの英語辞典に与えた影響よりは、ノア・ウェブスターのアメリカの辞書に与えた影響の方が大きいであろう、特に定義において。"Webster's" が、メリアム・ウェブスター社以外の辞書にも冠せられるのは、ノア・ウェブスター『アメリカ英語辞典』がアメリカの国語時辞典の出発点であったからである、と筆者は判断している。ノア・ウェブスター抜きで、アメリカの英語辞典は語れないのである。

＊　＊

　2005 年に、『新オックスフォード・アメリカ英語辞典』(NOAD) の第 2 版が出版され、校正の最終段階 (1 月) に入手する。CD-ROM が付属する。470 頁で指摘した genetically modified も 6 行にわたって記述されている。「適切な語」(THE RIGHT WORD) として、類義語解説が入る。類義語解説はアメリカの辞書の特色の一つである。この辞書は、イギリスの辞書のアメリカ版として定着するであろう。

参考文献

1. 一次資料

The American College Dictionary, ed. Clarence L. Barnhart (New York: Random House, 1947, 1951, 1952) (略称 ACD)

An American Dictionary of the English Language, 2 vols., by Noah Webster (New York: S. Converse, 1828) Facsimile reprint: New York: Johnson Reprint Corporation, 1970.

—— Second Edition, 2 vols., revised by Noah Webster (New Haven: published for the author, 1841)

—— by Noah Webster, revised by Chauncey A. Goodrich (Springfield, Mass.: G. and C. Merriam, 1847, 1849)

—— by Noah Webster, revised by Chauncey A. Goodrich (Springfield, Mass.: G. and C. Merriam, 1859) [The Pictorial Edition]

—— by Noah Webster, revised by Chauncey A. Goodrich and Noah Porter (Springfield, Mass.: G. and C. Merriam, 1864, 1867, 1871, 1873, 1876, 1879, 1880) [the Webster-Mahn]

An American Dictionary of the English Language, by Noah Webster, abridged by Joseph Emerson Worcester (New York: S. Converse, 1829; New York: N. and J. White, 1834) [『アメリカ英語辞典』簡約版]

—— Revised Edition; with an Appendix Containing All the Additional Words in the Last Edition of the Larger Work (New York: White & Sheffield, 1841; New York: Harper & Brothers, 1845)

—— Revised Enlarged [Edition], by Chauncey A. Goodrich (New York: Harper & Brothers, 1847, 1852)

—— Revised and Enlarged [Edition] by Chauncey A. Goodrich (Philadelphia: Lippincott & Co., 1857, 1867) [背文字 Webster's Royal Octavo Dictionary]

An American Glossary, 2 vols., ed. Richard H. Thornton (Philadelphia: J. B. Lippincott Co., 1912)

The American Heritage College Dictionary, Fourth Edition (Boston: Houghton Mifflin Co., 2002) [略称 AHCD4]

The American Heritage Dictionary, New College Edition (Boston: Houghton Mifflin Co.,1976) Second College Edition, 1982. [略称 AHCD2]

The American Heritage Dictionary of the English Language, ed. William Morris (New York: American Heritage Publishing Co.; Boston: Houghton Mifflin Co., 1969) [略称 AHD]

—— Third Edition, ed. Anne H. Shoukhanov (Boston: Houghton Mifflin Co., 1992)

[AHD3]
　— Fourth Edition, ed. Joseph P. Pickett (Boston: Houghton Mifflin Co., 2000)
[AHD4]
Americanisms: the English of the New World, ed. M. Schele de Vere (New York: Scribner, 1872) Facsimile reprint: New York: Johnson Reprint Corporation, 1968.

Americanisms — Old and New, ed. John Stephen Farmer (London: Thomas Poulter and Sons, 1889) Facsimile reprint: Detroit: Gale Research Company, 1976.

Bartlett Familiar Quotations, Seventeenth Edition, Revised and Enlarged (Boston: Little, Brown and Co., 1992)

Bloomsbury English Dictionary, New Edition (London: Bloomsbury, 2004)

The Century Dictionary and Cyclopedia, 10 vols, prepared under the superintendence of William Whitney (New York: The Century Co., 1889– 91)

The Century Dictionary: an Encyclopedic Lexicon of the English Language, Revised and Enlarged Edition (New York: The Century Co., 1911, 1913)

Chambers Dictionary of Etymology, ed. Robert K. Barnhart (New York: Larrouse Kingfisher Chambers, Inc., 2002)

The Chambers's English Dictionary, ed. Thomas Davidson (Tokyo: Sanseido, 1901)

The Columbian Dictionary of the English Language, ed. Caleb Alexander (Boston: Isaiah Thomas and Ebenezer T. Andrews, 1800) [Early American Imprints]

A Compendious Dictionary of the English Language, ed. Noah Webster (Hartford: Hudson & Goodwin; New Haven, Increase Cooke & Co.,1806)

A Complete Dictionary of the English Language, by Thomas Sheridan, Sixth Edition, Carefully Revised by John Andrew (Philadelphia: Young, Mills & Son, 1796) [Early American Imprints]

A Comprehensive, Pronouncing and Explanatory Dictionary of the English Language, ed. J. E. Worcester (Boston: Hilliard, Gray, Little and Wilkins, 1830)

The Concise Oxford Dictionary of Current English, ed. H.W. Fowler and F. G. Fowler (Oxford: Clarendon Press, 1911) [略称 COD]
　— Second Edition, revised by H.W. Fowler, 1929.
　— Third Edition, revised by H.W. Fowler and H. G. Le Mesurier, 1934.

A Critical Pronouncing Dictionary and Expositor of the English Language, ed. John Walker, 1791. Facsimile reprint: Menston: Scolar Press, 1968.
　— First American Edition (Philadelphia: H.& P. Rice [etc.], 1803) [Early American Imprints]

Current American Usage, ed. Margaret Bryant (New York: Funk & Wagnalls, 1962)

Cyclopaedia: or, an Universal Dictionary of Arts and Sciences, 2 vols., ed. Ephraim Chambers, 1728. Facsimile reprint: Kyoto: Rinsen Book, 1988.

Dictionarium Anglo-Britannicum: Or, A General English Dictionary, ed. John Kersey (London: printed for J. Philips [etc.], 1708) Facsimile reprint: Menston: Scolar Press, 1969.

Dictionarium Britannicum, ed. Nathan Bailey (London: printed for T. Cox, 1730)

—— Second Edition, 1736

A Dictionary for Primary Schools, ed. Noah Webster (New York: Huntington and Savage, 1833)

A Dictionary of American English on Historical Principles, 4 vols., ed. William A. Craigie and James R. Hulbert (Chicago: University of Chicago Press, 1938- 44) [略称 DAE]

A Dictionary of Americanisms, ed. John Bartlett (Boston: Little, Brown, and Co., 1848) Facsimile reprint: Hoboken, N.J.: John Wiley & Sons, 2003.

—— Second Edition, 1859. Facsimile reprint: New York: Johnson Reprint Corporation, 1968.

A Dictionary of Americanisms on Historical Principles, ed. Mitford M. Mathews (Chicago: University of Chicago Press, 1951) [略称 DA]

Dictionary of American Regional English, ed., Frederick G. Cassidy and Joan Houston Hall (Cambridge, Mass.: Belknap —— Harvard University Press, 1985-)

A Dictionary of the English Language, 2 vols., by Samuel Johnson (London: J. and P. Knapton; T. and T. Longman; C. Hitch and L. Hawes; A. Millar; and R. and J. Dodsley) Facsimile reprint: London: Longman Group, 1990.

—— Fourth Edition, 2 vols, revised by the author (London: Longman [etc.], 1773)

A Dictionary of the English Language, 2 vols., by Samuel Johnson; with Numerous Corrections, and with the Addition of Several Thousand Words ... by Reverend H. J. Todd (London: printed for Longman, Hurst [etc.], 1818) [通称 Todd's Johnson]

A Dictionary of the English Language, [by Samuel Johnson]..., *Abridged from the H.J. Todd's Corrected and Enlarged* by Alexander Chalmers (London: printed for F. C. and J. Rivington, 1820)

A Dictionary of the English Language, by Joseph E. Worcester (Boston: Hickling, Swan, and Brewer, 1860)

A Dictionary of the English Language, Compiled for the Use of Common Schools in the United States, by Noah Webster (New Haven: Sydney's Press, 1807)

—— (Hartford: George Goodwin & Sons, 1817)

A Dictionary of the English Language, Explanatory, Pronouncing, Etymological, and Synonymous;... Mainly Abridged from the Latest Edition of the Quarto Dictionary of Noah Webster, LL. D., by William G. Webster and William Wheeler (Springfield, Mass.: G. & C. Merriam, 1867; New York: Ivison, Blakeman, Taylor, 1868, 1870) [背文字 Webster's Academic Dictionary, Illustrated]

A Dictionary of the English Language, Explanatory, Pronouncing, Etymological, and Synonymous,... Mainly Abridged from the Latest Edition of the Quatro Dictionary of Noah Webster, LL. D, Edition, by William G. Webster and William A. Wheeler (Springfield, Mass.: G. & C. Merriam; New York: Ivison, Blakeman, Taylor & Co., 1867, 1870) [背文字 Webster's New Counting-House and Family Dictionary]

A Dictionary of the English Language, Explanatory, Pronouncing, Etymological, and Synonymous;...Mainly Abridged from the Latest Edition of the Quarto Dictionary of

Noah Webster by William G. Wheeler (Springfield, Mass.: G. and C. Merriam; Philadelphia: J. B. Lippincott,1867) [背文字 Webster's National Pictorial Dictionary]

Encarta World English Dictionary, US Edition, ed. Anne H. Soukhanov (New York: St. Martin's Press, 1999)

Encylopædia Britannica: a Dictionary of Arts and Sciences, 3 vols. (Edingburgh: Bell and Macfarquhar, 1768-71) Facsimile reprint: London: Routledge, 1997.

Encyclopædia Britannica, 24 vols. Chicago: Encyclopaedia Britannica, Inc., 1970.

Encyclopedic World Dictionary, ed. Patrick Hanks (London: Hamlyn, 1971)

The English Dialect Dictionary, 6 vols., ed. Joseph Wright (Oxford: Oxford University Press, 1898-1905)

The English Dictionarie: or, An Interpreter of hard English Words, by Henry Cockeram (London: printed for Nathaniel Butter, 1623) Facsimile reprint: Menston: Scolar Press, 1968.

An English Dictionary, by Elisha Coles (London: printed for Samuel Crouch, 1676) Facsimile reprint: Menston: Scolar Press,1971.

An English Expositor: Teaching the Interpretation of the hardest words used in our Language, by John Bullokar (London: printed by John Legatt, 1616) Facsimile reprint: Menston: Scolar Press, 1967.

An Etymological Dictionary of the English Language, ed. Walter W. Skeat (Oxford: Clarendon Press, 1879-1982,1909)

An Etymological Dictionary of Modern English, ed. Ernest Weekley (London: John Murray, 1921; reprint: New York: Dover Publications, 1967)

An Explanatory and Pronouncing Dictionary of the English Language. With Synonyms. Abridged from the American Dictionary of Noah Webster, LL. D. By William G. Webster, Assisted by Chauncey A. Goodrich, D. D. (Springfield, Mass.: G. & C. Merriam; New York: Mason Brothers, 1856, 1866) [背文字 Webster's Counting-House and Family Dictionary]

Funk & Wagnalls Modern Guide to Synonyms and Related Words, ed. S.I. Hayakawa and the Funk & Wagnalls Dictionary Staff (New York: Funk & Wagnalls Co., 1968; reprint: Tokyo: Toppan Co.)

Funk & Wagnalls New College Standard Dictionary, ed. Charles Earle Funk (New York: Funk & Wagnalls Co., 1947)

Funk & Wagnalls New Standard Dictionary of the English Language, ed. Isaac K. Funk (New York: Funk and Wagnalls, 1913)

Funk & Wagnalls Standard College Dictionary (New York: Funk and Wagnalls Co.: 1963, 1973; Harcourt, Brace & World, n. d.)

A General Dictionary of the English Language, 2 vols., ed. Thomas Sheridan (London: J. Dodsley, C. Dilly, and J. Wilkie, 1780)

— revised by Steven Jones, First American Edition. See *A General Pronouncing and Explanatory Dictionary of the English Language*.

A General Pronouncing and Explanatory Dictionary of the English Language by Thomas

Sheridan, revised by Stephen Jones (London: printed for Vernor and Hood [etc.], 1798) First American Edition. Wilmington: Peter Brynberg, 1801. [Early American Imprints]

Glossographia: or, a Dictionary, Interpreting all such Hard Words ... by Thomas Blount (London: printed for Tho. Newcomb, 1656) Facsimile reprint: Menston: Scolar Press, 1971.

Greek-English Lexicon, eds. Henry George Liddell and Robert Scott. New Ninth Edition (Oxford: Clarendon Press, 1968).

Idiomatic and Syntactic English Dictionary, ed. A.S. Hornby, E.V. Gatenby, and H. Wakefield (Tokyo: Kaitakusha, 1942)

The Imperial Dictionary, English, Technological, and Scientific, by John Ogilvie (Glasgow: Blackie and Son, 1847-50, 1856)
— New Edition, Revised by Charles Annandale. 4 vols. (Glasgow: Blackie and Sons 1882-83; New York: the Century Co., 1883)

A Key to the English Language, by William Woodridge (Middleton, CT: Dunnings, 1801) [Shaw-Shoemaker]

Klein's Comprehensive Etymological Dictionary of the English Language, ed. Ernest Klein (Amsterdam: Elsevier Scientific Publishing Co., 1966, 1971)

The Ladies' Lexicon, ed. William Grimshaw (Philadelphia: John Gregg, 1829)

Larousse Illustrated International Encyclopedia and Dictionary, ed. D.C. Watson (New York: McGraw-Hill International Book Co., 1972)

Lingae Britannicae Vera Pronnciacio: or a New English Dictionary, by James Buchanan (London: printed for A. Millar, 1757) Facsimile reprint: Menston: Scolar Press, 1967.

The Little Oxford Dictionary, ed. George Ostler (Oxford: Clarendon Press, 1930)

Longman Pronouncing Dictionary (London: Longman, 1990, 2000)

Macmillan Dictionary, ed. William D. Hasley (New York: Macmillan, 1973)

The Macquarie Dictionary, ed. Arthur Delbridge (Sydney: Macquarie Library, 1981, 1982)

Merriam-Webster's Collegiate Dictionary, Tenth Edition, ed. Frederick C. Mish (Springfield, Mass.: Merriam-Webster) [略称 WCD10]
— Eleventh Edition, ed. Frederick Mish, 2003. [WCD11]

Merriam-Webster's Desk Dictionary. (Springfield, Mass.: Merriam-Webster, 1995)

Merriam-Webster's Dictionary of English Usage, ed. E. Ward Gilman (Springfield, Mass.: Merriam Webster, 1993)

Middle English Dictionary (Ann Arbor: University of Michigan Press, 1952-)

The New and Complete Dictionary of the English Language, by John Perry (London: Edward an Charles Dilly and R. Baldwin, 1775)

The New Century Dictionary of the English Language, 3 vols. (later 2 vols.), ed. H.G. Emery and K.G. Brewster (New York: The Century Co., 1927)

The New Comprehensive Standard School Dictionary of the English Language, ed. Frank H. Vizetelly and Charles Earle Funk (New York: Funk & Wagnalls Co., 1938)

A New Dictionary of Americanisms, ed. Sylvia Clapin (New York: Weiss, 1902)

A New Dictionary of the English Language, ed. William Kenrick (London: John and Francis Rivington, 1773)

A New Dictionary of the English Language, 2 vols. by Charles Richardson (London: William Pickering, 1836 - 37)

A New English Dictionary, by J.K. (London: printed for Henry Bonwicke [etc.], 1702) Facsimile reprint: Menston: Scolar Press, 1969.

A New English Dictionary on Historical Principles, 10 vols., eds. James A.H. Murray [*et al.*] (Oxford: Clarendon Press, 1884 - 1928) [略称 NED]

A New General English Dictionary, Originally begun by the late Mr. Thomas Dyche ...and now finished by William Pardon (London: printed for C. Ware, 1735)

A New, Improved Dictionary for Children, ed. J. Kingsbury (Boston: Munroe & Francis, 1822)

The New Oxford American Dictionary, eds. Elizabeth J. Jewell and Frank Abate (New York: Oxford University Press, 2001) [略称 NOAD]

The New Oxford Dictionary of English, ed. Judy Pearsall (Oxford: Oxford University Press, 1998) [略称 NODE]

The New Shorter Oxford English Dictionary on Historical Principles, ed. Lesley Brown (Oxford: Clarendon Press, 1993)

The New Spelling Dictionary, by John Entick (London: Edward and Charles Dilly, 1765)
— American Edition (New Haven: Sidney's Press, 1805)

The New World of English Words: or, a General Dictionary ...by Edward Phillips (London: printed for Nath. Brooke, 1658) Facsimile reprint: Menston: Scolar Press, 1969.

— *The New World of Words*, Sixth Edition, Revised by John Kersey (London: printed for J. Phillips, H. Rhodes, and J. Taylor, 1706)

The New York Times Everyday Dictionary, ed. Thomas M. Paikeday (New York: Times Books, 1982)

9,000 Words: A Supplement to Webster's Third New International Dictionary (Springfield, Mass.: Merriam-Webster, 1983)

NTC's American English Learner's Dictionary, ed. Richard A. Spears (Chicago: NTC/Contemporary Publishing Group, 1998)

Origins, ed. Eric Partridge (London: Routledge & Kegan Paul, 1966)

The Oxford American Dictionary of Current English, ed. Frank R. Abate (New York: Oxford University Press, 1999)

The Oxford Desk Dictionary, American Edition, ed. Laurence Urdang (New York: Oxford University Press, 1995)

Oxford Dictionary of English, Second Edition, eds. Catherine Soanes and Agnus Stevenson (Oxford: Oxford University Press, 2003)

The Oxford Dictionary of English Etymology, ed. Charles Talbot Onions (Oxford: Clarendon Press, 1966)

The Oxford English Dictionary, 10 vols. (Oxford: Clarendon Press, 1884 -1928; 12 vols. and supplement, 1933) [略称 OED]
— Second Edition, 20 vols., 1989. [OED2]
The Papers of Benjamin Franklin, 37 vols. to date (New Haven: Yale University, 1958 -)
The Papers of George Washington. Colonial Series, 1982 - . Confederation Series, 1992 - 1997. Presidential Series, 1987 - . Charlottesville: University of Virginia Press.
The Papers of Thomas Jefferson (Princeton: Princeton University Press, 1950 -)
The Penguin English Dictionary, ed. G.N. Garmonsway (London: Allen Lane, 1965)
— Second Edition, 1969.
The Pocket Oxford Dictionary of Current English, first edition, ed. F.G. Fowler and H.W. Howler (Oxford: Clarendon Press, 1924) [略称 POD]
— New and Enlarged American Edition, ed. F.G. Fowler and H.W. Fowler, Revised by George van Santvoord (New York: Oxford University Press, 1927)
A Pronouncing Dictionary of American English, eds. John Samuel Kenyon and Thomas Albert Knott (Springfield, Mass.: G. and C. Merriam, 1944)
A Pronouncing Dictionary of the English Language, Second Edition, by John Burn (Glasgow: printed for the author, 1786) Facsimile reprint: Menston: Scolar Press, 1969.
A Pronouncing, Explanatory, and Synonymous Dictionary of the English Language, ed. Joseph E. Worcester (Boston: Hickling, Swan, and Brown, 1855)
A Pronouncing and Spelling Dictionary, by William Johnston (London: printed for W. Johnston, 1764) Facsimile reprint: Menston: Scolar Press, 1968.
The Random House Dictionary of the English Language, the Unabridged Edition, ed. Jess Stein (New York: Random House, 1966) [略称 RHD1]
— Second Edition, ed. Stuart Berg Flexner, 1987. [RHD2]
The Random House Historical Dictionary of American Slang, ed. Jonathan Lighter (New York: Random House, 1994 -)
Random House Webster's College Dictionary, ed. Robert B. Costello (New York: Random House, 1991)
— Second Edition, 1997.
Random House Webster's Unabridged Dictionary, Second Edition, ed. Sol Steimetz (New York: Random House, 1997)
The Royal Standard Dictionary, by William Perry. (Edinburgh: David Wilson, 1775)
— First American Edition. Worcester, Mass.: Isaiah Thomas, 1788. [Early American Imprints]
Safire's Political Dictionary, ed. William Safire (New York: Random House, 1968)
A School Dictionary, ed. Samuel Johnson, Jr. (New Haven: Edward O'Brien, [1798]) [Early American Imprints]
A School Dictionary of Selected Words, ed. Aaron Day (New York: Mahlon Day, 1830)
A Selected, Pronouncing, and Accented Dictionary, by John Elliot and Samuel Johnson,

Jr. (Suffield, CT: D. Oliver and I. Cooke, 1800)
— Second Edition, 1800.
Sheridan Improved. See *A General Pronouncing and Explanatory Dictionary of the English Language.*
The Shorter Oxford English Dictionary on Historical Principles, first edition (Oxford: Clarendon Press, 1933) [略称 SOED]
— Second Edition, 1936.
— Third Edition, 1944.
— Fourth Edition, 1993. See *The New Shorter Oxford English Dictionary.*
— Fifth Edition, 2002.
6,000: A Supplement to Webster's Third New International Dictionary (Springfield, Mass.: G. and C. Merriam, 1976)
A Standard Dictionary of the English Language, ed. Isaac K. Funk (New York: Funk & Wagnalls Co., 1893-4)
— A New Edition, 1906.
A Supplement to Dr. Johnson's Dictionary of the English Language, by John Seager (London: printed by A.J. Valpy, 1819)
A Supplement to the Oxford English Dictionary (Oxford: Clarendon Press, vol. I, 1972; vol. II, 1976; vol. III, 1982; vol. IV, 1986) [OEDS]
The Synonymous, Etymological, and Pronouncing Dictionary, ed. William Perry (London: John Wake, 1805) [Early American Imprints]
A Table Alphabeticall: conteyning and teaching the true writing and understanding of hard usuall English words..., by Robert Cawdrey (London: I.R., for Edmund Weaver, 1604) Facsimile reprint: Amsterdam: Da Capo Press, 1970.
Thorndike-Barnhart Comprehensive Dictionary, ed. Clarence L. Barnhart (Garden City, N.Y.: Doubleday & Co., 1951)
Thorndike-Barnhart Student Dictionary, eds. E.L. Thorndike and Clarence Barnhart (New York: HarperCollins, 1992; New York: Scott, Foresman-Addison Wesley, 1997)
Thorndike-Century Beginning Dictionary, ed. E.L. Thorndike (Chicago: Scott, Foreman and Co., 1945)
Thorndike-Century Junior Dictionary, ed. E.L. Thorndike (Chicago: Scott, Foresman and Co., 1935)
Thorndike-Century Senior Dictionary, ed. E.L. Thorndike (Chicago: Scott, Foresman and Co., 1941)
Thorndike Junior Dictionary, by E. L. Thorndike, Revised by P. B. Ballard and H.E. Palmer (London: University of London Press, 1947, 1959)
12,000 Words: A Supplement to Webster's Third New International Dictionary (Springfield, Mass.: Merriam-Merriam, 1986)
A Universal and Critical Dictionary of the English Language, ed. Joseph E. Worcester (Boston: Wilkins, Carter, and Co. , 1846)

The Universal Dictionary of the English Language, ed. Henry Cecil Wyld (London: Routledge & Kegan Paul, 1932, 1956, Chicago: Standard American Corporation, 1938)

An Universal Etymological English Dictionary, by Nathan Bailey (London: printed for E. Bell [etc.], 1821, 1845) Facsimile reprint: Hildesheim: Georg Olms Verlag, 1969.

Vocabolario degli accademici della Cursca, Second Edition (Venezia, 1623)

A Vocabulary, or Collection of Words and Phrases Which Have Been Supposed to Be Peculiar to the Untied States of America, ed. John Pickering (Boston: Cummings and Hillard, 1816)

Webster's Collegiate Dictionary (Springfield, Mass.: G. and C. Merriam, 1898) [略称 WCD1]
— Third Edition, 1916. [WCD3]
— Fourth Edition, 1931. [WCD4]
— Fifth Edition, 1936, 37, 1944. [WCD5]
— Sixth Edition, 1949. [WCD6]
— Seventh Edition, ed. Philip Gove, 1964. [WCD7]
— Eighth Edition, 1979. [WCD8] See *Webster's New Collegiate Dictionary*.
— Ninth Edition, 1983. [WCD9] See *Webster's Ninth Collegiate Dictionary*.
— Tenth Edition,1993. [WCD10]
— Eleventh Edition,2003. [WCD11] See *Merriam-Webster's Collegiate Dictionary*.

Webster's Dictionary of English Synonyms (Springfield, Mass.: G. and C. Merriam, 1951)

Webster's Dictionary of English Usage, ed. E. Ward Gilman (Springfield, Mass.: Merriam-Webster, 1989)

Webster's Intermediate Dictionary (G. and C. Merriam, 1972, 1977)

Webster's International Dictionary of the English Language, ed. Noah Porter (Springfield, Mass.: G. and C. Merriam, 1890, 1892)

Webster's New Collegiate Dictionary, ed. Henry Bosley Woolf (Springfield, Mass. G. and C. Merriam, 1979) [WCD8]

Webster's New Encyclopedic Dictionary (Springfield, Mass.: Federal Street Press, 2002)

Webster's New International Dictionary of the English Language, ed. W. T. Harris (Springfield, Mass.: G. and C. Merriam, 1909)
— Second Edition, ed. William Allan Neilson, 1934.
— Third Edition, 1963. See *Webster's Third New International Dictionary*.

Webster's New World College Dictionary, Fourth Edition, ed. Michael Agnes, 2000. [略称 WNWD4]

Webster's New World Dictionary of American English, Third College Edition, ed. Victoria Neufeldt. (New York: Webster's New World, 1988) [略称 WNWD3]

Webster's New World Dictionary of the American Language, College Edition, eds. David B. Guralnik and Joseph H. Friend. (Cleveland: World Publishing Co., 1953) [略称 WNWD1]
— Second College Edition, ed. David B. Guralnik, 1970.

— Third Edition, 1988. See *Webster's New World Dictionary of American English*.
— Fourth Edition, 2000. See *Webster's New World College Dictionary*, Fourth Edition.
Webster's New World Dictionary of the American Language, Encyclopedic Editon, 2 vols. (Cleveland: World Publishing Co., 1951)
Webster's Ninth Collegiate Dictionary, ed. Frederick C. Mish (Springfield, Mass.: G. and C. Merriam, 1983) [略称 WCD9]
Webster's Seventh New Collegiate Dictionary, ed. Philip B. Gove (Springfield, Mass.: G. and C. Merriam, 1965) [略称 WCD7]
Webster's Third New International Dictionary of the English Language, ed. Philip Gove (Springfield, Mass.: G. and C. Merriam, 1961)
Webster's II New Riverside University Dictionary. (New York: Riverside Publishing Co., 1984)
Webster's Word History, ed. Frederick C. Mish (Merriam Webster, 1989)
The Winston Simplified Dictionary, Advanced Edition, ed. William Dodge Lewis *et al.* (Chicago: The John G. Winston Co., 1926)
The World Book Dictionary, 2 vols., ed. Clarence Barnhart (Chicago: World Book, 1963, 1968, 1984, 2001)
The Young Ladies' Companion, being a Short Dictionary, by Henry Priest (New York: Collins, 1801) [Shaw-Shoemaker]

2. 二次資料

Algeo, John, ed. 2001. *English in America*. Cambridge: Cambridge University Press.
Alston, R.C. [1965-1972] *Bibliography of the English Language from the Invention of Printing to the Year 1800*. A Corrected Reprint of Volumes I-X. Ilkey: Janus Press, 1974. .
American National Biography. 24 vols. New York: Oxford University Press, 1999.
Atkins, B. T. Sue. 1998. *Using Dictionaries*. Tubingen: Max Niemeyer Verlag.
Andresen, Julie Tele. 1990. *Linguistics in America 1769–1924*. London and New York: Routledge.
Babbidge, Homer, ed. 1968. *Noah Webster: On Being American, Selected Writings, 1783–1828*. New York: Frederick A. Praeger.
Bailey, Richard. 1991. *Images of English*. Ann Arbor: The University of Michigan Press.
—, ed. 1987.*Dictionaries of English: Prospects for the Record of Our Language*. Ann Arbor: The University of Michigan Press.
Barbour, Stephen and Cathie Carmichael, eds. 2000. *Language and Nationalism in Europe*. Oxford: Oxford University Press.
Barnes, Viola Florence. 1929. "Early Suggestions of Forming a National Language Association," *American Speech*, 6: 181–182.
Barnhart, Clarence L. 1978. "American Lexicography, 1947–1973," *American Speech*

53:2, 83-140.
Baron, Dennis E. 1982. *Grammar and Good Taste*. New Haven: Yale University Press.
Baugh, Albert and Thomas Cable. 1993. *A History of the English Language*, Fourth Edition. Englewood Cliffs, NJ: Prentice-Hall.
Béjoint, Henri. 1994. *Tradition and Innovation in English Dictionaries*. Oxford: Clarendon Press.
Benson, Phil. 2001. *Ethnocentrism and the English Dictionary*. London: Routledge.
Becker, Carl L. 1922. 1942. *The Declaration of Independence*. Reprint: New York: Vintage Books.
Bloomfield, Leonard. 1933. *Language*. New York: Holt.
Boswell, James. 1791. *The Life of Samuel Johnson, LL.D.* Everyman's Library, 1992. 中野好之『サミュエル・ジョンソン伝』(全3巻) 東京：みすず書房, 1983.
Bronstein, Arthur. 1960. *The Pronunciation of American English*. New York: Appleton-Century-Croft.
Bryce, James. 1888. *The American Commonwealth*, 2 vols. London: Macmillan. Facsimile reprint: New York: The American Classics Library, 1993.
Burchfield, Robert. ed. 1987. *Studies in Lexicography*. Oxford: Clarendon Press.
Burkett, Eva Mae. 1979. *American Dictionaries of the English Language before 1861*. Metuchen, NJ: The Scarecrow Press.
Carroll, Peter. 1978. *The Other Samuel Johnson*. Cranbury, NJ: Associated University Press.
"Choosing a Dictionary A–Z," *TLS* (*Times Literary Supplement*) , 13 Oct. 1973, 1,209–1,212.
Clifford, James L. 1979. *Dictionary Johnson*. New York: McGraw-Hill Book Co.
Creswell, Thomas J. 1975. *Usage in Dictionaries and Dictionaries of Usage*. Tuscaloosa: University of Alabama Press.
Crystal, David. 1995. *The Cambridge Encyclopedia of the English Language*. Cambridge: Cambridge University Press. Second Edition, 2003.
Darwin, Charles. 1859. *The Origin of Species*. London: John Murray. Facsimile reprint: New York: Avenel Books, 1979.
DeMaria Robert, Jr. 1986. *Johnson's Dictionary and the Language of Learning*. Oxford: Clarendon Press.
The Diaries of George Washington, ed. Donald Jackson. Charlettesville: University of Virginia Press, 1976 - 1979.
The Diary of George Washington 1748–1799, ed. John D. Fitzpatrick. Boston: Houghton Mifflin Co.
Dineen, Francis P. 1970. *An Introduction to General Linguistics*. 三宅鴻他訳『一般言語学』東京：大修館書店、1973.
Dilworth, Thomas. 1740. *A New Guide to the English Tongue*. London: Kent,1751. Leeds: Scolar Press, 1967.
Earle, Alice. 1898. *Home Life in Colonial Days*. New York: Macmillan. Reprint: New

York: Jonathan David, 1975.
Evans, Charles. 1941 - 1967. *American Bibliography*. New York: P. Smith.
The Encyclopedia Americana. 30 vols. New York: Grolier Educational Corp., 1982.
Everyman's Encyclopaedia, Fifth Edition. 12 vols. London: J.M. Dent & Sons, 1976.
Flexner, Stuart Berg. 1976. *I Hear America Talking*. New York: Van Nostrand Reinhold Co.
—. 1982. *Listening in America*. New York: Simon and Schuster.
Fowler, H.W. and F.G. Fowler. 1906. *The King's English*. Oxford: Clarendon Press.
Friend, Joseph H. 1967. *The Development of American Lexicography 1798–1864*. The Hague: Mouton.
福原麟太郎．1949．「英語辞典の話」『新英語教育講座』第6巻．東京：研究社．
Gove, Philip B. 1957. *The Role of the Dictionary*. Indianapolis: Bobbs-Merrill.
Green, Jonathon. 1996. *Chasing the Sun: Dictionary Makers and the Dictionaries They Made*. New York: Henry Holt. 三川基好訳『辞書の世界史』東京：朝日新聞社，1999．
Hartmann, R.R.K. 1983. *Lexicography: Principles and Practice*. London: Academic Press. 木原研三他訳『辞書学　その原理と実際』東京：三省堂、1984．
Hartmann, R.R.K. ed. 2003. *Lexicography*, 3 vols. London: Routledge.
早川勇．2001．『辞書編集のダイナミズム』辞遊社．
—. 2004．『ウェブスター辞書の系譜』辞遊社．
林哲郎．1968．『英語辞書発達史』東京：開文社．
Hayashi, Tetsuro. 1978. *The Theory of English Lexicography 1530–1791*. Amsterdam: John Benjamins.
Horgan, A. D. 1994. *Johnson on Language*. New York: St. Martin's Press.
Hulbert, James R. 1955 *Dictionaries: British and American*. London: Andre Deutsh. 中西秀男訳『英米の辞書』東京：北星堂書店、1957．
Hülleln, Werner. 1999. *English Dictionaries 800–1700: the Topical Tradition*. Oxford: Clarendon Press.
Humphrey, David. 1815. "The Glossary to *'The Yankey in England'*." In *The Beginnings of American English*, ed. Mitford M. Mathews (Chicago: University of Chicago Press, 1931) . 57–63.
Ilson, Robert F. 1987. *A Spectrum of Lexicography*. Amsterdam: John Benjamins.
稲村松雄．1984．『青表紙の奇跡―ウェブスター大辞典の誕生と歴史』東京：桐原書店．
岩崎研究会．1981．『英語辞書の比較と分析・第1集』東京：研究社．『第2集』 1981、『第3集』 1989，『第4集』 1989，「第5集」 2002，『第6集』 2002．
Jackson, Howard. 2002. *Lexicography: An Introduction*. London: Routledge. 南出康生他訳『英語辞書学への招待』東京：大修館書店、2004．
James, Gregory. ed. 1989. *Lexicographers and their Works*. Exeter: University of Exeter.
Johnson, Samuel. 1847. *The Plan of a Dictionary of the English Dictionary*. J.& P. Knapton, T. Longman, and T. Shewell, C. Hitch, A. Millar and R. Dodslley. Facsimile

reprint: Menston: Scolar Press, 1970.

Jones, Richard. 1953. *The Triumph of the English Language*. Palo Alto: Stanford University Press.

加島祥造. 1976. 『英語辞典の話』東京：講談社.

加島祥造・志村正雄. 1992. 『翻訳再入門』東京：南雲堂.

小島義郎. 1999. 『英語辞書の変遷』東京：研究社.

Kramer, Michael P. 1992. *Imagining Language in America*. Princeton: Princeton University Press.

Krapp, George P. 1925. *The English Language in America*. 2 vols. New York: Century Co.

Jespersen, Otto. 1909–49. *A Modern English Grammar on Historical Principles*. Heidelberg: Carl Winter.

Laird, Charlton. 1970. *Language in America*. Englewood Cliffs, N.J.: Prentice-Hall.

Landau, Sidney I. 1984. *Dictionaries: The Art and Craft of Lexicography*. New York: Charles Scribner's Sons. 小島義郎他訳『辞書学のすべて』東京：研究社出版，1988.

——. Second Edition. Cambridge: Cambridge University Press, 2001.

Langdon, William. 1937, 1965. *Everyday Things in American Life 1607 - 1776.*. New York: Charles Scribner's Sons.

——. 1941,1969. *Everyday Things in American Life 1776–1876.*. New York: Charles Scribner's Sons.

Leavitt, Robert Leith. 1847. *Noah's Ark: New England Yankees, and the Endless Quest*. Springfield, Mass.: G. and C. Merriam.

Lockwood, W.B. 1969. *Indo-European Philology*. 永野芳郎訳『比較言語学入門』東京：大修館書店, 1976.

Lowe, Solomon. 1755. *The Critical Spelling-Book*. London: printed for D. Harry and R. Cove. Facsimile reprint: Leeds: Scolar Press, 1969.

McArthur, Tom. 1986. *Worlds of Reference*. Cambridge and New York: Cambridge University Press. 光延明洋訳『辞書の世界史』東京：三省堂, 1991.

——. ed. 1992. *The Oxford Companion to the English Language*. Oxford: Oxford University Press.

McCrum, Robert et al. 1986. *The Story of English*. London: Faber & Faber. 岩崎春雄他訳『英語物語』東京：文芸春秋, 1989.

McKnight, George H. 1923. *English Words and their Background*. New York: D. Appleton-Century Co.

Malone, Kemp. 1925. "A Linguistic Patriot," *American Speech*, 1: 26–31.

Marckwardt, Albert. 1958. *American English*. New York: Oxford University Press. Second Edition, Revised by J. L. Dillard,1980. 長井善見訳『アメリカ英語』東京：南雲堂, 1985.

Mathews, Mitford McLead, ed. 1931, 1963. *Beginnings of American English*. Chicago: University of Chicago Press.

——. 1933. *A Survey of English Dictionaries*. Oxford: Oxford University Press.

—. 1959. *American Words*. Cleveland: World Publishing Co.
Matsuda,Tokuichiro *et al.*, eds. 1988. *Studies for Yoshiro Kojima*. Tokyo: Kenkyusha .
Mencken, H.L. 1923. *The American Language*, Third Edition. New York: Alfred A. Knoph.
—. 1936. *The American Language*, Fourth Edition. New York: Alfred A. Knopf. Reprint: 東京：千城書房、1962. Supplement I, 1945. Reprint:千城書房、1962. Supplement II, 1948. Reprint: 千城書房、1962.
Micklethwait, David. 2000. *Noah Webster and the American Dictionary*. Jefferson, NC: McFarland & Co.
南出康世．1998.『英語の辞書と辞書学』東京：大修館書店．
Monaghan, E. 1983. *A Common Heritage*. Hamden, Conn.: Archon Books.
Morgan, John S. 1975. *Noah Webster*. New York: Mason/Charter.
Morison, Samuel Eliot. 1965. *The Oxford History of the American People*, 3 vols. New York: Oxford University Press. 西川正身翻訳監修『アメリカの歴史』3 巻．東京：集英社，1971.
Morton, Herbert. 1994. *The Story of Webster's Third*. New York: Cambridge University Press. 土肥一夫他訳『ウェブスター大辞典物語』東京：研究社、1999.
Mugglestone, Lynda. ed. 2000. *Lexicology and the OED*. Oxford: Oxford University Press.
Murray, James. 1900. *The Evolution of English Lexicography*. Oxford: Clarendon Press.
Murray, L.M.E. 1977. *Caught in the Web of Words*. New Haven: Yale University Press. 加藤知己訳『ことばへの情熱』東京：三省堂, 1980.
永嶋大典．1974.『英米の辞書』東京：研究社．
—．1983.『OED を読む』東京：大修館書店．
—．1983.『ジョンソンの「英語辞典」その歴史的意味』東京：大修館書店．
中尾啓介．1993.『辞書学論考』東京：研究社．
O'Neill, Robert. 1988. *English-Language Dictionaries, 1600-1900*. New York and London: Greenwood Press.
忍足欣四郎．1982.『英和辞典うらおもて』東京：岩波書店．
Osselton. N.E. 1995. *Chosen Words: Past and Present Problems for Dictionary Makers*. Exeter: University of Exeter Press.
Palmer, Harold. 1933. *Second Interim Report on English Collocations*. Tokyo: Kaitakusha.
Partridge, Eric. 1963. *The Gentle Art of Lexicography*. London: Andre Deutsch.
Pedersen, Holgar. 1931. *Sprogvidenskaben I det Nittende Aarbundrede*. 伊東只正訳『言語学史』東京：こびあん書房、1979.
Proudfit, Isabel. 1942. *Noah Webster: Father of the Dictionary*. New York: Julian Messenger.
Read, Allen Walker. 1933. "British Recognition of American Speech in the Eighteenth Century." *Dialect Notes*, 6: 313–334.
Reddick, Allen, 1990. *The Making of Johnson's Dictionary 1746–1773*. Cambridge:

Cambridge University Press.
Reed, Joseph W. 1962, "Noah Webster's Debt to Samuel Johnson," *American Speech*. 37: 95–105.
Rentfew, Colin. 1987. *Archaeology and Language: the Puzzle of Indo-European Origins*. 坂本槙矩『ことばの考古学』東京：青土社、1993.
Rollins, Richard. 1980. *The Long Journey of Noah Webster*. Philadelphia: University of Pennsylvania Press. 瀧田佳了訳『ウェブスター辞書の思想』東京：東海大学出版会，1983.
——. 1989. *The Autobiography of Noah Webster*. Columbia, SC: University of South Carolina Press.
Sapir, Edward. 1921. *Language*. New York: Harcourt, Brace.
佐々木達・木原研三編．1995．『英語学人名辞典』東京：研究社．
Scudder, H.E. 1885. *Noah Webster*. Boston: Houghton Mifflin and Co.
『新共同訳 旧約聖書注解』3巻．東京：日本基督教団，1993–96.
Shoemaker, Ervin C. 1936. *Noah Webster: Pioneer of Learning*. New York: Columbia University Press.
——. 1966. " 'Democracy' and 'Republic' as Understood in Late Eighteenth-Century America," *American Speech*, 25: 101–104.
Skeel, Emily Ellsworth Ford. 1971. *Notes on the Life of Noah Webster*. 2 vols. Compiled by Ellsworth Fowler Ford. Originally published in 1912.
Sledd, James and Wilma Ebbit. 1962. *Dictionaries and THAT Dictionary*. Chicago: Scott, Foresman.
Sledd, James and Gwin J. Kolb. 1955. *Dr. Johnson's Dictionary: Essays in the Biography of a Book*. Chicago: University of Chicago Press.
Smith, Gerald. 1950. "Noah Webster's Conservatism," *American Speech*, 25: 101–104.
Snyder, K. Alan. 1990. *Defining Noah Webster*. Lanham, Md.: University Press of America.
Starnes, DeWiit and Gertrude Noyes. 1946. *The English Dictionaries from Cawdrey to Johnson, 1604 -1755*. Chapel Hill: University of North Carolina Press. Reissued with an introduction by Gabriele Stein. Amsterdam and Philadelphia: John Benjamins, 1991.
Svensen, Bo. 1993. *Practical Lexicography*. Oxford and New York: Oxford University Press.
Swift, Jonathan. 1712. *A Proposal For Correcting, Improving and Ascertaining the English Tongue*. Reprint: *Philological Essays From Dryden to Johnson*, ed. Daisuke Nagashima. 東京：南雲堂, 1967.
竹林滋・千野栄一・東信行編．1992．『世界の辞書』東京：研究社．
田中克彦．1996．「国語の形成」『知の社会学 / 言語の社会学』岩波書店．
Tocqueville, Alexis de. 1835. *De la démocratie en Amérique,* 2 vols. Gallimard, 1961. *Democracy in America*, 2 vols., translated by Francis Bowen. New York: Alfred A. Knopf, 1945, 1989. 井伊玄太郎訳『アメリカの民主政治』東京：講談社, 1987.

富田義介．1925．『今日の英語と米語』東京：研究社．
Trench, Richard T. 1857. *On Some Deficiencies in Our English Dictionaries*. In *Lexicography*, vol. 1, ed. R.R.K. Hartmann, 2003.
Urdang, Laurence. "The American Heritage Dictionary of the English Language, Third Edition," *International Journal of Lexicography*, Vol. 6, 1993
Unger, Harlow Giles. 1998. *Noah Webster: the Life and Times of an American Patriot*. New York: John Wiles and Sons.
Vancil, David E. 1993. *Catalog of Dictionaries, Word Books, and Philological Texts, 1440-1900*. Westport: Greenwood Press.
Wagenknecht, E. 1929. "The Man behind the Dictionary," *Virginia Quarterly Review*, 5:246-258.
若田部博哉．1985．『英語史 Ⅲ B 』『英語学体系』第 10 - ②巻．東京：大修館書店．
Warfel, Harry. 1936. *Noah Webster*. New York: Macmillan. Reprint: New York: Octagon Books, 1964.
—, ed. 1953. *The Letters of Noah Webster*. New York: Library Publishers.
渡部昇一．1975．『英語学史』『英語学体系』第 13 巻．東京：大修館書店．
Ward, Geoffrey C. and Ken Burns. 1994. *Baseball*. New York: Alfred A. Knopf.
Webster, Noah. 1783. *A Grammatical Institute*, Part 1. Hartford: Hudson and Goodwin. [Early American Imprints]
—. 1784. *A Grammatical Institute*, Part 2. [Early American Imprints]
—. 1785. *A Grammatical Institute*, Part 3. [Early American Imprints]
—. 1789. *Dissertations on the English Language*. Boston: Isaiah Thomas.
—. 1790. *A Collection of Essays and Fugitiv* (sic) *Writings*. Boston: J. Thomas and E.T. Andrews. Facsimile reprint: Delmer, NY: Scolars' Facsimiles and Reprints, 1977.
Wells, Ronald A. 1973. *Dictionaries and the Authoritarian Tradition*. The Hague: Mouton.
Whitehall, Harold. 1960. "The Development of the English Dictionaries." In *Webster's New World Dictionary of the English Language*. Cleveland: World Publishing Co.
Winchester, Simon. 1998. *The Professor and the Madman*. New York: HarperCollins. 鈴木主税訳『博士と狂人』東京：早川書房、1999．
—. 2003. *The Meaning of Everything*. Oxford: Oxford University Press. 苅部恒徳『オックスフォード英語大辞典』研究社，2004．
Witherspoon, John. 1781. "The Druid," 5-7. *Pennsylvania Journal and The Weekly Advertiser*. In *The Beginnings of American English*.1931: 13-30.
Zgusta, Ladislav. 1971. *Manual of Lexicography*. The Hague: Mouton.

あとがき

　本書の基となったのは、次の論文である。
　「『簡約英語辞典』(1806) ―ノア・ウェブスターの最初の辞書―」『鶴見大学紀要』 1993 年 3 月
　「ノア・ウェブスター『アメリカ英語辞典』―アメリカニズムに対するアンビヴァレンス―」『鶴見大学文学部論集』 1993 年 3 月
　「ノア・ウェブスターとフォーマットの借用」*Tsurumi Review* 1993 年 6 月
　「アメリカ最初の『英語辞典』」『鶴見大学紀要』 1994 年 3 月
　「ノア・ウェブスター『小学英語辞典』」 *Tsurumi Review* 1994 年 6 月
　「アレグザンダー『コロンビア英語辞典』(1800)」『鶴見大学紀要』 1995 年 3 月
　「ノア・ウェブスターと語源」 *Tsurumi Review* 1995 年 6 月
　「ノア・ウェブスターの定義」『鶴見大学紀要』 1996 年 3 月
　「ナショナリストの『英語論』」『鶴見大学紀要』 1997 年 3 月
　「合衆国初期のアメリカ英語への関心」『鶴見大学紀要』 2002 年 3 月
　これらが本書の第Ⅰ部を構成する。ただし、『アメリカ英語辞典』の収録語彙に関する部分は大部分を書き換えている。また、重複を避けたり、引用文の英語を日本語に変えたりした。
　ところで、筆者が最初に使った英和辞典は、中学入学時に親から与えられた『新明解英和辞典』(三省堂) であった。自分で購入したのは中学 3 年次の『コンサイス英和辞典』(三省堂) であり、編集主幹佐々木達の名を知ることになる。高校時代には『英語世界』と『ユース・コンパニオン』を購読し、特に後者の洋書案内を手がかりに、まず A. S. ホーンビー、E. C. パーンウェル共編 *An English-Reader's Dictionary* (オックスフォード大学出版

局)を使う。次に、高校2年次に『ユース・コンパニオン』の辞書案内が名辞典とする『コンサイス・オックスフォード辞典』(COD) を購入するが、全く歯が立たなかった。そこでホーンビー他編集の *Idiomatic and Syntactic English Dictionary* に変える。加算名詞・不加算名詞の表示と動詞の型の記述は誰でもが触れる。しかしながら、定義・用例も優れている。これを書いている日の新聞に転載されている『ニューヨーク・タイムズ』紙社説の表題に、"A flicker of hope in Iraq"とある。ホーンビーの初版には、名詞 flicker は、"(usu. sing.) a flickering movement of light, as *the flicker of a candle; a weak flicker of hope*"とある。動詞 flicker の定義は、(of a light, also fig. of hopes, etc.) burn unsteadily; flash and then die away in turns. とあり、例文も *The candle flickered and then went out. A faint hope still flickered in her breast.* と良いものが選ばれている。flicker の主語となる代表的な名詞を提示している点などから見て、この定義は、明らかに COD を参考にしているが、我々の世代にこのホーンビーの辞書が果たした役割は計り知れない。同辞典は、COD (初版から第5版) への最良の入門書でもあった。しかしこれとても使いこなせるようになったのは、大学時代であった。大学時代には、齋藤静編『雙解英和辞典』(冨山房)、岩崎民平編『新簡約辞典』(研究社) を常用し、ホーンビーおよびワイルド編『ユニバーサル英語辞典』で補う方法をとった。授業には、ヘンリー・ジェイムズ『デイジー・ミラー』などの講読に『ポケット・オックスフォード・辞典』(POD) を持参される佐々木達先生に倣い、POD を携えた。今にして思えば、これもどこまで活用できたか怪しいものである。

　本格的に、英語辞典と取り組むようになったのは、学生時代に古本で購入した『センチュリー辞典』(全10巻) と『ショーター・オックスフォード辞典』からである。前者は、現在に至るまで飽きることなく使用している。アメリカのカレッジ版辞典は、『ウェブスター・ニューワールド・アメリカ語辞典』以来で、特にこの辞書の第2版を愛用した。

　これらの辞書に対する愛着から、筆者の英英辞典辞書愛好が嵩じての本書誕生である。個人的なことではあるが、ここに記すこととした。

0
索　引

* 五十音順を原則とした。ただし、同一の書名(『アメリカ英語辞典』など)や実質的に同じ書名(『ウェブスター・ニューワールドアメリカ語辞典』、『ウェブスター・ニューワールドアメリカ英語辞典』など)は、出版年の順とした。
* 以下の数字は頁数を表わす。111〜112、118〜200 などは記述が連続していることを示す。
* 太字の数字は、多少ともまとまった記述を示す。
* 書名索引の( )は、著名、編集者などを示し、〔 〕は出版年を示す。

1. 書　名

アカデミー・フランセーズ辞書　14
アッカデミーア・クルスカ辞書　9, 14, 16
アメリカーナ　120, 177, 317
アメリカ英語辞典 (初版) (ノア・ウェブスター)〔1828〕　11, 29, 65, 79, 83, **102**〜**158**, 161, 172, 185, 190, 198, 199, 216, 217, 226, 227, 230, 381
アメリカ英語辞典 (第 2 版) (ウェブスター)〔1841〕　80, 162, **168**〜**175**, 176, 177, 180, 185, 217, 219, 222, 223, 231
アメリカ英語辞典・改訂増補版 (グッドリッチ編)〔1847〕　162, 163, **176**〜**182**
アメリカ英語辞典・絵入り版 (グッドリッチ編)〔1859〕　164, **183**〜**188**, 196, 204, 217, 249
アメリカ英語辞典 (ウェブスター・マーン版)〔1864〕　164〜167, 179, **203**〜**211**, 217, 218, 222, 223, 228, 230, 231, 247〜249, 294
アメリカ英語辞典 (初版) 簡約版 (ウェブスター, ウスター)〔1829〕　80, 161, 162, 166, 172〜175, 177, 185, 190
アメリカ英語辞典 (第 2 版)・簡約版 (ウェブスター)〔1841〕　162
アメリカ英語辞典 (改訂増補版) 簡略版 (ウェブスター, グッドリッチ)〔1847〕　162, 163, 182, 184, 195
アメリカ英語辞典 全 4 巻 (1938-44) (クーギー＆ハルバート) 〔DAE〕　68, 69, 101, 265, 267, 381
アメリカ英語発音辞典 (1944, 1953)　282, 308

アメリカ共和国 (ブライス)　257
アメリカ語彙集 (ソーントン)〔1912〕　100, 127, 130, 381
アメリカ大学辞典〔1947〕(バーンハート) (ACD)　110, 296, 306, 315, 324, **328**〜**332**, 333, 334, 335, 336, 337, 339, 340, 341
アメリカ地域語辞典 (1985-)　256, **351**〜**352**, 355
アメリカ伝記辞典　260
アメリカニズム—新世界の英語 (デ・ヴィア)〔1872〕　100
アメリカニズム辞典 (バートレット)〔1848〕　100, 119, 179, 208, 255, 256, 381
アメリカニズム辞典 (マシューズ)〔1951〕〔DA〕　86, 88, 89, 92, 97, 101, 113, 115, 119, 126, 130, 207, 259, **267**, 331, 336, 352, 381
アメリカニズム集 (ピカリング)〔1816〕　28, 81, **93**〜**101**, 114, 128
アメリカニズム新辞典 (クラピン)〔1902〕　100
アメリカ語彙集 (ソーントン)〔1912〕　101, 381
アメリカのことば (マシューズ)　130
アメリカの民主主義 (トクヴィル)　240
アメリカの歴史 (モリソン)　276
アメリカン・ヘリテッジ英語辞典 (モリス)〔1969〕(AHD)　315, **342**〜**345**, 346, 347, 351
アメリカン・ヘリテッジ英語辞典・第 3 版〔1992〕(AHD3)　315, **358**〜**360**, 365
アメリカン・ヘリテッジ英語辞典・第 4 版

〔2000〕(AHD4) 315, 317, **364～365**, 369, 377
アメリカン・ヘリテッジ英語辞典・カレッジ版〔1976〕(AHCD) 315, 345
アメリカン・ヘリテッジ辞典・カレッジ版・第2版〔1982〕(AHCD2) 315, **345～347**, 350
アメリカン・ヘリテッジ大学辞典・第4版〔2002〕(AHCD4) 315, **365～366**
アメリカン・マガジン 88
アルファベット順語彙集〔1604〕 9, 33
アンクル・リーマス (J. C. ハリス) **235～236**
アングロ・ブリタニクム辞典――一般英語辞典 (カージー)〔1708〕 12
イギリス方言辞典 (ライト)〔1898-1905〕 273
一般英語辞典 (トマス・シェリダン)〔1780〕 18, **20**, 21, 26, 47, 61
一般言語学講義 (ソシュール) 206, 228
イングランドのヤンキー (ハンフリーズ)〔1815〕 **91～92**
インド人の言語と英知について (シュレーゲル) 157
インピリアル辞典 (オゥグルビィ)〔1848-50〕 141, **163**, 185, 197, 209, 216, 217, 219, 231
インピリアル英語辞典・補遺付き (オゥグルビィ)〔1855〕 219, 220
インピリアル辞典・新版 (アナンデール)〔1882-3〕 **217～227**, 228, 229, 232, 233, 248, 294
ヴァージニア覚書 (ジェファーソン) 131
ウェブスター・ウスター辞典 (イギリス)〔1853〕 184, 194
ウェブスター・ニューワールド〔大学〕辞典 (総称) 314, **333～336**, **356～357**, 359, **362～363**
ウェブスター・ニューワールド・アメリカ語辞典・カレッジ版・第1版〔1953〕(WNWD1) 314, **334～336**, 363
ウェブスター・ニューワールド・アメリカ語辞典・カレッジ版・第2版〔1970〕(WNWD2) 314, **336**, 363, 379

ウェブスター・ニューワールド・アメリカ英語辞典・カレッジ版・第3版〔1988〕(WNWD3) 314, **355～357**, 360, 379
ウェブスター・ニューワールド・アメリカ英語辞典・カレッジ版・第4版〔2000〕(WNWD4) 314, **362～363**, 370
ウェブスター・ニューワールド・アメリカ語辞典・百科版〔1951〕 314, **333～334**
ウェブスター・アカデミー用辞典 (1867) → 英語辞典――アカデミー版
ウェブスター辞典 (総称) 182, 188, 196, 206, 216, 218, 219, 243, 266, 286, 257, 294, 297, 306, 310, 319, 332, 381
「ウェブスター大辞典」(総称) **102～157**, **168～188**, **242～252**, **268～290**, **297～310**
ウェブスター辞典――大型四つ折り版 244
ウェブスター書簡集 94, **95**, 99
ウェブスター国際英語辞典〔1890〕 209, 211, 218, 221, 223, 225, 235, **242～252**, 256, 268, 294, 319, 381
ウェブスター新国際英語辞典〔1909〕(新国際・1版;ウェブスター1版) 208, 218, 266, **268～278**, 279, 283, 284, 287, 289, 294, 298, 300, 301, 308, 310, 321, 380
ウェブスター新国際英語辞典・第2版〔1934〕(新国際・2版;ウェブスター2版) 209, 210, 218, 266, **279～290**, 294, 295, 297, 298, 299, 300, 308, 309, 310, 333, 380
ウェブスター新国際英語辞典・第3版〔1961〕(ウェブスター3版;W3) 132, 140, 183, 209, 210, 221, 222, 288, 295, **297～310**, 313, 329, 331, 333, 336, 339, 340, 342, 343, 344, 348, 349, 351, 354, 358, 368, 377, 378
(ウェブスター3版補遺) 6,000語 310, 314
(ウェブスター3版補遺) 9,000語 310, 314
(ウェブスター3版補遺) 12,000語 310, 314, 354
ウェブスター新大学発音辞典 (グッドリッチ)〔1856〕→発音定義英語辞典
ウェブスター新百科辞典 (2002) 49, 379
ウェブスター大学辞典 (WCD1)〔1898〕 313, **319～321**

ウェブスター大学辞典・第2版 (WCD2)
〔1910〕 313, 321
ウェブスター大学辞典・第3版 (WCD3)
〔1916〕 313, 321〜323
ウェブスター大学辞典・第4版 (WCD4)
〔1931〕 313, 323
ウェブスター大学辞典・第5版 (WCD5)
〔1936〕 313, 323, 330, 333
ウェブスター新大学辞典・第6版 (WCD6)
〔1949〕(ベセル) 313, 333
ウェブスター新大学辞典・第7版 (WCD7)
〔1963〕(ゴウヴ) 313, **336〜338**, 346, 348, 350, 351, 360〜361, 372
ウェブスター新大学辞典・第8版 (WCD8)
〔1973〕(ウルフ) 314, **348〜349**, 354, 361
ウェブスター新大学辞典・第9版 (WCD9)
〔1983〕(ミッシュ) 314, **349〜350**, 356, 359, 360, 361, 372
ウェブスター大学辞典・第10版 (WCD10)
〔1993〕(メリアム・ウェブスター大学辞典) 314, 361, **360〜362**, 372, 375, 379
ウェブスター大学辞典・第11版 (WCD11)
〔2003〕(メリアム・ウェブスター大学辞典) 314, 338, **372〜377**, 379
ウェブスターⅡリヴァーサイド大学辞典
〔1984〕 315, **350〜351**
ウェブスター・ナショナル絵入り辞典 (ホイーラー)〔1867〕→英語辞典—説明・発音・類義語入り辞典
ウェブスター非省略辞典 244
ウェブスター百科辞典 243
ウェブスター博士の非省略英語辞典・新絵入り版 167
ウェブスター・マーン版→アメリカ英語辞典 (ウェブスター・マーン版)
ウスター・パレディアム紙 192〜193
ウスター家庭用辞典 194
英語解説書 (ブロカー)〔1616〕 10
英国辞典 (ベイリー)〔1730〕 12〜13, 164, 185
英国辞典 (ベイリー) 第2版〔1737〕 13, 17
英語語彙の意味の統計 (ロージ&ソーンダイク)〔1938〕 328
英語辞典 (ウスター)〔1860〕 164, **189〜202**, 207, 209, 210, 217
英語辞典 (コールズ)〔1676〕 11
英語辞典 (コッカラム)〔1623〕 10
英語辞典 (ジョンソン)〔1755〕 9, **15〜19**, 25, 29, 38, 39, 46, 47, 49, 87, 101, 104〜106, 107, 108, 109, 126, **132〜140**, 142〜143, 149〜151, 153, 175, 194, 197, 199, 200, 230〜231
英語辞典・第4版 (ジョンソン)〔1773刊〕 18〜19
英語辞典・第8版 (ジョンソン)〔1799刊〕 **143〜144**, 151
英語辞典・第9版 (ジョンソン)〔1805〕 19, 57
英語辞典—アカデミー版 (ウェブスター・アカデミー用辞典・絵入り)〔1867〕 166, 318
英語辞典 説明・発音・類義語入り (ウェブスター・ナショナル絵入り辞典) (1867)〔ホイーラー〕 165, 313, 317, 318, 320
英語新案内書 (ディルワース) 26
英語新世界 (フィリップス)〔1658〕 10, 11
英語発音辞典・第2版 (バーン) 38, 73
英語文法摘要 (ウェブスター)〔1783, 1784, 1785〕 25, 27, 49, 51
英語論 (ウェブスター)〔1789〕 27, 50, 51, 55, 71, 75, 87, 88, 89, 91, 100
エヴリマン百科辞典〔1958〕 327
NED → 新英語辞典〔NED〕
エンカータ世界英語辞典〔1999〕 370〜371
オックスフォード英語辞典 (OED) ←〔NED〕〔1933〕 10, 13, 84, 86, 98, 164, 234, 267, 269, 270, 280, 294, 298, 301, 305, 309, 310, 326, 327, 350, 378, 380
オックスフォード英語辞典・第2版 (OED2)〔1989〕 97, 126, 140, 181, 221, 222, 225, 302, 354, 380
オックスフォード英語辞典補遺 (OEDS)〔1933〕 180, 275, 284〜286
オックスフォード英語辞典補遺 全4巻

(OEDS)〔1972〕　180, 181, 234, 285, 348
オックスフォード英語必携〔1992〕　234, 253, 343
オックスフォード語源辞典(アニアンズ)〔1966〕　153
オックスフォード机上辞典・アメリカ版〔1995〕　370
オックスフォード現代アメリカ英語辞典〔1999〕　370
オックスフォード上級学習用辞典〔2005〕　367
改正英語—新ユニバーサル英語辞典(マーティン)〔1749〕　13〜14
開拓者(クーパー)　124
解明発音英語辞典(ウィリアム・ウェブスター)〔1856〕　163
合衆国憲法〔1788発効〕　44
学校用辞典(サミュエル・ジョンソン・ジュニア)〔1798〕　28, **30〜36**, 38, 42, 47, 51, 144
簡約英語辞典(ウェブスター)〔1806〕　11, 27, 28, 37, 39, 40, 46, 47, **49〜73**, 74, 75, 77, 79, 90, 91, 97, 100, 102, 106, 132, 144, 190, 191
カンタベリー物語　146, 236〜237
騎士サー・トマス・エリオットの辞典　10
ギリシャ, ラテン, ペルシャ…(ボップ)　157
キングズ・イングリッシュ(H.W.ファウラー)　326
苦難を忍んで(マーク・トウェイン)　239
グロソグラフィア(ブラント)〔1656〕　10
言語と言語研究(ホイットニー)　228
現代語法辞典〔1962〕(ブライアント)　339
原典ウェブスター非省略版　244
ケンブリッジ英語百科事典〔1995〕　180
権利の宣言　81
広辞苑　129, 210
広範発音解明英語辞典(ウスター)〔1830〕　161, 184, 189, **190**, 194
コモン・スクール英語辞典(ウェブスター)〔1807, 1817〕　28, 39, **74〜80**
コモン・スクール用基本辞典(ウスター)〔1835〕　193

コモン・センス(ペイン)　82
コロンビア英語辞典(アレグザンダー)〔1800〕　28, 37〜48, 52, 73, 144
コンサイス・オックスフォード辞典〔COD〕〔1911〕ファウラー兄弟編　295, 315, **326〜327**, 380
コンサイス・オックスフォード辞典第2版〔COD2〕〔1929〕ファウラー改訂　321〜323, 326
コンサイス・オックスフォード辞典第3版〔COD3〕〔1934〕ファウラー&ル・メジュラ改訂　321, 326, 327
コンサイス・オックスフォード辞典第4版〔COD4〕〔1951〕　327
コンサイス・オックスフォード辞典第5版〔COD5〕〔1964〕　380
ザ・ワールド　86
サファイア政治辞典　379
サンスクリット文法(ホイットニー)　228
シェリダン改良版〔一般英語辞典〕(スティーブン・ジョーンズ改訂)〔1791〕　20
辞書計画書, 計画書(ジョンソン)　**14**, 16, 28, 70, 72
小学校用辞典(ウェブスター)　79, 80
ショーター・オックスフォード英語辞典(SOED)〔1933〕　327, 380
ショーター・オックスフォード英語辞典・第2版(SOED2)〔1936〕　327
ショーター・オックスフォード英語辞典・第3版(SOED3)〔1944〕　327
ショーター・オックスフォード英語辞典・第4版(SOED4)〔1993〕　224, 380
ショーター・オックスフォード英語辞典・第5版(SOED5)〔2002〕　354, 380
初歩発音辞典(ウスター)〔1850〕　194
ジョンソン英語辞典補遺(シーガー)　150
ジョンソン伝(ボズウェル)　20
新一般英語辞典(ダイチ&パードン)〔1735〕　13
新英語辞典(J. K.)〔1702〕　11, 60
新英語辞典(マリー他)〔NED〕〔1884-1928〕→〔OED(1933)　21, 29, 62, 78, 80, 119, 133, 135, 138, 140, 141, 151, 152, 164, 170,

171, 179, 180, 181, 187, 201, 208, 210, 215, 216, 221, 222, 223, 224, 229, 231, 233, 234, 235, 236, 237〜8, 239, 240, 245, 254, 255〜257, 259, 273, 287
新英語辞典（リチャードソン）〔1836-37〕 21, 78, 175
新英和辞典〔1936〕 290
新オックスフォード・アメリカ英語辞典〔2001〕(NOAD) 365, **366〜370**, 372, 378, 379
新オックスフォード・アメリカ英語辞典・第2版 (2005) 381
新オックスフォード英語辞典〔1998〕(NODE) 187, 364, 365〜369,
新オックスフォード英語辞典・第2版〔2003〕(NODE2) 366
新完全英語辞典（ジョン・アッシュ）〔1775〕 34, 40, 57, 58, 61, 64
新旧アメリカニズム（ファーマー）〔1889〕 100
新共同訳旧約聖書注解1 153
新ショーター・オックスフォード英語辞典 (NSOED)（ショーター・オックスフォード英語辞典・第4版）〔1993〕 224
新綴字辞典（エンティック, 1764） 21, 30, 52, 69, 72, 90
新綴字辞典・クラケルト改訂版〔1787〕 30, 52
新綴字辞典・クラケルト改訂版翻刻第2版〔1805〕 21, 56, 57, 62
新ユニバーサル語源入り英語辞典（ジョーゼフ・スコット改訂）〔1755〕 18, 19
スタンダード英語辞典〔1893-4〕全2巻（ファンク） 217, 218, 240, 241, 251, **253〜260**, 261, 262, 294, 310, 332, 335
スタンダード英語辞典・改訂増補版〔1906〕 261
スタンダード・カレッジ辞典 → ファンク・アンド・ワグナルズ・スタンダード・カレッジ辞典
精選発音アクセント入り辞典（エリオット＆ジョンソン） 28, **33〜36**, 37, 38, 39, 42, 47, 51

センチュリー固有名詞百科〔1894〕 263, 265
センチュリー辞典（ホイットニー監修）〔1889-91〕全6巻 109, 115, 137, 217, 218, 221, 222, 225, 227, **228〜241**, 246, 247, 251, 253, 256, 260, 268, 269, 271, 272〜273, 294, 310
センチュリー辞典・改訂増補版12巻〔1911〕 137, **265〜266**, 287, 294, 310, 314, 324, 380
センチュリー辞典・新版〔1909〕 **263〜265**
ソーンダイク・センチュリー・シニア辞典〔1941〕 296, 324, 328, 331
ソーンダイク・センチュリー・ジュニア辞典〔1935〕 296, 328
ソーンダイク・センチュリー・初歩辞典〔1945〕 329
ソーンダイク・バーンハート学生辞典 318
ソーンダイク・バーンハート総合机上辞典〔1955〕 315, 380
大ウェブスター辞典 244
大言海 320
タイムズ文芸付録（TLS） 302, 306〜307, 380
単語新世界（カージー） 12
チェンバーズ英語辞典〔1901〕 240
チェンバーズ新コンパクト辞典〔1969〕 380
チャーマーズ簡略・トッド版ジョンソン辞典・ウォーカー発音付き〔1828〕 **189**
綴字教本（ウェブスター）〔1783〕 25, 26, 27, 28, 49, 51
ドイツ語文法（グリム） 157, 205
読本（ウェブスター） 25, 51
独立宣言（文書） 43〜44
独立宣言（ベッカー） 43〜44
トッド版ジョンソン（英語辞典）〔1818〕 19, 78, 104, **144〜150**, 175, 184, 189, 193
トロント・グローヴ・アンド・メール紙 304
ドン・キホーテ 200
ドルイド（ウィザースプーン）〔論文〕 **83**

〜85

ニュー・スタンダード〔1913〕→ファンク＆ワグナルズ・ニュー・スタンダード英語辞典

ニュー・センチュリー辞典〔1927〕 266, 287, 314, **324**

ニュー・リパブリック誌 303, 307

ニューヨーク・タイムズ日常辞典〔1982〕 380

バートレット引用句辞典〔1992〕 141

発音・解明・類義語入り辞典（ウースター）〔1855〕 162, 184, 186, 194, 196

発音定義英語辞典〔ウェブスター新大学発音辞典〕（グッドリッチ）〔1856〕 163, 165, 166, 186, 195

批判的英語発音辞典及び英語解説書（ウォーカー）〔1791〕 18, 21, 47, 61, 104, 161, 189

百科事典（チェンバーズ）〔1728〕 12, 216

百科世界辞典〔1971〕 332

評論と折りにふれての著述集（ウェブスター） 27

ファンク・アンド・ワグナルズ・カレッジ新スタンダード辞典〔1947〕 **332〜333**, 338

ファンク・アンド・ワグナルズ・スタンダード・カレッジ辞典〔1963〕 315, **338〜339**, 340

ファンク・アンド・ワグナルズ・ニュー・スタンダード英語辞典〔1913〕 **261〜263**, 265, 266, 331, 380

ブリタニカ（初版） 69, 216

ブリタニカ（1970年版） 287

ブリタニカ（第2版） 216

ブルームズベリー英語辞典〔2004〕 371

文化多元主義（カレン）〔1956〕 308

ベニー百科事典 177, 178

ペンギン英語辞典〔1965〕 343

ポケット・オックスフォード辞典（POD）〔1924, 1969, 1978〕 80, 380

ポケット・オックスフォード辞典・アメリカ版〔1927〕（ザントヴォード, POD〔1924〕に増補） 325, 326, 370

マイクロソフト・エンカータ・カレッジ辞典〔2001〕 **371**, 378

マクウォーリ辞典〔1981〕 332

マクミラン辞典〔1973〕 315

メリアム・ウェブスター机上辞典〔1995〕 315

メリアム・ウェブスター語法辞典〔1989〕 349, 350

メリアム・ウェブスター大学辞典・10版〔1993〕（WCD10）（ミュシュ）→ウェブスター大学辞典・10版

メリアム・ウェブスター大学辞典・第11版〔2003〕（WCD11）→ウェブスター大学辞典・11版

もう一人のサミュエル・ジョンソン(キャロル) 30

最もよく使われる570語の意味の統計(ロージ)〔1949〕 328

ユニバーサル語源入り英語辞典〔1727, 1747〕（ベイリー） 12, 13, 18, 19, 55, 61, 132

ユニヴァーサル英語辞典（UED）〔1932〕ワイルド編集 322, 327, 331

ユニバーサル詳解英語辞典（ウースター）〔1846〕 162, 164, 170, 183, 193, 196

ラルース図解国際百科辞典〔1972〕 **347**

ラルース百科辞典 347

ランダムハウス英語辞典・非省略版〔1966〕（RHD）（ステイン） 309, 314, 324, **339〜40**

ランダムハウス英語辞典・非省略版・第2版〔1987〕（RHD2）（フレックスナー） 314, **352〜355**

ランダムハウス・ウェブスター非省略辞典・第2版〔1997〕 110, 254, 315, 355, 365, 368, 369, 3786

ランダムハウス・カッレッジ版辞典〔1968〕（RHCD）（アーダング） 314, 324, **340〜341**, 357

ランダムハウス・カッレッジ辞典・改訂版〔1975〕（ステイン）（RHCD2） 314, 341, 357

ランダムハウス・ウェブスター大学辞典〔1991〕（RHWCD）〔RHCDの改訂版〕

315, 357, 359
ランダムハウス・ウェブスター大学辞典 (組み替え) 〔1997〕 315, 357
ランダムハウス英和大辞典・第 2 版〔1994〕 352, 355
ロイヤル・スタンダード英語辞典 (ペリー) 19, 32, 33, 47
ロングマン現代英語辞典〔1995〕(LDCE)

371
ロングマン発音辞典 (1990) 308
ワールド・ブック辞典〔1963, 1968, 1974, 1995, 2001〕 **341～342**, 378, 380
ワールド・ブック百科辞典 259, 341
我々の英語辞典のいくつかの欠陥について (トレンチ) 201, 215

2. 人　名

アーダング (ロレンス) 340, 344, 359
アール (アリス) 119, 122
アダムス (ジョン) 45, 83
アッシュ (ジョン) 34, 40, 57, 58, 61, 64, 134
アナンデール (チャールズ) 217, 219, 227
アニアンズ (C.T.) 153
アレグザンダー (ケイレブ) 28, **37～47**, 73, 144
アレン (F.スタージス) 268
アンドルー (ジョン) ［辞書編集者］ 20
アンドルー (ジョン) ［木版画家］ 185
イエスペルセン (オットー) 282
稲村松雄 170
ウィザースプーン (ジョン) 66, **83～85**, 92
ヴィズィテリ (フランク) 261
ヴェーゲナー (アルフレート) 286
ウェスリー (ジョン) 85, 86
ウェスリー (チャールズ) 85
ウェブスター (ウィリアム) 163, 171, 175, 318
ウェブスター (ノア) 11, 19, 21, 25～29, 30, 33, 34～35, 37, 38, 39～40, 42, 46, 48, **49～73, 74～80**, 87～91, 93～97, 98, 100, **102～158**, 161, 162, 165, 166, 167, **168～175**, 176, 177, 178, 180, 181, 182, 184, 185, 189, 196, 191～193, 197, 198～199, 201, 202, 203～206, 210, 217, 222, 225～227, 229, 230～241, 305, 306, 381
ウォーカー (ジョン) 18, 21, 47, 61, 70, 71, 104, 133, 134, 135, 161, 174, 189, 190
ウォーフェル (ハリー) 51, 142
ウスター (ジョーゼフ) 11, 80, 161～167,

168, 170, **172～174**, 177, 183, 184, 185, 186, **189～202**, 203, 207, 209, 210, 217
ウルフ (ヘンリー) 348
エリオット (ジョン) 28, **33～34**, 49
エリオット (トマス) 10
エリオット＆ジョンソン 38, 39, 40, 42, 46, 47, 51
エンティック (ジョン) 11, 21, 30, 52, 56, 57, 61, 62, 66, 68, 69, 72, 90, 134
エンフィールド (ウィリアム) 190
オッグルビィ (ジョン) 141, 163, 185, 197, **216～217**, 219, 220, 225, 227
岡倉由三郎 290
忍足欣四郎 345
カウエル (ジョン) 134
カージー (ジョン) 11, 12
ガラルニック (デイヴィッド) 334, 335, 356
カレン (H.H.) 308
キャシディ (フレデリック) 351
キャロル (ピーター) 30
キュラス (ハンス) 304
ギルマン (ダニエル) 206, 231
クゥーク (ランドルフ) 305～306, 309
クーチェラ (ヘンリー) 343, 344
クーパー (フェニモア) 124
グッドリッチ (チョンスィ) 162, 163, 165, 166, 171, 173, **176～182**, 183, 186, 188, 195, 196, 204
クライン (アーネスト) 153, 156
クラケルト (ウィリアム) 21, 30, 52
クラップ (ジョージ) 30, 36, 191
クラピン (シルヴィア) 100

グリート（キャベル） 296, 328
グリーン（ジョナサン） 111, 112, 114, 120
クリスタル（デイヴィッド） 180
グリム（ヤーコプ） 153, 155, 157, 164, 201, 205, 215
クレイグ（ジョン） 177, 181
クレーギー＆ハルバート 101, 267, 381
クレーギー（ウィリアム） 265, 267, 339
クレーマー（M.P.) 143
クロフト（ハーバート） 87
ケニオン（ジョン） 282, 308
ケンブリッジ（リチャード） 86
ゴウブ（フィリップ B.) 287, 288, 289, 304, 308, 336, 361
コードリー（ロバート） 9, 10, 14, 33
コールズ（エライシャ） 11
コッカラム（ヘンリー） 10
コンバース（シャーマン） 175, 190, 192
サファイア（ウィリアム） 379
サピア（エドワード） 282
ザントヴォード（ジョージ） 325
シーガー（ジョン） 150
J. K.（ジョン・カージー？） 11, 13, 60
シェイクスピア 9, 15～16, 70, 139, 178, 197, 198, 199～200, 207, 256, 283, 284, 327, 346
ジェイコブ（ジャイルズ） 134
ジェームソン（R.S.) 104, 174, 190
ジェファーソン（トマス） 43～45, 82, 90, 130～131
シェリダン（トマス） 18, 20, 21, 26, 47, 61, 70, 71, 104, 133, 134, 135, 174, 190
ジューニアス（フランシス） 102
シューメーカー（アーヴィン） 142
シュレーゲル（フリードリッヒ） 153, 157
ジョーンズ（ウィリアム） 71, 156
ジョーンズ（スティーブン） 20, 104, 134, 135, 174
ジョンソン（サミュエル） 9, 11, **13〜20**, 25, 28, 29, 33, 38, 39, 46, 47, 49, 54, 57, 61, 68, 69, 70〜73, 77, 78, 83, 87, 101, 102, 104〜106, 107, 108, 109, 110, 126, **132〜141**, 142〜145, 153, 164, 175, 184, 193, 194, 197〜200, 202, 216, 220, 230〜231, 281, 299, 310, 339
ジョンソン（サミュエル、ジュニア） 28, 30〜33, 38, 51, 144
スウィフト（ジョナサン） 15, 70, 93, 103
スカダー（ホレース） 211
スキナー（スティーブン） 102
スコット（ジョーゼフ） 18
スターンズ＆ノイズ 11, 13, 18
ステイン（ジェス） 339
スチュアート（ギルバート） 130
スマート（B.H.) 177
スレッド＆エビット 303, 304
スミス（ジョン） 122
ソートン（R.H.) 100, 127, 130, 381
ソーントン（ウィリアム） 88
ソーンダイク（エドワード） 296, 328, 329
ソシュール（フェルディナン・ドゥ） 206, 228
ダイチ＆パードン 13
田中克彦 89
ダブルデイ（アブナー） 259
タリー（ニューヘイブン医科大学教授） 169, 175
チェスターフィールド卿 70, 87
チェンバーズ（イーフレム） 12, 216
チャーマーズ（アレグザンダー） 189
ディルワース（トマス） 26
デ・ヴィア（マクシミリアン・シェイレ） 100, 122, 323
デクスター（フランクリン） 211
デフォー（ダニエル） 14
トウェイン（マーク） 239
トゥック（ジョン・ホーン） 175, 196, 205〜206
トクヴィル（アレクシス・ドゥ） 240
トッド（H.J.) 19, 78, 104, 145, **144〜150**, 175, 184, 189, 193
トマス（カルヴィン） 261
トレンチ（リチャード） 164, 201, 206, **215**〜**216**, 229, 254, 305
永嶋大典 143〜144
ニールソン（ウィリアム） 280

ニューフェルド（ヴィクトリア）　356
ノット（トマス）　282, 308
パーカー（シオドア）　140～141
バーケット（エヴァ, Burkett）　31, 33, 34, 36, 37, 42, 184, 191, 192, 193, 194
パース（C. S.）　240, **264～265**
バーチフィールド（ロバート）　309
バートレット（ジョン）　100, 119, 179, 208, 255, 256, 381
パードン（ウィリアム）　13
バートン（ジェイムズ）　342
バーン（ジョン）　38, 73
バーンズ（ロバート）　258, 281
バーンハート（クラレンス）　296, 328, 329, 341, 342, 380
バーンハート（ロバート）　342
バッソウ（フランツ）　216
ハヤカワ（S.I.）　338
林哲郎　215
ハリス（ジョーエル・チャンドラー）　235
ハルバート（ジェームズ）　265, 267
ハンフリーズ（デイヴィッド）　**91～92**
ピカリング（ジョン）　27, 28～29, 81, **92～100**, 114, 128
ファウラー（H.W.）　326, 380
ファウラー（F.G.）　326, 380
ファーマー（ジョン）　100, 130, 239
ファンク（アイザック）　253, 260
フィリップス（エドワード）　10～11
福原麟太郎　290
ブライアント（マーガレット）　339
ブライス（ジェイムズ）　257
フランクリン（ベンジャミン）　26, 27, 43, 98, 102, 103, 107, 115, 128
フランシス（ネルソン）　343
ブラント（トマス）　10, 11
ブランド（ウィリアム）　177
フリーズ（チャールズ）　296, 328
ブルームフィールド（レナード）　296, 297, 328
フレックスナー（スチュアート）　120, 352
フルトン＆ナイト　173, 174, 190
フレンド（ジョーゼフ）　37, 58, 143, 334

ブロカー（ジョン）　10
ブロック（バーナード）　296
ベイリー（ネイサン）　12, 13, 14, 17, 18, 19, 55, 61, 102, 132, 133, 150, 164, 185, 343
ベイリー（ロバート）　88
ペイン（トマス）　82
ベセル（ジョン）　333
ベッカー（カール）　43, 44
ペデルセン（ホルガー）　156, 157
ペリー（ウィリアム）　19～20, 21, 26, 33, 47, 104, 134, 174, 190
ボーアズ（フランツ）　307
ホィーラー（ウィリアム）　165, 166
ホィットニー（ウィリアム H.）　206, **228～229**, 231, 239, 240, 297, 339
ボー（アルバート）　331
ポーター（ノア）　165, 203, 242, 243
ホーンビー（A. S.）　366
ボズウェル（ジェイムズ）　18, 20
ポップ（フランツ）　157, 228
ホワイトホール（ハロルド）　72～73
マークワット（アルバート H.）　250, 338
マーティン（ベンジャミン）　13～14, 16
マーン（D.A.F.）　165, 203～206
マシューズ（ミットフォード）　81, 86, 88, 89, 92, 97, 101, 113, 119, 126, 130, 207, 259, 267, 331, 336, 352, 381
マッカーサー（トム）　29, 343
マリー（ジェイムズ）　21, 29, 62, 80, 133, 140～141, 151, 179, 201, 210～216, 222, 339
マリー（K. M. エリザベス）　211
マリー（リンドリー）　52, 95
マローン（ケンプ）　296, 328
ミッシュ（フレデリック）　349, 360, 372
ミラー（フィリップ）　136～137
メイソン（ジョージ）　104, 145
メンケン（H.L.）　85, 89
モートン（ハーバート）　287, 304
モナガン（E. ジェニファー）　26
モリス（ウィリアム）　342, 343, 346
モリソン（サミュエル）　276
ヤング（トマス）　156
ライト（ジョーゼフ）　273

索引　409

ラウス(ロバート) 95
ラスク(ラスムス) 153, 205
ラッセル(ベンジャミン) 130
ラルース(ピエール) 347
ラングドン(ウィリアム) 120
ランドー(シドニー) 10, 331, 338, 340, 342, 349
リーヴィット(ロバート) 142
リード(アレン・ウォーカー) 327, 331
リード(ジョーゼフ) 143〜5
リチャードソン(チャールズ) 21, 78, 175, 177

リデル&スコット 216
リンカン(エイブラハム) 140
ル・メジュラ(H.G.) 325, 326, 327
レディック(アレン) 144
ロウ(ソロモン) 26
ロージ(アーヴィング) 296, 328
ロージ&ソーンダイク 328
ロリンズ 87, 143, 157
ワイルド(ヘンリーC.) 327, 331
ワシントン(ジョージ) 44, 82, 91, 102, 103, 129

著者について

本吉 侃（もとよし・ただし）

　1938年、東京都に生まれる。1964年、東京外国語大学外国語学部英米語専攻卒業。都立高校教諭、拓殖大学外国語学部助教授を経て、現在、鶴見大学文学部教授、同大学副学長。

　主な論文に、「アメリカの英語語彙への貢献」、「政党とアメリカニズム」、「選挙活動とアメリカニズム」など。

　主な著書に、『高校英語 Q & A 実用指導事典』（共著・教育出版）、『中学ワンワールド英和辞典』（共編・教育出版）、『新グローバル英和辞典・第2版』（共編・三省堂）などがある。

辞書とアメリカ　英語辞典の200年　　　　　　　　　　　　［1G-71］
The Development of American Lexicography 1798-2003

2006年6月20日　第1刷発行　　定価4,725円（本体4,500円＋税）

著　者　本吉　侃　Tadashi Motoyoshi
発行者　南雲一範　Kazunori Nagumo
装幀者　岡　孝治　Koji Oka
発行所　株式会社　南雲堂
　　　　〒162-0801　東京都新宿区山吹町361
　　　　NAN'UN-DO Publishing Co., Ltd.
　　　　361 Yamabuki-cho, Shinjuku-ku, Tokyo 162-0801, Japan

　　　　振替口座　00160-0-46863

　　　　［書店関係・営業部］☎ 03-3268-2384 ∥ FAX 03-3260-5425
　　　　［一般書・編集部］☎ 03-3268-2387 ∥ FAX 03-3268-2650
　　　　［学校関係・営業部］☎ 03-3268-2311 ∥ FAX 03-3269-2486

製版所　壮光舎
製本所　長山製本所
コード　ISBN4-523-30071-2 C3082

〈検印省略〉　　　　　　　　　　　　　　　　　　　Printed in Japan

南雲堂 / 好評の既刊書

アメリカの英語　語法と発音　藤井健三　A5判　4,500円

言語・思考・実在　ウォーフ論文選集　B. L. ウォーフ / 有馬道子訳　A5判　7,087円

沈黙のことば　E. T. ホール / 國弘正雄・長井善見・斎藤美津子訳　46判　1,942円

日本語の意味　英語の意味　小島義郎　46判　1,942円

英語再入門　読む・書く・聞く・話す〈対談〉　柴田徹士・藤井治彦　46判　1,748円

翻訳再入門　エッセイと対談　加島祥造・志村正雄　46判　1,748円

わが国における　英語学研究文献書誌　1900-1996　田島松二責任編集　A5判　35,000円

わが国の英語学100年　回顧と展望　田島松二　46判　2,500円

ことばの楽しみ　東西の文化を越えて　田島松二編　A5判函入　8,000円

中世の心象　それぞれの「受難」　二村宏江　A5判　15,000円

＊定価は本体価格です

南雲堂 / 好評の既刊書

フィロロジーの愉しみ　小野茂　46判　3,900円
ミステリアス・サリンジャー　隠されたものがたり　田中啓史　46判　1,748円
世界を覆う白い幻影　メルヴィルとアメリカ・アイディオロジー　牧野有通　46判　3,689円
ぼくがイグアナだったこと　テネシー・ウィリアムズの七つの作品　市川節子　46判　4,300円
エドガー・アラン・ポオの世界　罪と夢　水田宗子　46判　3,553円
印象と効果　アメリカ文学の水脈　武藤脩二　46判　3,800円
汝故郷に帰るなかれ　トマス・ウルフの世界　古平隆　46判　3,800円
メランコリック デザイン　フォークナー初期作品の構想　46判　3,998円
ウィリアム・フォークナー研究　大橋健三郎　A5判函入　33,981円
ウィリアム・フォークナーの世界　自己増殖のタペストリー　田中久男　46判　8,932円

＊定価は本体価格です

南雲堂 / 好評の既刊書

新版 アメリカ学入門　古矢旬・遠藤泰生　46判　2,400円
レイ、ぼくらと話そう　レイモンド・カーヴァー論集　平石貴樹・宮脇俊文編著　46判　2,500円
反アメリカ論　野島秀勝　46判　3,500円
アメリカの文学　八木敏雄・志村正雄　46判　1,748円
女というイデオロギー　アメリカ文学を検証する　海老根静江・竹村和子　46判　3,800円
かくも多彩な女たちの軌跡　英語圏文学の再読　海老根静江・竹村和子　46判　3,800円
目覚め　ケイト・ショパン　宮北恵子・吉岡恵子訳　46判　2,800円
異神の国から　文学的アメリカ　金関寿夫　46判　3,000円
エミリ・ディキンスン　露の放蕩者　中内正夫　46判　5,000円
シルヴィア・プラスの愛と死　井上章子　46判　2,800円

＊定価は本体価格です